금쪽같은
내 건물

꼬마빌딩 봉양하는 건물주들의 이야기

금쪽같은
내 건물

도마뱀 지음

한국문화사

머리말

금쪽같은 내 건물. 발음에 유의하여야 한다. 건물이라 함은 그야말로 금쪽같은 것이라, 참으로 무엇 같지만 그래도 금이라 애지중지하며 봉양하며 사고 파는 세태를 함축한다. 최근 건물 시장에 대한 대중의 관심이 날로 높아져가고, 상속과 사회의 변혁으로 인해 젊은 건물주들이 속속 등장하고 있다. 하지만 아직까지도 건물 시장은 아주 폐쇄적이고 연령대가 높은 편이다. 또한 건물주라는 존재는 세간에서 고운 시선을 받지 못하고, 자산이 클수록 대중의 관심과 신상의 노출을 극히 꺼린다. 이들이 자신을 드러낸다는 것은 그저 귀찮거나 위험하기만 할 뿐, 남에게 군이 말을 해줘야 할 이유도, 이득도, 아량도 없다. 그렇기에 오랜 시간 이 시장을 거친 자들의 경험담의 편린이나마 얻기란 아주 어려운 일이다. 기존 시장 참여자들의 여전한 무관심과 피치 못할 침묵에 힘입어 근래 시장에서는 다소 편향된 의견이 득세하는 상황이었고, 실제 현실에 대한 균형잡힌 시각을 가질 수 있는 의견은 시장에 드러나지 않았었다.

그리하여 이 책은 시장의 영리성에 오염되지 않도록 기획부터 취재, 자료수집, 인터뷰, 작문, 구성, 감수, 출판사를 구하는 것과 초고의 윤문 및 교열에 이르기까지 최대한 독자적으로 이루어졌다. 본문은 초심자들이 편히 읽을 수 있도록 기행기, 수필의 형태를 택하였고, 독자들이 필자 개인의 경험을 통해 배워온 순서를 따라갈 수 있도록 함에 주안점을 두었다. 또한 세부적인 요소 하나하나를 자세히 설명하기보다는 전체적인 요소를 개략적으로 파악할 수 있도록 배치와 구성 그리고 그 완급조절에 유념하였다.

다만 한 명의 경험과 의견만으로는 이 개별성이 강한 상업용 부동산 시장의 보편적인 이야기를 할 수가 없었기에 필자가 삼 년간의 기행에서 만난 수백여 명에 달하는 건물주들의 경험담을 취합하였다. 그렇기에 이것은 온전한 나의 역량이 아니며, 이 책을 집필할 수 있었던 것은 필자의 철학에 공감해주시고 다소 무모한 시도에 아낌없는 지지를 보내주신 건물주 모임 꼬빌봉양단 단원 동지들 덕분이다. 이 자리를 빌려 참여해주신 모든 분들께 서문과 맺음말에 감사의 인사를 남기며 이 책을 헌정한다. 부디 우리의 이야기를 담은 이 책이 시장의 참여자들에게 등불과 같은 역할을 해주길 바라는 바이다.

책이 나올 때까지 많은 영감을 주신 한국 스팸 동호회 회장 에스팍, 인천의 풍운아 웰치스, 동탄의 명의 오디오 마니아 쿠마, 송파의 보석 로얄블루, 아드님에게 예술적 재능을 물려주신 청담의 VVV, 아드님의 이공계 재능이 돋보이는 신사동의 JWS 아저씨, 소공동 조선호텔의 911992 아저씨, 한남동의 치킬로이 원장님, 강남의 대지주 폐가 탐험가 주 회장님, 분당의 신사 AP 회장님, Cinnamon 사모님, 강남 최고의 문화공간 클럽케이서울 회장님, 그리고 시장의 영리성에 오염되지 않도록 지난 한 해동안 서울에서의 활동비를 지원 해주신 CC 회장님께 감사드린다.

마지막으로 우리 고양이에게 이 모든 영광을 놀린다. 그 조그만 위로가 없었다면 여기까지 오지 못했을 것이기에, 우리 고양이 만수무강 영생하소서. 세상 모든 고양이들이 행복하기를.

2023년 2월 28일
서울의 이방인으로서
도마뱀

꼬마빌딩봉양단 네이버 카페
https://cafe.naver.com/ggobuilding

차례

chapter 3.

사대문 안이야말로 진정한 서울
종로와 을지로

chapter 4.

서브컬처의 요람
홍대에서 보는 건축법

chapter 5.

성수와 건대
전통 상권과 신흥 산업의 대립

chapter 6.

한남과 이태원
취향과 문화의 힘

chapter 7.

혜화, 연극이 끝난 후, 돌고 돌아 강남으로

chapter 8.

토지 시장의 기본이자 본질

chapter 1

초짜 도마뱀의
첫 건물 리모델링

답도 없는 이 건물,
어떻게 해야 할까

2020년 4월 초, 코로나 누적 확진자 수가 1만 명을 넘어갔던 때였다. 거리의 매장들이 하나둘씩 버티지 못하고 폐점이 이어지는 와중에 도마뱀네 조그만 건물의 1층 매장도 폐점 통보를 보내왔다. 한 달 뒤면 나갈 거라는데, 새로 임대 문의를 받아야겠구나. 문제는 임대 문의가 한참 동안 없다는 거다. 거기가 어땠더라. 뭔가 건물에 문제가 있는지 가서 살펴봐야겠다 마음먹고 다음 날 친구를 불러 건물에 가보기로 했다.

도착해서 같이 건물을 멀뚱멀뚱 바라본다. 한 개 층당 면적이 40평 정도 되는 지하 1층, 지상 4층짜리의 아주 작은 건물. 옆에서 친구가 이거 대체 몇 년 된 건물이냐고 묻는다. 글쎄. 한 30년은 넘었으려나. 외관은 오래된 타일이고, 군데군데 탈락한 부분이 보인다. 공용부의 유리창은 죄다 깨져있고 조명은 들어오지도 않는다. 내부 상태는 더 심각하다. 이전 세입자들이 내버려 두고 간 인테리어, 제멋대로 쌓은 단, 유리와 벽체에 붙여둔 뭔지 모를 것들. 30년 된 창문은 잘 열리지도 않아 친구가 힘을 줘서 억지로 열어보려다 부서져 버렸다. 아이고, 수리할 게 늘어났구나. 머리가 지끈지끈 아파지기 시작한다.

옥상에 같이 올라간 친구가 물탱크를 통통 두드려보곤 말한다. 요즘은 다 상수도를 직수로 바로 보내주니까 이거 필요 없을걸. 역시 안에 비었네.

이거 상수도 사업본부에 철거 신청하면 해줘. 그리고 통신선은 대체 몇 개야. 어느 게 쓰는 거고 안 쓰는 것인지 모르겠구만. 나 사는 집에 집주인이 이거 한국통신사업자협회(KTOA)에 문의해서 정리하던데 너도 전화해서 처리해 둬. 도마뱀은 이런 거라도 해둬야지 싶어 받아적어 둔다. 이어 널브러진 옥상의 통신선을 따라 걸어가다 건물과 건물 사이의 아래쪽을 내려다보니 아래쪽에 낙엽 쌓인 갈색 무언가가 보인다. 건물 사이에 저건 화단인 건가.

내려가 건물 사이에 달린 문을 열고 첫발을 내디디는 순간 쑥 하고 발목까지 잠긴다. 어라, 흙이 아닌 거 같다. 뭔가 이상해서 발을 들어보니 30년간 쌓인 비둘기들의 분뇨다. 입에서 욕지거리가 나온다. 빨리 화장실에 씻으러 가자. 뒤따라오며 친구가 웃는다. 공실은 안 차고 비둘기들만 둥지를 틀고 있구만. 저기 건물에 요철이 공실이고 비둘기가 임차인인 거지. 도마뱀은 절뚝절뚝 걸어가며 성질부린다. 헛소리 그만해라. 어떻게 요철에 못 들어가게 철망 같은 거라도 덧대놔야지.

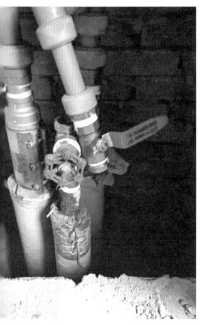

발을 씻으러 들어간 화장실은 상태가 심각하다. 물이 안 나오는 건 물론이고 문은 모두 너덜너덜 박살이 나 있다. 다른 층의 화장실을 둘러보고 온 친구가 위층엔 물이 나오니까 위에 올라가서 씻으라며 등을 떠민다. 올라가며 건물의 공용부를 보아하니 마찬가지로 상태가 심각하다는 게 느껴진다. 발을 박박 씻고 있는 도마뱀의 뒤에서 친구가 기가 막힌다는 듯 말한다. 야, 화장실들이 이게 뭐야. 이거 귀신 나올 거 같아. 아니, 귀신도 여기 별로 안 있고 싶을걸. 도마뱀은 돌아보지도 않고 계속해서 발을 씻으며 중얼중얼 비둘기 욕만 뇌까린다.

이것들이 월세도 안 내고 허락 없이 친구들까지 데려오네. 수도꼭지를 잠그고 발을 털어내며 주머니에서 담배를 꺼내 입에 꼬나문다. 저것들 어쩌냐. 친구는 담배를 낚아채며 타박 준다. 야, 건물 안에서 담배 피우지 마. 건물 태워 먹을 거도 아니고. 도마뱀은 비둘기 둥지를 노려다 본다. 맘 같아선 저 둥지들 다 불살라버리고 싶거든. 어차피 더러운 건물 내가 담배 피우든 말든 이제 와서 어쩔 거야. 친구는 그래도 밖에 나가서 피라며 도마뱀을 내몰며 나무란다. 야, 그거 깨진 유리창 효과야. 더러운 거 계속 내버려두니까 더 더러워지지. 이거 청소로는 해결이 안 될 거야. 일단 화장실부터 새로 해야 해.

하, 그래야 하나. 어차피 새로 할 거니까 담배 다시 내놔. 도마뱀은 다시 받아든 담배를 태우며 물끄러미 화장실을 바라본다. 아파트 화장실 리모델링이랑 똑같겠지. 타일 철거, 방수공사, 도기 설치 뭐 그런 거. 그나마 다행인 건 화장실은 공용부가 아니라 내부 전용으로 쓴다는 점이네. 자기들 전용이니까 새로 해주면 깔끔히 관리하겠지. 어떤 업종을 임대주고 싶은 거냐는 친구의 질문에 도마뱀은 생각이 잘 나지 않는다는 듯 버벅인다. 글쎄. 여기 4층은 거의 10년째 공실이야. 엘리베이터도 없다 보니 임대가 안 나가. 사실상 없는 공간이지. 옛날에는 사무실이었는데 깔끔히 해주면 다시 사무실 같은 거 와주지 않을까.

친구는 10년 전이랑 지금이랑 세월이 얼마나 바뀐 지 모르는 거냐며 타박한다. 요즘 사무실 임대 줄 거면 기본적인 인테리어는 다 해줘야지. 뭣보다 화장실을 남녀분리 시켜줘야 해. 여직원들은 남자 부장님 앉았던 변기에 앉는 거 주리 틀기 당하는 거랑 비슷하게 느낄 거거든. 근데 이거 아까 올라오면서 봤겠지만, 화장실만 새로 한다고 되는 게 아닐 거 같아.

듣고 보니 남녀분리를 하긴 해야겠다 싶다. 입구의 벽체를 철거해서 문을 하나 더 만들고 세로로 길쭉한 화장실 두 개로 나누면 될 거 같은데. 근데 있는 벽을 부수는 게 괜찮을까. 도마뱀은 건물 관리를 어깨너머로 20년 정도 봐왔지만, 건축 관련 지식은 하나도 없다. 생각해보면 벽도 뚫고 쌓고 하는데 건물 자체도 바꿔버리는 게 가능하지 않을까. 근데 척 봐도 이걸 내가 하고 싶다고 마음대로 할 수 있는 건 아닌 것 같고, 세상 모든 거엔 법이 있으니 분명 건축물에도 관련 법이 있을 거야. 도마뱀은 내가 한 번 알아보겠노라 말하고 우선 집으로 돌아간다.

집에 돌아와 이래저래 찾아보니 역시 건축법이라는 게 있었다. 거기다, 건물의 정보를 국가가 자료화 해놓지 않았을 리 없지. 건축물대장과 지적장부, 토지등기를 열람해 본다. 건물과 토지를 각기 따로 관리하는구나. 하긴, 건물은 토지 위에 있는 거지. 공부가 다 따로 있는 게 당연하다. 역시 건물과 토지에 대한 정보들이 있지만, 뭐가 뭔지 단 하나도 모르겠다. 곧바로 인터넷 검색을 통해 기본적인 내용을 하나씩 알아보기 시작한다. 토지를 세는 단위는 필지구나. 대지 경계선이란 게 있고, 토지의 종류도 여러 가지가 있군.

훑어보고 나서 개략적으로 감을 잡는다. 이 필지는 상업지란 것으로 분류되는구나. 점검해 보니 현재 건물의 너비와 높이가 현재 건축법에서 허용하는 것보다 더 여유 있게 남는다. 너비로는 약 10평 정도. 위로는 층수

과거에 지어져서 건축선 후퇴를 적용 받지 않은 건물과
건축선이 지정된 이후 건축되어 일정 거리를 후퇴한 건물의 예시

를 더 높이 더 올리는 게 가능하다. 그렇다면 아예 철거하고 새로 더 크게 신축할까 싶은 생각이 스친다.

어, 그런데 건축선이란 게 있단다. 일정 폭 이상의 도로에 접한 땅에선 도로에서 3m 정도 뒤로 물려서 지으라는군. 이렇게 내어준 땅에는 뭔가 할 수도 없고, 건축 면적에 대한 기준도 내어준 땅은 제외하고 적용된다라. 이러면 건물의 면적이 너무 좁아지는데. 그래도 높이를 올리면 괜찮지 않을까. 법전을 뒤적거려 보다 바로 생각을 접는다. 건물은 그 면적에 따라 주차장을 확보해야 한다는데, 새로 짓자니 주차장을 열대씩 넣어야 한다. 1층을 전부 없애버릴 수도 없고, 이만한 공간 확보는 불가능하니 안 되겠구나. 그러니까 넓이는 건축선, 높이는 주차법에 걸리는군. 뭐야, 그럼 이 건물은 다시 지으면 더 작아진다는 거잖아. 여기서 도마뱀은 가장 중요한 원칙을 깨닫는다. 건물을 철거하고 다시 지을 때의 가치가 땅 본연의 가치라는 것을.

그렇다면 뒤나 옆의 땅을 사는 것은 안 될까. 내 필지의 정보를 찾아봤으니 마찬가지로 주변 필지의 정보를 열람해본다. 이상하군. 주변 세 개의 필지가 한 사람의 소유네. 매매 이력을 보아하니 긴 시간 동안 주변 필지를 야금야금 사고 있다. 마지막으로 우리 땅만 사면 네모반듯한 땅이 만들어지는구나. 어느 쪽이든 서로의 필지를 매입해 합치면 넓고 높은 건물을 지을 수 있겠는데, 이걸 합필이라고 하는군. 하지만 서로 팔 생각이 없지. 인접한 필지는 항상 최우선 매입 대상이지만, 내가 사고 싶다고 해서 상대가 호락호락 팔아줄 리 없다. 그래서 보통 인접 필지 주인들끼리의 사이는 좋지 않지. 담벼락이 넘어왔다는 둥 당신네 공사 때문에 벽체에 금이 갔다는 둥 서로 으르렁거리기만 하고. 그러면서도 만약 매물로 나온다면 서로가 서로의 땅을 가장 먼저 사려 하지. 이렇듯 인접한 필지 주인들끼리는 애증의 관계다. 이 싸움이 어느 쪽으로 결착이 나든 긴 시간을 버텨야 하지만 건물은 낡았고 임대 상황은 좋지 않다. 어찌하나 건축법을 마저 뒤적이다 보니 대수선이란 용어가 눈에 띈다. 외벽 30제곱미터 이상 또는 천정을 지나는 보, 건물의 기둥, 건물의 하중을 버티는 내력벽, 건물의 층별 바닥인 슬라브. 이것들을 일정 규모 이상 수선하거나 변경하는 것, 쉽게 말해 리모델링이군. 이건 건축사와 종합건설면허가 있는 회사가 필요하다네. 뭔가 일이 커지는 거 같은데, 돈이 많이 들겠구만.

　다음날 건물 근처로 다시 친구를 불러 밥을 사주며 묻는다. 너 이 동네 오래 살았잖아. 여기 어떻게 생각해. 친구는 국밥을 떠먹으며 건성으로 답한다. 글쎄. 여기 뭐 별거 없어. 소비력도 떨어지고, 연령대도 높지. 그래도 대형 병원이랑 시장은 있어서 사람은 좀 있는 편이야. 20년 전부터 말만 나오던 재개발이 이제야 진행되고 있어서 사람들이 다 사라졌지. 아파트가 완공되고 다시 사람들이 입주하려면 2년쯤 남았을 거야. 친구는 이어 건물에 이제까지 뭐가 있었는지 묻는다. 도마뱀은 흐릿한 기억을 떠올리며 답한다. 어디 보자. 아주 옛날엔 편의점이었고 다음엔 우동 가게, 다음에 휴대폰 대리점이 10년 넘게 있었지. 이 동네는 변화가 없는 동네야.

친구는 수저를 멈추고 고개를 들어 올리며 말한다. 그치, 우리가 밥 먹고 있는 이 국밥집도 거의 20년 됐어. 건물을 새로 한다고 1층에 특별히 더 좋은 게 올 것 같진 않아. 결국, 위층 해결이 관건이겠지. 그러니 엘리베이터를 설치할 수 있으면 좋고. 도마뱀은 고개를 가로젓는다. 야 그거 자동차 바꿀 때 그럴 바에 조금 더 보태자며 야금야금 급이 올라가는 거랑 비슷한 거야. 우리 집 화장실 고치는 데만도 꽤 비쌌는데, 이 건물에 화장실은 네 개. 아니, 화장실이 문제가 아니야. 엘리베이터 설치는 그냥 봐도 억 단위지. 마음 같아선 엘리베이터 설치도 하고 외장재, 바닥 타일, 설비 같은 것도 모두 고급으로 하고 싶지만 돈이 많이 들 테니까 무리야. 내 생각엔 그냥 옆 건물보다 조금만 더 좋으면 충분해. 이제 겨우 주변에 아파트들이 들어서는데. 아파트가 완공될 때쯤 맞춰서 외장이라도 깔끔한 건물만 만들어주면 충분히 비교우위에 설 수 있을 거야. 2층까지는 사람들이 걸어 올라가니까 어떻게든 되겠고, 그 위층은 그냥 뭐든 들어오라고 기도하는 거지 뭐, 엘리베이터 설치는 나중에 생각해보자.

친구는 그럴 거면 하질 말지 뭣 하러 그러냐고 타박 준다. 갈피를 잡을 수 없어 고민만 깊어지니 밥이 넘어가질 않는다. 비교우위가 중요하지. 비교우위. 화장실을 보고 뭔가 해야겠다고 결심했으니, 근처의 건물들의 화장실부터 비교 대상으로 삼아야겠다. 어디, 이 국밥집 건물부터 한 번 볼까. 도마뱀은 수저를 내려놓고 화장실로 걸어가 문을 벌컥 열어본다.

잘못된 화장실 남녀 분리의 예시

음, 시대를 너무 앞서나간 것 같은데. 우리 건물은 그냥 깔끔하게만 해도 충분할 것 같아. 저렴하게 할 수 있겠는걸. 하지만 슬프게도 도마뱀네는 그마저도 돈이 없다. 세상은 왜 나 빼고 다 돈이 많은 걸까. 역시 대출을 받아서 해야 할까. 문득 미국에서 코로나 사태 때문에 기준금리를 대폭 인하했던 게 기억난다. 돈이 없으면 역시 남의 돈을 써야지. 해볼 만하다 싶어 집안을 설득하러 간다.

도마뱀은 거두절미하고 본론부터 이야기한다. 대출을 받아 건물 공사를 합시다. 단칼에 거절당한다. 안돼. 남의 돈에는 가시가 있다. 아직 젊어서 대출이 얼마나 무서운 줄 모르는구나. 도마뱀은 아차 싶다. 윗세대는 대출에 대해 특이나 보수적이었지. 설득해야 한다. 건물에 월세가 얼마나 나오느냐는 질문에 얼마 정도 나온다는 답을 들어봤지만, 현실과 맞질 않는다. 도마뱀은 설득을 시작한다.

현실에 맞지 않는, 호가대로만 이뤄진 명목상의 월세는 의미가 없습니다. 과거의 영광만 되새기는 꼴이지요. 건물의 임차 이력과 현황을 살펴봅시다. 4층은 임대가 안 나간 지 10년은 된 듯하고, 3층은 인력사무소가 들어온 지 3년쯤 됐습니다. 그나마 월세가 극히 저렴하니까 들어온 거지, 만약 나간다면 역시 공실일 겁니다. 지하엔 언제부터 있었는지 모를 다방이 있긴 하지만 무의미한 월세를 받고 있고. 사실상 1층이 전부인 건물인데 그나마도 이번에 공실이 됐어요. 지난 5년간 실제로 받은 월세와 공실의 호가를 포함한 월세를 비교해보면 실질 수익률이 30%는 더 낮습니다. 이건 쭉정이 같은 건물이에요.

100년 전 스페인 독감이 3년 정도 지속 됐으니까 코로나도 비슷하겠지요. 코로나 때문에 낮춘 금리는 코로나가 끝나면 다시 올릴 겁니다. 금리가 코로나 이전처럼 다시 올라도 월세를 지금까지와 비슷하게 받을 수 있게 수익률을 올리면 됩니다. 결과적으로 수익률이 올라 이자를 상쇄한다면 현금 흐름에 있어 본전은 되지 않겠습니까. 공사 기간을 코로나가 지속되는 기간에 포함하면 손해가 최소화될 겁니다. 물론 부채 비율이 높아지는 건 탐탁지 않지만, 건물을 새로이 하는 데 의의를 둬야 합니다. 지금도 낡은 설비는 시간이 지나면 더 낡으니까요. 지금 안 하면 언제 하겠습니까. 이자가 저렴할 때 공사해서 금리 상승기를 대비합시다.

잠잠히 듣던 집안에서 실패하면 어찌할 거냐 묻는다. 답은 간단했다. 막노동해서 이자 갚아야지요. 한 달 가까이 싸우다시피 설득해 겨우 허락을 얻어냈다. 곧바로 은행에 가서 건물에서 대출을 어느 정도 받을 수 있는지 가늠해 본다. 건물 자체에 대출이 별로 없어 어느 정도 여유는 있구나. 하지만 최대한 아껴야지. 부채비율이 높아지는 건 좋지 않으니까. 이제 예산은 어느 정도 확보했으니 건물 공사 계획을 짜보자. 그런데 공사를 하려면 건물이 다 비어있어야 하는데, 어쩌지. 이제 리모델링의 가장 큰 난관인 명도*를 해야 한다.

---

*   정확한 법정 용어는 '인도'이나 일반적으로 명도라고 한다.

내 건물은 내 게 아니다,
임대차보호법과 명도

신축을 하고 싶다. 리모델링을 하고 싶다. 다른 업종을 들이고 싶다. 내가 직접 내 건물에 사업장을 차리고 싶다. 그냥 임차인이 마음에 안 든다. 이런 여러 가지 이유로 임차인을 퇴거시키는 것, 이걸 명도라고 한다. 현재 도마뱀네 지하 1층, 지상 4층의 건물에 남아있는 임차인은 둘. 지하와 3층이다. 두 개 층만 명도 하면 되겠구나. 별거 아니겠지. 도마뱀은 대뜸 3층 임차인인 인력사무소 소장님에게 가서 건물 리모델링을 하고 싶으니 당장 나가주시면 안 되느냐 묻는다. 돌이켜 생각해 보면 이렇게 멍청하게 솔직한 것도 재주다. 소장님은 어이없다는 듯 당연히 안된다고 거절한다.

음, 뭔가 당근을 제시해야겠구나. 공사 기간에만 잠시 다른 데 단기 월세를 얻으셨다가 다시 들어오시면 안 될까요. 월세는 지원해 드릴 테니까. 소장님은 여전히 완고하다. 이사가 번거로워요. 단기 월세로 갈 데도 없고. 그냥 공사하시는 동안 여기에 있겠습니다. 의외의 제안에 도마뱀은 놀라 반문한다. 건물에 사람을 넣어놓고 공사를 하라고요. 소음과 분진에 창호도 다 뜯기고 물도 안 나올 텐데요. 괜찮으시겠습니까. 소장님은 심드렁하게 업무를 보면서 답한다. 우리는 원래 공사판에서 일하는 사람들이라 익숙하니 빨리만 끝내주세요. 그런데, 지하는 내보내시는 겁니까. 전부터 지하로 이동하고 싶었어요. 우리 인부들이 일 끝나고 오면 3층까지 걸어

올라오기가 피곤해요. 월세도 더 싸고. 비우실 거라면 저희가 들어가지요.

확실히, 지금 지하 임차인은 여러모로 마음에 안 든다. 사람 없으면 건물 빨리 상한다고 그냥 놔둔 것뿐이었지. 어차피 가뜩이나 임차 놓기도 힘든데, 이 기회에 임차인을 교체하자. 확정 임차인이 있단 건 아주 안정적이니까. 좋습니다. 협조만 해주신다면 지하를 비워 드리고 최대한 빨리 공사를 끝내고 내려보내 드리지요. 그럼 공기는 얼마 정도로 잡느냐 묻는 소장님의 질문에 도마뱀은 안이하게 즉답한다. 뭐, 외장을 철거하고 창호 좀 새로 하고 화장실에는 일단 물만 나오게 하면 될 테고, 전기공사는 며칠이면 충분하니 얼추 3개월이면 사용하시는 데 무리는 없을 것 같습니다. 소장님은 의아하다는 듯 반문한다. 3개월이라고요. 생각대로 되지 않을 것 같습니다만, 뭐 상관없습니다. 때가 되면 연락해주세요.

역시 틀렸었다. 실제 공기는 두 배 이상 걸렸다. 늘어진 공사기간 내내

전부 철거되어 수도와 전기가 제대로 들어오지 않는데도 불구하고
불만 하나 없는 임차인의 업무 환경

시끄러운 소음이 발생하고 분진이 휘날린다. 창호도 뜯겨나가 비바람이 안으로 몰아치고 화장실도 다 철거해놨으니 볼일을 보려면 다른 건물에 가야 한다. 전기도 중간마다 계속 끊기는데, 이거 어찌하나. 내뱉은 말을 지키지 못하는 걸 갖고 걸고 넘어지면 어쩌지. 하지만 놀랍게도 이 와중에 소장님은 아무렇지도 않게 업무를 보고 심지어 공사 기간 동안 월세도 정확히 다 냈다. 순진하게 곧이곧대로 공사 할 테니 나가라고 하는 건축주에게 어떤 억지도 부리지 않다니. 살아있는 부처 아닐까. 원래는 절대 이렇게 순조롭지 않고, 이렇게 해서도 안 된다. 평균적인 수준은 도마뱀네 지하의 경우다. 지하에 내려가서 퇴거를 요청하니 대뜸 현재 월세의 60배를 내놓으란다. 60배라니. 말도 안 돼. 5년 치 월세잖아. 줄 수 없소. 단언하고 나가는 길에 둘러보니 빈 술병들과 도박용 패들이 어지러이 널려있다. 다방에서 술과 도박이라. 이거 문제가 있는 거 같은데.

도마뱀은 변호사 친구에게 전화를 걸어 하소연한다. 보낸 사진 봤지. 이거 불법 도박인 거 같은데, 경찰서에선 이런 거 단속 안 하냐. 사진을 본 친구는 여기 동네 도박꾼들 사랑방 되어있다며 웃는다. 이런 거 만연해있어. 못 잡아. 형사들 바빠. 이렇게 작은 건 누군가 신고를 해야 그나마 잡으러 가지. 근데 그거 누가 신고한 거겠어. 뻔하지. 척지게 된다. 더 피곤해질걸. 도마뱀은 곰곰이 생각하다 CCTV나 녹취로 도박 증거를 잡으면 안 될까 묻는다. 친구는 기가 찬다며 말을 자른다. 안돼. 쇠고랑 찰 일 있냐. 그건 임차인 공간에 무단침입하는 거고 녹취나 촬영은 민감한 문제야. 대체 무슨 일인데.

도마뱀은 한숨을 내쉬며 답한다. 아, 여기가 우리 건물 지하야. 공사 때문에 내보내야 하는데 순순히 안 나가네. 수화기 너머로 친구가 혀를 차는 소리가 들린다. 고생하겠구나. 일일이 설명해 줄 순 없고 상가건물 임대차보호법 찾아봐. 이거 간단히 한 줄로 요약할 수 있어. 니 건물 니 거 아니다. 뭔가 헷갈리는 게 있다면, 그냥 너에게 불리할 거로 생각하면 돼. 너 용산 사태 모르니. 현실적으로 합의금 주는 거 말고 방법 없어. 그냥 돈 주고 빨리 내보내. 그게 나을걸. 돈으로 해결되는 건 문제가 아니야.

하지만 도마뱀은 이런 걸 알 리가 없다. 아냐 그 돈 못 줘. 예산 빠듯해. 어쨌든 알겠다. 고마워. 통화를 끊고 인터넷 검색으로 이런저런 글들을 찾아 읽어보고 몇 가지 정보를 얻는다. 이내 도마뱀은 자신만만하게 다시 지하로 내려가 그 돈은 못 주니 그냥 나가라고 으름장 놓는다. 당신들 8년째 있지 않나. 당신들이 임대를 지속할 수 있는 상가건물 임대차보호법상 기간은 몇 년 전 만료되었는데 내가 그 돈을 왜 줘야 합니까. 이번 계약 기간이 끝나는 대로 나가시오.

임차인은 웃으며 답한다. 임대차보호 기간은 10년인데요. 어라, 인터넷에선 5년이랬는데. 다시 찾아보니 2018년 10월 기준으로 임대차보호법이 개정됐다. 이 시점에서부터 신규 또는 갱신되는 계약은 임차인들에게 임대차보호기간 10년을 보장한단다. 인터넷엔 틀린 정보가 많단 걸 잊고 있었군. 잠깐, 그러니까 이제부터는 한번 들이면 10년을 못 내보낸단 거네.

그렇다면 공사를 몇 년 미루고 다른 층을 다 비우고 허송세월하고 있으란 건가. 말도 안 돼. 그 간의 공실에 따른 이자와 기회비용의 손해를 계산해보니 어마어마하다. 지금이라도 다른 층에 임차인을 받아서 다시 기다릴까. 하지만 고층은 지금까지도 임대 문의가 없었는데 이제와서 채워질 리가 없지. 그나마 문의가 있는 1층만 다시 채워서 버티다 지하를 내보내면 되지 않을까. 하지만 지하를 2년 뒤에 내쫓는다 한들 그 시점에서 1층 임차인은 또다시 8년의 기간이 남는다. 월세도 더 비싸고 임대차보호기간도 더 기니까 명도 합의금도 더 비싸게 요구하겠지. 안된다. 여우 몰아내려다 호랑이 들이는 꼴이다. 새로 누군가를 들인다는 것은 사실상 공사를 포기한다는 의미니까.

머리가 아파진 도마뱀은 법전을 펴고 상가건물 임대차보호법에서 합법적으로 명도 할 수 있는 사유를 찾아본다. 가장 무난한 사유는 월세를 3기분 미납하는 거군. 점검해보니 두 달 치 월세를 미뤘네. 한 달만 더 있으면 되겠구나. 그런데 갑자기 임차인이 월세를 다 내버리는 게 아닌가. 그제야 도마뱀은 멍청한 짓을 했단 걸 알아차린다. 아뿔싸, 실수했구나. 명도한다고 말을 먼저 꺼내니 책을 잡히지 않으려고 월세를 다 내버리는 거군. 차라리 가만히 놔둘걸, 긁어 부스럼이다. 월세가 밀리는 게 나쁜 것만이 아니구나. 연체 3기분이 충족되면 권리금도 주장 못 할 테니 완벽히 목줄을 쥐는 거였는데. 법이 왜 이래. 계약을 이행하지 않으면 좋아해야 한다니.

도마뱀은 어찌해야 하나 끙끙 앓는다. 그렇다면 월세를 올려서 못 버티게 하면 안 될까. 앗, 그런데 임대료는 한 해에 5% 이상 못 올린다. 설령 5% 이상 올려 받아도 나중에 임차인이 부당이익환수라고 걸고 넘어지면 도로 받아갈 수 있단다. 안 되는 거 계약서에 써도 강행규정 위반이라고 다 무효다. 신체 포기각서가 법적으로 인정 안 되는 것과 같구나. 찾아보니 5% 이상 올릴 수 있는 경우가 있긴 한데, 환산보증금이란 기준을 넘기는 경우나 어린이집이나 종교단체 같은 비영리법인이 임차인인 경우, 또는 계약일로부터 10년이 지난 후다. 하지만 이 중 환산보증금이 초과하는 경우에도 월세를 5% 이상 더 올릴 수 있을 뿐 임대차 보호 기간은 똑같이 10년간 적용된다는군. 도마뱀에게는 아무것도 해당 안 된다. 그래, 그렇다면 임대차 조정 분쟁 위원회란 데에 가보자. 하지만 이들이 제시하는 방안은 권고사항일 뿐 강제력이 없고 보통 임차인에게 유리하단 주변의 말을 듣곤 이내 포기한다.

슬슬 짜증이 나기 시작한다. 빠르게 법전을 넘겨 다음 사유를 찾아본다. 재건축을 사유로 한 게 있군. 도면과 구체적 기한이 계약서에 첨부되어 있어야 한다는데 지금 와서 그걸 받아줄 리도 만무하고, 재건축과 리모델링은 법적으로 다르다. 어디 다른 건 없나. 건축물 안전진단 D등급 이하라, 그 정도로 낡은 건물은 아닌데. 넘어가자. 분쟁이 나기 전에 확정판결과 같은 효력을 지니는 제소전화해조서를 써두면 좋았겠지만 역시나 없다. 나중에 명도를 약속해주는 명도 공증도 없고. 이래저래 뒤져봤지만, 현실적으로 명도에 도움되는 건 처음 계약할 때 쓰는 제소전화해조서뿐이다. 일단 계약하고 나면 을이 되는 거군. 첫 계약이 정말 중요하구나. 다음에 계약할 때는 꼭 써야겠다 다짐하며 계속해서 찾아보니 무단 전대가 있다. 전대란 게 무엇인고 하니, 임차인이 다른 사람에게 다시 임차를 주는 거라는군. 이건 임대인의 동의가 없으면 계약 해지사유라네. 아, 그러고 보니 지하의 계약자는 여자랬는데, 내 앞에 있던 사람은 남자였지. 은근슬쩍 물어보니 둘이 부부란다. 세금 문제 때문에 사업장을 아내 명의로 바꾸고 싶다고 몇 년 전 슬그머니 명의를 바꿔놓은 거였다는데, 전대는 아니구나. 뭐 부부니까 괜찮겠지. 차라리 시간 싸움을 해볼까.

도마뱀은 지하로 다시 내려가 퉁명스럽게 통보한다. 임대차 보호기간이 최초 계약일로부터 10년이라는 거 인정하지요. 하지만 만기가 앞으로 2년도 안 남았으니 그때 되면 나가셔야 합니다. 헌데, 임차인이 반문한다. 명의가 바뀌었으니 앞으로 7년은 남았는데요. 그리고 우리 순순히 안 나갈 겁니다.

이게 무슨 소리인가 싶어 친구에게 다시 전화해본다. 야, 부부면 일심동체 아니냐. 이런 경우 계약도 같은 걸로 간주해야지. 친구는 답답하다는 듯 성질을 낸다. 무슨 소리야 부부도 서로 남이야. 아니 남보다 못하지. 부부라고 해서 무심코 명의가 변경된 계약서에 도장을 찍어줬나 본데, 임차인이 법인이건 개인이건 부부건 자식이건 아무 상관 없어. 모든 임대차보호법의 기준은 명의야. 무조건 명의. 외워. 명의는 바꾸지 마라. 부부든 동업자가 추가되거나 빠지는 것이든 명의가 바뀌는 순간 임대차 보호 기간은 새로 시작되는 거야. 그러니까 임차인 명의 함부로 바꿔주지 마. 건물 명의가 바뀌는 수가 있으니까. 내가 이혼전문 변호사잖아. 명도 그거 유책배우자가 이혼 청구 못 하는 거랑 똑같아.

도마뱀은 억울하다. 유책이라니, 난 죄지은 게 없는걸. 친구는 건물주란 게 원래 그런 거라며 그냥 내가 큰 죄를 지었구나 하고 그냥 좋게좋게 합의이혼 하듯 처리하라 조언한다. 명도소송 걸어도 점유이전가처분금지에 집행권원 받고 강제 집행하는 데 1년 넘게 걸려. 계약기간 끝난다고 끝이 아니야. 권리금 회수 기회 방해까지 따지면 거의 2년은 추가로 끌려다니지. 계약 한 번 잘못하면 뻐꾸기가 내 둥지에 몰래 알 낳듯 남의 새끼 키워주는 꼴 난다. 너 지금 남의 새끼 키우고 있는 거야. 답도 없는 문제 해결해야 하는 건 여기나 거기나 마찬가지구만. 끊는다.

결국 그냥 합의금을 줘서 내보내는 수밖에 없겠구나. 어쩔 수 없이 다시 내려가서 체념한 채 말한다. 당신들이 원하는 금액을 주겠소. 그러니 앉은 자리에서 그 두 배를 다시 부르는 게 아닌가. 답답한 도마뱀과는 달리 아주 여유만만이다. 부글부글 끓는 속을 가라앉히고 자리에서 일어난다. 다음에 다시 이야기하시죠. 애초부터 합의할 생각이 없었던 거구만. 어쩔 수 없다. 사정사정해서 공사라도 하게 해달라고 비는 수밖에. 읍소하며 부탁하니 숫제 공사 중의 영업 피해에 대한 막대한 합의금을 달라는 게 아닌가. 어느정도는 당연히 줄 수 있지만, 마찬가지로 말도 안 되는 금액이다. 아, 아까 그냥 가만히 있어도 죄지은 거란 게 이런 거구나. 하지만 도저히 방법이 없다. 공사만이라도 협조해 준다는 각서를 써준다면 일정금액을 분할해서 주기로 한다. 싱글벙글 웃으며 돈만 더 주면 언제든 나가겠다는 맘에도 없는 소릴 하는 임차인을 무시하고 이제 설계를 알아본다.

새로운 건물의 스케치,
설계와 인허가

도마뱀은 거의 30년 만에 열어본 집안 장롱 한 켠 안에서 오래된 건물 도면을 발견했다. 만약 이게 없었다면 다시 실측해서 그려야 했을 텐데 다행이구나. 건축사에게 가기 전 스스로 공부를 해본다. 도면을 보다 보니 어느 정도 건물의 구조에 대해서 감이 오는군. 어디, 예산과 명도의 제약이 없다고 가정해보자. 어떻게 해야 최선일까. 역시 엘리베이터 설치다. 하지만 가장 보편적으로들 엘리베이터를 넣는 위치인 계단 뒤편 화장실 위치에 엘리베이터를 넣으려면 계단을 철거해야 하는데, 계단을 철거하는 건 상당히 큰 공사라 부담이 된다. 고민해보다 문득 어차피 명도가 안 되어 불가능하단 걸 떠올리고 생각을 접는다.

　만약 다른 곳에 넣는다면 어디에 넣을 수 있을까 이래저래 도면에 연필로 끼적여보니 계단을 철거하지 않고 설치할 수 있는 장소는 두 군데다. 건물의 좌측에 엘리베이터를 최대한 앞쪽 또는 최대한 뒤쪽으로 넣는다. 일단 어느 쪽이든 언젠가를 대비해 증축만은 미리 해두는 게 좋겠군. 옥상에 자그맣게 한 개 층 정도만 증축할까. 그런데 증축 시에 건축선이나 주차, 조경 등에 대한 이런저런 의문점들이 생긴다. 이래저래 뒤져보니 조례에 특례, 부칙이네 하며 뭔가 있긴 한데 어디서부터 어디까지 적용될지가 애매한데. 결국, 이런 회색 지대에 관한 결정은 관할 구청 건축과의 인허가권자에게 달렸지.

　도마뱀은 구청 건축과의 문을 열고 들어가 주무관에게 특례사항에 대해 조목조목 짚어서 인허가를 요청한다. 잠시간 생각하던 주무관이 입을 뗀다. 이 경우에는 아리송하긴 한데요. 아무래도 이런 건 상급 기관인 국토교통부에 질의를 해봐야 할 듯합니다. 도마뱀은 공무원들 유독 보수적이라고 속으로만 생각한다. 주무관은 그런 도마뱀의 속을 아는지 모르는지 계속해서 설명을 잇는다.

　무엇보다 계획대로 한 개 층을 더 증축하신다면 주차 대수 추가는 없어도 건축선이 문제 될 겁니다. 지하라면 몰라도, 건축선은 지상 전체를 규제하거든요. 나중에 하는 증축도 건축선에 맞춰서 지으셔야 합니다. 또 총면적과 층수가 늘어나 소방 관련 설비들이 필요할 수도 있어요. 괜찮으시겠습니까. 도마뱀은 처음 듣는 규정들이다. 이런, 생각도 못 했던 부분이군. 건축법을 대충 봤더니. 건물의 면적과 층수에 따라 규제되는게 한두 가지가 아니구나. 도마뱀은 한 발 물러선다. 그렇다면 굳이 질의를 해보실 필요까지는 없겠습니다. 기존 규정에 맞춰 보수적으로 짓는 게 낫겠군요. 그래도 건물의 측면이나 뒤편에 작게 증축하는 거 정도는 괜찮지 않겠습니까. 도마뱀은 말끝을 흐리며 건물 이곳 저곳을 찍은 사진을 보여준다.

　주무관은 잠시 도면과 사진을 번갈아가며 보더니 웃는다. 여기 이건 불법 건축물이군요. 자진 신고하시는 겁니까. 도마뱀은 어라 싶어 확인해본다. 확실히 대장의 면적과 실제가 다르다. 30년도 더 된 옛날 도면이라 지금은 적법하게 지어진 건 줄 알았는데, 불법이었구나. 주무관은 종이가 삭아 빠져 너덜너덜해진 도면을 덮으며 말한다. 건물의 측면, 후면이나 옥상에 주로 불법 건축이 이루어집니다. 건물주 몰래 임차인들이 지어놓곤 해서 시빗거리가 되는 경우가 많아요. 보통은 항공사진으로 단속하니까 이렇게 건물 아래에 있는 거나 작은 건 현실적으로 잘 잡을 수가 없지요. 적발되면 이행강제금이라는 벌금이 부과됩니다. 건축물 대장에 불법건축물로 등재되면 대출도 어려워지지요. 어차피 이번에 철거하실 거라니 크게 상관은 없습니다. 준공 때만 문제 없으면 되니까요. 이번 기회에 혹시 건물에 다른 불법건축물이 있는지 잘 점검해보세요. 도마뱀은 인사를 하고 돌아 나온다. 그러고 보니 이 공간은 과거에 임대면적으로도 계약되어 있었지. 임차인이 있었다면 철거할 수도 없었을 텐데, 그동안 별 탈 없이 지나가서 다행이다. 이거 애매하게 한 평 더 먹으려 했다간 내 정신이 좀먹히는 거군.

콘크리트로 만들어진 불법 건축물과 그것을 철거하는 모습

　돌아나오는 길에 구청 밖의 한 건물에 고양이 집이 눈에 띈다. 좌측은 지붕이 없고, 우측은 지붕이 있구나. 아까 배운 대로라면 좌측은 불법 건축물이 아니고, 우측은 불법 건축물이지. 근데 이거 건축선은 안 넘은 걸까. 도마뱀은 고양이를 쓰다듬으며 혼잣말을 건넨다. 구청 코앞에서 이렇게 당당하게 불법 건축물을 만들어도 되는 건 너희뿐일 거야. 너희는 이행강제금을 귀여움으로 대납하지만, 건물주들은 귀엽지 않아서 이행강제금을 내야 하지. 탄식하며 고양이를 안아 올리니 바둥거리다 도마뱀을 할퀴곤 도망가 버린다. 명도하려 하니 반항하는 건가. 도마뱀은 우울하게 집으로 돌아간다.

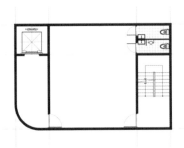 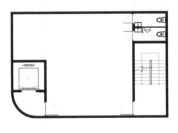

쓰린 손에 연고를 바르며 설계를 마저 생각해본다. 지금은 아니더라도 언젠가 엘리베이터를 설치할 수 있을 거야. 앞서 살펴봤듯 설치 후보지는 두 군데. 건물의 맨 앞 아니면 맨 뒤로 넣는다. 문제는 건물의 오수 처리장치인 정화조와 하수 배관이 앞쪽을 지나간다는 건데. 이걸 파내서 옮기려니 돈과 품이 만만찮다. 공사비를 아끼고 싶으니 이건 기각. 뒤쪽은 어떠려나. 도면을 보아하니 내부에 기둥이 있어 공간 효율성이 떨어진다. 이걸 역으로 이용하면 기둥을 꼭짓점 삼아 네모 반듯하게 엘리베이터가 지나가는 길, 즉 관로를 만들기 좋아 보이는군. 분할임대를 준다면 나중에 여기만 명도하고 위층과 협상한다면 어찌저찌 설치할 수 있지 않을까. 뭐, 그때 일은 그때 가서 생각해야지.

도마뱀은 이렇게 자꾸 나중, 나중을 되새겼다. 하지만 건물 공사에 있어 나중은 없다. 하지만 결정을 온전히 도마뱀 혼자 할 수 있는 것도 아니고, 시간과 예산이 한정되어 있다. 현실적인 한계. 이 안에서 어떻게든 해야 한다. 이제 업체를 구해야지.

요즘이야 공사 전반을 총괄하여 맡아주는 업체들이 많지만 2020년 초, 특히 지방에는 그리 많지 않았다. 도마뱀은 여기저기 발품을 팔아 소개도 받아보고 심지어 아무 공사현장에 들어가 현장소장을 붙잡고 현장을 맡아줄 수 있는지 물어보기도 한다. 하지만 신축도 아니고 리모델링은 잘 맡아주려는 데가 없다. 어찌 보면 리모델링이 신축보다 훨씬 더 까다롭고, 심지어 명도도 되지 않은 건물이라 꺼리는 게 당연하겠지. 겨우겨우 건축사와 시공사를 구해 생각하는 바가 현실적으로 가능한지 건축사, 시공사, 건축주 셋의 의견을 조율한다. 우선 구조안전진단을 통해 구조보강을 해야 할지, 해야 한다면 어디에 어떻게 해야 할지를 정한다.

이어 도마뱀은 하고 싶은 바를 나열한다. 우선은 외장과 설비를 개선해야 합니다. 역시 석재가 가장 무난할 것 같군요. 외부에 조명도 달고 싶습

탄소 섬유를 이용한 구조보강

철골을 이용한 구조보강

니다. 창호도 바꿔주세요. 어떤 회사의 어떤 제품이 좋겠습니다. 여기서부터 여기까지는 차폐를, 여기는 철거해서 벽체를 없애주세요. 무엇보다 화장실을 남녀 분리되도록 해주시고요. 아, 그리고 모든 불법 건축물의 철거와 증축이 필요합니다. 총 두 군데에 해주세요. 화장실의 도기는 무엇을 쓰겠습니다. 간판걸이대는 어느 위치에 설치해주시고, 공용부는 칠을 전부 새로 해주세요. 계단의 타일을 석재로 바꿔주시고요. 각각에서 자재는 무엇으로, 설비는 무엇으로 교체해주세요. 공사기간은 언제부터 언제까지. 예산은 이 안이었으면 합니다. 무난 반듯한 상가건물이고 미리 어느 정도 계획을 세워뒀었기에 빠르게 수렴점이 나온다. 완성된 설계안을 가지고 일종의 계획서인 시방서와 그 계획서에서의 예산 편성인 적산을 한다. 시공비에 대한 합의가 이뤄지고 구청의 인허가를 득한 후 특약 몇 가지를 추가한 표준계약서에 도장을 찍고 드디어 공사를 시작한다.

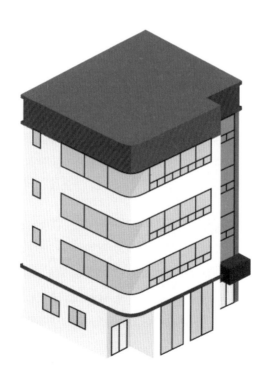

말은 간단하지만 간단하지 않아, 리모델링 공사 과정

손 실장이라고 불러주십시오. 도 사장님. 시공사에서 보내온 소장과 본격적인 공사를 시작하기에 앞서 건물 여기저기를 둘러보며 현장상태를 점검한다. 도 사장님, 철거는 모든 리모델링에 있어 제일 기본이에요. 뒷공정을 생각해서 한 번에 효율적으로 해야 합니다. 폐기물 차 한 번 부르는데 몇십만 원씩 나가거든요. 공용부를 올라가며 하나하나 철거할 것을 지적하던 손실장은 4층 문을 열어보고 천장을 물끄러미 바라보더니 입을 뗀다. 이거 언제 한 겁니까. 도마뱀의 기억으로는 30년 정도 되었을 수도 있다. 어쩌면 건물을 처음 지을 때 마감한 걸 그대로 놔둔 걸 수도 있으니까.

손 실장은 문을 닫고 돌아나오며 말한다. 도 사장님, 이건 석면입니다. 옛날 초등학교 천장 마감에서 많이들 썼었죠. 요새는 잘 안 보이는데 가끔 이렇게 오래된 건물엔 남아있곤 합니다. 화장실의 칸막이나 지붕에도 가끔 있지요. 석면 철거에는 법적으로 별도의 업체와 절차가 필요합니다. 이건 아예 완전히 별도의 작업으로 분리해야 해요. 처음 견적을 낼 때 이게 왜 빠져있었는지 모르겠군요. 석면 제거 비용은 업체별로 차이도 별로 없어서 굳이 시비거리도 되지 않는데 말이지요. 그제야 계약서를 뒤져보니 석면 같은 게 있다면 별도로 처리한다고 적혀있다. 하, 그런 게 다 있구나. 어차피 해야 할 거라면 빨리 해주세요.

석면이 남아 있던 과거 공간

천정의 석면을 제거하기 위하여
밀폐하고 음압을 만들어낸 현장

손 실장이 호출한 석면 철거팀이 하나하나 나사못을 해체하고 조심스레 철거한다. 도마뱀은 꼭 들어가지 말라는데도 궁금함을 못 참고 기웃거린다. 석면을 철거하고 나니 천장에 뭔가 스티로폼 같은 게 붙어 있군. 이게 뭔가 보고 있는 도마뱀에게 멀찍이 떨어진 밖에서 실장이 소리친다. 거기 음압이라고 해서, 기압을 낮춰놓은 상태에요. 밖으로 석면 가루가 날리지 않게 한 건데, 왜 굳이 들어가십니까. 빨리 나오세요.

밖으로 나온 도마뱀에게 실장은 살짝 떨어져서 마저 답해준다. 그게 단열재지요. 맨 위층이라 천정에 있는 겁니다. 외부 공기와 직접 맞닿는 부분이다보니 단열이 중요해요. 단열에는 외단열과 내단열이 있는데, 여기는 내단열이군요. 요즘 천정을 노출마감으로 많이들 하는데 단열재 때문에 좀 보기 싫지요. 그래도 뜯어내시면 안 됩니다. 깔끔히 떨어지지도 않아요. 정 보기 싫으시면 단색으로 칠이라도 해두세요. 요즘엔 이것보다 더 두꺼워야 할 겁니다. 여기야 예전에 해둔 부분이지만, 증축 부분은 새로이 지어지는 부분이니까 모든 걸 요즘 규격에 맞춰야 합니다. 창호도 단열, 벽체에도 단열. 법적 기준이 다 있거든요. 그래도 성능이 확실히 차이가 난단 거, 교체해보시면 느끼실 겁니다. 30년 전이랑은 많은 점이 개선됐지요.

　다음으로는 도로점용허가입니다. 건물을 철거할 때 사고가 나지 않게 하고 인부들이 건물의 외부를 다닐 수 있게 가설 설치물인 비계를 설치해야 하는데, 이게 도로를 차지하기 때문이지요. 도마뱀은 비계 사이로 인부들이 십 년 넘게 방치되어있던 간판을 하나씩 떼는 걸 지켜본다. 이제 정말 건물을 바꾸는구나. 실장에게 공정표를 달라 해서 앞으로 어떤 걸 해야 할지 한 번 슥 훑어본다. 어디 보자. 철거하고 외벽에 철제 고정대를 박고 단열 마감을 하고 석재를 건다. 다음으론 창호를 다 철거하고 철거한 부분을 미장하여 평평하게 마감 후 새로운 창호를 얹는다. 그 후 창호에 유리를 걸면 외장은 끝난다. 이 안에 설비와 화장실과 증축 그리고 공용부의 공사를 넣는 거구나. 서류로만 보면 간단하구만.

　도마뱀은 손 실장과 함께 건물을 오르내리며 철거현장들을 둘러본다. 손 실장이 바닥의 철거물들을 발로 툭툭 찬다. 이거 바닥을 대체 몇 번을 덧씌워서 올린 것인지, 다 철거하고 나니 한 뼘 가까이 내려가는데요. 전세입자들에게 원상복구를 제대로 하고 가라고 하셨어야지요. 이렇게 하면 다음 임차인들은 자기들이 철거해야 하니까 꺼리고 계속 마감 위에 마

감하는 덧방만 하지요. 건물의 관리가 제대로 되고 있질 않아요. 도마뱀은
한숨 쉬며 답한다. 그러니까 지금 이러고 있는 거 아닙니까. 건물의 때를
벗기는 거지요. 마감을 걷어내니 건물의 문제점들이 좀 보이는 거 같습니
다. 구조를 드러내니 옛날 사람들이 어떻게 생각해서 지었는지도 역순으
로 분석해 볼 수 있구요. 마치 유적 탐사 같습니다.

　문득 계단을 보니 마감을 철거한 군데군데가 우둘투둘하다. 평평하지 않은 거 위에 뭘 얹는 게 괜찮을까. 손 실장은 습식 시공을 하면 괜찮으니 걱정하지 말라고 안심시킨다. 이게 석재로 교체되며 단을 높이다 보니, 맨 아래나 위 칸은 미묘하게 한 개 단 정도를 추가해야 하는 경우가 있어요. 그래서 문틀 높이와 회전반경도 미리 신경 써야지요. 벽체는 메시라는 이 그물망 같은 것을 대고 미장을 새로 해서 평평하게 만든 후 칠을 할 겁니다. 사실, 칠을 하는 것보단 타일을 붙이는 게 예쁘지만 우리는 최대한 저렴하게 하기로 했으니까요. 나중에 이 위를 타일로 마감하실 거라면 고정력이 약해 탈락할 수 있으니 유의하세요. 이제 1층으로 가보지요.

함께 1층으로 내려가 외벽을 새로이 하는 현장을 둘러본다. 옥상에서 본 단열재가 벽과 바닥에 붙어있다. 단열재를 붙이니 벽체가 예상보다 상당히 두꺼워지는군. 확실히 요즘 규정이 더 빡빡한 건가. 공간이 줄어드는 게 아쉬워 줄자로 실측을 해보니 생각보다 훨씬 더 작다. 도마뱀은 투덜거린다. 왜 이리 공간이 생각보다 작습니까. 실장은 도면은 중심선을 기준으로 하기 때문이라 설명해준다. 아차, 여기다가 또 내부에 벽체를 세우고 세입자들이 마감까지 한다면 도면상 공간이 실제론 상당히 작아지는구나.

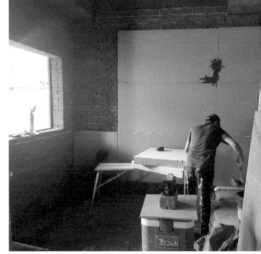

무엇보다 바닥 단열재 때문에 단차가 생기는군. 건물 내의 단차는 좋지 않은데, 어쩔 수 없다. 바닥에 시멘트를 부어 단차를 맞추자. 기껏 바닥 마감을 철거해 층고를 높였더니 다시 낮아지겠군. 원래 건물에 뭔가 추가로 덧대는 건 호환성이 다소 떨어지는구나. 서류로만 보던 것과 실제 느낌은 많이 다르구만.

툴툴거리며 눈길을 옮기니 전기공사팀이 분전함의 구멍에서 전선을 슥슥 빼고 새 전선을 넣는 게 보인다. 넣은 전선이 어딘가의 구멍으로 툭 나온다. 손 실장은 손을 뻗어 전선을 잡아빼며 말한다. 이게 외부 간판 조명이랑도 연결되어있지요. 과정을 눈으로 보니까 좀 더 잘 이해가 가시지요. 배관은 혈관, 전기는 신경계, 외관은 피부, 공용부는 척추, 설비는 장기와 같은 겁니다. 사람이랑 비슷하지 않습니까. 이번 기회에 전기, 소방, 통신, 배관 등 설비 도면은 따로 만들어 관리해두시는 게 좋을 겁니다. 이제 밖으로 나가보지요.

밖으로 따라 나온 도마뱀은 비계를 한 번 타봐도 되냐고 묻는다. 안 될 거야 없지만, 굳이 그렇게까지 해야 하느냐며 안전모를 건네주는 손 실장

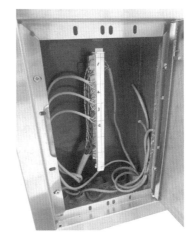

좌측부터 화재탐지 설비인 P형 수신기, 배전함 내의 분전반, 통신단자함 내의 통신 회선

에게 도마뱀은 직접 눈으로 보지 않으면 직성이 풀리지 않는다며 비계를 올라탄다. 따라 올라온 손 실장이 벽체의 웬 쇳조각을 짚으며 설명한다. 아까 계단에서 습식 시공 이야기를 했지요. 이게 건식시공입니다. 습식과 건식. 아까 계단에서는 흙으로 다진듯한 것 위에 돌을 얹었지요. 그게 습식이고, 이건 건식이라고 벽체에 파스너와 앵커를 박아넣고 거기에 돌을 거는 겁니다. 지금 돌을 걸기 위한 밑 작업을 하고 있지요. 사이의 틈은 모두 실리콘으로 메꿀 겁니다. 아무래도 석재가 제일 관리하기 편하지요. 잘 선택하신 겁니다. 건물은 무난 반듯하고 관리가 편한 게 최고거든요. 들쑥날쑥하거나 요철이 있으면 공간 효율성도 떨어지고, 비둘기들 주상복합 아파트 만들어주는 거랑 다를 바 없습니다. 말을 마치며 손 실장은 비계에서 창호를 철거한 곳을 통해 바로 건물 안으로 벽을 타고 넘어간다.

　도마뱀도 뒤따라 들어가 바닥에 발을 턱 딛는다. 안쪽을 둘러보니 기존

의 창호를 모두 철거해놓은 게 굴러다닌다. 손 실장이 그 옆에 운송되어 온 새 창호들을 가리키면서 말한다. 철거한 옛날 창호와 요즘 창호를 비교해보세요. 육안으로도 확연히 차이가 나지요. 보통 창호는 단열과 방화가 주안점이 됩니다. 열관류율이 낮을수록 좋은 건데, 쉽게 말해서 그냥 요즘 창호가 덜 춥고 밀폐 잘 되고 튼튼해요. 사람이 상주하진 않는 상업 건물에선 창호나 유리를 주택에 쓰는 것만큼 비싼 걸 쓰지는 않아도 충분할 겁니다. 다만 너무 싼 건 쓰지 마세요. 자재 수명이 길어야 내 수명도 길어집니다. 그리고 창을 낼 때는 채광과 환기를 생각해서 방향을 맞춰야 합니다. 되도록 맞바람이 불 수 있게 하는 게 좋지요. 임차인들이 공간을 구분하거나 인테리어를 할 것도 미리 염두에 둬야 하고요. 이제 석재 작업이 마무리되면 두겁석과 창호를 올리고 틈을 메꾸는 사춤 작업을 한 뒤 창호에 유리를 걸면 외장이 끝납니다. 유리를 거는 작업은 이 정도 건물 규모면 하루면 끝날 거에요. 그런데, 설계부터 자재 선택 후 실행까지 한 달이 채 걸리지 않다니, 이렇게 빠르게 진행해보는 건 저도 처음인데 어쩌다 이렇게 진행하시게 된겁니까.

　도마뱀은 반쯤 포기한 심정으로 답한다. 장고 끝에 악수 둡니다. 누군가는 다 해봤던 일일 거고, 그렇다면 내가 못 할 리 없지요. 그리고 그 사람들도 뭘 다 알고 시작한 건 아닐 겁니다. 대충 알아놓고 나머진 하다 보면 알게 되겠죠. 제가 시공에 대해선 아무것도 모르는데 뭐 따져봐야 알겠습니까. 그냥 견적 몇 군데 내보고 중간값 선택하고 무사히 빨리 끝내기만 해라 기도할 뿐입니다. 보통은 가격이 곧 성능일 거라 비슷한 가격대면 거기서 거기일 테니까요. 무엇보다 리모델링이 신축보다는 간단하단 게 제일 크지요. 기껏해야 설비, 외장, 화장실이랑 주차 관련 법을 좀 신경 쓰는 정도가 고민의 다였습니다. 만약 신축을 했다면 이렇게 빠르게 의사 결정을 못 했을 거예요.

손 실장은 어차피 눈 앞에서 속여도 모를 거라 웃으며 성큼성큼 걸어서 화장실 공사 현장쪽으로 걸어간다. 말씀하신 대로 벽체를 철거해서 입구를 두 개로 만들고 있습니다. 네 개 층이니까 넉넉잡아 몇 주 정도 걸리겠군요. 다음으로 철거현장 안쪽으로 들어가서 배관을 새로이 한 것을 보여준다. 위에서 보니 버섯들이 자라는 모양 같지요. 이제 공간을 나누도록 가운데 벽체를 벽돌로, 그러니까 조적으로 쌓아 올립니다. 그만큼 하중이 실리니 미리 아래에 보강을 해두지요. 타일을 붙일 수 있게 방수공사를 포함한 바닥공사를 하고, 타일을 붙이고 천정을 만들고 전기와 수도를 점검하고 도기와 부속품을 설치하면 끝입니다. 화장실이 좀 작지만 작은 건물이라 한 번에 한 명 정도씩만 들어갈 수 있어도 충분하겠군요. 그러고 보니, 화장실에는 칸막이를 다실 겁니까.

도마뱀이 굳이 필요 없을 것 같아 뺐다 하니 실장이 적어도 남자 화장실에는 달아두는 게 좋을 거라 권한다. 여자는 한 번에 한 명만 들어가지만 남자는 대소변기를 따로 쓰잖아요. 그러니 보통은 남자 화장실이 더 커야 해요. 그리고 동파방지용 라디에이터, 전기온수기 정도는 건물주가 설치해두시는 게 좋습니다. 건물의 유지관리나 이용자의 편의를 위한 시설은 미리 해두시는 게 임대 놓기에 좋지요. 냉난방기는 선택인데, 건물주가 해두면 임차인들이 유지보수를 건물주에게 떠넘기는지라 계약 할 때 합의를 잘 봐야 합니다. 그러고 보니 지하 뒤편에도 화장실을 만들어달라 하셨었지요. 어디 한 번 내려가 볼까요.

따라 내려간 곳은 이번에 아주 작게 증축되는 화장실이다. 공사가 잘 진행되고 있구나. 옆에서 손 실장이 질문을 던진다. 도 사장님, 기존의 화장실처럼 지하와 1층이 공용으로 쓰게 했던 그대로 놔두셔도 됐을 건데 굳이 여길 따로 증축하신 이유가 있으십니까.

도마뱀은 옆쪽의 벽을 짚으며 그 이유를 설명한다. 이게 옹벽이지요. 대

지의 단차에서 흙이 쏟아지지 않게 세운 벽. 건축물을 옹벽과 50센티미터 떨어지게 하라는 게 법 규정인데 그 간격을 감안하더라도 화장실을 따로 만들 수 있는 면적이 나오더군요. 이 화장실의 내경은 가로세로 1미터에 1.7미터 정도인데, 딱 1인용 화장실로 쓰기 좋은 크기지요. 만약 이렇게 따로 만들어주지 않고 지하와 1층의 공용 화장실이 되어 문이 내외부로 두개 달리면 서로의 영업시간에 따른 보안성에 문제가 생깁니다. 그리고 1층은 보통 사람들이 많이 들락거리는 업종이 오니까 외부 화장실은 공용으로도 쓸 수 있게 하고 싶었어요. 물론 지하에 따로 화장실을 만들 수도 있었지만, 배관이나 펌프를 따로 다 만들어 줘야 해서 유지보수가 어려워질 게 뻔히 보여서 기각했습니다. 마지막으로 이렇게 위에 만들 때 기존 화장실 바로 옆에 붙어있으면 기존의 하수 및 오수관과 연결하기 편하단 점도 있지요.

대신 여긴 원래는 조경면적 일부가 있던 곳이라 그걸 옮겨야 했습니다. 일정 규모 이상의 건축물에서는 조경 면적 확보가 의무더군요. 요구하는 수목 또한 법으로 정해져 있지요. 옛날 건물이다 보니 과거의 조경면적이 흔적도 없이 사라졌던데, 인허가권자가 리모델링 후 준공검사 받을 때 복구해놓으라고 하더군요. 리모델링에 있어 어떤 구획 배치나 설정을 서류만으로 변경 가능한 게 몇 개 없는데 그중 가장 중요한 두 가지가 주차장과 조경인지라, 조경을 전부 재배치하고 남은 자리에 증축을 한 겁니다. 특히 옥상에 올리는 게 주효했지요. 건축법에 옥상에 조경 면적을 확보하면 지상의 조경처럼 인정해주는 조항이 있더군요. 지상 조경의 반까지는 옥상에 올려도 됩니다. 단, 옥상에 가꾼 조경은 그 2/3까지만이 지상의 조경으로 인정되구요.

손 실장은 리모델링에선 하자 발생률 때문에 보통 꺼린다며 말을 흐린다. 옥상 정원은 설계단계부터 하중과 방수를 생각해야 합니다. 흙과 물, 그리고 책은 밀도 대비 무게가 높기 때문이지요. 그래서 정원, 수영장, 서점, 운동 시설 같은 게 있는 건물은 하중을 견딜 수 있도록 더욱 신경 써야 하고요. 작은 규모니까 무게 문제는 크게 없겠지만, 그래도 가급적이면 신축할 때부터 설계되어있는 게 좋고, 정 리모델링에서 할 거라면 별도의 방수 작업과 공정이 필요합니다.

신축 시 옥상에 설치되는 조경 면적

　　도마뱀은 번거로워도 어쩔 수 없다 답한다. 원체 작은 건물이다 보니 한 평이 아쉬워요. 그리고 식물도 관리를 해줘야 하잖습니까. 세입자들의 오수 방류, 쓰레기 투기, 주차 된 차의 배기 방향, 응달 문제 등으로 식물이 고사하는 경우가 많아 관리가 참 어렵겠다 싶어 차라리 옥상으로 올려놓자 결정했지요. 결국 리모델링에선 주차 구획, 조경 면적, 화장실 공간을 이리저리 옮겨서 엘리베이터 관로나 화장실이 들어갈 공간을 새로이 만들어주는 게 제일 중요하더군요. 말이 나온 김에 옥상으로 한번 가보지요.

　　함께 옥상으로 올라가 방수층이 걷힌 옥상 바닥을 바라본다. 손 실장은 바닥이 끈적하니 밟지 말라며 도마뱀의 발걸음을 막는다. 보통 실외는 우레탄 방수, 실내는 에폭시 방수를 합니다. 도 사장님은 우레탄 방수를 하기로 하셨지요. 간단히 방수 작업의 순서를 알려 드리자면 우선 면갈이라 불리는 평탄화를 하고 균열을 보수한 뒤 하도와 중도와 상도를 순서대로 처리합니다. 지금 이 끈적한 게 접착제라고 생각하시면 돼요. 쉽게 말해 접착제, 방수층, 코팅층입니다. 다른 방수 공법도 많지만 이게 가장 보편적입니다. 보통 3년에서 5년 정도마다 상도를 갈아주면 좋지요. 건물은 물과의 싸움이니 잘 관리하셔야 할 겁니다. 보통 누수에 있어선 옥상이 제일 문제거든요.

　　대구는 비가 많이 내리지 않는 동네라 그런 건지 몰라도, 도마뱀네 건물은 운이 좋게도 누수가 난 적이 없다. 이참에 알아두자 싶어 누수를 조심

하려면 어디를 중점적으로 봐야 하는지 묻는 도마뱀에게 손 실장은 사진 첩을 열어 사례들을 보여준다.

누수 사례는 너무 많아요. 태양광 발전패널이나 옥상 중계기 등의 옥상 시설물 때문에 발생한 방수층 훼손이라든가. 창틀의 유격이나 유리의 실리콘 마감의 노후화도 문제 원인입니다. 또 각 층에 창호를 뚫고 통신선을 넣는 경우가 많은데 이 선을 타고 물이 들어오는 경우도 있지요. 사진처럼 물이 전기관로를 통해서 배전함으로 유입된 경우도 있고, 옥상 정원의 배수시설이 문제가 생긴 경우도 있습니다. 외벽의 균열도 문제에요. 특히 벽체가 조적이면 자주 발생합니다. 어딘가의 균열에서 물이 건물의 골조를 따라 전체적으로 돌다가 뜬금없는 곳에서 누수가 발생하기도 하고요. 이

| 1 | 2 | 3 |
| 4 | | |

1. 창틀 누수 발생
2. 배전함 전기 관로에서의 누수 발생
3. 화단 배수 문제로 인한 아래층 누수 발생
4. 누수 방지를 위한 옥상 덮개

외에도 지하 중에서도 위쪽이 주차장인 경우, 엘리베이터 통로, 건물 내부의 모든 배관과 임차인이 설치한 상·하수시설 등이 있지요.

도마뱀은 잠자코 받아적다 문득 뭔가 이상해서 묻는다. 그냥 건물 전부 아닙니까. 손 실장은 맞장구 친다. 그렇지요. 얼마나 시달리는지 그냥 옥상을 전부 지붕으로 덮어버리는 경우도 있어요. 이건 건물주가 자포자기한 겁니다. 잘못 하면 불법건축물로 등재되거든요. 이런 경우는 참작을 해줘야 할 문제인데, 답답한 노릇이지요. 지금껏 누수를 설명했는데 마침 곧 장마철이군요. 외장 공사는 잠시 멈추고 일단 비가 와도 할 수 있는 공사들은 진행하도록 하지요. 마침 철거를 다 해놓은 상태니 혹시라도 어딘가에 누수가 있을지 제가 잘 관찰해보겠습니다. 다 철거해놓은 이때가 건물의 취약점을 가장 잘 알 수 있을 때거든요. 건물을 전체적으로 한 번 둘러봤으니 이제 내려갑시다. 그런데, 여전히 지하와의 협상은 지지부진합니까. 저들 때문에 공용부랑 설비 공사가 아주 까다로워요. 마감도 안 맞아 떨어지고. 도마뱀은 고개를 가로젓는다. 공사를 강행해도 요지부동인 거 보니 이미 포기상태입니다. 어쩔 수 없지요.

며칠 뒤 장마가 시작됐다. 도마뱀이 공사하던 시점은 10년 만의 장마가 전국에 물 폭탄을 쏟아붓던 때였다. 벌써 며칠째 비인가. 내부공사는 진행한다지만 나머질 못 하니 공사가 자꾸 늦어지는구나. 공사 기간 내내 단 하루도 빠짐없이 현장을 보곤 있지만, 사실 시공에 대해 아는 것도 없는 건축주가 건축현장에서 할 수 있는 건 거의 없다. 더욱이 비가 오는 걸 사람의 힘으로 어찌할 수도 없고. 그저 답답하고 불안하니 현장에 와있을 뿐이다. 건물 안에서 멍하니 비 내리는 밖을 바라본다. 도마뱀네 건물은 뒤 필지보다 지대가 한 층 정도 낮아 건물 쪽으로 물이 들이친다. 그래도 지하로 통하는 비상계단을 둘러싼 판넬 벽체 덕분에 이제까지 한 번도 지하로 물이 들어온 적은 없었다. 장마철에는 건물주들이 어머니 무덤 쓸려 내려갈까 봐 우는 청개구리처럼 된다던데. 저게 없었으면 나도 침수에 시달렸겠지. 그러고보니 저거 불법건축물인데. 깜빡 잊고 철거 안 했구나. 저걸 누가 설치했더라. 누가 설치했든 이번 기회에 철거하고 비가 들이치지 않게 정식으로 다시 증축하고 신고해야지. 고작 이런 판넬 하나 세우는 것도 엄밀히는 증축이라니, 참 법이 빡빡하단 말이야.

문득 뭔가 떠오른다. 저거랑 앞쪽 계단의 방수 턱을 철거해버리자. 장마 기간에 지하로 물이 들이치도록. 바로 철거팀을 불러 전부 뜯어버리라 말한다. 폭우가 시작되고 빗물을 막아주는 구조물이 없으니 공사현장의 폐자재들과 함께 물이 지하로 폭포수처럼 쏟아져 들어온다. 도마뱀네 지하는 침수된 적이 한번도 없어서 물 펌프와 집수정이 없다. 가게가 물에 잠겼다고 소리 지르는 임차인에게 가서 장마철 내내 같이 물을 퍼

준다. 임차인은 사람이 어떻게 이럴 수 있냐며 고소하겠다고 악에 받쳐 소리지르지만, 도마뱀은 왔다 갔다 물을 퍼내며 건성으로 대꾸한다.

아니, 불법 건축물을 구청에서 철거하라잖습니까. 우리의 계약서에 계약된 면적은 여기를 포함하지 않습니다. 필요하면 당신들이 벽체를 새로 세우시던가. 하지만 그건 불법건축물입니다. 이행강제금이 나올 거고 이걸 책임지시던가. 사실, 이런 경우 특약이 없다면 이행강제금도 임대인에게 부과되지만 모른 척한다. 심지어 임대를 준 공간 전체가 불법건축물이더라도 임대차보호법의 적용도 받는 데다. 불법건축물을 임차인이 멋대로 만들어도 철거해선 안 된다. 하지만 실전에서는 그런 것 따위 중요하지 않

다. 법의 세부적인 내용을 잘 아는 임차인들은 잘 없기에, 임대인은 알아도 모른 척 몰라도 아는 척 해야 한다. 한 번 혼쭐내면 나가겠지.

문제가 생겼다. 예상보다 물이 차오르는 속도가 더 빠르다. 급히 물 펌프를 가져오지만 물 펌프 하나만으론 부족하다. 서로 싸우다가 물이 무릎까지 올라오면 싸우다 말고 같이 물을 퍼낸다. 물에 잠긴 콘센트에서 지직지직 스파크가 튀고 등불이 깜빡깜빡한다. 엄마야. 죽긴 싫으니까 두꺼비집을 내려놓자. 물을 퍼내다가 비가 잦아들면 물을 퍼내던 양동이를 집어던지고 다시 삿대질하고 나가네 못 나가네 드잡이질하며 나랑 여기서 같이 잠겨 죽자고 싸운다.

지독한 점은, 이런 극약처방을 해도 장마 기간 내내 안 나간단다. 좋다. 그럼 그냥 더 부숴버리자. 나갈 때까지. 이번엔 배관 공사를 핑계로 지하천장을 그냥 강제로 철거해버린다. 나는 당신들이 고소를 걸든 뭘 하든 무조건 진행할 테니 마음대로 해라. 대신, 나는 반드시 임대차보호법 기간이

워터파크 개장

폐기물 로켓 배송

만료될 때 당신들을 돈 한 푼 안 주고 내보내겠다. 또 한편으로는 중간중간 어르고 달랜다. 어차피 공사는 진행할 건데 감정 상해서 척진 채로 나중에 그냥 한 푼 없이 나가느니 어느 정도에 합의를 봅시다.

결국 임차인은 처음 불렀던 합의금의 1/3 가격에 타협하겠다고 항복했다. 역시 이전에 불렀던 높은 합의금은 그저 엄포에 불과했던 거였군. 돌아서서 다른 말 할까 싶어 얼른 합의금을 입금한다. 도마뱀은 입금을 확인시켜주고 곰팡이가 잔뜩 핀 소파에 앉아 한숨을 내쉬며 힘없이 말한다. 그동안 고생했고 철거는 내가 할 테니 그냥 바로 나가만 주시오. 아, 폐업신고 잊지 마시고. 이삿짐을 싸는 임차인을 보며 겨우 끝났다 싶어 안도의 한숨을 내쉰다. 돌이켜보면 이건 뭘 모르니까 할 수 있었던 거다. 보통이라면 당장 손해배상을 하라고 소송이 걸렸을 거고, 만약 사고라도 나면 건축주 책임이니까. 하지만 이렇게 강하게 나가지 않으면 협상이 되지 않았을 거다. 공사가 정말로 진행되고 강제로 철거하는 걸 보지 않았다면 과연 이들이 순순히 나갔을까. 단 한 푼의 보상도 주지 않겠다는 그 태도를 보았기 때문에 중간에 합의하고 나간 거지. 건물 공사에 있어 최고의 난점은 매입도, 공사도, 임차도 아니다. 명도다. 그리고 이 명도를 하는 방법은 세 가지뿐이다. 돈, 시간, 멱살.

겨우 지하를 내보내고 다시 철거팀을 부른다. 이거 전부 철거해주세요. 이어 바로 3층으로 올라가 인력사무소 소장님을 만난다. 드디어 지하가 명도됐습니다. 길어진 공기에도 불구하고 협조해준 것에 대한 감사로 실내 인테리어는 새로 다 해드리겠습니다. 계약을 새로이 하시지요. 문득 어떤 생각이 스친다. 아, 혹시라도 또 명도해야 할 수 있으니 이것은 기존 계약의 연장이고 임차 장소만 바뀌는 것으로 특약을 쓰자. 실제로 인정될지는 몰라도, 계약서에는 완전히 법적으로 금지된 것만 아니라면 일단 적어두는 것이 좋으니까. 겨우 임차인을 내보낸 이후에야 꼬이고 꼬인 설계와

1. 지하 철거 전
2. 지하 철거 중
3. 지하 철거 후

미뤘던 공정을 진행해 정상화 할 수 있었지만, 손해는 막심했다. 이렇듯 무엇 하나 내 뜻대로 되는게 없기에 공기는 예상보다 30% 늘리고, 공사비는 20% 높이고, 예상 임대료는 10% 낮춰서 생각해야 한다.

이제야 공사가 마무리되어 간다. 하지만, 임대를 받는 건 내 마음대로 안 된다. 철저하게 운이지. 요즘 배달업종이 많다니 1층을 반씩 나눠볼까. 하지만 이러면 수도와 전기를 또 분리해야 할 텐데. 게다가 코로나 때문에 뜬 업종은 코로나가 종식되면 어찌 될지 모르고. 또, 나눠서 임대 놓는 것은 당장의 수익률은 오를지 몰라도 면적 상 업종의 제한이 생긴다. 언젠가 무엇보다 그 힘든 명도를 또 해야 한다면 그 대상이 두 개가 되지. 안된다. 될 수 있으면 통째로 줘야 하니까 버티자. 하지만 현실적으로 임차인이 줄을 서며 건물주가 그 중 마음대로 골라 임대를 맞출 수 있는 곳은 극히 드물다.

어찌해야 하나 고민하는 동안 이런저런 문제점들이 터지기 시작한다. 예컨대 주차구획이 과거 규격 기준대로인지, 새로운 규격을 적용하는지 애매모호했었다. 그래서 보수적으로 현행 기준인 2.5미터로 주차구획을 설정하고 그에 맞게 설계하라고 말했었는데, 건축사는 과거 기준인 2.3미터로 설계했던 게 아닌가. 건축 도면은 중심선 기준에 단열재, 마감 등이 추가되기에 실제론 차이가 꽤 난다. 결국 마감까지 끝내고 나니 필요한 주차장 규격보다 한 뼘이나 모자라져 준공에 문제가 생긴다. 어떻게 이렇게 기초적인 걸 실수할 수 있는지 의문이다.

건축사에게 따지고 드니 시공자들이 잘못한 거라는 둥 허가받을 땐 괜찮을 거라는 둥 정 문제가 된다면 두꺼운 석재 마감을 떼고 얇은 타일을 붙이자는 헛소리를 늘어놓으며 책임소재를 돌리기 급급하다. 시공자들은 설계대로 할 뿐 먹선까지 당신이 친 것 기억 안 나냐며 녹취를 들이대고 책임지라 싸운다. 다행히 도마뱀네 필지에 속한 담벼락을 부수면 그 규격이 나오니, 철거 비용을 청구하는 것으로 마무리한다. 이건 한 가지 예시일 뿐, 인부들이 마감의 단차를 고려하지 않고 문을 먼저 설치한 것이라든가, 곡면 마감재에 대한 하중 처리, 배관이 이상하게 연결된 것 등 인허가나 설계, 시공에서 이루 말로 할 수 없는 부분들이 문제시되었다. 하나하나 점검하지 않았다면 그냥 넘어갔을 게 많고, 분명 지금도 모르고 넘어갔던 게 분명 있을 거다.

건축사와 싸우는 와중에 이번엔 시공사에서 추가공사에 대한 견적서를 보내온다. 구두로 마구 추가한 공사 견적들은 무슨 장난질을 쳤는지 상식을 초월해 한껏 올라가 있다. 척 봐도 면적이 맞질 않는다. 추가공사에 대한 계산이 제대로 안 되어있는 거다. 사실, 도마뱀도 잘 모른다. 얼추 이것만은 아니란 것만 짐작할 뿐. 도마뱀은 받아든 서류를 시공사 사장 앞에 도로 툭 던진다. 이런 근거 없는 공사비 못 주겠소. 시공사 사장은 유치권이란 걸 걸겠다며 유치권이 뭔지는 아느냐 으름장을 놓는다. 젊은 건축주라고 무시하는 건가. 하지만 시공사 사장도 정작 실무는 잘 모르는 듯하다.

분쟁으로 인해 철거되는 담벼락 　　　　　분쟁 이후 추가되는 합의서

모르는 사람 둘이 싸워봐야 답이 없지. 다른 경험 있는 사람들을 찾아가 견적서를 보여주며 대체 어찌해야 하는지 물어보니 추가공사를 구두로 한 것 자체가 문제란다. 이거, 전형적인 분쟁사례네요. 분쟁 끝에 시공사가 도망가는 것을 타절이라고 하는데, 타절 안 된 것만으로도 다행으로 여기세요. 타절된 현장은 수습하기 아주 어려우니까. 원래는 이렇게 마구잡이로 추가공사하면 안 돼요. 누군가는 이렇게도 말한다. 원래 다 하고 에누리 하는 거예요. 도마뱀은 기가 차서 반문한다. 시장바닥도 아니고 그게 뭡니까. 하지만 이제 와서 내역을 일일이 따져보기도 힘들고, 결국 그냥 얼마 안에 끊자고 합의를 보기로 한다. 구두로 추가했던 여러 가지 공정이나 변경점들에 대한 명확한 합의서를 작성하고, 잔금은 사용 승인 후 하자를 전부 점검하고 주겠다는 점을 마지막에 명기하고 서로의 지장을 찍는다.

　이젠 지친다. 현장소장의 중재와 주변인들의 도움으로 겨우 공사비 교통정리를 해보니 중복 공정을 제하고도 얼추 10%는 낮아진다. 도마뱀은 이 이상 못 주겠다 선언하고 유치권 걸고 싶으면 걸라고 맞대응한다. 내심 어느 정도 에누리가 들어올 거라고 짐작했던 듯 대폭 낮춘 금액을 시공사 측은 수용하지만, 이건 말도 안 되는 주먹구구식 합의다. 어떻게 말싸움으로 천만 원 단위가 에누리 되나. 이렇게 극단적으로 불투명하고 폐쇄적인 시장이 요즘 사회에 아직 남아있다니. 이쯤되니 영혼이 탈곡되는 것 같다. 공사 한 번 하면 10년 늙는다는 말이 사실이었구나. 이거 제대로 한 게 맞긴 한걸까. 건축은 건축주의 수준에 맞춰서 진행되기 마련, 그래서 내 건물은 벽돌 한 장부터 수도꼭지까지 내가 제일 잘 알아야 하지만 처음 하는 사람들이 그게 될 리가 없다. 그러니 건물 하나 짓고 나서 차라리 지어진 걸 사면 샀지, 다시는 직접 안 한다는 사람들이 그리 많겠지. 복어 처음 먹어본 놈은 별로 용감하지 않다. 앞엣 놈 죽는 것 보고도 꾸역꾸역 먹어보는 두 번째 놈이 용감한 거지. 과연 이거 두 번 할 수 있을까. 한 번으로도 진절머리가 나는데.

이제 건물의 준공이 완료되고 나서 실질적으로 사용할 수 있게 되는 마지막 절차인 사용승인이 코 앞이다. 하지만 여전히 임대 문의가 전혀 없다. 담배만 늘어난다. 너무 스트레스를 받아 건물에서 밤을 새다 화장실에서 쪽잠을 잔다. 내 판단이 틀린 게 아닐까. 하지만 상식적으로 짓자마자 다 차는 건물이 어디 있나. 다 차려면 적어도 1년은 두고 봐야 하지. 하지만 현실적인 상황이 그렇게 여유롭지 못하다. 이자는 이 순간에도 계속 나가고 있는데, 진짜 막노동하러 나가야 하는 거 아닐까. 임차 문의를 몇 번 받아보지만 원하는 임대료보다 낮다. 역시 이 상권의 1층은 개선을 해봐야 임대료나 회전율에 있어 크게 차이가 없구나. 이건 예측한 대로다. 중요한 건 2층 이상은 문의조차 없단 거지. 그렇다면 이건 실패한 리모델링이다. 이 리모델링의 의의는 1층이 아니라 그 위층들이니까. 정 안되면 직접 고층에 독서실이나 스터디카페 같은 걸 해야 하나 싶어 알아보기 시작한다. 계산을 해보니 예상 매출액에서 각종 비용을 제하고 나면 인건비나 겨우 건지는 수준의 장사다. 이건 패착이 결정된 장기를 두는 거지. 절대 해선 안된다고 결론 내린다. 편의점을 하려 점포개발팀에 문의를 해보니 일정 거리 내에 편의점이 있다면 신규 출점을 안 해주는 데다가, 가능하다 한들 담배를 판매할 수 있는 권리인 담배권을 옆 편의점에서 선점하고 있어 담배를 못 판단다. 담배를 팔지 못하는 편의점은 매출이 좋지 않지. 다른 것들도 연이어 검토해보지만, 딱히 될 만한 게 없다.

코로나 때문만이 아니다. 이전부터 경기는 침체 기조였다. 임대료를 더 저렴하게 해야 하나. 하지만 가격으로 경쟁하는 것은 10% 정도론 모자라다. 대폭 낮춰야 한다. 하지만 싸게 놓으면 그 이후는 더 문제지. 임대료는 5%씩 매년 올려서 10년을 올려야 60% 올릴 수 있다. 현실성이 없는 이야기다. 매년 5% 복리 수익을 보장하는 상품이라, 쉽지 않다. 그나마도 계약서에 매년 5% 올릴 수 있다는 문구가 있어야 가능한 거지, 이 문구마저 없다면 10년간 임대료가 동결된다. 굉장히 치명적인 부분이지만 이걸 모르는 건물주들이 많다. 물론 임차인과 합의가 된다면야 법정 한도 내에서 올릴 수 있지만, 합의가 그리 쉬웠다면 우리나라 진작 남북통일 됐을 거다. 도마뱀이 훗날 사람들에게 수백 번은 받는 질문은 이 범주를 벗어나지 않는다. 임차인 내보낼 수 있나요. 임대료 올릴 수 있나요. 명의 바꿔줬는데 어떻게 하지요. 반복되는 질문에 임대료는 못 올려도 도마뱀의 혈압은 100% 오른다. 녹음기처럼 답변한다. 안된다. 못 올린다. 명의 바꿔주지 마라. 그러니 아무렇게나 임대 놓으면 안 된다. 부동산에선 시간이 무기요, 임자 맞으면 제값 받는 게 부동산 시장이다. 백마 탄 초인이 오리라. 최대한 버티자. 하지만 몇 달을 버텨야 하나.

일단 설치하고 보자, 엘리베이터

그렇게 몇 주를 시간만 보내고 있던 어느 날, 멍하니 마무리 공사를 하는 건물을 보고 있는 와중에 누군가가 건물 앞을 서성이는 게 보인다. 그러더니 현수막의 번호로 전화하는 게 아닌가. 임대료를 알아보려는 부동산인 듯한데, 지겹다. 걸려오는 전화를 심드렁하게 받는다. 무슨 일입니까. 받고 보니 부동산이 아니다. 어느 기업의 대표이사가 여기가 마음에 든단다. 도마뱀은 처음 들어보는 회사다. 찾아보니 나름대로 자기들 분야에선 꽤 유명한 듯하다. 대로변에서 지나가다 보니 여기가 주변에서 유일한 신축이더군요. 수화기 너머로 꽤나 다급한 목소리가 들려온다. 대표이사님께서 잠깐 차를 세우고 저 건물에 대해 알아보라 하셨습니다. 역시, 시인성이 중요하다. 이사님은 어디 계십니까. 건너편 카페에 앉아서 여길 보고 계십니다.

직원이 말한 위치에 가보니 공사판에서 노숙하느라 거지꼴인 도마뱀과는 달리 말쑥하게 양복을 입은 중년의 남성이 앉아있다. 직원이 도마뱀을 건물주라 소개하니 이사가 의외라는 듯 당황한다. 젊으시군요. 도마뱀은 맞은편에 앉으며 답한다. 집안 건물입니다. 제 능력이 아니지요. 그런데, 왜 여길 택하셨습니까. 이사는 답한다. 우리들은 전국의 각 구에 하나씩 매장을 내고 있습니다. 구도심의 시장과 병원이 혼재한 상권을 선호하지요. 하지만 그런 곳들은 대부분 건물이 낡았습니다. 하지만 여기는 일대의 작으나마 유일한 신축인 점이 눈에 띄더군요. 여기가 필요합니다. 도마뱀은 뭔가 응어리진 게 풀리는 느낌이 든다. 아, 역시 상가는 닭의 머리요, 비교우위가 중요하다. 살았다. 재개발 때문에 주거지 상권이 전부 사라져도, 남아있는 시장과 병원의 상권이 만회해 준 거다.

도마뱀은 안을 둘러보고 싶다는 그들을 냉큼 건물로 안내해 문을 열어준다. 문이 열리자마자 직원이 성큼성큼 걸어들어가 이것저것 점검한다. 전기와 소방 설비는 문제없는지, 실면적은 충분한지. 다음으로 화장실을 점검하고 돌아보며 말한다. 이사님, 내부 전용에 남녀분리가 된 새 화장실입니다. 이사는 고개를 끄덕인다. 좋다. 다만 건물이 작으니 1층과 2층을 같이 써야겠습니다. 내부에 계단을 설치하기 위해 슬라브를 뚫는 것을 허락해주시오.

도마뱀은 잠시 생각해본다고 하고 머릿속으로 빠르게 계산해본다. 슬라브를 철거하는 게 괜찮을까. 이들이 나가면 계속해서 똑같은 조건으로 임대를 놓아야 하는데. 1층과 2층을 함께 쓰겠단 임차인을 구하기란 어려운 일이다. 그렇다면 나중엔 철거한 슬라브를 도로 원상복구 해야 한단 얘긴데 가능할까. 일단 월세를 올린다는 명분으로 거절하는 게 좋겠다. 짐짓 평온한 척 답을 한다. 그러실 거라면 월세를 올려주셔야겠습니다. 얼마나 올릴 거냐는 직원의 질문을 이사가 가로막으며 간단히 답한다. 원하는 월세를 적어내시오. 그리곤 곧장 자리를 떠난다. 고민이 된다. 얼마를 불러

야 하나. 사실 당장 2층의 임차 문의가 없는 걸 보면 일단 받는 게 맞을 것 같단 쪽으로 생각이 기운다. 그래, 슬라브 뚫는 거 정도는 허락해 줄 수도 있지.

다음날 바로 슬라브를 철거한 뒤에 설치한 내부계단을 원상복구 하는 현장을 찾아가 본다. 아래를 철판으로 덮고, 그 위에 다시 철근을 엮고 콘크리트를 부어 굳히는구나. 철판이 떨어지지 않게 보강해 둔 모습이 보인다. 다시 막을 수야 있지만 역시 완벽한 원상복구는 되지 않는다. 이러면 다음 임차인이 노출 콘크리트 마감을 하기에는 천장의 마감이 일치하지 않아 미관상 좋지 않겠는걸. 안전 문제도 있겠고. 하지만, 어쨌든 원상복구를 할 수는 있단 거네. 보증금을 올리고, 임대료를 더 받을 수만 있다면 좋다. 수락하자. 온종일 하던 고심을 끝내고 잠들기 전 이불 속에서 소심하게 받은 연락처로 문자를 보낸다. 두 개 층의 원래 월세 합보다 50만 원 더 내시오. 보증금은 5000만 원을 더 올리지요. 다음날까지도 답장이 없다. 괜히 높게 부른 걸까. 그냥 월세를 올리지 말고 내부계단 만들게 해줄걸. 괜히 튕긴 것 같다며 후회한다.

며칠 뒤, 마무리 공사를 하는 중에 어디선가 봉고차가 와서 건물 앞에 주차하더니 6명의 사내가 우르르 내려서 줄자로 여기저기를 잰다. 어디서 오셨냐 하니 그때 그 이사가 인테리어를 위한 실측을 하러서 왔단다. 아, 높게 부른 게 아니라 낮게 불렀구나. 그들에게 있어선 월세가 얼마간 더 높은 것 따위는 관계없고 어찌 됐건 이 자리가 꼭 필요한 거였구나. 속으로 쾌재를 부르고 계약서만 쓰고 나면 다시는 이 지긋지긋한 건물에 오지 않겠다 다짐한다.

헌데 문제가 생겼다. 이리저리 실측을 해보던 인테리어 팀장이 난색을 보인다. 층고가 너무 낮습니다. 계단을 올라가다 보면 보통은 중간에 평평하고 네모난 공간이 있는데, 이걸 계단참이라고 합니다. 계단참을 기준

으로 계단 방향이 바뀌고 각 층의 임대 공간에서의 통로 역할을 하게 되지요. 계단에는 법적 규격이 있는데, 이런 계단참의 크기나 난간 같은 것에 대한 규정이 있지요. 이것대로 하면 천정의 저 보라는 뭉툭 튀어나온 구조물에 머리가 닿아요.

예컨대 이 사진에서 고작 두 계단 때문에 계단참이 생기고 꺾인 이유가 그 때문이에요. 그래서 계단을 새로 설치할 때에는 기둥, 층고, 보, 전체 길이가 중요합니다. 계단을 오르내릴 때 사람의 머리가 보에 닿지 않아야 하니까요. 층고가 너무 낮으면 계단의 길이가 길어져야 하고, 계단의 길이가 길어지면 실질 임대면적이 그만큼 줄어듭니다.

그래, 확실히 층고를 높이는 건 리모델링으로 해결을 하기가 힘들지. 임차인네 인테리어 팀과 이래저래 논의해본다. 계단을 이리저리 뒤틀어서 만들면 안 됩니까. 회전형 계단인 돌음계단은요. 인테리어 팀장은 고개를 가로젓는다. 마찬가지로 규격이 있고, 그 기준에서 층고가 모자랍니다. 어찌저찌 법적으로는 문제없게 만든다고 해도 실질적으로 쓰기가 어려울거에요. 아무래도 안 될 것 같습니다. 순식간에 천국에서 지옥으로 떨어지는 느낌이다. 인테리어팀은 실측을 끝내고 불합격 판정을 내리며 철수하고 있는데, 저걸 어떻게 해야 잡을까. 머릿속으로 온갖 경우의 수가 떠오른다. 어딘가를 멸실 하고 앞쪽으로 증축할까 아니면 계단 부분만 외부에 증축을 해야 할까. 그럼 지은 걸 부수고 주차공간을 다시 배치해야 하는데, 지금 와서 그럴 수는 없다. 저들의 구미에 맞는 방안이자 건축주에게도 가장 효율적인 방법. 떠올려라. 떠올려야 한다. 번득 떠오른다.

엘리베이터, 엘리베이터를 설치해주겠습니다. 그럼 가능하지 않습니까. 내부 전용으로 쓸 수 있게 설치해 드리지요. 인테리어 팀장은 무척 당황한다. 이것 때문에 엘리베이터를 설치한다니, 우리는 1층과 2층만 쓸 겁니다. 3, 4층은 어쩌시게요. 아니, 애초에 공기는 맞출 수 있습니까. 도마뱀은 무책임하게 내뱉는다. 할 수 있습니다. 엘리베이터는 카드키로 아래층만 전용으로 사용하게, 위층은 사용하지 못하게 하면 되지요. 3, 4층은 추후 아래층이 나가면 공용부를 만들어주고 나서 엘리베이터를 사용할 수 있게 하는 대신 관리비를 더 받는단 조건을 달면 될 겁니다.

인테리어 팀장은 그럼 월세는 협의된 건지 묻는다. 아차, 구체적으론 생각 안 해봤다. 엘리베이터를 설치하려면 돈이 더 필요하다. 대출을 더 하기엔 껄끄럽다. 보증금을 올려야겠구나. 전용면적을 희생하는 전략이기도 하니 월세도 더 올려야 한다. 어차피 받아들여지지 않을 수도 있으니 그냥 내

엘리베이터 설치 후보지

지르자. 처음 가격에서 월세는 200만 원 더 올리고 보증금 1억 더 주시오.

　며칠 뒤, 설치만 해준다면 조건을 맞춰주겠다는 회신을 받았다. 설마 이런 조건을 받아들일 줄이야. 이제 언젠가 계단을 철거하고 엘리베이터를 설치하려 한 건 도루묵이 됐구나. 입구의 이원화는 그다지 좋은 선택이 아닌데, 다음 일은 다음에 생각하자. 저지른 일은 그냥 진행해야지. 처음 만났던 카페에서 다시 만나 계약의 세부안에 대해 조율을 한다. 어디 보자. 자기네의 인테리어 기간을 포함해 계약 기간 내 처음 월세 2달을 면제해 달라는 렌트프리를 달라고. 거기에 업장 개업 일자도 정해져 있고. 그래도 이 정도면 수용할 수 있지.

　그런데 전세권을 설정해 달란다. 이건 또 뭔가 찾아보니 임차권보다 강력한 권리로서 전세권을 담보로 임대인 동의 없이 대출을 받을 수 있고, 임의로 경매에 넘길 수도 있군. 대체로 이런 걸 설정 해주는 게 임대인에게 좋지는 않지만, 예전에 통신사가 임차할 때도 기업 명의로 계약하고 점장이 전대를 하는 형식에 전세권 설정까지 해줬던 게 기억난다. 아마 괜찮겠지. 좋습니다. 맞춰 드리도록 하지요. 단, 다른 조건을 다 받아들일 테니 설계나 인허가 도중 엘리베이터가 설치가 불가능하다고 판단 될 시 계약금을 배액 배상치 않고 원금만 돌려준다는 특약을 넣겠습니다. 그리고 다음과 같은 요구조건을 수용해주십시오.

　이런저런 일에 하도 시달린 도마뱀이 관리와 임차에 대해 세세하게 규정한 특약을 내민다. 독소조항이 그득하다. 당연히 매년 월세의 상승에 대한 부분도 적혀있다. 전세권 설정까지 해주는데 이 정도는 받아주셔야 하는 거 아닙니까. 실제로 매년 올리진 않을 겁니다. 저도 상식이 있으니까요. 임대인이 매년 5% 월세 상승을 계약 갱신 시 요구한다면 수용한다는 특약을 넣는 대신, 처음 5년간은 동결해준다는 조항도 넣어드리지요. 상가건물 임대차보호법 때문에 고생한 걸 생각하면 이 조항이 빠질 바엔 차라리 계약하지 않겠습니다. 임대차계약은 임차인들이 권리금을 주고받을 때 포괄적으로 승계되기에, 이렇게 하는 게 장기적으로 유리하다는 도마뱀의 계산이었다. 직원들은 찬찬히 읽어보곤 답신 주겠다며 자리를 떠난다.

며칠 뒤, 아무런 말도 없이 대뜸 계약금이 입금되었다. 아니, 무슨 사전 통보도 없이 일을 이렇게 진행하나. 이제 발등에 불이 떨어졌다. 도마뱀은 예전에 어렴풋이 훑어보았던 승강기법을 다시 피고 끙끙 앓으며 공부한다. 장애인용 엘리베이터는 건축법상 이런저런 혜택이 있지만 여러 가지 이유로 일단 기각. 일반적이고 가장 보편적인 엘리베이터를 기준 삼아 관로의 최하단, 중단, 최상단에서 각각 유의해야 할 부분들을 하나씩 짚어본다.

우선 관로의 최하단에서의 피트공간이다. 쉽게 말해 각종 설비를 위한 공간인데, 엘리베이터의 경우엔 맨 아래쪽에 일정 높이 이상의 이 공간이 필요하다. 그래서 리모델링을 할 때 지하에서 엘리베이터를 쓸 수 있게 하려면 제일 최하층의 슬라브를 철거해야 한다. 하지만 이게 정말 까다롭지.

신축 시의 엘리베이터 지하 피트 공간

리모델링 시의 엘리베이터 지하 피트 공간

보통 지하층에 엘리베이터를 활용하지 못 한다는 건 리모델링으로 극복하기 힘든 한계점 중 하나다. 관로가 될 공간을 미리 생각해 두었었지만, 이 피트실은 생각지 못했었구나. 가장 먼저 이 피트 공간을 만드는 공정이 추가된다.

MR 방식의 기계실

MRL 방식에서 기계실을 대신하는 컨트롤패널

옥상에도 점검을 해야할 게 있다. 엘리베이터의 종류는 관로의 최상단에 기계실이 있느냐 없느냐로 MR과 MRL로 나뉜다. 기계실이 없는 경우엔 기존 기계실의 역할을 컨트롤 패널(CP)이 하고, 엘리베이터 점검이나 사고 시 공용부를 통해 여기에 접근해서 엘리베이터를 조작해야 하기 때문에 MR은 기계실, MRL에선 컨트롤 패널에 점검자가 상시로 접근 가능해야 한다. 또한 기계실이 있든 없든 옥상에 관로가 어느정도 돌출되기에. 이 위치에 기존의 설비가 있다면 철거를 하고 이전시켜야 한다. 기껏 옥상에 방수공사를 해놨더니 옥상 슬라브를 철거하는 공정이 또 추가된다.

맨 아래와 맨 위를 봤으니 이번엔 가운데. 관로는 모두 불에 타지 않는 불연재로 완전히 차폐되어 시공되어야 한다. 불이 나면 관로가 마치 굴

뚝과 같은 역할을 해 화재를 키우기 때문이라는군. 관로를 소방규정에 맞게 처리해야겠구나. 그러자니 기껏 달아놓은 창문을 다시 다 막아야 하네. 이거 방화창이라 비싼데. 이게 무슨 뒤죽박죽인가. 공사하자마자 다시 재공사라니.

엘리베이터 관로의 골조를 미리 제작해 크레인으로 설치하는 경우

건물 내부에서 관로의 골조를 조립하는 경우

　그래도 전에 예습을 해뒀던 덕에 설치 위치나 시공 과정을 어떻게 하면 되겠단 가안이 비교적 빨리 도출된다. 다시 구청을 찾아가니 이제 너무 자주 본 동갑내기 주무관이 이번엔 또 무슨 일로 왔냐고 웃으며 묻는다. 도마뱀은 한숨 쉬며 답한다. 하도 봐서 정들겠네요. 세상에 내 뜻대로 되는 게 하나도 없습니다. 결국 엘리베이터를 설치하기로 했어요. 주무관은 무슨 공사를 이렇게 하냐고 핀잔을 주며 도마뱀의 가안을 훑어본다. 특별히 문제가 없는 것 같으니 절차대로 진행하시면 될 겁니다. 기존의 공사에 대한 준공 허가를 우선 받으시고 바로 다시 대수선을 신청하거나, 기존의 공사에서 설계변경으로 처리하셔야 합니다. 어느 쪽이든 시간이 꽤 걸릴듯

한데, 최대한 빨리 처리해 드리겠습니다.

도마뱀은 빠르게 인허가 과정을 처리하고 공정을 어떻게 배치할지 생각해본다. 보아하니 어차피 철거는 엘리베이터 공사팀도 외주를 주는 듯하고, 내부 엘리베이터다보니 추가 공사가 크지 않아 엘리베이터 발주 대기 기간 동안 철거라도 내가 먼저 해두자 싶어 철거팀을 다시 부른다. 관로 부분을 이 규격대로 철거해주세요. 나머지는 엘리베이터 시공팀에서 알아서 할 겁니다. 이어 임차인 측에서 다시 인테리어팀 소장을 보내온다. 사용승인이 나지 않아도 인테리어를 할 수는 있으니 밑작업을 시작한다. 가만, 특약에 배액 배상은 안 한다고 했어도 뭔가 문제가 생겨 계약을 파기하게 되면 임차인네 인테리어팀이 한 건 도로 철거를 해야 할 텐데. 책임소재는 어떻게 되는 걸까. 하지만 그런 거 알 바 아니다. 어떻게든 되겠지. 공기를 맞춰야 한다. 도마뱀은 무식하게 공정을 하나씩 끼워 맞춰 진행하라고 다그친다.*

현장을 다시금 돌아보니 심각하다. 건물 리모델링 마무리 공사, 엘리베이터 공사, 임차인의 인테리어 공사가 동시에 진행되고 있기에 서로가 서로의 영역을 침범한다. 사공이 많으면 배가 산으로 간다는데, 뭔가 이렇게 하는 게 아닌 거 같은데. 처음부터 명도를 완전히 끝내고, 계획을 제대로 짜고, 모든 시공을 한 업체에 맡기는 턴키 계약을 해야 했는데. 공정이 몇 개로 나뉘고 변경점은 대체 몇 가지인지. 하지만 지금 와서 후회한들 소용없다. 전부 수업료라고 생각하는 수밖에. 겨우 공정을 정리해 기한을 맞춰 승강기 안전 관리공단에서 승강기 설치 검사를 받아 운행에 이상이 없음을 확인받는다. 엘리베이터가 완공되고 사용승인을 받고 임차인측이 남은 공간을 마저 인테리어하며 총 공정을 마무리한다. 우여곡절 끝에 드디어

---

* 원리원칙대로라면 사용승인 이전에 임대차 계약을 하고 인테리어를 허락하는 것은 아주 위험한 행위다.

사진 상의 창문들은 모두 불연재로 막아야 한다.

임차인의 업장이 개업한다. 마지막으로 등기소에 가서 대수선과 증축부에 대한 등기를 하고 취·등록세 고지서를 받아든다. 이 조그만 증축 부분과 엘리베이터 또한 재산세 부과 대상이구나. 별별 걸 다 챙겨야 하는군. 각종 서류를 마무리하고 정리하고 남은 여분의 열쇠 꾸러미를 함께 책상 서랍 제일 아래 칸에 넣어둔다. 서랍이 드르륵 닫히는 소리와 함께 이제 정말 끝났다는 실감이 난다.

공사에 필요했던 각종 서류를 정리하며 돌이켜보니 다시 하라면 못 할 것 같지만, 그와 동시에 만에 하나 다음이 있다면 더 잘할 수 있을 것 같단 생각이 든다. 아까 다시 안 한다 그랬는데, 이거 어찌보면 애 낳는 거랑 비슷한 거 아닐까. 첫째 낳고 그 고생 다 까먹고 둘째 낳듯이. 망각은 축복이라니까. 마무리 짓고 나서 건물 건너편 카페에 앉아 건물을 바라본다. 과연 이렇게 무리하게 엘리베이터 설치를 한 게 최선일까. 이게 아닌데, 이렇게 하면 안 됐는데. 좌절감이 쏟아진다. 억지로 진행한 공사. 극악의 공정 효율성, 억지로 맞춘 임차. 현실적인 한계선이 있었다 해도, 이게 그 안에서나마 최적이었을까. 이 후회는 도마뱀이 과정을 복기하며 부동산과 시공에 대해 공사가 끝나도 관심을 두고 찾아보게 되는 계기가 된다.

그래도 이제 어느 정도 안정화가 되었으니 3, 4층의 까다로운 조건을 맞춰줄 임차인을 기다린다. 간혹 문의가 왔지만, 성인 오락장 같은 퇴폐 업종을 받기 싫어 거의 1년을 비워놓고 기다리다 결국 3층에는 입시 무용 교습소, 4층은 젊은 연인 둘이 하는 의류 스튜디오를 받았다. 계약 당시 까다로운 조건을 가득 채운 계약서를 훑어보던 이들은 이렇게 말했다. 월세만 제대로 내면 아무런 문제 없는 특약들 아닙니까. 별문제 없습니다. 계약하겠습니다. 역시 젊고 고부가가치 산업에 종사하는 임차인일수록 깔끔하다. 월세 납입을 어기는 일도 없고, 지금껏 단 한 번의 연락도 없다. 임대인과 임차인은 서로 무소식이 희소식이란 걸 재확인하게 해주는 우량 임차인을 받았구나 싶어 안심이 된다. 그렇게 전 층의 임대가 완료되었다. 결과적으로, 리모델링 전 이전 실질 임대료 대비 두 배의 임대료를 달성했다. 겉보기로는 성공이었다. 준공이 난 지 1년 뒤의 일이다.

건물을 사고팔고 싶어,
로컬과 중개법인

　이제 어느정도 안정됐으니 계산기를 두드려 볼 수 있다. 보통 신축 직후의 월세가 가장 비싸다. 그렇다면 매가가 올랐을 거다. 어쩌면 이걸 팔고 다른 데로 넘어갈 수 있지 않을까. 그런데, 어디에 매물을 내놓나. 그러고 보니 공사현장을 종종 올리던 지역 모임에서 어느 동갑 건축주를 몇 번인가 봤었는데, 자기도 엘리베이터를 설치하니 언제 한 번 현장에 오라 했던 게 기억난다. 아마 이름이 고라니였던가. 한 번 구경이나 가보자 싶어 발걸음을 옮긴다. 그런데 도착해서 보니 소방차가 와있다. 불이 난 건 아닌 것 같은데, 뭔가 문제가 있나 싶어 건물 안으로 들어가 보니 지하가 물에 잠겨있고 허탈해하는 고라니의 모습이 보인다.

겨울이라 비도 안 오는데 웬 침수야. 고라니는 표정이 좋지 않다. 배관이 엿가락으로 만들어진 건지, 이번엔 소방배관이 동파로 파손됐더라. 지하 전체가 잠기고도 모자라 물이 밖으로 넘쳐흐르더라고. 소방차 불러서 5시간 동안 퍼낸 게 이거야. 안쪽으로 들어가 보니 손잡이 부분까지 물이 찬 것이 보인다. 겨울철에 누군가 비상구를 열어놓고 나간 게 원인인 듯한데, 이미 잠긴 건 어쩔 수 없는 거니까 기념사진이나 한 번 찍자. 도마뱀이 물에 잠긴 데까지 내려가 자세를 취하고 사진을 찍어달라 하니 고라니는 남의 불행에 이럴 수 있는 너도 참 대단하다며 사진을 찍어준다. 어디 보자. 사진이 잘 찍혔나. 뭐, 그래도 건물 내 배관이 동파되어서 나오는 수도세는 상수도사업본부에 감면을 요청할 수 있으니까 그거라도 해봐. 물이 다 빠지려면 몇 시간은 더 걸릴 테니 오랜만에 커피나 한잔하자.

얼마간 걸어 근처 스타벅스로 이동한다. 이 스타벅스는 어느 날 갑자기 비계가 쳐지더니 한참 증축공사를 하던 걸 지나가다 봤었는데, 완공된 이후에 와보는 건 처음이네. 건물에 대해 알고 나니 다시 보인다. 옆으로도

위로도 증축을 이만큼이나 하다니. 역시 땅이 넓으니 웬만한 문제는 다 해결할 수 있군. 커피를 받아들고 와 앉아서 요새 별일 없이 잘 지내느냐 물으니 아까 현장을 못 본 거냐며 빈정거린다.

내가 옛날에 강남의 중개법인에서 일했잖아. 매수자들이 매도자를 다시 찾는 이유 중 하나가 누수거든. 장마 두 번쯤 겪어봐야 건물의 누수를 제대로 알 수 있는데 보통 매도자는 불리한 건 숨기니까 하자 담보책임 때문에 분쟁이 자주 나. 건물 사고 누수 없길래 좋아했더니, 누수가 아니라 소방배관이 터지네. 여름에는 누수 겨울에는 동파. 건물이 물과의 싸움이라 그랬지. 그 말 딱 맞는 거 같아.

도마뱀은 깐죽거리며 말한다. 너도 건물 봉양하고 사는구나. 그래, 강남의 중개법인에서 일했댔지. 내가 이번에 건물을 한번 매도해보고 싶은데 어찌 생각해. 적정 월세를 기반으로 계산해보면 수익률이 이 정도는 나오니까 매가는 이 정도 될 것 같은데. 고라니는 금액을 듣더니 당황하며 그 가격으로 시장에 내놓은 적 있냐 묻는다. 도마뱀이 뭐가 문제냐며 흠칫거리며 아직 내놓진 않았다니 고라니는 다행이라며 말을 잇는다.

가치와 호가와 실거래가는 모두 달라. 그런 가격으로 시장에 함부로 내놓으면 큰일 나. 일단 호가는 무조건 높게 내질러. 모두가 그렇게 하니까. 그러니 매수자들이 호가에서 어떻게든 가격을 내리려고 노력하는 와중에 너만 적정가로 내놓으면 거기서 더 확 까이지. 그리고 소문이 금방 돌아. 매물이 다수에게 노출되는 것을 매물이 손 탄다고 하고, 오랜 기간 팔리지 않는 것을 매물이 날린다고 표현해. 매수자들에게 있어 날리는 매물은 그럴만한 이유가 있다고 여겨지지. 이 시장은 폐쇄적이라 매물이 나에게만 와야 뭔가 특별하게 보이는데, 날리는 매물은 다른 매물과 비교 대상이 되어버리는 데다가 손을 많이 탈수록 매도자의 심중을 가늠해볼 수 있는 지표가 되지. 이것들은 모두 매도자 우위를 약화시켜. 그래서 아까 함부로 매물 내지 말란 게 이거 때문이야. 건물의 가격과 세부 정보 그리고 매도 의사는 절대 함부로 공개하는 게 아니라구. 이 시장이 이렇게 돌아가는 이유지.

도마뱀은 반문한다. 우리는 컴퓨터 하나를 살 때도 최저가대로 정렬이 되고 부품이 하나하나 표기되는 세상에 살고 있는데. 어떻게 이 시장은 이런 거야. 고라니는 익숙하다는 듯 답한다. 좋게 말하면 고급 시장, 나쁘게 말하면 도떼기 시장이지. 직거래가 된다면 좋겠지만, 이 시장은 극단적인 정보비대칭 시장이거든. 매도와 매수가 서로의 의중을 떠보고 있는 와중에 서로의 호가에 대해 변론을 하고 원만한 합의를 이끌어 낼 윤활제 역할이 반드시 필요해. 그게 나 같은 중개사야. 아, 이제는 전직 중개사구나. 어쨌든, 매도와 매수 양측 모두 굉장히 주관적인 기준이 많이 들어가기 때문에 누가 잘 사고 누가 잘 팔았다를 판단하기가 아주 어려워.

하지만 기본적으로는 압도적으로 매도자 우위 시장이란 걸 잊지 마. 건물을 팔기 싫고 안 팔아도 되는 사람에게 팔라고 강제할 수는 없지. 그걸 왜 스스로 호가를 낮춰 포기해. 매도자 입장에서는 많은 사람에게 물건을 품평 받을 필요가 없어. 매수매도의 목적은 다들 다르다구. 누가 뭐라든 내가 한껏 내지르는 호가를 어떤 이유로든 인정하고 받아줄 매수자 단 한 명만 있으면 충분해. 그래서 이 호가를 받아줄 호구, 아니 사람을 찾아주는 중개사에게 법정 요율 이상의 수수료를 컨설팅비로 지불하기도 하지. 얼마 이상에만 팔아주면 나머진 다 가지라고 하기도 해. 이게 인정거래, 속칭 데두리 친다고 하지.

잠자코 듣던 도마뱀은 커피잔을 내려놓으며 답한다. 음, 사실 호기심에 내놓아보려 했던 거지 월세가 잘 나오는 건물을 팔 이유는 없어. 모르는 지역으로 넘어가기도 두렵고. 괜히 대출 비중만 커진단 말이지. 매도 생각은 접어두고 만약 매수한다면 어떻게 해야 할까. 혹시라도 좋은 매물이 있다면 지금 걸 팔고 넘어갈 수도 있겠지.

고라니는 바로 너 같은 애들을 보고 간 본다고 하면서 매수자나 중개인 모두 힘 빠지게 하는 짓이니 좀 하지 말라고 툴툴거린다. 뭐, 당연한 일이지. 팔았을 때 최소한 양도세를 제하고 자기가 생각하는 건물 가치만큼의 현금은 남아야 만족하는데, 그게 쉬운 일이 아니지. 그래서 이 시장은 환매가 참 어려워. 그나저나 매매라. 강남이 그나마 환금성이 좀 있긴 하지. 이 시장의 일 등이라 그래. 당연히 비싸고. 그런데 너 가면 겉으로야 웃어주지만, 실질적으론 아닐걸. 매수자에도 급이 있어. 중개사들은 같은 값이면 안목 있고 친분이 있는 사람에게 팔고 싶어 해. 강남이든 타지든 너 같은 외지인 어중이떠중이에게 좋은 매물을 싸게 팔아줘야 할 이유가 없어.

도마뱀은 살짝 기분이 상해서 맞받아친다. 아니, 왜 내가 어중이떠중이야. 고라니는 당연하다는 듯 답한다. 두 번 오지 않을 사람이잖아. 중개사들은 처음 보는 매수자에겐 하급 매물을 넌지시 보여주고 성향을 판단해. 매수 의지가 아니면 말고 식의 가벼운 것에 불과한 것인지, 얼마나 지식이 있는지, 애초에 예산은 있는지. 간을 보지. 물론, 반대로 아무것도 모르는 매도자가 간혹 오는 경우가 있지. 이러면 이제 친한 매수 대기자에게 그걸 얼른 갖다줘. 그 매수 대기자는 보통 거래 내역이 꽤 있는 편이고 말이야. 어디나 단골이 좋은 법이지. 그리고 잊지 마. 기본적으로는 중개사들은 매도자, 즉 기존 보유자의 입장을 조금 더 대변하게 되어있어. 그들은 확정 고객이고, 가액이 올라갈수록 중개 수수료가 올라가기 때문이지. 원래부터 가지고 있던 사람들이 아무래도 추가 매입 할 때 보는 눈썰미도 더 좋을 테고. 이 시장은 공사든 매매든 한 번이라도 해 본 사람과 한 번도 안 해 본 사람의 격차가 엄청나게 크다구.

아무래도 도마뱀이 생각하기에 첫 진입자가 좋은 매물을 받아볼 수 있는 가능성은 희박한 것 같다. 이 금전과 경력과 친분의 줄서기에서 새치기를 하는 법이 없을까. 고민하는 도마뱀에게 고라니는 간단하다는 듯 답해준다. 건물이 있으면 돼. 하나를 이미 갖고 있거나 매수하는 순간 앞으로 잠재적 매도자, 즉 확정 고객이기도 하니까. 보통 건물을 샀던 중개인이나 중개법인을 통해 다시 팔거든. 말인즉, 여긴 신규진입이 참 어려운 동네라는 거야. 아니면 중개료와 별도로 컨설팅비를 더 얹어주겠다면 더 적극 응대 해주긴 하지. 남들과 같이 최대 요율인 0.9%로는 우위에 설 수 없어. 이 경우 조금 더 상세한 보고서나 타 분야 전문가의 분석, 매수 전후로 여러 가지 조치들이 곁들여지곤 해. 그게 만족 할 만한지는 알아서 판단해야겠지.

도마뱀은 결국 돈이냐며 탄식한다. 고라니는 고개를 끄덕이며 어쩔 수 없다 답한다. 특별한 유인이 없다면 군이 나에게 먼저 우량 매물을 줘야 할 이유가 없으니까. 오히려 매수자 측에서 정말 좋은 매물은 저게 나오기만 한다면 컨설팅비를 포함해서 법정한도보다 몇 배를 줄 테니 연락만 달라는 경우도 많아. 사고 싶은 걸 살 수만 있다면 중개료 따위는 중요하지 않은 매수자들도 많거든. 좋은 매물은 항상 누가 먼저 채가는게 다 이유가 있어. 그러다 보니 첫 번째 매수는 아무래도 좋은 성적을 받기가 어려운 것이 현실이지. 너도 건물을 오랫동안 봐왔고 과거의 기록을 보고 분석이라도 할 수 있었으니 이번 공사가 가능했던 거야. 보통은 그렇게 여유가 있질 않아.

그러니, 내가 원하는 지역을 좁히고, 예산과 원하는 조건을 정확하게 짚어서 한 지역을 철저히 알아두는 게 좋아. 어느 지역의 얼마짜리의 건물을 어떤 목표로 어떻게 활용할지에 대해서 기준을 명확히 해. 중개사들에게는 신원이 확실하고 매수 의지와 능력이 확실한 매수자와의 연결이 곧 자산이야. 서로 불필요한 시간 낭비를 줄일 수 있고, 안목을 기를수록 그들이 내게 주는 매물을 통해 이들이 나를 어느 정도 수준으로 대우해주는가를 알 수 있지. 그렇기에 경험 있는 매수자들 또한 우리 중개사들을 떠봐. 우리도 우량 고객의 눈에 띄게 노력하지. 중개 시장은 이런 눈치싸움이 치열해. 여기는 대구니까 로컬이 힘이 강하고 내 건물이 있다는 것을 내세울 수 있겠지만, 서울, 특히 강남에 가면 연고가 없으니 중개법인을 통할 수밖에 없을거야. 중개사를 찾는 데에는 크게 두 가지 방법이 있어. 주로 대형 중개법인을 찾아가거나, 지역의 오래된 지역 부동산을 찾아가는 것. 지역 부동산을 통상 로컬이라고 부르지.

대형 중개법인의 장점은 로컬보다 광범위한 매물량과 좀 더 체계적인 시스템, 넓은 네트워크가 있다는 점이지만, 특정 지역의 특정 건물에 대해서는 로컬보다는 아무래도 세부적인 분석력이 떨어질 수 있지. 당장 여기 대구만 해도 서울의 중개법인만 한 곳이 없어. 로컬의 장점은 아직 폐쇄적이고 연령대가 높은 부동산 시장에 잘 녹아 들어가 있다는 점, 그리고 지역의 역사와 건물의 내역을 속속들이 알고, 인근 건물주들과 소통할 수 있단 점이지. 다만 폐쇄적이야. 외지인을 경계해. 반대로 일단 한 번 연결되면 그들의 폐쇄계에 입장할 수 있단 의미가 되지. 그러니 만약 대형중개법인을 통해 건물을 샀다면 주변 로컬 부동산과도 관계를 잘 만들어둬. 주변 정보 습득하기 좋으니까.

기본적으로는 매수에는 로컬, 매도에는 중개법인을 찾아가는 게 원칙이지. 비유하자면, 로컬은 연애에서 자연스러운 만남을 추구하는 것이고 중개법인은 처음부터 목적의식이 강한 결혼정보회사 같은 거지. 중개법인이 나쁘다는 이야기가 아니야. 현실에서도 둘 다 주요한 만남 방법이듯이 본인의 상황에 맞는 것을 선택하는 거야. 여기서 중요한 건 중개사들은 자산관리사가 아니란 거야. 그저 중개를 할 뿐이지. 그런데, 너 변호사 다 나쁘다고 할 거 아니잖아. 법정에서 내 편의 변호사가 있어야 하듯, 내 편의 중개사가 있어야 하지. 직업은 다 존재의의란 게 있는 거라고. 중고거래에 사는 놈이나 파는 놈이나 진상이 얼마나 많은지 알지. 건물 시장이란 게 사실 중고품 거래 시장이랑 똑같아. 그 난장판에서 내 편을 만들어야 하는 거라구. 경험 있는 중개사들은 이 분야에 대해 포괄적으로 지식이 있기에, 어지간한 각 분야 전문가들보단 나을 수도 있지.

음, 쭉 듣자 하니 매수는 소개팅, 매도는 맞선이다. 중개법인에 매물 서류 한 장 받아보고 매물 보러 가는 거, 90년대처럼 사진 한 장 받아보고 공중전화로 약속장소 잡고 상대 기다리던 거랑 똑같다. 먼저 매물을 제시 받는 경우는 이런 매물이 어쩌다 나에게까지 왔을지 생각해보면 답이 나온다. 예쁜 여자가 먼저 나에게 말을 걸 리가 없지. 돈은 없으니 꽃뱀은 아닐테고, 그렇다면 이 여자는 사이비 종교 신도거나 다단계 모집원 둘 중 하나인 것처럼 항상 주의해야 한다. 설령 그게 아니더라도 매물을 제대로 파악 못 한다면 중세 유럽의 정략결혼처럼 얼굴도 못 보고 첫날밤 보내는 꼴이 나오는 경우도 많은 듯하다. 기혼자들이 백이면 백 결혼 하지 말라고 들 하는데 굳이 다들 홀린 듯이 결혼하듯, 한 살이라도 어리고 모를 때 가야 하는 것과 비슷한 것일까. 아직 미혼인 도마뱀이 결혼을 이해 못하듯 이 시장에도 뭔가가 있는듯하다.

이야기를 마치고 같이 못 근처를 산책한다. 시끌시끌한 소리가 들려 돌

수성못의 야시장과 해당 필지의 지적도
필지 모양이 독특해도 요충지에 있으니 활용성이 생긴다.

아보니 야시장이 열려있고 사람들이 많이들 모여있다. 여긴 분명 자투리 땅이었는데, 아무리 작고 이상하게 생긴 땅 모양이라도 사람이 찾아오는 곳이다보니 뭐라도 쓸모를 만들어내는구나. 역시 땅은 어떻게 생겼든 요지에 있어야 해. 싸고 넓고 요지면 좋지만 그런 건 나랑은 연이 없지. 그나저나, 서울에 있다가 대구는 왜 도로 돌아온 거야.

고라니는 주머니에 손을 쑥 집어넣으며 답한다. 중개란 거 말이야, 사실 돈이 별로 안 돼. 돈이 없으니 중개하고 중개하니 돈이 없지. 악순환이야. 다른 것보다 남들 사고파는 거 보고 있자니 내 거에 대한 욕심도 생기고. 그럼 건물을 어떻게 사야할까. 글쎄, 중개법인에 있다 보면 이런저런 사람들을 많이 보게 되는데, 크고 비싼 건물 사러 오는 매수자들 보면 부동산 공부해서 오는 거 아니야. 그냥 무슨 짓을 해서든 돈을 벌어오고 그 돈으로 있는 거 중에 제일 괜찮다 싶은 거 대충 사는 거지. 여기서 중요한 포인트는 대충이란 거야. 처음엔 어떻게 이런 큰 금액을 그렇게 결정하는가 싶은데, 그게 틀린 게 아니란 걸 깨닫는 데는 꽤나 오랜 시간이 걸리지. 그 사람들도 바보가 아니거든. 알 만큼 다 아는 사람들이야. 결국 건물 매매든 장사든 자기가 제일 잘 알고 잘할 수 있는 거 해야 해.

나야 대구가 고향이기도 하고, 요식업을 제일 잘 아니까 장사를 위해 여기 건물을 샀지. 여기 수성못은 비교하자면 서울의 석촌호수 같은 곳이야. 여기도 나쁘지는 않아. 하지만 서울과 체급 차이가 아주 심해. 대구는 내수도시라 결국 한계가 있어. 외지인들이 찾아오는 곳이 더 좋아. 예컨대 부산 광안리라든가. 그래서 다음엔 부산에 지점을 내볼까 생각하고 있지. 그런데, 나도 사업이 확장되면 결국에는 서울에 다시 가게 될 거야. 미즈 컨테이너 저거 보이지. 원래 동성로에 첫 본점이 있던 거. 저거 대구 거인데 서울 가서 강남역에 매장 냈잖아. 언젯적 얘기야. 한참 된 얘기지. 원래부터 그랬어. 다들 서울에 있는데 뭘 새삼스럽게. 내가 말해주는 것보다 한 번 직접 가서 보는 게 좋을걸. 대한민국은 서울 공화국이야.

역시 서울이 답인가. 도마뱀은 제대로 서울을 가본 적 없으니 어떤지 감이 잘 안 온다. 문득, 정신을 차려보니 한 해가 다 지나가고, 코로나는 이미 전국에 번지고 있었다. 공사도 마무리 되었으니 그리 세간의 입에 오르내리는 서울, 특히 강남이 궁금하다. 한 번도 제대로 가보지 못한 곳. 도마뱀은 강남을 필두로 몇 군데 지역을 고르고 대구를 떠날 준비를 한다.

chapter 2

건물 시장의 중핵
처음으로 와보는 강남

헌 집 줄게, 새 집 다오.
강남의 리모델링 사례들

　동대구역에서 SRT를 타고 한 시간 반 정도 만에 수서역 승강장에 발을 딛는다. 도마뱀은 중학생쯤에나 서울에 와보고 그 이후론 거의 와본 일이 없었다. 옛날이었다면 서울역에서 내렸었을 텐데, 이런 게 언제 생긴거지. 이젠 지방 사람들이 SRT를 타고 바로 서울, 강남에 오겠구나. 3호선이 수서역에서부터 강남은 물론이고, 강북 일대를 모두 훑고 지나가는군. 이걸 타야겠다. 수서역에서 3호선을 타고 신사역에 내려 강남 일대를 한 번 걸어보며 감탄한다. 여기는 대구의 반월당이 역마다 하나씩 있구나. 구도심에서 살던 도마뱀에게는 익숙하지 않은 바둑판 같은 도로 구성이다.

　반듯한 도로와 지하철 노선을 따라 몇 군데를 둘러보고 어렴풋이 감을 잡는다. 여기는 네 개의 층위로 이루어져 있다. 대로변 큰 건물들과 이면의 먹자 상권, 다음으로 사옥과 사무실들, 마지막으로 주거지. 중간층의 먹자 상권과 유흥 상권을 대로변의 큰 건물들과 마지막 층의 주거지가 앞뒤로 감싸준다. 각각의 비중은 다를 순 있어도 이게 기본적인 틀이구나. 지방은 대로변 이면이 거의 살아남지 못하는데, 여긴 대로변 이면의 생산성이 강하네. 역시 역세권의 힘인 건가.

　문제는 그만큼 역 주변의 주거 비용이 아주 비싸다는 거다. 도마뱀도 몇 달간은 강남에서 살아야 하는데, 단기 방을 잡으려 부동산을 전전해보니 한숨만 나온다. 이런 구석의 구축이 달에 100만 원이라니, 엄두도 내지 못하고 결국 고시원으로 향한다. 창문이 없으면 40만 원, 창문이 있으면 45만 원이라, 사람이 숨은 쉬고 살아야 하니 창문은 있어야겠지. 숨의 값이 5만 원이로구나. 잠만 자면 되니까 괜찮지 않을까.

거점을 잡은 곳이 신사역이니 이 일대를 돌아보자 싶어 역 쪽으로 걸어가는 중에 한 건물이 눈에 띈다. 유동 인구가 많고 상권이 좋은데, 건물이 통째로 비었다. 이런 곳은 임대료가 얼마려나 싶어 건물을 기웃기웃하고 있으니 웬 아저씨가 다가와 무슨 일로 온거냐고 묻는다. 도마뱀은 아무것도 아니라 답하며 괜한 오해를 받을까 싶어 바삐 걸음을 옮긴다. 하지만 궁금한 건 못 참는 도마뱀은 지나갈 때마다 기웃거리다 결국 다시 붙들린다. 뭐 하는 사람이길래 자꾸 기웃거리느냐는 아저씨의 손에 들린 도면을 보고 솔직히 고한다. 대구에서 작은 건물 공사를 해봤는데, 강남 건물에 관심이 있어 지켜보고 있습니다. 도마뱀은 공사할 당시의 사진들을 보여주며 이상한 사람이 아니라고 필사적으로 해명한다.

아저씨는 건축주였느냐며 휴대폰을 받아들고 사진첩을 쭉 내려다본다. 그래, 대구에서 왔다고. 내가 이 건물 건물주지. 이 현장은 엘리베이터를 설치했구나. 나도 지금 엘리베이터 설치를 계획하고 있지. 아저씨는 같은 건축주란 걸 알고 나니 다소 누그러진 듯하다. 공사비가 얼마 정도 들었는지 어떤 점을 고려했는지 이것저것 묻는 아저씨에게 도마뱀은 경험담을 풀어놓기 시작한다. 한참 듣던 아저씨는 문득 질문을 던진다.

그래, 그럼 이 건물이 얼마로 보이는가. 사실, 도마뱀은 건축 관련 말고는 별로 관심이 없었기에 거래 사례를 찾아보기는커녕 남의 건물 가치측정을 해보는 것도 처음이다. 강남의 이런 건물은 얼마 정도 하려나. 잠시 생각에 잠긴다. 100평 정도 대지에 도마뱀네 건물만큼 오래된 건물. 역에서 아주 가깝지만, 대로의 뒤인 이면도로다. 도로는 한 면에만 접해있는데 이건 좋지 않은 요소지. 살짝 오르막에 동선상 우측이 더 좋다. 철거하고 다시 지으면 주차 확보 때문에 같은 면적, 층수로 건물을 지을 수 없다. 그러니 리모델링을 하는거겠고. 리모델링 시 투입해야 할 공사비용과 기회비용을 계산해보던 도마뱀은 아저씨에게 제일 중요한 부분을 묻는다.

그러고 보니 이 건물 월세는 얼마 받았었습니까. 아저씨가 알려주는 1층의 월세를 듣고 도마뱀은 내심 놀란다. 작아도 월세가 아주 비싸구나. 1층의 월세를 기준으로 층별 월세를 얼마간의 비중으로 잡으면 되겠지. 마지막으로 요즘 이율을 반영해 매가를 역산한다. 좋아. 계산이 끝났다. 워낙 낡았다보니 이래저래 공사도 해야 하고, 나라면 이 건물을 산다면 90억 정도여야 안심하고 사겠다. 그래도 낮은 가격 부르면 기분 나빠하겠지. 조금 올려 부르자. 100억입니다. 좋은 건물을 갖고 계시는군요.

아저씨는 박장대소하며 자네 술을 좋아하는가 묻는다. 어리둥절하며 주면 잘 먹는다 하니 저쪽으로 가서 소주나 한잔 하자며 어딘가로 걸어간다. 졸졸 따라가 앉은 술자리에서 아저씨는 휴대폰으로 부동산 거래 플랫폼에 올라온 매물가를 보여준다. 팔 생각은 없지만, 이 정도가 보통 주변 호가지. 건네주는 걸 받아들고 보니 호가가 200억을 훌쩍 넘긴다.

이게 뭔가. 뭐가 잘못된 거지. 혼란스럽다. 보통 호가를 아무리 올린다 해도 내심 생각하는 가격의 두 배 이상 올리진 않는다. 그렇다면 실제로 거래 된다면 얼마 정도는 되리란 게 머릿속에서 계산이 선다. 하지만 건물의 세금, 감가, 관리, 공실, 이자를 생각하면 그 수익률로는 도저히 살 수 없다. 왜 이렇게 심하게 차이가 나는가 생각해보자. 월세를 예전 월세를 기반으로 계산한 것 때문인가. 아니면 엘리베이터가 설치되면 오를 월세가 반영된 건가. 하지만 본질적인 건 그게 아니다. 도마뱀은 나중에서야 깨닫는다. 왜 강남의 핵심지가 금리의 턱 끝까지 요구수익률을 채워 매가를 형성하는지.

크레인을 이용해 테트리스처럼 설치되고 있는 길쭉한 엘리베이터 관로

이어 아저씨는 술자리에서 주변의 건물주들을 불러 도마뱀을 소개한다. 대구에서 왔대. 조그만 거 하나 해봤다더라. 하나둘씩 자리에 앉는 아저씨들 중 의외로 경상도 출신이 많다. 그래, 대구에서 왔다고. 내가 옛날에 구미에 자주 갔었지. 아저씨들은 외지 젊은이의 시각이 궁금한지 이런저런 것들을 묻는다. 도마뱀은 대구의 상황을 전한다. 아래에 역병이 돕니다. 서울엔 이제 본격적으로 번지기 시작합니다. 대구가 서울보다 약 6개월 정도 선행되는 것이지요. 이건 봉수대에 봉화를 올린 것과 같습니다. 서울은 더 난리가 날 거예요. 아저씨들은 잠자코 듣고 있다가 쉽게 끝나지 않겠다며 술잔을 기울인다. 도마뱀은 이들의 소개의 소개를 받아 대구에서 강남으로, 강남에서 이태원, 홍대, 성수, 신림과 대림 등 2호선 위주로 서울 전역을 돌아보고 수많은 건물주를 만나보며 언젠가 나름대로 결론 내린 점을 총정리해서 적어보겠다 다짐한다.

다음날 아저씨는 자기가 참고했던 건물들을 보여주겠노라며 도마뱀을 데리고 강남 이곳저곳을 돌아보며 설명해준다. 기존의 건물에 엘리베이터를 설치하는 것은 어려운 일이지. 보통 과거의 법적 기준에서 최대한의 공간 활용을 했기 때문에 여유 공간이 없는 경우가 많거든. 테트리스 같은

거지. 수많은 제약 속에서 최적의 위치에 길쭉한 일자형 블록을 꽂아 넣어
야 해. 그 최적의 위치가 어디일지는 상황에 따라 다르니까 최대한 많은
사례를 참고해야 해. 자, 그러면 네 생각엔 엘리베이터 설치를 하는 근본
적인 이유가 뭐라고 생각하나. 도마뱀은 뻔한 답이 나오는 질문이니 즉답
한다. 그야 계단을 오르기 힘들기 때문이 아닌가요.

아저씨는 고개를 끄덕인다. 그렇지. 엘리베이터 설치에선 바로 그 계단
이 중요해. 건물의 입구로 들어갈 때 계단을 보라구. 아저씨는 몇 군데의
건물의 입구를 열어보며 하나, 둘, 셋 하며 뭔가를 센다. 뒤에서 그게 뭘 세
는 것인지 물으니 아저씨는 문을 닫고 돌아 나오며 답해준다. 계단의 단수
를 세는 거야. 엘리베이터 설치에서는 보통 두 가지를 먼저 생각해야 해.

첫 번째는 계단의 단수야. 처음 마주치는 계단의 단수가 몇 개인가를 세
어봐. 다섯 개 이상인 경우, 네 개 이하인 경우, 아예 없는 경우들이 있어.
처음 들어서자마자 계단이 적을수록 엘리베이터의 로비가 될 부분이 임대
면적과 평평하게 되어있을 가능성이 크지. 그럼 계단을 철거 안 해도 되고.

일반적으로 입구에서 처음 마주치는 계단의 단수가 적을수록 엘리베이터 설치를 위한 구조 변
경의 필요성이 줄어든다.

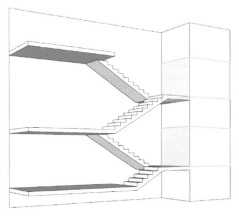
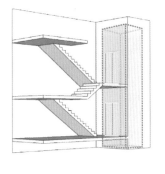

좌측 구조에서 파란색은 기존의 화장실 또는 설비 공간이 있던 자리, 우측 구조에서는 이 공간을 철거하고 빨간색의 엘리베이터 관로를 설치했다. 이때 계단참과 엘리베이터 로비부, 전용 면적을 평평하게 일치시키는 것이 원칙이다.

둘째로는 이 계단부의 뒤편에 무엇이 있는가야. 보통 화장실이나 설비 공간 같은 것들이 있으니 이것들을 다른 곳으로 옮기고 그 위치에 엘리베이터를 설치하곤 하지. 물론 계단을 철거하지 않아도 되기는 해. 하지만 이러면 소위 말하는 반 층 엘리베이터가 되는 거야. 엘리베이터를 타고 내리려면 반층씩 계단을 오르내려야 하는 그거. 이러면 2층은 엘리베이터를 아예 쓰지 않고 다른 층도 어느 층에서 내려야 할지 헷갈려. 이렇게 할 거라면 적어도 다섯 층 정도는 되는 건물에서 쓰는 게 좋아.

좌측은 계단을 반 개층 올라가야 엘리베이터를 탈 수 있는 구조. 우측은 계단을 오르지 않고 엘리베이터까지 접근할 수 있는 구조. 기존의 계단을 철거하고 재배치한 결과물이다.

계단을 철거 중인 현장, 남아있는 철근이 과거 계단의 흔적을 보여준다. 계단의 재배치에서는 계단부의 총 길이와 너비, 높이, 위치가 중요하다.

　물론 공간 효율성 하나만 보면 계단을 철거하고 재배치하는 게 제일 좋지. 제일 많이 쓰이는 방법이고. 계단 철거를 할 때 저게 괜찮을까 걱정하며 지켜봤는데, 하고 나니 생각보다 티가 안 나더라고. 사진이 있었는데, 어디 보자. 여기 보면 철근의 모습이 남아있는 게 보이나. 과거 계단의 흔적이야. 이 뒷편에 이렇게 관로를 설치하고 계단을 재배치하니 감쪽같지. 그리고 나면 이제 화장실을 한 칸 뒤에 남녀 분리된 형태로 설치할 거고.

　이게 그 도면이야. 도마뱀은 아저씨가 내미는 도면을 팔락팔락 넘겨보며 훑어본다. 확실히 공간 효율성이 올라가는구나. 화장실, 계단, 엘리베이터가 모두 한쪽에 몰려있으니 그럴 수밖에. 그리고 보니 도면에서 지하 화장실이 안 보인다. 지하의 화장실은 어찌 처리하실 계획이십니까. 아저씨는 도면에서 건물의 외벽 쪽을 짚으며 답한다. 아무래도 지하에 화장실을 넣는 건 까다로운 일이다 보니 지하는 그냥 계단을 올라와서 1층이랑 공용으로 쓸 수 있게 했어. 물론 남녀 분리는 해뒀지. 화장실을 건물 내부에 두는 게 제일 좋지만, 여긴 먹자 상권이라 외부 화장실에 크게 거부감이 없거든. 1층 정도는 이렇게 해도 될 거야. 그래도 위층부터는 네가 했던 것처럼 입구가 실내로 통하게 해놨어.

이처럼 상황에 따라 화장실의 재배치나 구성은 정말 천차만별이야. 제일 보편적인 게 지금 우리가 한 기존 화장실을 반으로 가르는 거지. 길죽한 모양이라면 복도식 구성으로 남녀 칸을 나누거나, T자형으로 세면대를 공유하고 양쪽으로 문이 있게 하는 경우도 있어. 남녀 화장실에 전실을 만드는 형태도 있지. 실내로 남녀 분리가 정히 안되면 층별로 공용부에 남녀 화장실을 만드는 경우도 있고. 달리 어떻게 할까 여러 가지 안을 검토해봤는데, 결국 화장실을 만드는 법은 크게 네 가지더라고. 기존의 화장실을 나누거나, 공용부 공간 근처를 활용하거나, 기존의 전용 면적에 별도로 설치하거나, 따로 증축을 하는 거 정도지.

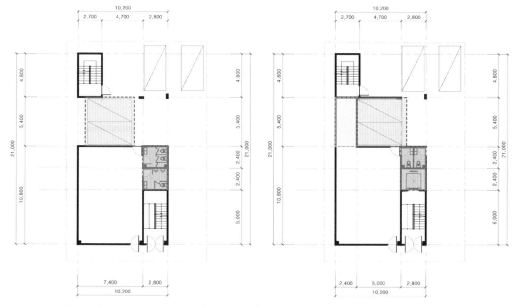

좌측의 도면에서 파란색의 주차구획을 우측으로 옮기고 우측 도면의 초록색 부분을 증축한다. 또한 빨간색으로 표시된 기존 두 개의 화장실 중 하나를 엘리베이터 관로로 만들고 남은 하나를 세로로 나누어 남녀 화장실을 분리한다.

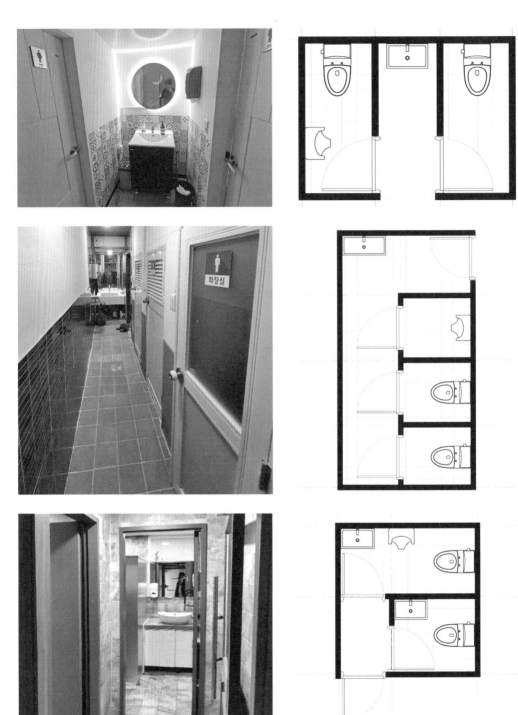

그중에서 독특한 게 기억나는데, 계단의 사선부 아래를 쓰더라고. 지하에서도 1층에서도. 배관을 어찌 처리했나 몰라. 어쨌든 할 수는 있단 걸 알았지. 여기 사진을 보면 계단 밑쪽이 비스듬하지. 그럼 여자 화장실을 더 비스듬한 쪽에 넣는 거야. 남자화장실엔 소변기가 들어가야 하니 조금 더 넓어야 하고, 남자들은 서서 볼일을 보니까. 마지막으로 어쩔 수 없이 남녀 공용 하나밖에 있을 수밖에 없다면 아예 남자 소변기는 아예 안 보이게 치우거나 칸막이를 만들어 둬. 보이기만 해도 여자들이 불쾌해하니까. 화장실은 여자들 기준에 맞춰야 하거든. 보통은 기존 공용부에 있던 화장실 공간을 엘리베이터 관로로 사용하니까 계단의 철거나 화장실의 재배치가 핵심적인 요소지. 이걸 최대한 안 하고 설치할 수 있다면 더욱 좋고. 그런 경우들을 한 번 보자고.

도마뱀을 데리고 한 건물 앞에 도착한 아저씨는 이 건물이 도마뱀네 건물과 무엇이 공통점이고 무엇이 차이점인지 한 번 읊어보라 한다. 찬찬히 살펴보니 과연 도마뱀이 리모델링을 했던 건물과 비슷하기에 고민했던 부분들을 적용해서 분석해보기 좋은 사례다. 도마뱀은 망설임 없이 답한다.

공통점은 곡면이 있고 필로티 구조라 그 아래 공간에 엘리베이터 관로를 설치한 겁니다. 결과적으로 바닥면적 3평 미만의 증축만으로 설치한 거라 효율이 아주 높습니다. 차이점이라면 역시 건물이 가로로 길쭉하고 세로로 좁은 덕분에 로비부의 통로가 더 짧은 것이지요. 보통 건물의 곡선 공간은 활용도가 떨어지는데, 엘리베이터에서 내린 후의 이동 동선은 곡선이란 점을 활용한 점도 훌륭합니다. 제가 한 사례는 이 동선의 효율성이 떨어졌었거든요.

아저씨는 그것도 맞지만, 더 중요한 게 있다며 한 번 더 생각해보란다. 도마뱀이 고심하며 몇 분간 말이 없자 아저씨는 왼쪽의 입구를 보며 설명해준다. 네 사례와 달리 여긴 기존의 공용부와 엘리베이터 관로가 아주 가깝다는거지. 엘리베이터 설치에서 계단을 재배치하는게 제일 보편적인 이유를 되새겨보자고. 건물의 공용부 구성요소들은 될 수 있으면 한 쪽에 몰려있는 게 좋아. 이 건물의 경우엔 기존의 계단이 주 동선 쪽에 위치하지 않아 시인성과 접근성이 떨어졌었는데, 새로 만든 엘리베이터 입구는 그 단점을 상쇄했다는 게 훌륭한 포인트야. 신축에서는 설계단계부터 이런 걸 다 고려해서 계단과 엘리베이터 로비부를 분리하는 경우가 종종 있지만, 특별한 경우가 아니라면 리모델링에선 잘 하지 않아. 관로가 기존 공용부와 떨어져 있다면 방문하는 사람입장에서 입구가 어딘지 헷갈리기도 하고, 엘리베이터 관로가 건물 내부에 어딘가 생뚱맞게 기둥처럼 박혀서 공간 효율이 떨어지거든.

그래서 관로를 외부에 설치할 때도 기존의 공용부 위치에 최대한 가까이 놓으려 하지. 사례 몇 개를 살펴보자고. 첫 번째는 관로를 기존의 입구를 가로막게 설치하는 대신 측면에 입구를 새로 만들었고, 두 번째는 원래부터 측면에 입구가 있던 형태에 외부로 관로를 단 거지. 세 번째는 기존

첫 번째 사례

두 번째 사례

세 번째 사례

네 번째 사례

다섯 번째 사례

여섯 번째 사례

건물의 측면에 설치했는데, 계단을 철거하지 않고 외부 측면에 관로를 설치한 거야. 이 경우 건축물의 손상이 가장 적다는 게 장점이지. 엘리베이터 로비부와 임대면적이 평평히 이어져 있다면 더 좋고.

네 번째는 기존의 입구 한 칸 옆에 엘리베이터 관로를 설치하고 1층의 임대면적을 통해서 엘리베이터 로비부로 들어가게 만들었어. 그래서 건물 전체를 한 임차인이 쓰지. 다섯 번째는 입구가 가운데에 있을 때인데, 전용면적 일부를 공용부로 만들어 엘리베이터 로비까지의 통로를 만들었지. 마지막으론 관로를 독특하게 외부에 설치한 경우야. 마치 교각처럼 관로를 떨어뜨려 놓았지. 저기 건물과 관로 사이의 통로 부분이 보이나. 엘리베이터에서 건물로의 통로이자 로비지.

여기까지에서 알 수 있듯 관로를 외부에 설치할 때에는 기존 입구 위치와 엘리베이터까지의 이동 동선이 중요해. 그리고 이렇게 외부에 관로를 설치한다는 게 보통은 대지에 건축 면적, 대지 경계선, 건축선 등에 여유가 있어야 해서 쉽지 않은 일이지만, 장애인용 엘리베이터를 설치하면 관로에 해당하는 부분을 건축법에 산입되는 면적에서 제외해주는 혜택이 있으니 그걸 최대한 활용해야 하지. 이건 내부에 설치해도 마찬가지로 적용돼. 제외되는 면적만큼을 다른 데에 증축할 때 활용할 수도 있고, 간혹 이 과정을 통해 건물에 필요한 법적 주차대수를 줄어들게 할 수도 있어. 아주 미묘한 계산이 필요한 부분이야.

여기서 주의해야 할 점이 하나 있어. 장애인용 엘리베이터를 설치하는 경우 휠체어의 활용을 위해 일정 면적 이상의 로비를 만들어야 하는 게 의무사항이란 거지. 한 변이 1.4미터인 정사각형 공간인데, 아쉽게도 이 부분은 건축 면적에 포함되게 되어있어. 꼭 장애인용 엘리베이터뿐만 아니라 일반 엘리베이터도 이 로비 공간이 너무 작거나 단차가 있으면 실질적으로 사용하는데 아주 불편하니까 로비 공간을 어떻게 확보할 것인가를 잘 생각해야 하지.

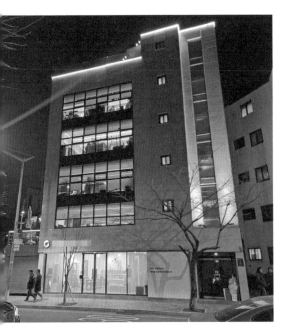

다음으론 관로를 기존의 전용면적에 넣는 경우도 한 번 볼까. 바로 내부 전용 엘리베이터야. 건물 전체를 한 임차인이 전용으로 사용할 때 주로 사용하는 방법이지. 카페라든가 사옥 같은 거. 기존 공용부를 아예 건드리지 않고 내부에 넣었으니 시공 난이도 자체는 가장 간단하지. 하지만 이런 건 건물 전체를 써줄 임차인이 있어야 한단 조건이 붙어. 그렇지 않다면 나중에 통로를 별개로 만들어주거나, 그것도 아니라면 아래층 영업시간이 항상 위 층의 영업시간보다 길어야 해. 보안에도 신경써야 하고.

그래서 보통 건물의 내부의 전용면적을 활용할 때는 관로를 기존의 공용부에 최대한 인접시키는게 좋아. 말로 하면 잘 안 와 닿을 테니 예시로 보자구. 이번엔 건물의 입구로 들어가자마자 측면의 전용면적을 엘리베이터 관로로 만든 예시야. 창문 쪽에 쌓인 벽돌이 보이지. 원래 저곳은 임대면적이었는데 관로를 불연재로 하라는 기준을 맞추기 위해서 저렇게 만든 거야. 건물이 가로로 길쭉하다 보니 이렇게도 할 수 있는 거지.

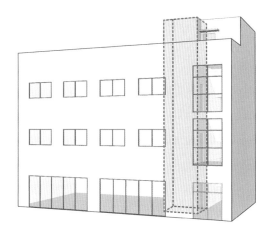

대체로 가로로 길쭉한 건물이
엘리베이터를 추가로 설치하기
좋은 경향이 있다.

이번엔 다소 특이한 경우야. 기존 건물의 임대 면적을 복도처럼 만들고 안쪽에 엘리베이터를 설치했어. 거기다 건물 앞쪽을 전부 투명한 유리로 만들어 기존의 계단과 떨어져 있어도 어디가 엘리베이터 로비인지 한눈에 들어오게 만들었지. 두 개 층 증축까지 했고 말이야. 각 층 전용면적의 손실분을 만회한거지.

지금까지 살펴봤듯 계단을 철거하지 않는 엘리베이터 설치에 있어선 보통 두 가지가 핵심이지. 외부에 관로를 만들 수 있는지, 아니면 기존 건물 내의 전용 공간을 어떻게 활용할 것인지. 그럼 이제 여기서 조금 더 심화해서 질문을 하나 해볼게. 지금껏 본 사례들에서, 특히나 관로를 외부에 놓을 경우에 발생하는 문제점이 있었는데 뭔지 혹시 알겠는가. 도마뱀은 엘리베이터 관로를 머릿속으로 이리저리 돌려보며 이제껏 본 설치사례들을 되짚어보다 깨닫는다. 어떻게든 돌아서 들어가야 하는군요. 특히나 관로를 건물에 밀착시킨 경우에는 말입니다.

첫 번째는 신축 당시부터 관로를 외부로, 양문형을 사용한 경우
두 번째는 엘리베이터를 추후 설치하면서 관로를 외부로, 양문형을 사용한 경우
세 번째는 단방향을 설치하고 로비를 건물의 내부로 넣은 경우
네 번째는 양문형을 건물의 경계에 넣은 경우

양문형 엘리베이터를 최적으로 설치한 사례

　그렇지. 그럴 때 양문형을 쓰는 거지. 정식 명칭은 관통형인데, 관통형이란 이름에서도 알 수 있듯 이동 동선이 직선이야. 이걸 사용하면 동선상의 회전반경을 만들지 않아도 된다는 게 장점이지. 어떤 형태로 엘리베이터를 설치하든 항상 건물을 사용할 때의 동선을 신경 써야 해. 다만 이건 외부에서 누구나 탈 수 있는 경우가 많아 내부에 보안이 되는 공간을 따로 만들거나 지문 인식이나 출입 카드 같은 걸 사용해야 하는 번거로움이 있어. 그리고 보통 외부에 엘리베이터가 노출되고 여닫는 부품이 두 배로 들어가니 유지관리도 그만큼 힘들지. 하지만 설치 위치가 상대적으로 자유로워지고 전용면적을 네모 반듯하게 유지 가능하단 건 장점이야. 이건 보통은 외부에 관로가 있거나, 건물의 외곽 경계선에 엘리베이터 입구를 일치시키거나 이 둘 중 하난데, 드물게 내부에도 설치하는 경우도 있어.

양문형을 아주 훌륭하게 사용한 사례를 보자구. 겉으로 봐선 모르겠지만, 이것도 양문형 엘리베이터야. 우선 입구를 봐봐. 주 동선 쪽에 배치했지. 이 입구로 들어가 엘리베이터를 타고 올라가면 맞은편 기존의 공용부 계단부로 내리게 되어있어. 거기서 측면이 각 층의 입구야. 말인즉, 층별 분리 임대도 줄 수 있단 얘기지. 만약 일반 엘리베이터를 설치했다면 각층에서 1층의 입구 부분에 해당하는 쪽이 로비가 됐겠고 그로 인해 전용면적이 줄어들었겠지만, 이건 양문형을 활용해서 계단도 철거하지 않고 각 층의 전용면적도 확보한 뒤 통임대든 개별임대든 모두 할 수 있도록 상위 호환성도 확보한거지. 양문형의 단점들을 모두 상쇄해버린 거야.

이렇게 여러 사례를 이렇게 보여준 이유는 각기 건물 구조에 따른 최적의 효율을 냈기 때문이야. 엘리베이터 설치에 있어 보통 문제 되는 건 기존의 건축법 한계 내에서 꽉 채운 면적, 현재 건물 구조의 변경 필요성, 엘리베이터 사용 동선과 같은 공간 활용성, 법적으로 요구되는 주차대수의 변동이나 주차구획의 재배치 같은 것들이 있지. 기존의 건물에 엘리베이터를 추가로 설치하는 거다 보니 장점만 있는 방법이란 건 없어. 그래서 관로가 돌출되는지 건물 내부에 포함되는지, 관로가 기존 공용부에 인접하는지 떨어져 있는지, 계단을 철거하고 재배치할지 말지를 자기 건물의 상황에 따라 잘 선택해야 해. 엘리베이터를 어떻게 설치하느냐에 따라서 임차인 명도를 하지 않고도 공사가 가능한 경우도 있으니 말이야.

실전 명도와
권리금의 종류

명도라 하니 문득 아저씨네 건물이 모두 비어있던 게 기억난다. 아까 보니 건물의 전 층을 모두 명도하신 듯한데, 대체 어떻게 명도를 다 하셨습니까. 저는 하나 내보내기도 정말 힘들었는데 말입니다. 아저씨는 도마뱀이야말로 어떻게 했느냐고 되묻는다. 저야 그냥 임차인을 무시하고 철거를 진행했지요. 아저씨는 기가 차다는 듯 혀를 찬다. 정말 무식한 방법이구나. 너처럼 그냥 넣어놓고 공사를 진행할 수도 있지만 그런 경우는 보통 굉장히 복잡하고 건물주에게 불리한 합의가 필요해. 장기간 월세를 동결해주겠다거나 재입점을 보장해주는 대신 공사에 협조한다는 계약서를 쓰거나. 아무리 불리한 조건이라도 협조라도 해주는 게 중요하거든. 강제로는 웬만하면 하지 마. 법적으로 문제가 되는 것뿐만 아니라, 건물에 원한을 갖는 사람이 생길 수 있어. 이거 굉장히 무서운 일이야. 건물은 어디다 숨겨둘 수도 없다구. 아저씨는 자기처럼 좀 더 세련되게 명도를 해야 한다며 방법들을 이야기해준다.

먼저 제일 명도가 힘들 것 같은 임차인에겐 매장을 권리금을 주고 양도받겠다는 가짜 임차인을 내세웠지. 권리금의 시세는 주변에 창업 컨설팅 같은 곳이나 인터넷의 자영업자 모임에서 양도양수 글을 봐. 지역이나 업종이 비슷하다면 그걸로 얼추 추론해 볼 수 있어. 정 모르겠다면 시간을 오래 두고 대리인을 두고 찔러보고 권리금을 가늠하는 방식으로 해야 하지. 보통은 1층이 제일 명도가 힘들어. 그래서 주변 지인에게 부탁해서 시세보다 비싼 권리금을 주고 매장을 양도받게 했지. 그래도 그게 예상되는 명도비보단 저렴했을 거야. 만약 내가 리모델링을 하기 위해 나가라고 했다면 임차인이 아마 훨씬 큰 합의금을 불렀을 테니까. 이런 걸 하려면 매장을 인수받는 사람이 정말 신뢰할 수 있는 지인이어야 하지. 정작 매장을 인수하고 나서 안 나가겠다고 하면 안 되니까.

두 번째는 원래부터 문제가 있던 배관이나 설비에 대한 책임소재를 하나하나 따져 진절머리나서 나가게 했지. 건물의 관리 책임을 정말 까다롭게 적용해서 몇 년간 집요하게 괴롭히는 거야. 마지막엔 배관 공사 때문에 손을 봐야 하니 영업손실금을 일부 보전해주고 배관 파손에 따른 원상복구는 안 해도 된다는 조건을 거니 자연스레 나가더라고. 적당한 시점에서 당근을 제시하는 게 중요해. 여기서 중요한 점은 공사의 규모를 줄여서 말해야 한 단 거지. 큰 공사라고 하면 그만큼 큰 합의금을 요구하거든.

　세 번째는 월세가 한참 밀리던 임차인이었는데, 휴대폰 문자로는 아무리 연락을 해봐도 답신이 없어서 내용증명을 보냈지. 이건 우체국을 통해 공식적으로 나의 의사가 전달되었단 점을 입증할 수 있는 서류야. 특별히 강제력 같은 건 없지만, 내가 의사를 통보했다는 걸 입증하는 게 중요하거든. 헌데 이조차도 받아보곤 요지부동이더라고. 그럼 이제 명도소송을 진행하는 거지. 우선 점유이전가처분금지신청이란걸 하는데, 명도소송이 진행되는 동안 함부로 매장을 양도양수 못 하도록 막는 거야. 알다시피 명의가 바뀌었다간 명도를 할 수 없으니까. 다행히 제소 전 화해조서를 써놨기에 빠른 집행이 가능했어. 하지만 이게 만능은 아니야. 애초에 임차인들 입장에서는 매우 꺼려질 만한 조항들이 많아서 도장을 잘 안 찍어주려 하지. 그래도 받아두면 분쟁 시 명도를 집행할 수 있게 하는 집행권원이라는 게 빨리 나오고, 만약 거부한다면 거기서부터 문제될 만한 임차인이 걸러지는 효과가 있긴 해. 집행권원 다음으론 계고 집행이란 걸 하는데, 임차인 스스로 퇴거하라는 최후통첩이지.

　그런데 임차인이 문을 잠그고 나타나질 않더라고. 드라마 같은 데서 부잣집이 망할 때 집안 물건에 차압이랍시고 빨간딱지 붙이는 거 봤지. 이럴 땐 그것처럼 입구에 경고문을 붙여. 이 과정까지도 함부로 임차인의 공간에 들어가서 짐을 빼다거나 시설을 훼손해선 안 돼. 마지막 계고기간 동안 퇴거하지 않는다면 이제 강제집행이야. 열쇠공과 증인 두 명을 부르지. 문을 열고 들어가 임차인 짐을 모두 빼야 하는데, 짐을 옮기는 데 있어 인건비랑 물류비가 들지. 거기다 짐은 어딘가 창고에 보관해야 하니 보관료도 들고. 이 비용을 보증금으로 처리해야 하는데, 월세가 밀려 명도 당할 정도면 보증금이 없는 게 보통이지. 명도소송과 집행에 걸리는 시간은 아무리 적게 잡아도 1년 어쩌면 2년도 걸려. 그래서 보증금은 최소한 월세 1년 치 미납분과 원상복구 비용을 감안해서 책정하는 게 좋아. 보증금이란 게 결국 시설에 대한 파손에 대한 보증과 월세 미납 시에 대한 보험 성격이니까. 3기분이 밀리면 바로 시작해야지. 미뤘다가 나중에 보증금이 모자라 소액재판 거는 게 더 짜증이 나거든.

　마지막으로 맨 위층은 특별한 문제는 없었지만 임대차보호법 기간이 다 된 임차인이라 그냥 나가라 그랬지. 몇 달을 나가지 않고 버티길래 명도 소송을 걸었어. 그런데 웬 사람을 데려와서 다음 임차인이니 계약을 하라고 하더라고. 당연히 거절했지. 그러니 권리금을 회수할 기회를 방해한다고 역으로 소송을 걸겠다고 하더군. 임대차보호법 기간이 만료되어도 권리금을 주고받을 권리는 별개로 보장된단 걸 아는 임차인이었어. 요즘은 임차인들이 임대인보다 더 똑똑하다니까. 아니면 영악한 것인지. 그냥 나가면 권리금이 증발하지만, 누군가를 데려오면 일정 기간 보전이 가능하니까 짜고 치려고 실제론 임차할 마음도 없는 가짜 임차인을 데려오기도 하지. 그래서 다음 임차인에게는 월세를 한껏 올려서 불렀어. 문제는 이것도 권리금 회수 기회 방해란거야. 이 경우 권리금을 완전히 없애려면 1년 6개월을 공실로 놔둬야 해. 이 기간 안에는 임대도 함부로 못 놔. 하지만 내가 제시하는 월세를 인정치 못한다면 그냥 일년 반 공실로 놔두겠다고 하고 정 필요하면 소를 걸라 그랬어. 네가 했던 것처럼 배짱이지. 권리금회수기회를 방해하면 이들이 주장하는 권리금과 법원에서 감정평가사들이 감정하는 권리금 중 낮은 쪽으로 배상해야 하는데, 으레 그렇듯 보통 법원 게 낮아.

그러니 피차 타협하자 이걸로 밀고 나갔지. 실제로 소송까지 가려면 굉장히 피곤한 일이니까 결국 어느 정도 선에서 합의금을 줬지 이것도.

도마뱀은 문득 궁금한 게 생겨 아저씨에게 질문한다. 명도 과정 중에 가장 확실하게 명도 할 수 있는 임차인들을 왜 굳이 마지막에 명도하셨습니까. 진작 했다면 시간을 아낄 수 있었을 텐데요. 아저씨는 절대 그렇게 해선 안 된다고 손을 내젓는다. 내가 왜 이걸 따로 하나씩 한 거 같나. 변수를 줄이는 게 중요해. 여자들이 바람 피운 남자를 족칠 때 상간녀부터 잡는 이유가 뭐겠어. 남자놈은 나중에 조지면 되지만 상간녀는 바로 지금 머리끄댕이 잡아뜯지 못하면 도망가버린다고. 비슷해. 우선순위란 게 있는 거야. 확실한 거를 제일 나중에 해야지. 그리고 명도는 하나씩 조심스레 해야 해. 소문이 나지 않게. 몇 달 내로 이게 동시에 이뤄지면 바보가 아닌 이상 눈치채니까. 그래서 전부 명도하는데 2년 넘게 걸렸지.

그러니 절대 임차인들에게 동시에 가서 나가라고 하지 마. 그럼 임차인 입장에선 임대인이 뭔가 큰 자금 운용을 하는구나 싶어 뭔가 떨어지는 콩고물이 없는지 탐색하는 태도로 변하기 때문이지. 임대인이 각자에게 얼마 불렀는지 자기들끼리 정보교환을 하고 다들 제일 많은 합의금을 제시받은 임차인만큼은 받아야겠다고 나서. 합의금이 말도 안 되게 치솟아. 마치 시어머니 고려장 지낼 궁리하는 며느리들 같지. 별별 요구가 많아. 이제까지 냈던 월세를 전부 돌려달라, 내가 앞으로 영업할 수 있는 기간만큼의 순익을 몇 배로 보상하라, 공사 후 훨씬 더 낮은 월세로 임차를 보장해달라 뭐 그런 것들. 어떤 사람은 건물을 내 취향에 맞게 새로 지어주고 인테리어와 설비까지 새로 다 해달라고 하더라고. 이쯤되면 상전이지.

도마뱀은 순진하게 공사를 하겠다고 먼저 다가간 과거를 떠올린다. 그러면 들켰을 땐 어쩌지요. 아저씨는 몸서리를 치며 말한다. 그때부턴 싸워야 하는 거지. 그냥 나는 아무것도 모르겠고 어쨌든 나가라 그래. 얼굴에 철판 까는 거야. 그러면 세입자가 반론을 준비해오지. 내가 공부한 걸 미리 가서 읊지 마. 상대의 대응 수준을 보고 어찌할지 결정해야지. 처음부터 높은 수준을 상정하면 안돼. 법적으로 어떤 게 정답인지 임대인이 알아도 모른 척 밀어붙여야 해. 장사가 잘될수록, 또 계산이 빠른 사람일수록 최종적으로 시간이 자기 편이 아니란 걸 알면 타협에 나설 거야.

한 번이라도 임차인이 권리금 이야기를 꺼내며 먼저 접근해 온다면, 1년만 더 있다가 명도할테니 그만큼 제해서 그때 합의하자는 식으로 한 번 더 발을 빼. 1년의 가치를 인식시키는 거지. 중간에 절대 먼저 연락 하지 마. 장사가 잘되는 가게일수록, 시간이 지날수록 자신의 권리금이 확정적으로 증발한다는 것이 압박으로 다가올 거니까. 임차인들에게 임대인이 이렇게 시간을 보내는 걸 보니 임대인이 정말로 내 권리금을 완전히 증발시키려 하겠구나. 이런 인상을 줘야 한단 말이지. 임대차보호법 기간이 만료되어 간다는 걸 주기적으로 내용증명으로 날리면서 나는 당신보다 확실히 우위에 있다는 것을 각인시켜.

명도에는 머릿속으로 딱 하나만 되뇌며 자기세뇌 하면 돼. 나는 급하지 않다. 사실 급하지만, 이렇게 자기암시라도 걸지 않으면 도저히 버티질 못해. 딱히 대단한 방법은 애초에 없거든. 모든 협상에서 급한 티 내면 지고 들어가. 여기서 최악은 당장 수입을 위해서 또는 대출 이자를 감당하기 위해서 남은 공간을 싸게 임대 놓는 건데, 이러면 더 악순환에 빠지지. 이런 협상에서 시간과 돈 중 어느 쪽에 비중을 둘지는 개개인의 선택이지만, 보통은 시간에 중점을 더 두는 게 좋지. 어차피 분쟁을 겪는 동안 피차 괴로워. 하지만 기본적으로 임대인이 임차인보다 우위에 있을 수 있는 게 시간이거든. 부동산에서 시간이 무기라는 게 참 다양한 의미가 있지. 똑같이 시간이 흐르면 결국 시간은 임대인 편이야. 그동안 자금이 묶이거나 손실이 나는 게 괴로울 뿐이지. 여차하면 정말로 5년이고 10년이고 기다리겠단 각오가 있어야 해. 이 체력과 배짱이 없다면 함부로 덤벼들어선 안 돼. 몇 년째 명도를 못 하고 발만 동동 구르는 건물들이 부지기수거든.

　종종 계약서도 확인하지 않고 매수하는 경우가 있는데, 그러면 안돼. 명도를 하겠답시고 할 때가 되어서야 이 임차인이 언제부터 건물에 있었는지, 명의는 바뀌었는지 알 수 있는 방법이 없거든. 매도자에게 찾아가서 가르쳐달라고 해도 이제 그 사람이랑은 상관없는 일이니까 무시해버리거나 너무 오래된 일이라 서류가 없는 경우가 대부분이야. 정부에서 제공하는 소상공인 정보는 누락된 게 많고. 이럴 땐 사업자등록증과 포털 사이트의 로드뷰를 기준으로 추론해보거나, 수도나 전기가 모자분리 되어있다면 한국전력이나 상수도사업본부에 납입하는 공과금의 납입내역으로 점검해보는 식으로 우회적으로 찾아볼 수 밖에 없어.

　도마뱀은 그렇다면 명도 금액은 어떻게 산정해야 할지 묻는다. 아저씨는 턱을 매만지며 고민하다 답한다. 명도에 정답은 없지만 최소한의 기준은 있어. 임차인을 내보낼 때 고려하는 세 가지 변수는 기간, 월세, 권리금이지. 여기서 당연히 1순위는 기간이야. 기간이 많이 남은 쪽을 먼저 내보내. 이건 말할 필요도 없지. 시간이 곧 돈이고 그 시간 안에 무슨 변수가 일어날지 모르니까. 다음으로 월세는 낮은 쪽을 먼저 내보내야 해. 월세가 낮다는 건 권리금이 높다는 의미이기도 하거든. 높은 월세는 명도 기간 동안의 수입원이기도 해서 우선순위에서 밀리는데, 낮은 월세는 올려봐야 임차인에게 타격이 없어서 빨리 처리해야 해.

　마지막으로 권리금은 우선순위의 개념보다는 합의금을 가늠할 때 참고할 만하지. 이건 세 가지가 있어. 바닥권리금, 시설권리금, 영업권리금. 이것 세 개가 합쳐진 게 일반적으로 말하는 권리금이야. 바닥권리금은 쉽게 말해 여기에 깔고 앉아있을 수 있는 권리. 예컨대 어느 자리가 정말 장사하기 좋은 자리라 누구나 탐을 낸다고 하자. 이때 웃돈을 주겠다고 그 자리를 내게 넘기라는 사람이 나오지. 이 웃돈이 바로 바닥 권리금. 세 가지 중 가장 중요한 권리금이지. 장사는 결국 입지거든. 명의를 바꾸면 임대차보호기간이 다시 시작되고 바닥권리금은 높아지지. 그래서 임차인들이 자꾸 명의를 바꾸고 싶어하는 거야.

시설권리금이란 해당 업장의 인테리어와 시설, 집기 등에 투입한 비용이지. 우리 건물에 있던 임차인은 8년째 뭘 바꾸질 않아서 별거 없었어. 이런 부분은 감가상각이 크게 들어가고 업종이 바뀌면 설비를 모두 바꿔야 하니 크게 의미가 있진 않아. 수도나 가스 등의 설비를 새로 한 경우 건물에 유익한 것을 보탰다는 의미에서 유익비라 하는데 이런 거 인정하지 않는다고 계약서에 적는 것이 좋아. 시설 권리금에 포함되거든.

영업권리금은 쉽게 말해 매출, 그러니까 어떤 사업체로서의 가치나 독점권 같은 거야. 담배권이 그 예시가 될 수 있겠네. 영업권리금에서 특히 주의할 점은 특정 업종 또는 개인의 역량에 따라 생성된 권리금이기에 부동산 자체의 가치와는 다소 괴리가 있을 수 있단 거지. 그래도 요즘은 옛날보단 임차인들의 역량이 많이 개입하는 편이라서 무시할 순 없지. 무엇보다 이건 바닥권리금이랑 밀접한 관계가 있어. 아까 장사는 입지랬지. 입지가 곧 매출을 결정하거든.

다소 헷갈리기 쉬울 텐데, 영업권리금과 바닥권리금을 구분할 수 있는 가장 간단한 기준은 임차인이나 업종에 좌우되는 게 아닌 그 자리 자체에 대한 권리금의 형성 여부지. 예컨대 정육점을 하던 곳에 핸드폰 가게가 들어오기로 하고 권리금을 주고받는다면 이 권리금은 바닥권리금의 성격이 강하고, 동종의 사업체를 인수할 때 주고받는 거라면 영업권리금이 강한 거지. 핵심지일수록 영업권리금보다는 바닥권리금이 강해. 바닥. 말 그대로 땅의 가치니까. 신축할 때 임차인들이 요구하는 합의금은 사실상 바닥권리금이야.

예시를 들어볼까. 이건 명품 매장 앞에서 소위 오픈런을 한다고 전날 밤부터 대기를 하고 있는 사람들이야. 저 자리의 앉은 순서 자체는 바닥 권리금, 깔개와 우산은 시설 권리금, 기다렸다가 명품을 사는 행위 자체는 영업 권리금이라고 볼 수 있지. 저거나 탑골공원 무료 급식소 밥 얻어먹기 위해 서있는 줄이나 비슷해. 거기도 자리에 박스 깔아놓고 급식을 받는 행위를 하는거니까. 세상 만사 다 비슷한데, 건물의 자리에 있어서도 똑같이 적용된다는거지.

도마뱀은 머리가 지끈지끈 아파온다. 권리금은 신축이나 대수선을 할 때 골치 아프게 만들 뿐이니 이런 건 아예 없어야 하는 것 아닙니까. 아저씨는 고개를 가로젓는다. 오히려 권리금이 없는 경우가 쫓아내기 더 힘들 수도 있어. 기준점이 없으니까. 그래서 임대인들도 임차인들의 사업이 잘되길 비는 게 좋아. 사업이 잘된다면 보통은 월세도 잘 낼 거고 명도를 할 때도 사업에 대한 인수로서 접근할 수 있는데, 임차인이 업장에서 숙식을 해결하는 경우라던가, 영세해서 장사가 곧 생계에 직결되는 경우에는 골치 아파. 삶의 터전이라 결사항전의 태도로 반항하니까.

그래서 임대인 입장에선 권리금이 생성되는 게 나쁜 일만은 아니야. 권리금이 어느 정도는 있어야 임차인들이 서로 업장을 거래하고, 임대인에게 공실률을 낮춰주는 효과가 있어. 권리금이 아예 없다는 건 그게 입지가 좋지 않단 거지. 권리금은 대기 수요를 나타내주는 지표라고 볼 수도 있거든. 뭐든 적당한 게 좋은 거야. 명도가 얼마나 어려운 일인지는 겪어봐서 잘 알겠지. 그러니 건물에 큰 공사를 할 거라면 건물 전체 임차인들의 권리금과 임대차보호법 보호 기간의 만료일들을 미리 생각해두는 게 좋아. 미리 남은 기간과 월세에 따른 권리금을 가늠하고 계획을 짜둬야 하지. 보통 생각지도 않고 있다가 나중에 후회하곤 해. 월세도 평소에 꾸준히 올려두고. 월세와 권리금은 반비례 관계거든. 월세가 오르면 권리금이 줄어. 그러다 보니 5% 상승 특약을 넣냐 마냐로 신경전이 벌어지는 거고.

사실 옛날엔 이렇게까지 어지간하면 월세를 매년 올려야겠다고 생각하지들 않았어. 임대차보호법이 5년 단위니까 5년 단위로 폭을 크게 조정 가능했거든. 그런데 이제 10년이 되니까 매년 안 올리면 나중에 권리금이 더 커지게 되고, 그만큼 나중에 월세를 올리는데 저항이 생기지. 또 3기분 월세가 미납 되어야 이 권리금을 증발시키고 목줄을 쥐니까 월세가 미납 될 때 독촉하면 초보 임대인, 조용히 3기분을 채울 때까지 괜찮으니까 너무 괘념치 마시라며 안 넣어도 된다고 달래면서 기다리는 사람은 조금 더 노련한 사람인 거지. 반대로 이걸 이용하는 방법도 있지. 월세를 내지 않는 임차인이 있다면 신축이나 리모델링을 한다고 슬쩍 소문을 흘려. 그럼 권리금을 지키기 위해 꼬박꼬박 월세를 낼걸. 법을 시장 상황에 맞지 않게 뒤틀다 보니 이런 촌극이 만들어지는 거야.

무엇보다 법과 계약이라는건 그저 도구에 불과해. 이행하지 않는게 실익이 더 크다면 뭘 택할지는 뻔하지. 꼼수가 참 많은 시장이야. 예컨대 신축 할 때 임차인에게 재입점을 보장해준다는 계약서를 찍고 내보낸 상황을 생각해 봐. 정작 다 지어지고 난 뒤에 계약을 파기하고 배상을 하는 방법, 생각이라도 해봤나. 일단 폐업신고를 하고 보증금을 돌려 주는 순간 임차인을 책임 져줄 수 있는건 없어. 보증금반환채무와 임차물명도의무는 동시이행의 관계거든. 폐업 신고가 그래서 중요한거야. 반대로, 임차인 입장에선 휴업 신고를 택하겠지. 보증금을 반환 받지 않고 공사 기간 동안 계약을 지속하고 있겠단거야. 사용수익하지 않는다면 월세를 낼 의무도 없거든. 대신 임대차 보호기간은 소진되고 있는거고.

이렇게 계약서의 공백에는 눈에 보이지 않는 공방이 날아다니고 있지. 계약서에 공백으로 남겨진 부분은 모두 임차인에게 유리하게 적용되니 강행규정 위반만 아니라면 뭐든 다 적어둬. 될지 안 될지 몰라도 압박감을 주는거지. 상가 임대차 보호법이 정말 누더기 법이라 판례가 나오지 않으면 어찌 해석해야 할 지 아리송한 문구가 많거든. 임대차를 계속하기 어려운 중대한 사유도 명도 사유인데, 딱 봐도 애매한 문구잖아. 송사가 실익이 없어 중간에 합의를 하는 경우도 많다보니 판례도 찾기 힘들어. 정부 기관들조차 말이 달라. 3기분 미납이 채워지더라도 그 이후 계약이 명시적으로든 묵시적으로든 갱신된다면 계약 해지사유로 인정 되지 않을 수도 있다는 해석도 있으니 주의해야 해. 결국 경험이 답이고, 이 또한 시간이지.

---

* 계약 만기 시 계약 기간을 지정해 계약서를 새로이 쓰면 계약의 명시적 갱신, 임차인이 계약 기간 만기 한 달 전까지 퇴거 통보를 하지 않는다면 묵시적 갱신이 이뤄진다. 일반적으로 임대인에게는 명시적 갱신이 유리하다.

건물의 매매와 관리에서
맞춰야 할 타이밍

한참 권리금 이야기를 하며 한티역 근방을 걷는 와중에 아저씨가 어느 건물을 가리킨다. 자 저길 보자. 파리바게뜨가 있는데 바로 옆 건물에 파리바게뜨가 또 입점한다고 인테리어 공사를 하고 있네. 바로 건너편 건물에 또 입점하는 건 아닐 테고. 기존 매장이 이전하는 거겠지. 여기서 우린 무엇을 알 수 있을까. 도마뱀은 위치도 바로 옆이고 입지는 비슷하니, 저쪽이 아마 월세가 비싸서 옮기는 게 아닌가 답한다. 아저씨는 탐탁잖다는 듯 끌끌거린다. 논술 시험 볼 때 풀이 없이 정답만 적는 꼴이야. 방금 명도에 있어 권리금과 시간에 대한 것을 설명했잖아. 바닥, 시설, 영업권리금. 그리고 시간. 공실이 났다는 것은 보통 앞서 말한 세 가지의 권리금이 모두 사라진 상태라는 거야. 이 매장은 7년 정도 됐어. 보통 7년에서 10년 사이면 인테리어의 감가상각은 거의 다 된 거지. 그러니까, 시설 권리금이 없다는 거야. 그런데 최근에 파리바게뜨가 간판 디자인을 전국적으로 교체하고 있거든. 아마 여기도 본사에서 간판을 바꾸라고 했을거야. 어쩌면 내부 인테리어까지도 바꾸라 했을지도 모르지. 임차인 입장에서 어차피 오래 된 인테리어를 바꿔야 한다면 지켜야 할 시설 권리금의 의미가 옅어졌단거고. 영업 권리금이야 이런 프렌차이즈 업체는 다소 규격화되어있거든. 그래서 이렇게 가까운 데로 이전하는 경우엔 의미가 없어.

마지막으로 이들도 바닥권리금을 받고 옮겨가고 싶었겠지만, 바로 옆자리에 공실이 있는데 기존 자기들 매장에 권리금을 주고 들어올 임차인은 드물지. 다른 쪽도 저쪽의 바닥권리금이 없어진 만큼 권리금 없이 들어갈 수 있으니까. 자, 세 가지 권리금 모두 계산이 맞아떨어지네. 아마 원래 업장의 건물주에게 임대료 인하를 요청했겠지. 저울질을 할 수 있도록 말야. 결국, 수요와 공급이지. 보통 임차인이 이전할 때 고려하는 게 기존 업장의 남은 계약 기간, 인테리어 감가, 상권의 우열이나 변화, 필요한 평수, 적정한 임대료, 기존 업장의 권리금 회수, 신규 투자에 대한 위험성 등이란 걸 알아둬.

아저씨는 이어 약간 안쪽 골목으로 들어가 어느 신축현장을 보여준다. 여기 1층에는 뭐가 들어올 것 같은지 한번 생각해봐. 슥 보아하니 일방통행 오르막에 사람들의 주 동선과는 떨어져 있어 불과 100m 차이라도 아래와 입지 차이가 크게 난다. 특별히 들어올 게 없어 보이는데, 오르막 위로 갈수록 주택가니까 1층에는 아마 세탁소 정도만이 들어올 것 같습니다. 그런데 아저씨의 말로는 여기 이미 편의점이 들어오기로 예정되어있단다.

도마뱀은 고개가 갸웃거려진다. 아니. 편의점은 세 칸 아래 건물에 있습니다. 편의점은 출점 거리 제한이 걸리기에 이렇게 가까운 곳에 있으면 신규 출점이 안 되는데, 어찌 된 겁니까. 아저씨는 편의점이 입점해있는 건물을 가리키며 답을 말해준다. 저게 신축될 예정이라 편의점이 명도 당했고, 주변에 편의점을 다시 차리려니 최대한 가까운 곳 중 남는 자리를 고를 수밖에 없었거든. 어쩔 수 없이 저쪽으로 간 거지. 또, 부산에선 민락수변공원 근처가 주당들의 술판이었는데, 수영구청에서 금주 구역으로 지정했어. 덕분에 그 동네 편의점들 권리금 싹 증발해버렸지. 이렇게 미시적일수록 예측하기 어렵거나 내가 어찌할 수 없는 변수들이 많아. 이 경우엔 신축하는 건물주는 어쩌면 악수를 두는 것일 수도 있어. 특히나 편의점 같은 경우엔 담배권이 아주 치명적이거든. 그걸 남이 홀라당 들고 가버릴 텐데. 그래서 건물의 임차인을 내보낼 때 같은 수준 이상의 임차인이 와줄 것인가를 고민해봐야 해. 혹시 그저 관성으로 유지되던 걸 내보내는 건 아닌지, 정말 임대를 맞출 자신이 있는지. 입지가 좋아서 항상 대기 수요가 있다면 모르겠지만, 나라면 이런 경우엔 재입점을 협상했을 거야. 남에게 빼앗기면 안 되니까. 이렇듯 가까운 건물들은 서로 경쟁 관계라는 걸 잊으면 안 돼.

여기까지는 임차인에 관련된 주기만 봤는데, 임대인인 나의 주기도 고려해야 하지. 인명은 재천이라 내 수명은 몰라도, 적어도 내 은퇴 시점은 언제인가. 내가 상속이나 매각을 언제쯤 해야 할까. 또, 거시적인 금리 주기도 있고 어느 시점에 사람들이 대출을 많이 했는지에 따른 단기간의 대출 대환 주기도 있어.

다음으로는 건물의 구조와 설비에 대한 주기, 아까 엘리베이터를 설치하는 방법을 알아본 이유도 건물 자체의 감가상각이 다 된 걸 방어하기 위해서였지. 세상 모든 건 낡아. 엘리베이터를 얼마나 쓸 수 있을 것 같나. 법적으로는 20년 넘게 쓸 수는 있지만, 유지 및 관리에서 여러 가지 문제점이 발생해서 보통 교체를 해야 하지. 지은 지 30년 된 건물에 엘리베이터를 새로 설치하고 그게 또 다시 교체될 시점이면 건물 자체는 지어진 지 50년이 되어갈 거야. 그쯤 되면 건물을 전체적으로 다시 손봐야 할지도 몰라. 어쩌면 신축을 해야 할지도 모르고. 뿐만 아니라 주변 재개발이나 주변 건물들의 감가 같은 주변의 변화도 중요하지. 장기 계획을 세울 수 있도록 말이야. 신축이나 리모델링을 할 거라면 주변 재개발이 진행되는 동안 그 공사 기간을 겹친다던가. 아니면 건축물의 구조나 마감의 유행이 돌고 도는 걸 기다린다던가. 생각해야 할 변수는 한두 가지가 아니야. 이

걸 어떻게 비유하면 좋을까. 혹시 오실로스코프가 뭔지 아는가.

도마뱀은 썩어도 준치라고 공대 출신이다. 전압의 파형을 측정하는 것이 지요. 아저씨는 자기도 공대 출신이라며 웃는다. 그래, 주기 함수에서 변수를 조정해서 굴곡을 맞추는 거랑 같은 기야. 내가 바꿀 수 있는 변수와 바꿀 수 없는 변수, 그나마 예측 가능한 변수와 예측 불가능한 변수를 잘 따져봐야 해. 모든 게 맞아 떨어지는 시점은 잡기 힘드니 내게 최대한 적합한 시점이 언제일까를 판단해 봐야겠지. 이건 매매에서도 마찬가지야.

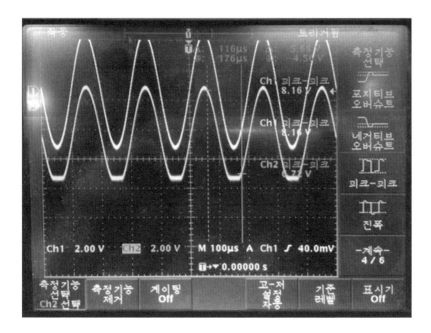

등기로 추론해 보는
매도와 매수의 기준

이어 아저씨는 도마뱀에게 건물을 사고 싶냐고 묻는다. 그야 물론이다. 문제는 돈이 없을 뿐이지요. 아저씨는 만약 건물을 산다면 등기부터 확인해보라며 말을 잇는다. 확률의 문제지만, 매물의 등기부 등본으로부터 어느 정도 파악해볼 수 있어. 변수는 소유 주체, 보유 기간, 매매 이력, 부채 비율이지.

우선은 소유 주체에 대한 파악이 필요해. 개인 소유인지 법인 소유인지, 개인이라면 소유주의 나이는 어떠한지, 단독인지 공유인 수가 많은지 등의 지분 관계가 판단의 요소가 될 수 있지. 고령의 단독 개인일수록 매물로 나올 확률이 높아. 사망하거나 그 전에 상속을 준비하기 때문이거든. 물론 절대적인 건 아닌 게, 나는 데는 순서가 있어도 가는 데는 순서가 없어. 그리고 오랜 기간 갖고 있었다면 소유주에게 있어 그 건물은 동반자 같은 존재라, 매물로 잘 안 나오기도 해. 그리고 등기부등본상의 주거지가 아주 비싼 주거지라면 어느정도 이 사람이 여유가 있는 사람이겠다고 짐작해볼 수도 있지. 물론 전세나 월세일 수도 있고, 사는 곳과 자산 규모가 꼭 일치하지만은 않지만 참고 정도는 될 수 있단 거야.

다음은 소유인의 수인데, 단독 소유가 아니라 지분이 개인 여러 명에게 있다면 상속이나 증여가 되었거나 진행 중인 거라 다시 나오기 어려워. 집안 건물이라는 인식은 함부로 처분을 못 하게 만들지. 특히나 문중의 소유 같은 것은 나오는 일이 극히 드물어. 이런건 보통 성씨나 나이를 보고 추론하지. 가족들이 보유한 건 그 세대에 무슨 문제가 없다면 나오지 않을 가능성이 높지만, 꼭 그런 건 아니야. 가족, 친척이라고 해봐야 결국은 남이거든. 수직적으로 증여나 상속이 이뤄지고 있는 것 보다 수평적으로, 그러니까 직계가 아니게 넘어가거나 수직적이더라도 3대에 걸쳐 갖게 되면 보통은 분쟁이 나지. 지분이 나눠질수록 권리관계도 까다롭고 청산했을 때 세금을 떼고 나누고 나면 각 지분권자가 받을 실가치가 크지 않게 느껴지거든. 그리고 개인이 아니라 신규 법인이 상승장 때 산 거라면 차익을 노리고 구매했을 가능성이 커서 근시일에 매물로 나올 확률이 다른 것보다는 더 높고. 이것도 법인 나름이라 증여용도의 가족 법인, 자가 사용을 위한 사옥 수요 같은 건 쉽사리 다시 시장에 나오지 않아.

다음으로는 보유 기간과 매매 이력이야. 이제껏 짧게 손바뀜이 많았던 매물일수록 다시 나올 확률이 커. 건물에 대한 애착이 덜 하거나, 차익만을 위한 투자재로서 인식하고 청산 시점을 정해뒀을 가능성이 있거든. 여기서 중요한 점은 보유기간과 세금과의 관계야. 개인은 장기보유공제가 15년 정도에서 멈춰. 거기서부턴 차익이 팔아봐야 다 세금이야. 그러니 개인 소유의 물건은 함부로 움직이지 못 해. 하지만 법인은 단기간에 매매해도 20% 정도라 급격한 상승이나 하락이 있다면 조금 더 나올 가능성이 크지. 명확하게 정해진 건 없다지만 구매 시점, 구매금액, 보유 기간에 따른 세금 문제 같은 걸 매도자 입장에서 고려해보면 어느 정도 시점이나 의중을 가늠해볼 수 있어. 대표적인 게 상속세의 연부연납이 끝날 때지.

마지막으로는 부채비율과 상황. 금리의 고점과 저점을 기가 막히게 맞출 수 있다면 모르겠지만, 그건 아무도 모르는 일이야. 그러니 부채가 아예 없는 것보다는 대출 비중이 높은 것이 매물로 나올 확률이 아무래도 더 높지. 금리를 신경도 안 쓰는 사람이랑, 금리가 요동치는 거에 따라 심박수도 같이 오르락 내리락 하는 사람이랑 어느 쪽이 더 매도하고 싶겠어. 그러니 구매자 입장에서도 대출은 항상 자기 상황에 맞게 잘 선택해야 해. 다음으론 등기에 기록된 가압류나 어디서 대출을 언제 받았고 선순위가 어떻게 설정되어있는가 등이지. 사정을 짐작해 볼 수 있으니까.

앞에서 살펴본 것들이 대부분 개인적인 것에 대한 추론이지. 그만큼 객관적으론 정해진 게 없단 거야. 보통 부동산을 파는 이유는 세 가지거든. 죽을 때, 사업 망할 때, 자식 때문에. 이렇게 반드시 팔아야만 할 이유가 생기지 않는 한 매물로 나오지 않지. 그리고 이 이유는 보통 상대의 불행에 기인하고 말이야. 남의 불행이 나의 행운인 시장. 불행도 행운도 운이야. 언제 어떻게 일어날지 알 수 없어. 호황이니까 죽어야겠다, 아니면 불황이니까 좀 더 살아야겠다 하지 않거든. 소유주의 사망이 아니라면 부모 자식간 싸움이나 형제자매간 싸움 같은 데서 흘러나오는 매물이 좋지. 이 중 최고봉은 이혼이야. 돈이고 자시고 우리 관계 청산하듯 전부 청산하자, 너랑 엮인 건 꼴도 보기 싫으니까. 이러면서 던지거든. 문제는 좋은 물건은 부자들 거고, 돈 많으면 이혼율 낮아. 결혼은 심신미약, 애 낳는 건 애국, 재혼은 기억상실, 이혼은 자선사업인데, 참 안타까운 일이야. 부의 재분배가 잘 안 되고 있다는 거지. 어떻게든 물건이 나온다 한들 그때 내 상황이 매수할 수 있는 상황일지 또한 모르고. 그래서 건물을 매도 매수하는 것에는 하늘이 내리는 연이 있다고들 해. 특정 매물을 내가 사고 싶다고 해서 마음대로 살 수 있지 않단 건 너도 경험해봤겠지. 상황이 나에게 맞춰주지 않아. 그러니 항상 준비하고 있어야 해. 원하는 물건이 나올 때 정확한 판단과 용기를 발휘할 수 있어야 하지. 그래서 평소에 많은 사례를 접해보는 게 중요해. 막상 일이 닥치게 되면 몸이 얼어붙거든.

그렇다면 매물을 보자마자 떠올라야 하는 것들을 짚어볼까. 필지에 어떤 규제들이 적용되고 있는지, 도시 계획에 편입되는지, 지상권이나 기타 권리관계가 복잡하진 않은지. 주변 필지의 상태나 합필 가능성도 점검해 봐야 하지. 이 필지에 단독으로 건물을 새로 지을 때는 어떻게 지어질지, 나는 명도, 용도변경, 멸실 후 나대지로 매각할 건지 그냥 장기보유할지 등 미래 계획에 대한 명확한 청사진이 필요해.

다음으론 건물 자체에 관해서 공부의 사실이 현황과 일치하는가, 건물의 기능적인 문제는 없는가를 점검해봐야 하지. 주차, 조경, 불법건축물 여부, 설비의 감가, 누수 여부 같은 거. 여기서 중요한 건 등기부등본은 법적 공신력이 없고 건축물 대장은 최신 정보가 실려 있지 않다는 거야. 대장이나 등기의 정보는 수정되는 데에 시간이 오래 걸리거나 틀린 정보가 있어도 소유주가 수정해 달라고 하지 않으면 실제가 반영되지 않기도 하거든. 그러니 액면 그대로 믿지 말고 실제 사실과 상태를 확실히 확인해 봐. 그리고 보유하는 동안의 수익률과 관리도 신경 써야 하지. 임대차 계약대로 월세 납입은 제대로 되고 있는지, 원래의 임대차 계약서는 어떠했는지. 세입자들의 성향은 어떠한지. 앞으로 상권이 유지될 수 있을지. 계약 자체에서도 중개비와 계약금, 중도금, 잔금은 어떻게 처리할지, 개인마다 다른 세금 및 대출 문제, 그리고 법인이냐 개인이냐의 선택에 이르기까지 따져봐야 할 것은 한두 가지가 아니야. 여기서 언급하는 것들은 기초 중의 기초지. 이건 하나하나 말로 설명하기 참 어려운거라구.

다섯 가지 요소로 보는 땅과 건물의 기본
시인성과 접근성/형태와 크기/방향과 일조/경사와 단차/주차장의 배치

시인성과 접근성

　정말 서울이 처음인지 묻는 아저씨에게 도마뱀은 몇 번인가 서울을 와보긴 했지만, 너무 어릴 적이라 기억이 나지 않는다 답한다. 그나마도 친척들을 보러 가는 거나 각종 행사 때문에 간 거라 볼일만 보고 바로 돌아오곤 했으니 주변을 볼 여유가 없었지요. 또 그 당시엔 서울역을 기반으로 움직였었기에 강남을 굳이 올 일은 없었구요. 대학이 다 강북에 있다 보니 친구들도 대부분 강북에 있었고. 다른 것보다도 그 때는 어려서 건물이나 부동산에 아예 관심도 없던 시절이었지요.

　아저씨는 그렇다면 차로 여기저기 한 번 둘러보자며 다시 처음 만났던 건물로 돌아가 차를 끌고 나와 도마뱀을 옆자리에 태우고 이리저리 데리고 다닌다. 아무래도 차로 다닐 때랑 지하철로 다닐 때랑은 느낌이 다르지. 특히나 유턴구간이나 일방통행 같은 요소는 차로 직접 다녀보지 않으면 체감하기 힘들어. 접근성은 가급적 도보, 대중교통, 자차 모두 이용해서 파악해봐야해. 아저씨는 강남의 대로를 지나가며 건물을 몇 갠가 턱짓으로 가리킨다. 그나마 대로변은 저렇게 네모반듯한 필지에 비교적 평지가 많고 단순하지만, 여기서 한 칸 안쪽으로만 들어가도 아주 복잡해져.

1. 횡단보도에서 마주 볼 수 있어 시인성이 좋은 건물
2. 차량 정체구간에서 시인성이 좋은 건물
3. 갈라지는 도로에 위치해 시인성이 좋은 건물
4. 곡각지에 위치해 시인성이 좋은 건물

그렇다면 어떤 필지가 좋은 필지일까. 가장 기본은 필지의 물리적인 특징이야. 시인성과 접근성, 형태와 크기, 방향과 일조, 경사와 단차, 주차장의 배치. 하나하나 떼서 볼 수는 없는 요인들이지. 다른건 다 바뀔 수 있어도 이런건 바뀌기가 어려워. 그리고 이 모든 것은 바로 도로와 관련되어 있지. 그래서 땅을 볼 때는 도로가 가장 중요해. 땅을 볼 때는 일단 가격을 머릿속에서 지워. 입지와 필지부터 보고 가격을 봐. 이건 잘 바뀌지 않으니까. 거시적으론 지역, 전체적인 상권, 개별적인 입지, 해당 필지, 특정

1. 갈라지는 오르막 도로에 위치해 시인면과 시선 노출 시간이 길어 시인성이 좋은 건물.
2. 다리 끝에 있어 차량 시인성이 좋아 광고판이 부착 된 건물.

건물, 현재 매가, 임차인 순으로 봐야하지. 좋은건 누가봐도 좋아. 그걸 안 팔 뿐, 나와도 비쌀 뿐, 비싼데 어떤 놈이 사갈 뿐, 나는 못 살 뿐이지. 모든 점에서 만점짜리 땅은 없어. 평균 80점 정도만 되면 고민해보는거야. 다만 편차가 큰 평균 80점보다 고루고루 평균 80점인게 좋지. 결혼도 배우자 조건들이 모나지 않고 무난한게 좋듯이. 그럼 어디 하나씩 살펴보도록 할까.

가장 먼저 시인성을 보자구. 이건 시인면과 노출시간 두 가지로 이뤄져. 대로변 코너가 일반적으로 좋은 이유야. 사람의 시야각은 통상 120도 정도고 높이로는 바로 밑에 있을 때 기준으로 2층 정도까지를 인지해. 반면 차로 다니는 건 상대적으로 좀 더 고층을 인식할 수 있지. 시인면 다음으론 인지 시간인데, 대표적으로 인지 시간이 좋은 예시는 횡단보도 건너편의 건물이야. 발을 묶을수록 건너편 건물의 시인성이 올라가지. 마찬가지로 차량 정체구간이나 일직선 방향으로 계속해서 한쪽을 바라보는 동선 또한 시인성을 확보할 수 있고. 예컨대 T자형으로 생긴 도로 구성에서 정중앙에 건물이 위치한 거라던가, 다리를 건널 때 끝쪽에 있는 건물들이 있

좌측은 양방향 통행이지만 우측은 단방향 통행으로
해당 도로의 접근성과 시인성이 상대적으로 약하다.

어. 도보 유동 인구는 없거나 접근성이 떨어지더라도 차량을 통한 시인성
이 좋은 건물은 기업의 사옥 같은 걸로 사용하기 좋은 조건 중 하나지.

아저씨는 차를 돌려 이면도로로 들어가며 손가락으로 건너편 건물을 가
리킨다. 어때, 지금 들어가면서 쭉 한 방향을 보고 있지. 도로의 끝에 있
거나 두 도로가 합류하는 지점, 회전 동선에 있는 건물들은 대체로 시선을
잡아두는 시간이 길어. 곡선이 직선보다 길기 때문이지. 경사가 있다면 경
사가 시작되고 끝나는 가장 높은 곳과 낮은 곳이 시인성이 좋고. 위에 있
으면 웅장한 느낌을, 아래에 있으면 내려가며 고층이 전체적으로 보이는
효과가 있어.

아저씨는 어느 골목길 근처에서 갑자기 차를 멈춰세운다. 차량으로 확
보되는 시인성과 접근성에는 주의해야 할 점이 있지. 차량은 이동에 제약
이 있다는 거. 이게 중요해. 이쪽으로 들어가고 싶지만 여긴 일방통행 도
로야. 그래서 차량 접근성은 내비게이션을 기준으로 보는 게 좋아. 보통
대로에서 두 번 꺾어 들어가는 것 정도까지가 접근성에서의 한계지. 그리
고 일방통행 도로가 T자형으로 있다면 도로의 진행 방향이 건물을 보고

1. 불법 주·정차 단속CCTV
2. 소방선. 잠시라도 주차가 불가능하다.

갈 수 있는게 좋아. 접근성은 물론이고 시선에 노출되는 시간이 그만큼 더 길어진단 거니까. 당연히 양방향 통행이 가능한 도로면 더 좋고. 그리고 차량 접근성에서 특히 중요한 요소는 잠깐이라도 주차를 할 수 있는가야. 학원만 해도 학원 차량이 잠시나마 정차할 수 있어야 하고, 편의점 점포개발팀도 차를 잠시라도 세울 수 있는가를 입점 판단 요소로 삼아. 그래서 주정차 CCTV 단속 카메라는 물론이거니와, 도로 위의 소방선과 황색 실선은 잠시라도 주정차하는 것에 범칙금이 부과되니 특히 악영향을 끼치는 요소야.

반면에 도보에선 상대적으로 자유롭게 발걸음과 시선이 이동할 수 있어. 인도에는 일방통행이 없거든. 그리고 횡단보도가 중요해. 차와는 달리 가로질러 갈 수 있단 거니까. 그래서 무단횡단이 가능한지도 소소하게 영향을 끼치고. 도로에 인도가 있느냐 없느냐는 차이도 있지. 그리고 도보 동선에서는 경사가 상대적으로 영향력이 더 큰데, 아무래도 오르막 방향은 사람들이 자연스레 안 가게 되지. 이처럼 동선에서는 고저차나 차량 흐름 등에 따라 자연스럽게 물처럼 고이는 곳이 생겨. 지나가기만 하면 흐르는

1. 대로변에 위치하진 않지만 대로변에서 바로 보이는 건물, 영구 조망의 예시
2. 외부 창 배색을 활용해 건물의 전면이 넓게 보이도록 만든 예시

동선이라고 하고. 이면도로는 한쪽이 막히지 않고 대로로 바로 연결된 것일수록 좋아. 말 그대로 활로가 되거든. 이 외에도 유턴 구간이나 교차로, 로터리 등은 차량의 흐름을 결정하지. 고가도로나 지하차도, 너무 넓은 도로는 이 흐름을 막기도 해. 이면도로라도 대로에서 대로로 바로 이어지는 도로고, 대로에 평행해서 가까이 있다면 여러모로 좋지. 무엇보다 현실적으로 도로가 제일 중요한 요인은 주차장의 배치지. 이것도 도로에 의해 크게 결정되거든.

다른 필지의 건물도 시인성의 요인이야. 건물이 건물을 가리지 않아야 해. 앞쪽 필지가 나지막하다가 갑자기 건물이 올라가면 내 건물을 가려버리거든. 내 건물이 드러나게 해준다면 내 입장에선 아주 운이 좋은 일이고. 앞의 필지의 건물이 뒷 필지의 건물을 가리지 않고 이 상황이 크게 바뀔 일이 없다면 이걸 영구조망이라고들 표현해. 마지막으로 건물 자체의 형태나 디자인도 영향을 끼쳐. 저 건물은 양측의 건물보다 더 작고 세로로 길쭉하지만, 유리창의 배치와 배색으로 볼록하게 보이게 만든게 눈에 띄지. 마치 성당의 스테인드글라스 같아 지나가며 항상 눈에 띄는 건물이야.

뿐만 아니라 건물의 높이나 야간의 조명도 요소로서 작용하고. 건물을 잘 짓고 꾸미는 거도 중요하다는 예시지. 살펴봤듯 시인성과 접근성의 대부분이 바로 이 도로로 결정되는 거야. 도로를 따라 사람들이 움직이고 도로를 통해 사람들이 건물을 보니까.

형태와 크기

이제 아까 말한 요소들 중에서 가장 기본으로 돌아가 볼까. 시인성이 직관적으로 보이는 거니 먼저 말했지만, 앞서 말했듯 땅은 결국 도로가 제일 중요해. 건축 허가를 받으려 할 때 제일 먼저 점검하는 게 도로와 접하는지부터 따지는 거만 봐도 알 수 있지. 도로를 기준으로 건축선이 결정되기도 하고 말이야. 아까 우리가 점검한 시인성과 접근성도 도로에 의해 결정되는 거라 도로를 살펴본 것과 다를 바 없어. 여기서는 이제 도로와 대지 경계선이 만들어내는 필지의 형태 위주로 보자구.

도로법이 정말 복잡해. 하나의 도로에 다른 기준이 적용되는 경우도 많아. 누가 봐도 번듯하고 깔끔한 도로라면 크게 신경 쓸 것이 없지만, 겉보기와는 달리 권리관계가 복잡하거나, 소유권자가 개인인 사도, 막다른 도로, 계단으로서 사람만 다닐 수 있는 도로, 공부 상엔 없는 현황도로 등 특이사항들을 점검해야 하지. 도로와 대지 경계선이 곧 필지의 크기와 형태를 결정하는데, 구도심은 도로가 조선 시대 때부터 있던 경우도 있거든. 조선 시대가 뭐야, 도로의 역사가 인류의 역사보다 길어. 그래서 모든 도로가 자로 그은 듯이 반듯하지 않아. 게다가 단일 기준으로 분류할 수가 없지.

구도심 개발이 참 힘든 점이 이렇게 도로 상태가 좋지 않아서야. 필지도 작고 삐뚤빼뚤한 경우도 많고. 그래도 도심 대부분의 건축물이 건축된 필지는 이미 어떤 식으로든 도로에 대한 권리관계가 정리된 경우가 많아.

　도로가 접한다는 것, 그러니까 접도는 필지의 한 변과 온전히 맞닿아있어야 해. 한 필지에 접한 도로 중 가장 큰 도로에 준하는 도로가 몇 개 접해 있느냐에 따라 이 필지는 접도 면이 몇 개다라고 할 수 있어. 그 도로가 넓고 접근성이 좋으며 유동 인구가 많을수록 좋지. 좁거나 막다른 도로로서 통행이 끊긴 도로는 접근성에서는 의미가 다소 퇴색되지만, 도로가 하나라도 더 접해있다면 주차장을 배치하기에 아주 유리해. 가로로 길죽하냐, 세로로 길죽하냐도 이 기준을 따르지. 사각형 필지들이야 뻔하니까, 특이한 필지의 형태부터 하나씩 보자구.

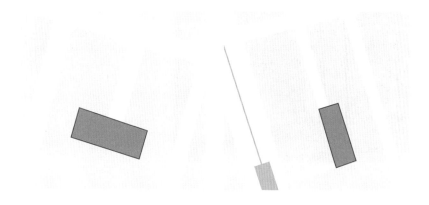

　예컨대 이런건 도로와 접한 게 면이 아니라 한 점의 형태지. 도로가 아예 없는 곳은 맹지라고 하는데, 맹지는 특히나 진입로 확보가 중요해. 최소한의 건축이 가능한 대지는 폭 4미터 도로에 2미터 이상 접해야 하는데, 진입로라고 하지. 일반적인 차량의 전폭이 약 2미터, 주차장의 규격이 2.5미터란걸 기준으로 어림해보면 파악 가능해. 딱 차량 하나가 이동할

수 있는 너비지. 이런 필지는 인접 필지 지주들의 땅을 진입로로 활용했을 가능성이 커서 소유권이 복잡할 수도 있어. 그래서 권리관계에 주의를 해야 해. 무엇보다 이런 경우엔 막다른 도로에 따른 건축선이 적용되는 경우가 있을 수도 있거든. 그러면 실질적으로 건축을 아예 못 하는 경우도 있어. 또, 도보로만 접근 가능하고 차량 진입이 아예 불가능한 필지의 경우 지자체에 따라 비용을 지불하고 주차장 면제 신청 후 건축허가를 받을 수도 있지. 건물을 볼 때 도로가 가장 중요하다고 했던 게 좀 이해가 가나.

 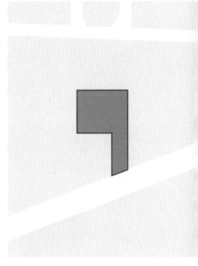

이번엔 조금 더 보편적인 자루형 필지를 볼까. 자루처럼 생겼다고 자루형 필지라고 해. 필지 두 개만 합필하면 비교적 네모 반듯한 필지가 나오는 형태들이지. 그래서 이런 자루형 토지를 앞쪽 필지 지주가 산다면 가장 효율이 좋아. 하지만 너도 알다시피 인접 필지는 쉽사리 사기 어렵지. 어느 쪽이 어느 쪽을 사건 긴 시간이 걸리니, 그동안 어떻게든 생산성을 확보해야 하기 때문에 자루형 필지는 보통 상업시설보다는 주거로써 활용

해. 주거는 시인성이 크게 중요하진 않으니까. 그래서 자루형 토지에 상업용 시설이 들어서기 위해선 입구부의 시인성을 확보하는 것이 중요하지. 보이는 면만이라도 잘 꾸며둔다던가. 아까 시인성에서 건물이 다른 건물을 가리지 않아야 한다고 했잖아. 이게 대표적인 예시지.

이쯤에서 한 가지 재밌는 걸 볼까. 이건 필지 모양은 정사각형이지만 건물을 일부러 왼쪽으로 조금 옮겨 지었고 필지 일부를 기존의 도로와 일자로 맞춰 사용하는 거야. 진입 동선이 직선이 되고 통로 시인성이 확보되지. 도로의 상황이 참 다양한 결과를 가져다준다는 예시야. 도로에 접함에 따른 필지의 특성은 정말 이루 말로 할 수 없이 다양하지만, 아직 네겐 이른 이야기 같으니 다음 걸 보자구. 지금까지는 도로나 진입로야 어쨌건 그래도 네모 반듯한 필지를 봤는데, 이런 거 말고 다른 게 뭐가 있을까. 도마뱀은 중학교 수학을 떠올려본다. 90도가 아닌 각, 즉 예각이나 둔각이 있지요. 삼각형, 사다리꼴, 마름모, 오각형 같은 것들.

그렇지. 대부분 필지에는 도로와 접하는 부분의 각이란 게 있는데 이게 아주 중요해. 이 도로들이 교차하는 부분에는 특히 신경 써야 할 점이 있어. 개인의 사유지를 공공에 내어줘야 하는 가각전제가 적용된다는 거지. 가끔 길을 지나가다 보면 사다리꼴 모양의 건물이 눈에 띄는데, 지적도를 보면 필지는 사다리꼴이 아니라 삼각형인 경우가 있지. 그게 바로 이거야. 각의 모퉁이 부분이 잘려나가는 거지. 건축선이든 가각전제든 그 때문에 잘려나간 땅은 더는 내 땅이 아니라고 보면 돼. 대지면적에서 제외하고 건축법을 적용하지. 건축선과 마찬가지로 도로의 폭이 기준이 되고, 거기에 더해서 교차각에 따라 얼마만큼 잘려나가는지가 결정이 되는데, 쉽게 말해 찔릴 것 같이 선이 가늘고 각이 뾰족할수록 둥글게 깎아내는 거라고 보면 돼.

가각전제의 기준

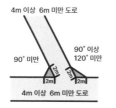

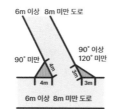

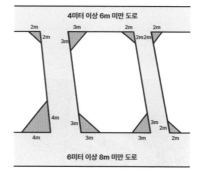

　가각전제를 당하는 건 어쨌든 필지의 두 개 면이 도로와 맞닿아있다는 의미기도 해서 나쁜 것만은 아니야. 도로가 접근성을 결정하니까. 물론 사각형 필지에 모든 면이 도로에 접해있으면 최고지만 넓고 반듯하며 도로를 많이 낀 큰 땅은 드물지. 생각나는 예시가 혹시 있는가. 도마뱀은 곰곰이 생각하며 되뇐다. 넓은 땅. 사각형. 최대한 많은 도로를 접한. 필지를 보는 기준은 서울이나 대구나 같다. 대구에 있는 한 건물이 떠오른다. 이런 게 예시가 될 수 있겠군요.

앞쪽은 대로에 뒤쪽 도로도 차량이 양방향으로 통행 가능하며 스타벅스가 있을 정도로 유동인구가 살아있는 도로지요. 평지 대로변 코너에 뒤에는 아파트 대단지. 아저씨는 지적도를 훑어보며 끄덕인다. 그렇지, 이런게 좋은 땅이지. 지하철역 바로 앞이기도 하고. 다만 이러면 지상권 관련 문제가 있을 수도 있지. 어쨌든 이 경우만 봐도 도로가 접하는 게 아주 중요하단 걸 알 수 있지. 지하철 관련 시설물은 거의 옮기지 못 하는 거라 뒤쪽에 도로가 없었다면 주차장으로의 진입로를 만들기 아주 어려웠을 거야. 설령 가능했다 한들 앞쪽에 주차장을 배치하면 1층이 안쪽으로 쑥 들어가게 되기도 하고. 세로로 길쭉한 필지나 한 쪽 면만 도로에 접한 필지들은 주차구

앞쪽은 지하철 출입구로 차량 통행이 불가하게 막혀있지만 뒤에 도로가 접해있어 주차장을 뒤에 배치한 건물

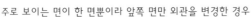

주로 보이는 면이 한 면뿐이라 앞쪽 면만 외관을 변경한 경우

획의 배치가 참 어렵다는 게 단점이지. 하지만 앞뒤로 도로를 접하고 있다면 건물 뒤쪽으로 주차를 배치할 수 있단 점이 가장 큰 장점이야.

도로와 접하는 면은 사각형을 기준으로 한 개, 두 개, 세 개, 네 개 면이 접할 수 있지. 보통은 한 개 면만 접하고, 두 개 면이 접한다는 건 코너이 거나 코너가 아니라면 앞뒤로 도로를 접하는 경우야. 세 개면은 땅이 아주 넓다거나 이렇게 도로 상황이 참 좋은 경우고. 네 개 면은 드물어. 정말 큰 건물에서나 종종 보이지. 도로로 나누어진 구획 하나를 전부 차지하고 있단 이야기니까. 뭐, 꼭 한 쪽 면만 시인성이나 접근성이 있다는 게 단점만 있는 건 아니야. 리모델링을 할 때 보이는 면수가 적을수록 손을 댈 부분 이 적은 건 나름 장점이긴 하지.

앞뒤로 도로를 접하고 있는 필지를 찾다가 재밌는 사례를 봤는데, 양재천 근처의 이 건물이었지. 이 일대의 필지들은 앞쪽 도로로 주차 진입로를 확보할 수 없어. 시에서 도로에 설정한 조경 면적 때문이지. 그래서 필지의 뒤에 접한 도로를 통해서만 차량이 접근할 수 있기 때문에 주변 건물들은 다들 건물 뒤쪽에 주차구획을 배치했지.

이 건물도 여기까지는 다른 건물들이랑 마찬가지야. 차이점은 보통은 1층을 최대한 크게 하려 하지만, 여긴 1층에 작은 카페 정도만 들어갈 수 있는 공간을 만들고 나머지 공간을 전부 주차장으로 만들었어. 건물 전체가 한 음식점을 쓰는 경우 1층을 필로티 구조로 만들어버리고 주차를 배치하는 거랑 비슷해. 건축법에선 주차장 대수가 많을수록 건물을 더 넓고 높게 지을 수 있게 하지. 이걸 통해 건물을 한 층 더 높게 올린 거야.

1층을 없애고 한 개 층을 더 올린 게 임대 수익이 악화될 수도 있겠지만, 의외로 비슷비슷할 수도 있어. 여기는 상대적으로 1층의 생산성이 낮지만 고층의 사무실 수요가 꽤 있다보니 말야. 주차가 넉넉하다고 하면 사무실 문의가 많이들 와. 주변 다른 건물들은 주차를 적게 배치하고 건물의 높이를 덜 올리거나, 기계식 주차장을 사용했는데 기계식 주차장의 관리비와 감가상각의 문제를 생각해보면 이렇게 1층 면적을 줄이고 주차를 확보한 후 한 층 더 올리는 게 더 나을 수도 있어.

이때 앞쪽으로 통하는 통로를 만들었다는 점도 좋은 점이야. 이 통로를 통해 대로에서 건물 뒤의 도로로 사람들이 들락날락거리지. 그래서 1층의 임대면적은 문을 내부 측면으로 낸 거야. 여긴 앞쪽보단 뒤쪽 도로의 유동인구가 꽤 있는 편이거든. 내 필지를 활용해 길을 만들어 유동인구를 흡수하거나 시인성을 만들어내는 방법도 있다는 거야. 그리고 이 통로는 차량이 통과할 수 있을만한 폭을 확보했어. 이걸로 원래대로라면 차량이 못 들어가는 앞쪽의 건축선 후퇴영역에 주차도 할 수 있게 한 거지. 법적인 주차공간으로서는 인정되지 않지만, 일단은 사유지긴 하니까. 이렇듯 건물에선 꼭 법정 주차대수 말고도 실질적으로 주차할 수 있는지가 중요해. 잠깐이라도 주차를 할 수 있단 점은 외벽 청소 차량이나 이삿짐 차량의 주차같이 건물의 관리에 있어서도 여러 가지 편리한 부분이 있고, 지나가는 길에 잠깐이라도 차를 세울 수 있다는 점은 편의점 점포 개발팀에서도 유의해서 보는 부분이거든.

마지막으로 구조를 보면 이 모든 걸 고려하면서도 건물 전체가 거의 네모 반듯해질 수 있도록 했어. 엘리베이터의 위치와 통로의 배치도 좋고, 웅장하게 보이라고 맨 위층에 가벽을 쳐놓은 것도 좋아. 여러가지로 계산을 잘하고 하나하나 세심하게 신경을 썼다는 티가 나지.

방향과 일조

다음으로는 방향에 관해서 이야기해보자고. 혹시 북도, 그러니까 필지의 북쪽에 도로가 있는 게 좋단 이야길 들어본 적 있나. 도마뱀은 처음 듣는 소리다. 갸우뚱하며 답을 못한다. 아저씨는 정말 딱 너네 건물에 대한 거만 배웠다며 신기하다는 듯 웃는다. 보통은 정석적으로 필지의 법적 분류나 건축법에서의 건폐율, 용적률 같은 걸 하나씩 배우고 접근하거든. 배우는 순서가 완전히 거꾸로 되어있구나. 아무래도 건물이 눈에 보이는거다보니 이런 것들부터 설명하긴 하지만, 기본적인 주거지나 상업지별 특성도 모를 테니 앞으로 배워야 할 게 많을 거야.

일조사선 제한을 사선 형태로 처리

일조사선 제한을 테라스 형태로 처리

저 건물들은 어느 정도 높이 이상부터 비스듬히 깎여나가 있지.주거지와 상업지의 차이는 이루 셀 수 없이 많지만, 그중에서도 큰 차이 중 하나가 바로 주거지에서의 일조사선제한이야. 저길 보면 햇빛이 건물의 비스듬한 방향을 따라 옆 건물에 닿는 게 보이지. 저렇게 옆 건물에 햇빛이 들수 있도록 건물 간의 거리를 조금 더 띄우고 북쪽은 비스듬히 깎여야 한다는 규정이야. 건축사에게 문의해서 가설계를 받아볼 때 네모 반듯한 건물이 올라가겠거니 하던 예상과는 다른 결과물을 받아보게 되는 게 바로 이 일조사선제한 때문이지.

이 때문에 단순히 면적이 깎여나가는 것뿐만 아니라 설계에 있어 큰 제약이 가해져. 6층짜리 건물에서 5층까지만 엘리베이터가 가고 한 개 층은 걸어 올라가야 하는 거나, 계단을 포함한 입구부가 주 동선에 배치되지 못하는 경우들이 생기거든. 무엇보다 층고가 문제가 돼. 요즘은 층고를 높게 하고 싶어 하는데다 천정에 붙이는 단열재도 두꺼워지다 보니 야금야금 층별 높이를 올리다 보면 금세 일조사선제한을 적용받게 되거든. 지금은 이 제한이 9미터인데, 조만간 10미터로 변경된다더라고. 옛날엔 도로사선제한이란 것도 있었는데 폐지된 전례가 있어서 기대해볼 만하지.

일조사선제한 완화 시 층고 변화

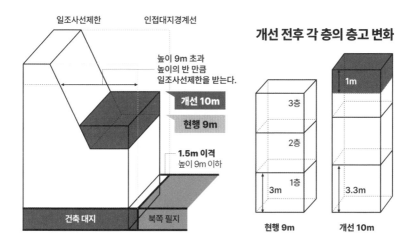

개선 전후 각 층의 층고 변화

그럼 일조사선제한이 10미터부터 적용되는 경우를 생각해보자. 여기 높이 10미터짜리 네모난 건물이 있는데 이 건물의 높이를 4미터 더 올리고 싶다고 해보자구. 여기서 높이 10미터부터 1미터씩 올라갈 때를 생각해봐. 1미터의 반은 0.5미터, 2미터의 반은 1미터, 3미터의 반은 1.5미터, 4미터의 반은 2미터지. 점을 하나씩 찍어보고 한번 죽 연결해봐. 비스듬한 선이 죽 그이지. 이게 바로 일조사선제한이야. 각 높이별로 이만큼을 북쪽에서부터 후퇴해야 해. 일조권이란 게 결국 사람을 위한 거니까 북쪽에 남의 필지가 없다면, 즉 도로가 있으면 도로의 중심선을 기준으로 일조사선제한을 적용받아서 좀 덜 깎이지. 그 도로가 폭 20미터 이상의 넓은 도로라면 아예 적용이 안 되고. 그래서 북도를 낀 건물이 좋다고 하는 거야. 간혹 신도시나 택지개발지구는 이걸 남쪽으로 기준 삼는 경우도 있어.

일조사선제한 때문에 건물을 비스듬히 사선으로 만드는 경우가 있고, 계단식으로 테라스를 만드는 경우가 있지. 요즘은 서비스 면적이 중요하고, 옥상 루프탑도 유행이다 보니 테라스형 구조가 대세인 거 같아. 아무래도 평평한 공간이 있다면 조경이나 에어컨 실외기, 변압기, 중계기 등의 설비를 설치할 공간을 마련하기도 편하거든. 물론 사선이라도 한 뼘이라도 더 전용면적을 확보하거나 디자인 측면에서 잘 활용할 수 있다면 좋고.

이 방향과 일조는 크게 건물에 세 가지 영향을 끼쳐. 앞서 말한 건축적인 부분에서의 일조사선제한. 둘째로는 임차인의 선호. 세 번째는 건물의 관리 측면이지. 예컨대 1층 꽃집은 자연광이 드는 걸 선호해. 고층의 스튜디오도 자연광을 선호하는 경우가 종종 있지. 지하가 외부로 노출되는 선큰구조의 건물이라면 남향 또는 인접 필지의 상황에 따라 일조권이 보장된 곳을 더 선호하기도 하고.

또 사소하지만, 건물을 오래 관리하다 보면 이 일조가 은근히 와 닿는 부분들이 있어. 건물 앞 빙판 사고는 건물주에게 책임을 물을 수도 있는데 남향은 햇빛이 잘 드는 만큼 건물 앞에 눈이 빨리 녹아. 반대로 북향은 햇볕이 들지 않아 동파에 상대적으로 조금은 더 취약하다든가. 외벽에 이끼가 더 자주 끼는 경우도 있고. 채광에 따른 냉난방효율도 조금은 체감이 되지. 자외선 때문에 간판이나 시트지, 매장 내 진열품이 빠르게 빛이 바래기도 해.

경사와 단차

마지막으로 경사도와 단차야. 이건 한 필지 안에서의 경사와 전체적인 지대를 보는 두 가지가 있지. 이건 도로와 마찬가지로 거의 바뀌지 않아. 그러니 아주 중요한 요소지. 일반적으로 평지를 선호하지만, 특수하게 경사도가 있는 걸 선호하는 경우가 있어. 첫 번째 이유는 면적 상의 혜택이지. 가끔 앞에서 봤을 때는 1층으로 보이지만 건축물대장에는 지하 1층으로 등록된 건물들을 볼 수 있을 거야. 지하공간은 건물의 높이나 너비에 있어 여러 가지로 제외해주는 게 많거든. 말인즉, 일정 이상의 경사도나 단차가 있다면 기존의 건축법의 기준보다 건물을 더 높고 넓게 활용할 수도 있단 거야.

이걸 어떻게 설명하면 좋을까. 가중평균이니 뭐니 어려운 이름의 수식이 있는데 이런 건 생략하고 다소 거칠게 설명하자면, 찰흙으로 된 경사를 하나 상상해보고 거기에 네모난 건물을 낮은 곳에서부터 수평으로 꾹 밀어 넣어보자. 한 개 층이 찰흙에 반 이상 묻혀있으면 지하층으로 인정되는 혜택을 볼 수 있는 필지야. 하지만 이 고저차가 옹벽으로 형성되어 있으면 해당하지 않아. 묻혀있어야 한다는 표현에서 알 수 있듯이 말이야.

도마뱀은 흙을 갖다 부어버려서 경사를 일부러 만들면 안 될까 중얼거린다. 흘러나온 말을 들은 아저씨는 잠시 벙쪘다가 창의적인 건지 뭘 몰라

도보 동선에서 일 층으로 보이는 점포들이 공부상에서는 지하층이다.

서 그러는 건지 모르겠다며 단칼에 자른다. 당연히 안되지. 흙을 쌓는 성토, 흙을 파내는 절토 같은 건 형질변경이라고 해서 필지의 물리적인 특성을 바꾸는 건데 절차가 따로 있지. 그런 거 함부로 하면 안 돼. 남의 떡이 더 커 보인다고 경사지의 혜택이 좋아 보이나 본데, 기본적으로는 경사는 사람이 오갈 때 불편함이 생기고 건물 내에 단차를 만들기도 해. 일대의 지대보다 낮다면 장마 때 물이 들이차기도 하지. 경사지가 좋다기보다는 그나마 이 혜택 때문에 경사지의 단점이 만회가 된 거라고 보는 게 맞겠지. 경사 덕분에 이득이 됐다고 할 법한 건물은 드물다구.

　무엇보다 단차가 있다는 건 높은 쪽의 흙의 무게를 버틸 만큼 건물이 튼튼해야 하는데, 시공이 까다로워지지. 그렇지 않다면 옹벽을 세워서 흙이 무너져내리는 걸 막아야 하는 거거든. 묻혀있는 형태라면 지반과 건축물의 온도차이로 벽체에 결로현상이 생기기도 쉬워. 설계와 시공이 까다로워지지. 뿐만 아니야. 아까 일조사선제한을 봤지. 경사지에 일조사선제한이 적용된다면 계산식이 아주 복잡해져. 일반적으론 북쪽이 높은 게 더 좋긴 한데, 어려워지니까 이 정도만 우선은 알아둬. 그래도 경사를 잘 활용하는 직관적인 방법은 몇 가지 있어. 대표적으로 주차장의 배치에서 활용할 수 있지.

우선 측면의 경사를 활용하는 예시들을 보자구. 주차장으로 들어가는 이 경사로를 흔히들 램프 구간이라고 불러. 건물 내로 차량이 들어가는 경사로에도 법적으로 길이나 경사, 회전반경 같은 것들에 관한 규정이 있거든. 이때 건물의 측면이나 후면에 인접한 도로가 내 필지에 접해있고 경사가 있다면 이걸 활용해서 주차장 진입로의 길이를 짧게 만들거나 경사를 덜 하게 할 수 있어.

측면 도로를 이용한 주차장 배치

오르막을 이용한 경사로 단축 예시

다음으론 측면이 아닌 앞과 뒤의 도로의 단차에 따른 주차 배치야. 생각해봐. 아까 경사로라는 게 결국 건물 내부 공간의 주차장으로 들어가기 위함이었잖아. 그런데 건물 뒤나 측면의 도로가 높낮이 차이가 난다면 이것 자체가 곧 경사로라고도 볼 수 있는 거지. 지하로 들어가는 입구로 이용하는 게 대부분이지만, 건물의 2층이나 3층을 주차로 배치하는 경우도 종종 보여. 언제 강북의 한강진역에서 이태원로 쪽을 가보렴. 그 동네의 건물들을 보면 경사와 단차가 한 번에 이해가 갈 테니까. 자, 지금껏 살펴본 시인성과 접근성, 필지의 크기와 형태, 주차장의 배치, 경사와 단차 모두 도로가 언급되지. 그러니 도로가 가장 기본이자 핵심이란 걸 잊지 마. 그럼 이제 이 도로를 통해 들어오는 주차장에 대해서 한 번 볼까.

2층에 배치된 주차장

옥상에 배치된 주차장

주차장의 배치

아저씨는 한 건물 근처에 차를 세우고 주차 관리인에게 차 열쇠를 맡기며 쯧쯧 혀를 찬다. 요즘 발렛 주차비가 참 비싸졌어. 차를 끌고 나오기가 무섭게 말이야. 지금까지 도로와 주차에 대해서 계속 강조했는데, 토지 자체와는 관련이 덜하긴 하지만, 크기나 경사, 접도와 연관되는 아주 중요한 부분이 바로 주차장이야. 여긴 기계식 주차장을 쓰고 있구나. 이거 다시 차를 뺄 때는 한참 기다려야 한다구. 여간 불편한 게 아니야. 관리비와 인건비가 많이 들기도 하고. 그래서 기본적으로 주차장 중 최고는 지상에 있는 자주식 주차장이야. 자주식이란 기계 장치의 도움 없이 사람의 운행만으로 주차되는 걸 말해. 뭐, 자주식 주차장이 좋은 건 누구나 알지만 보통 공간을 확보할 여건이 안 되다보니 어쩔 수 없는거지. 이번엔 바로 이 주차장에 대해서 한 번 살펴보자구. 이건 좀 복잡해지는 내용이지만 정말 중요하니까 한 번에 이해는 안 되더라도 그냥 그렇다고 듣고 흐름이라도 파악해둬.

보통 작은 건물에서 자주식 주차장은 8대 이하가 대부분이야. 여기서 봐야 할 기준은 두 가지. 첫째, 보도와 차도의 구분이 없는 도로냐. 둘째, 이 도로의 폭이 12미터 이상이냐 그 미만이냐. 직관적으로는 대로냐 아니냐 정도로 생각하면 돼. 이 두 가지 기준은 서로 중복될 수 있어. 8대 이하의 주차구획 배치에서 가장 큰 특징은 연접이 허용된다는 거야. 연접이란 앞에 차가 뒤의 차를 빼지 않는다면 못 나가게 연속해서 주차구획을 배치하는 걸 말하지. 예시로 하나씩 살펴보자구.

연접에서 가장 눈여겨볼 점은 앞뒤로 도로를 접하게 되면 주차 구획이 일렬로 최대 네 대 까지 세로로 배치가 가능하다는 거야. 도로에 한 면이 접하면 그걸 기준으로 주차 구획을 두 대까지 세로로 배치할 수 있는데,

이게 앞 도로와 뒤 도로 각기 적용되거든. 도로를 기준으로 하니까 당연한 거야. 그러니까 앞쪽 도로에서 세로 두 대, 뒤쪽 도로에서 세로 두 대. 합이 네 대까지 가능하다는 거지. 가운데 낀 사람은 차를 빼는 게 좀 난감하겠지만 말이야. 이건 누누이 강조했던 앞과 뒤에 모두 도로를 접한 경우가 좋단 점의 또 다른 예시지.

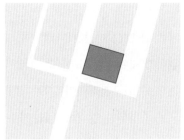

뒷도로와 이어져 3대까지 세로로 주차장을 배치한 경우

인도와 차도의 경계석인 연석을 낮춰 놓은 모습

여기서 한 가지 또 중요한 점이 있어. 대로에서는 인도와 차도를 구분하는 경계석인 보차도 경계석, 그러니까 연석이란 게 있지. 쉽게 말해 턱이 있다고. 이걸 낮춰야 차가 진입할 수 있어. 그리고 이 연석 한 칸을 내리는 것마다 도로 점용료를 내야 해. 이거 꽤 비싸. 그래서 보통 관리비에서 주차비로 반영하지. 이면도로나 폭이 좁은 도로는 이 연석이 없는 경우도 있어서,

그런 곳을 진입로로 주차장을 배치한다면 이 비용을 내지 않아도 되지. 도로의 폭은 주차의 각과도 연관이 있는데, 12미터 이상의 대로를 진입로로 사용 시 주차구획은 도로와 직각으로만 배치할 수 있고, 12미터 미만 이면도로에서는 법적으로 허용된 모든 방향각으로 주차의 배치가 가능해. 쉽게 말해 대로에서는 직각, 좁은 도로에서는 사선으로 주차가 가능하단 거야.

8대 이하의 주차구획 배치에서 또 한 가지 중요한 건 다섯대를 기준으로 통로가 필요하단 거지. 그러니까 8대라면 5대와 3대, 4대와 4대 같이 배치가 가능해. 이 때 통로의 너비도 법적으로 정해져 있어. 기본적으로는 주차통로는 2.5미터 이상이지만 주차 구획과 접해있는 곳은 회차를 고려하면 실제로는 더 커야하고, 또 주차의 방향각에 따라 너비가 달라져. 또, 주차구획과 건축물의 입구가 맞닿아 있는 경우에도 사람이 지나다닐 수 있도록 통로를 확보해야 하지. 리모델링에선 이 조항이 인허가권자에 따라 피난에 지장이 없다고 판단되면 과거 기준을 적용받는 경우가 있어서 잘 알아봐야 해.

주차방식	차로의 너비
평행주차	3.0미터
직각주차	6.0미터
60도 대향주차	4.0미터
45도 대향주차	3.5미터
교차주차	3.5미터

주차장 억제구역에 있는 건물. 주차장을 한 대만 확보해도 충분히 높은 건물을 지을 수 있다.

이렇게 주차에는 각종 규제가 까다롭게 붙어있지만 반대로 이런 것도 있어. 이건 신사역의 한 건물이야. 이 건물은 척 봐도 적어도 열 대는 넘게 주차공간이 필요한데, 여기 보이는 한 대의 주차구획이 이 건물 주차장의 전부야. 서울시에서는 주차장 설치 제한구역이란 게 있어서 특정 구역에서는 주차장이 없어도 돼. 일부 지역이나 특구에선 주차장을 공시지가를 기준으로 일정한 비용을 내면 면제해주기도 해. 이렇게 지역이나 구획 별로 특별하게 적용되는 조항들이 있지.

건물 전체가 주차구획으로 둘러싸인 건물

지금껏 살펴본 걸 종합해서 몇 가지 예시를 들어줄게. 이건 노량진인데, 필지의 모든 면이 폭이 좁은 이면도로로 둘러 쌓여있어 건물 전체에 주차를 뱅 둘러서 배치했지. 아주 특이한 경우야. 또 주차장을 인접 필지 옆에 몰아놓거나 앞서 봤던 것처럼 자기 필지에 따로 길을 내거나 주차장을 배치해 근처 필지와 떨어뜨려 놓아 건물의 접근성과 시인성을 확보하는 경우도 있어. 강남에서라면 압구정의 프리츠한센 매장이나, 도산 공원의 에르메스 건물이 그 예시가 되겠지.

지금까지는 평지를 봤는데, 주차장이 지하나 고층에 있는 경우엔 경사로가 필요해. 그런데 경사로를 못 만들거나 회차 공간이 좁다면 차량용 엘리베이터나 회전판이 필요해지지. 거기다 좁은 면적에서 주차를 최대한 확보하려면 차를 차 위에 올리는 수밖에 없으니 기계식 주차장을 설치하곤 해. 이건 계단식, 회전식, 승강식 방식이 있어. 이 기계식 주차장의 최고봉이 주차타워야. 다만 이건 꽤 큰 부지여야 고려해 볼 만하지. 어정쩡한 크기의 필지는 이게 문제야. 건물에 매립형으로 넣자니 전용면적을 줄이고, 외부에 따로 놓자니 보통 땅이 작아 문제가 돼. 지하를 계속 파내려가는 건 돈이 너무 많이 들고.

회전식 기계 주차장   2단 승강식 주차장

　그래서 숫제 다른 필지를 사서 주차장으로 사용하는 경우도 있어. 직선 거리 300미터 이내 또는 도보거리 600미터 이내에 필지를 따로 확보해서 주차장을 만들면 주차대수를 채울 수 있거든. 보다시피 주로 병원들이 이러지. 처음부터 매입해서 건축한 경우가 있고, 추후에 주차장이 모자라 매입하는 경우가 있는데, 전자의 경우엔 주차장 부지는 본 필지에 부기등기가 되지. 쉽게 말해서 따로따로 못 팔아. 원래 필지에 종속된다는 거야. 그래도 정 인접 필지가 필요한 매수자는 일반적인 매수자보다 값을 더 쳐주더라도 매입하곤 하지. 주거나 상가 용도보다도 인접 대형 병원의 주차장으로서의 생산성의 가치가 더 크면, 그 병원만이 그 가치를 인정해주지. 땅에는 임자가 있단 말이 바로 이런 거야.

　보통 땅이 작고 주차가 모자라 기계식 주차장을 많이들 쓰지만, 이게 보통 건물에서 가장 크고 비싼 기계 설비야. 유지관리도 힘들어. 일정 대수 이상이면 주차 관리인도 필요하고. 무엇보다 감가상각이 정말 심하지. 여덟 대 정도 들어가는 기계식 주차장, 이거 교체에 수천만 원 정도 들더라고. 컨베이어식이나 주차타워라면 통째로 교체하는데 억 단위가 들 수도

인접 병원에서 매입하여 운용하는 주차장 건물　　별도 부지를 매입해 만든 주차타워

있어. 건물을 살 때 기계식 장치의 감가상각을 모르고 사는 경우가 많은데 사놓고 보니 이런저런 수리비나 교체비로만 몇 억 드는 경우도 많아. 지은 지 20년 넘은 건물은 꼭 이런 점을 점검해봐야 해. 뿐만 아니라 실사용에서도 불편함이 있지. 차를 넣고 빼는 데 시간이 오래 걸리고, 요즘 자동차는 크기가 커서 규격에 맞지 않아 활용성이 떨어지기도 하고. 특히나 요즘엔 전기차가 대세인데, 시중 전기차의 80% 이상은 하중 때문에 지금 설치되어있는 기계식 주차장을 쓰지 못해. 충전 문제도 있고. 이게 아마 조만간 문제가 되지 않을까 싶어. 시대에 따라 법이나 설비의 필요조건은 계속해서 바뀌는데 건물의 구조나 설비는 고정되어있단 점이 참 난점이야. 쓸수라도 있으면 다행이지 규격 자체가 안 맞으면 안 쓰느니만 못 하거든. 그래서 옛날 기준으로 맞춘 낡은 기계식 주차장의 교체비가 감당이 안 돼 정지시킨 채 방치하는 곳이 많아. 기계식 주차장 때문에 오히려 주차장을 못 쓰는 웃지 못할 일이 벌어지지. 오죽 그랬으면 주차법에선 일정 시점 이전에 설치된 기계식 주차장을 철거하면 주차대수를 반으로 감면해주는 조항도 있겠어.

말이 나온 김에, 건물의 기계식 장치 관리의 어려움 사례를 보자구. 좌측은 잘못된 선택으로 에스컬레이터를 설치했다가 내구연한 이후 운행 중지시키고 나무를 덧대어 계단처럼 쓰는 사례야. 우측의 엘리베이터 또한 점검을 통과하지 못해 운행정지 표식이 붙었지. 기계식 주차장과 엘리베이터가 대표적이니 두 개만 짚어본 거지만 펌프, 자동문, 변압기 등 내 모든 기계장치는 관리와 감가상각이라는 문제를 항상 동반하지. 큰 건물일수록 더 크고 복잡하고 비싸. 그러니까, 모든 게 다 디지털화되어도 건물만큼은 아날로그가 최고야. 그러다 보니 나는 제일 부러운 게 저쪽 명동쪽에 한층 짜리 단칸 건물들이야. 주차장이고 엘리베이터고 아무것도 없어도 월세가 잘 나오잖아. 하하, 하지만 거긴 엄청나게 비싸지. 이 정도면 기초적인 내용들은 얼추 설명이 된 거야.

이어 아저씨는 도마뱀에게 이제 어디로 가볼지 묻는다. 도마뱀은 처음 계획했던 동선을 떠올려본다. 글쎄요. 말씀하신 명동을 우선 가볼 거고, 어디건 이름을 들어본 곳은 한 번씩은 다 가보고 싶습니다. 일단은 2호선을 위주로 둘러봐야 하지 않을까요. 강남, 신촌, 명동, 홍대, 잠실 같은 곳이요. 신촌은 20년쯤 전에 세브란스 병원을 가느라 며칠간 둘러본 적이 있었는데, 그게 제 서울에 대한 어렴풋한 최초의 기억입니다. 굉장히 번화한 거리였단 게 기억나는군요.

아저씨는 눈을 감더니 추억을 되새기는듯하다. 홍익문고 쪽이겠구나. 독수리 다방이 있었지. 안 가본지 이십 년은 넘은 것 같아. 나이가 들면 가던 곳만 가게 된단 말이지. 서울 어디든 땅값이 만만하진 않을 거야. 하하, 둘러보고 나서 소감을 내게 말해줬으면 좋겠는걸. 기다리고 있을 테니까 말야. 도마뱀은 꼭 둘러보고 와서 소감을 말씀드리겠노라 약속하고 다음 행선지로 떠난다.

chapter 3

사대문 안이야말로
진정한 서울
종로와 을지로

눈에 바로 보이는 건물의 구조와 형태

세금은 정부의 가렴주구 식탐이고

이자는 은행이 소득을 질투함이라

법률은 나에게만 인색하니

누수에 하늘 우러러 분노케 하네

공실이 없으리라 교만치 말라

진상의 음욕이 건물에 가득하니

감가가 우리 나태할 때 덮치리라

강북 어디를 둘러볼까 갈피를 잡지 못하던 도마뱀은 기억 속의 가장 유명한 곳으로 향한다. 명동성당이다. 밖에서 물끄러미 바라보니 가톨릭에서의 7대 죄악이 떠오른다. 식탐, 질투, 인색, 분노, 교만, 음욕, 나태. 묘하게 건물의 관리와 공통점이 떠오르는걸. 성당 문을 열고 들어가 성수반의 성수를 찍어 성호를 그으며 상가에서의 7대 죄악이 일어나지 않기를 기도한다.

몇십 년간 안 오던 성당에 와서 기도를 다 하게 되다니. 요새 마음고생을 좀 하긴 하나보다. 안쪽으로 들어가니 미사도 없는 시간이라 몇몇 사람들만이 조용히 앉아있다. 뚜벅뚜벅 발소리가 성당 내부에 울린다. 성당의 분위기는 괜히 행동거지를 조심하게 한단 말이지. 발소리를 조용히 줄이며 맨 앞줄에 걸어가 앉아 휴대폰 주소록에서 오랜만에 연락해볼 만한 친구들의 목록을 훑어본다. 그러고 보니, 까투리 얘가 남산 근처에 살았던 거 같은데. 지금 명동성당에 있으니 여기로 오라고 해야겠다.

얼마 지나지 않아 도착한 까투리가 건너편 몰토라는 카페에 있으니 나오란다. 성당을 나서 건너편을 보니 옥상에 사람들이 와글와글 모여있는 카페가 보인다. 저기구나. 계단을 올라가 먼저 자리잡은 까투리 옆에 앉으며 오랜만에 본다고 인사하니 까투리가 힐끗 돌아보곤 대꾸한다. 웬일로 서울에 다 행차하시고. 거기다 무슨 약속을 이렇게 급작스레 잡아. 마침 비번이니 나오긴 했지만, 하여튼 시간관념 하고는. 그런데 왜 하필 명동성당이야.

도마뱀은 어깨를 으쓱하며 답한다. 곧 연말이잖아. 서울 지리는 모르지만 항상 연말의 뉴스에선 명동 거리를 내보내 줬던 게 기억나기도 하고. 명동성당도 한 번 실제로 보고 싶어서. 겸사겸사 오랜만에 서울 올라온 김에 얼굴이나 보려고 불렀지. 그런데 성당을 안 가본지 얼마나 됐더라. 어릴 때 크리스마스 선물이 탐나서 세례만 받은 이후로 간 적이 없었지. 그나저나 여긴 명동성당이 참 잘 보이네. 그러니 사람들이 이리 많이 와서 사진 찍는 거겠지. 나도 온 김에 사진 한 장 찍어야겠다.

까투리는 맨날 보는거에 무슨 사진이냐며 자리를 정리하고 일어나서 계단을 내려간다. 내려가는 길에 까투리는 명동성당을 힐끔 보며 흘리듯 말한다. 기억이 날 무렵부터는 주일마다 명동 성당에 있었지. 모태신앙이라서 말이야. 지금은 다른 동네 살아서 자주 못 와보지만, 네 덕분인지 탓인지 오랜만에 여길 와보네. 그런데 명동에 관광하러 온 건 아닐 테고, 뭐 때문에 온 거야.

도마뱀은 뒤따라 내려가며 별 생각 없이 답한다. 아, 건물 하나를 공사하고 나니 관심이 좀 생겨서 서울을 둘러보고 있지 건물이나 상권 같은 거를 좀 보려고. 안내 좀 해주면 좋고. 밥이랑 술은 내가 살게. 까투리는 잠깐 흠칫하더니 건물이 있었냐고 묻는다. 도마뱀은 여전히 대수롭지 않다는듯 답한다. 아, 물론 집안 건물이지. 정말 작은 거야. 까투리는 짧게 그러냐고 답하곤 명동거리 쪽으로 가보자며 발길을 이끈다. 여긴 관광객들이 많지 사실 내수는 별로 없어. 옛날엔 주로 일본인이었는데 중국인 관광객으로 바뀐 지 한참 됐지.그러다보니 한한령이든 코로나든 중국 영향을 많이 받는 동네야.

명동의
개축 현장

　슬슬 아래로 내려가다 보니 한 현장이 눈에 띈다. 공사 안내판을 보아하니 개축을 하고 있다. 드문 경우네. 예전 건축물의 범위 내에서 다시 짓다시피 하는 것이 개축이야. 건물의 틀만 남기고 구조를 전부 재배치하는게 차라리 낫겠다 싶을 때 대수선 이상의 범위를 건드리는 거지. 사실, 건축이란 게 기둥을 뽑고 옮기고 뭐든 다 할 수는 있어. 돈, 시간, 법적 규제 세 개가 문제일 뿐이지. 다만 구조보강과 시공 등에 아주 큰 비용이 들 뿐만 아니라, 두 번 손대기 힘들어질 정도로 건물의 주 구조부를 새로 하는 거라 필요성을 잘 따져봐야 해. 반대로 말하면 한 번 할 때 철저히 해야 하니 이렇게까지 하는 걸 수도 있고. 이 건물은 골조만 빼놓고 다 철거한 후에 엘리베이터까지 설치한 듯하네.

　마저 걸어서 대로로 나오니 마찬가지로 다른 공사 현장이 보인다. 이번엔 아주 큰 현장이다. 새로 뭔가를 짓는 건가. 참새가 방앗간을 지나치지 못한다고 가까이 가서 공사 현황판을 보니 신축이 아니라 리모델링이다. 역시 명동의 땅값이 비싸서 그런지 아까처럼 작은 건물뿐만 아니라 이렇게 큰 건물도 리모델링을 하는구만. 기존 건물이 건폐율이 거의 90%에 용적률이 1600%나 되는거다 보니 다시 지으면 손해가 크겠는걸.

대형건물의
리모델링

옆에서 까투리는 건폐율, 용적률이 뭐냐며 너만 아는 얘기 하지 말고 사람을 끌고 나왔으면 상대를 좀 배려하라고 빈정거린다. 도마뱀은 부동산과 건축에 대해 알아두면 언젠가 쓸모가 있을 거라는 둥 언젠가 건물을 사거나 지어야 하지 않겠느냐는 둥하며 나름대로 공부한 건축법의 기초를 가르쳐주겠답시고 건물을 하나하나 가리키며 설명을 시작한다.

좌측은 철근 콘크리트 구조, 우측은 철골구조 건물이다.

도심에서 가장 일반적으로 볼 수 있는 건물의 구조를 보자고. 우선 철근 콘크리트 구조야. 내구도도 좋고 마감재 선택의 폭도 철골 보다는 넓어 가장 무난하고 선호되는 구조지. 다음은 철골구조. 공사 현장을 볼 때 수수깡 같은 쇠 작대기를 세우고 있는 것을 볼 수 있을 거야. 그게 굵으면 일반 철골이고, 얇으면 경량 철골이야. 철근콘크리트와 철골의 가장 큰 차이는 철골이 노출되는 구조냐 아니냐인데, 콘크리트가 철근을 감싸고 있으면 불이 나도 철근이 어느 정도 열기에 버티지만, 철골구조는 열기에 그대로 노출되기에 쉽게 파손되어 버려. 그래서 철골구조는 화재보험료가 더 비싸. 상대적으로 시공비가 저렴한 만큼 건물의 가치 측면에서 대출 시 감정 평가액이 잘 나오지 않기도 하지.

하지만 철골이 단점만 있는 건 아니야. 사실 불이 크게 나면 결과적으로 망하는 건 똑같으니 예방이나 잘해야지 뭐. 요즘은 철근값이 많이 올랐다지만 그래도 공사비가 싼 게 장점이지. 당연히 구조에 돌덩이가 붙는 철근 콘크리트보다 가볍기 때문에 기둥이 적게 들어가서 공간 효율성도 좋아. 그래서 주로 넓고 나지막한 건물을 지을 때 쓰이지. 대형 판매장, 아파트 모델 하우스, 주차타워 같은 거. 경량 철골은 작은 창고, 카센터 등의 건축이나 조그마한 면적을 증축하는 데 자주 쓰여. 이름에서 알 수 있듯 가벼우니까. 임시로 건물을 지어야 할 필요가 있다거나, 지하가 필요 없는 번화가의 작은 건물 같은 걸 지을 땐 경량 철골도 좋은 선택이 될 수 있어. 철골철근콘크리트조는 철골구조와 철근 콘크리트 구조의 장점을 취합한 건데, 비용이 높아 대형 건축물 같은 것을 지을 때 쓰지. 아까 본 그 큰 건물 리모델링 현장도 이 구조야.

좌측은 목조로 이루어진 건물, 우측은 벽돌로 이루어진 건물이다.

아, 그리고 연와조랑 목조도 있지. 연와조는 벽돌로 지은 건물인데, 건물의 하중을 지탱하는 내력벽이 존재할 가능성이 커서 대수선시 구조보강이 거의 필수적이야. 목조는 말 그대로 나무인데, 한옥 같은 게 대표적이야. 우리가 지금 돌아보고 있는 명동엔 50년씩 된 건물도 있다 보니 분명 목구조도 남아있을걸. 저렇게 다닥다닥 붙은 건물들 중 간혹 목구조가 보이더라고. 겉보기로는 잘 모를 수도 있지.

이게 소위 박스 매장들인데, 옛날엔 이렇게들 딱 붙여서 많이 지었다나봐. 요즘 같으면 잘 안 하려 하겠지만. 이런 박스 매장들은 건폐율을 꽉 채운 거야. 건폐율이란 위에서 내려다봤을 때 건축물이 대지 면적을 얼마나 차지하는지에 대한 비율이지. 쉽게 말해 건축물의 너비, 건축면적이라고 해. 예컨대 대지가 100평인데 건물을 하늘에서 내려다 봤을 때 건물의 제일 넓은 부분의 테두리가 60평이면 건폐율이 60%인거야. 이렇게 서로 인접한 필지에서 각각 건폐율을 100% 활용하면 이렇게 서로 건물이 딱 붙은 합벽건축이 되지. 대지 경계선의 건물을 딱 붙인 거야. 구도심에선 이 대지 경계선이 측량이 부정확하게 됐어서 문제 된 게 종종 있어. 남의 필지를 침범하게 된다면 침범한 쪽은 남의 토지를 사용하는 대가로 토지에

합벽건축된 건물을 철거하고 난 뒤의 모습

대한 이용료, 그러니까 지료를 내야하고 침범당한 쪽은 자기 건물을 지을 때 기존의 대지 경계선이 아니라 그 침범한 건축물의 기준으로 거리를 떨어뜨려야 해. 손해가 이만저만이 아니지. 그래서 이런 일이 발생하지 않도록 경계측량이 아주 중요해.

까투리는 벽체를 짚어보며 이렇게 서로 맞붙은 건물을 떨어뜨리는 게 가능은 하냐 묻는다. 도마뱀은 지나다니며 봤던 몇몇 사례를 떠올리며 답한다. 글쎄, 절단할 수 있긴 하지만 완벽한 절단은 되지 않아. 법적으로 옆 건물주의 허락이 필요는 없어도 실질적으로는 허락이 필요하기도 하고, 철거하다가 남의 건물에 균열이나 누수라도 만들면 골치 아파지거든. 미리 벽체에 균열측정기를 달아 공사 때문에 하자가 발생하지 않았음을 입증해야 하지. 이런 오래된 도심엔 내 건물의 하수도관이 남의 건물에 연결된 것도 있더라. 심지어 옆 자투리 땅이 소유주가 누군지 확인되지 않는 경우도 있고. 이래서 남의 필지와 엮이는 건 골치 아파. 결론적으로 어떻게든 되긴 되지만 내 생각엔 굳이 무리하게 공사하지 않아도 될 것 같아. 여러모로 건드리기 껄끄러운, 마치 박제가 되어버린 건물이지.

다음으로 용적률이야. 우선 바닥면적이 뭔지부터 알아보자고. 바닥면적은 바로 이 바닥, 우리가 일상적으로 밟는 층별 바닥이란 의미야. 직관적이지. 그리고 이것의 합이 바로 연면적. 용적률은 대지면적에 대한 연면적의 비율이지. 아주 쉽게 말하자면 높이인데, 나는 부피라는 표현을 선호해.

음, 중학교 수학을 떠올려보자. 도마뱀은 노트를 꺼내 펜으로 바닥에 해당하는 네모를 슥슥 그린다. 부피는 바닥 면적 곱하기 높이지. 우선 건폐율, 대지의 어느 정도 비율로 건물이 차지하는지를 그려보자. 도마뱀은 바닥에 네모난 틀을 그리고서 위로 선을 하나 죽 긋는다. 이건 높이, 그러니까 용적률이지. 바닥 크기가 이 정도면 용적률을 의미하는 높이 축은 이 정도까지 가능하겠지. 넓이 곱하기 높이는 부피잖아. 즉 건폐율과 용적률로 건물의 개략적인 부피감과 형태가 결정되는 거야. 건물을 위로 잡아 늘이면 건축면적이 줄어들고 높이가 올라가. 반대로 건물을 내리누르면 건축물이 널찍해져서 건축면적이 늘어나고 높이는 줄어들어.

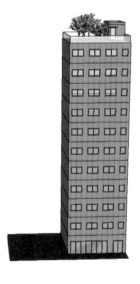

그럼 여기서 이 두 가지 조건만으로 건물 하나를 머릿속에서 지어보자고. 지하는 없다고 가정할게. 100평 대지에 건폐율 60%에 용적률 400%의 제한이라고 하자. 보통은 특별한 문제가 없다면 건축면적을 건폐율 한계인 60평까지 확보하지. 용적률이 400%라는 의미는 대지 면적이 100평이니 400평까지 가능하다는 의미야.

우선 1개 층을 지어보자. 100평의 대지에 60평짜리 1개 층이 지어졌지. 용적률을 60%까지 채운거야. 이 1개층 위에 똑같은 크기로 1개 층을 계속해서 더 얹어 6층까지 지으면 총 면적 360평이고 용적률은 360%지. 여기서 용적률은 400%까지 제한이 있으니 최대한 활용하기 위해 7층에 40평 공간을 얹자. 자, 400%를 채웠어. 건폐율을 최대한 사용하고 건물을 지으면 6층까지는 네모 반듯하게, 7층에는 아래층보다 약간 작은 층수가 얹어진 건물이 완성되는 거야.

그런데 누군가가 건물은 자고로 네모 반듯해야 한다며 이 모양새가 마음에 안 든다고 할 수 있지. 그럼 이번엔 네모 반듯한 건물을 만들어보자구. 1층의 면적을 40평으로 잡아보자. 이건 건폐율을 40%까지 활용한 거지. 이걸 같은 과정으로 용적률 한계인 400%, 즉 400평까지 채워보자. 바닥 면적의 딱 10배야. 바닥면적을 좁히면서 층수를 올리면 이전과 같은 과정을 통해 네모 반듯한 10개층을 올릴 수 있지. 아까 건물을 잡아 늘이면 좁아지고, 내리누르면 넓어진단 말이 이해가 갔으면 좋겠네. 이 그림이 머릿속에서 그려져야해. 실제로는 건축선, 주차, 일조사선, 면적 산정 예외 규정 등 다른 많은 고려요소가 있지만 이게 가장 기본적인 틀이야. 예외적인 부분들을 몇 가지만 짚어볼까.

　예컨대 이런 것들은 건물 전체의 부피감에서 어느 한 부분이 뚝 떨어져 나간듯한 느낌을 받지. 다른 규제가 없다고 가정하면 이런 건물의 빈 공간은 용적률에서 제외돼. 예컨대 필로티 같은게 있겠지. 이런 건 눈으로만 봐도 한쪽이 뻥 뚫린 거라 직관적이지만, 실제론 네모 반듯한 틀에서도 건폐율이나 용적률에서 예외로 처리해주는 조항들이 있어. 대표적으로 장애인용 엘리베이터의 관로 부분이 있지. 그리고 지표면에서 1미터 이하에 있는 부분, 즉 지하는 건폐율에서 제외되지. 건축선에서도 예외고 말이야. 건축물을 보면 지상층보다 지하층이 넓은 경우가 종종 보이는데, 바로 이 때문이야. 지하층은 용적률 산정시에도 연면적에서 제외되지. 그래서 지상층 같은 지하층이 좋단거구. 필지에 단차가 있을 경우 이걸 잘 활용하면 좋아. 지상의 건물 내의 주차장 공간이나 옥탑방, 물탱크실, 에어컨 실외기 공간, 일부 외부 계단 면적도 마찬가지야. 건축법의 시각으로 보면 없는 공간처럼 간주하는 공간들이 있어. 물리적으로는 건물의 공간이 있되 건축법에서의 면적에선 건물이 없는 거라고 할 수 있지.

생각나는 것만 말했는데 실제론 굉장히 복잡해. 아까 용적률 산정시 연면적에서 지하층 바닥면적은 제외한댔지만, 건물에 필요한 주차장을 계산할 때는 포함해야 하는 거라든가, 지하주차장 경사로는 건폐율에서 제외시켜 준다든가. 이런 게 한두 개가 아니야. 예컨대 매장문화재 보호 및 전시에 전용되는 부분은 용적률에서 제외해주기도 하고. 아직까지 이런 걸 본 기억은 없네.

까투리는 종로에 특이한 게 하나 있다며 사진을 하나 보여준다. 박물관인가, 건물 안에 유적이 있구나. 박물관은 아니라는 까투리의 말에 지번을 물어 토지정보를 열람해보니 뭔가 빼곡하게 적혀있다. 이게 뭐야. 규제 투성이잖아. 이 건물 건축주가 정말 고생했겠는걸. 문화재 관련 조항들이 정말 골치가 아프더라고. 땅 파다가 그릇 조각 비슷한 거 하나라도 나오면 정신이 아득해질 거야. 포크레인으로 파야 할 걸 붓으로 파게 되니까. 조선시대 밥그릇 나오면 내 밥그릇이 깨지는 거지. 조상님이랑 밥그릇 싸움하게 되다니. 내가 전생에 거북선 반대편에서 노를 저었나. 일제시대에 나라를 팔아먹은 건가 고민해 봐야 하지. 문화재 나올 거 같은 곳에서 땅 팔 거면 내 한 몸 뉘일 명당일지도 모른다는 각오로 파야 해. 문화재청 공무원이랑 나랑 둘 중 하나는 여기 묻힐 거니까.

땅 아래만이 문제가 아니야. 위로도 있어. 양각 27도라고 해서 문화재 높이에서부터 27도로 비스듬하게 선을 긋고 그걸 넘어선 건축물을 못 짓게 하는 거야. 별별 규제들이 많지.

예컨대 몇 개만 더 살펴볼까. 왼쪽은 아까 말한 양각 27도 규제 때문에 아파트 자체를 저렇게 비스듬하게 지어야 했지. 그리고 오른쪽은 파리에 여행 간 지인이 직접 찍어다 준 사진인데, 에펠탑 뒤 왼쪽에 뜬금없이 높은 건물이 하나 있지. 이게 몽파르나스 타워야. 파리의 스카이라인을 해치는데 일조한다는 비난을 받고 있지. 여기에 더해 최근에 더 높은 건물을 짓는 문제 때문에 파리시 의회에서 분쟁이 일어났었지. 서울시도 이 스카이라인을 관리하기 위해 따로 규제를 두고 있어. 이외에도 국회의사당 근처 같은 곳은 군사적 이유로 높이 제한을 두기도 해.

그러고 보니 명동도 사대문 안이었지. 여기도 아마 문화재부터 시작해서 여러 가지 제약이 있을 거야. 명동의 건물들이 이렇게 다닥다닥 붙여 지을 수 있던 것은 과거 건물이기도 하지만 기본적으로는 상업지이기 때문이지. 상업지는 건물을 높고 빽빽하게 지을 수 있기에 화재시 불이 옮겨 붙을 위험이 커. 대표적으로 전통시장들이 그렇지. 그래서 이런 곳에 적

용되는 대표적인 규제가 바로 방화지구야. 건축 시 불이 쉽게 옮겨붙지 않는 재료를 사용할 것, 방화 설비를 갖출 것 등 화재에 대한 규제 사항이 강화되지. 이런 지구에서 창문 많이 달 생각하면 안 돼. 방화창 다는 게 외벽 전부 바꾸는 거보다 비싸지는 경우가 있어. 임차인들이 야금야금 창문을 방화창이 아닌 걸로 바꿔 달았다가 불이라도 나면 책임소재가 모호해지기도 하고. 그러니 방화지구 내 건축물은 반드시 임차인들에게 함부로 건물을 수선하지 말라고 계약서에 명시해야 해.

명동도 숙박업소들이 많은 거 보면 확실히 상업지답지. 숙박업은 일반적으로 상업지에만 허용되거든. 관광하러 외국인들도 많이 오고 광화문 쪽에 직장도 많으니까 출장도 많을 테니 수요가 있나봐. 저쪽엔 부영 사옥이 보이네. 저거 신도시에 아파트 많이 짓는 기업 아니던가. 여기 사옥이 있었구나. 한국은행, 저게 금리를 결정하지. 명동예술극장. 하동관. 롯데백화점 저게 옛날 미도파 백화점이라지. 애플스토어가 여기도 있구나. 명동역 근처 저 다이소 건물을 300억쯤에 내놨지. 참, 저게 팔려야 할텐데. 건물 파는게 쉬운 일이 아니야. 까투리는 기가 차다는듯 한 쪽 입꼬리를 올린다. 참내, 누가 보면 니 건물인 줄 알겠다야. 도마뱀은 머쓱하게 어물

거린다. 아니, 어디가서 내 거라고 하면 내가 곤란해질 수도 있어.

까투리는 쉴 새 없이 떠들던 도마뱀에게 귀 따갑다며 타박 주곤 피곤하니까 잠깐 앉아서 얘기하자며 근처 카페로 들어간다. 도마뱀도 따라들어가 커피를 대령하니 까투리는 지쳤다는 듯 뒤로 기대어 앉는다. 어째 처음 오는 애가 나보다 더 잘 아네. 정작 동네 사람들은 다니던 데만 다니지 다른데 잘 안 가서 오히려 잘 모른다니까. 난 명동 특별히 올 일 없으면 잘 안 와. 보통 종로나 을지로 쪽 가지. 그쪽은 강북의 복잡한 지하철 노선도에서 기묘하게 한 정거장쯤은 걷는다는 동선이 나오지. 지하도로 다니는 게 문제지만, 그래도 청계천이 있다보니 은근히 밖에서 걸어 다니게 되기도 하고.

왜 그쪽을 자주 다니느냐는 도마뱀의 질문에 까투리는 당연한 거 아니냐며 반문한다. 아까 네가 말했듯 직장이 다 거기 있으니까 그런 거 아니겠어. 뭐, 웬만한 학원들도 거기 다 있고. 강북의 업무지구는 을지로에서 광화문 일대야. 여기에 더해 여의도 일대, 강남이 우리나라 3대 업무지구거든. 구로, 가산, 마곡도 있어. 물론 분당과 판교도 빼놓을 수 없긴 하지. 가만 듣다 보니 다 도마뱀 친구들이 있는 곳이다. 젊은이들이 다 빠져나가서 서울로 왔구나. 하긴, 일자리가 다 여기에 있으니까.

사사건건 간섭하는 시어머니,
토지의 제약들

강남을 하늘에서 내려다 본 전경, 양재에서부터 용산, 남산까지가 보인다.

자 그럼 앉은 김에 건물이란 게 깔고 앉은 이 땅이란 것의 종류를 한 번 보자고. 도마뱀은 카페에 앉아 까투리와 함께 서울시의 지도를 짚어본다. 자, 토지에 대한 분류는 기본적으로 용도지역, 용도지구, 용도구역이 있어. 용도지역은 모든 토지에 대하여 예외 없이 적용돼. 용도지구는 용도지역을 보완하기 위한 거고 용도구역은 이 둘을 보완하는 구조야. 이름이 다들 비슷해서 헷갈리지. 이렇게 생각해 보자.

용도지역은 얘가 남자인지 여자인지를 결정해. 기본적으로 사람은 남자 아니면 여자이듯, 하나의 땅에는 반드시 하나의 용도지역이 지정되어 있어. 키가 크거나 작고, 뚱뚱하거나 홀쭉한 것처럼 특징이 있는 거지. 그러니까 일종의 신체검사 같은 거야. 상업지역, 주거지역, 공업지역, 녹지지역 같은게 일차적으로 결정이 되고 그 안에서 중심상업지역, 전용주거지역, 준공업지역, 자연녹지지역같이 하위분류가 있어. 좀 더 간단하게 표현해보면, 각기 빨간 땅, 노란 땅, 남색 땅, 초록 땅이야. 지적도에 색깔이 보통 이렇게 표현되거든. 이런 용도지역은 건폐율과 용적률을 기본적으로 결정해.

빨간 땅의 예시는 지금 우리가 있는 명동이지. 땅에 투자하는 사람들은 일단 빨간 땅이면 관심을 가지고 봐. 잠재력이 가장 큰 땅이니까. 건폐율이나 용적률이 제일 후하다보니 상업지는 작은 땅이라도 건물다운 건물을 지을 수 있어.

예컨대 이 땅은 신촌의 33평 짜리에 불과한 땅이지만 상업지인 덕에 건물을 이렇게 번듯하게 지을 수 있었지. 주차장 억제구역이기도 해서 주차장도 필요없고 말이야. 외부 계단을 둘러서 건물을 웅장히 보이게 했는데, 이게 용적률에 대해 혜택이 있어서 그래. 그래서 이렇게 작은 필지나 사옥 용도의 건물은 계단을 아예 설계단계부터 둘러버리기도 하지. 층별로 홀수층은 내부, 짝수층은 외부로 엘리베이터 입구가 있던 아주 신기한 건물이었어. 그리고 상업지가 입점 업종의 제한이 가장 덜하지. 예컨대 단란주점 같은 건 상업지가 아니면 안 돼. 보통 모텔도 상업지에만 지을수 있고. 그래서 과거 상업지가 아닌 땅에 지어진 모텔을 허물었다간 다시 모텔을 짓지 못해.

다음으로 노란 땅은 주로 주거를 위한 지역이지. 보다시피 지도의 대부분은 노란 땅이야. 최근에 어떤 연예인이 강남에서 주거지역의 건물을 샀는데, 그게 1종 전용 주거지역이라서 세간의 화제가 되었었지. 보통은 전용주거지역은 상업용으로 활용하기엔 힘들거든. 그렇다고 주거지역이 다 상업지보다 나쁘단 건 아냐. 빨간 땅보다도 비싼 노란 땅도 많거든. 노란 땅은 크게 전용 주거지역과 일반 주거지역, 준주거지역으로 나누어져. 세부적으로는 전용주거지역과 일반주거지역도, 각기 두가지와 세가지로 분화됐지. 이게 2003년쯤이야. 이때 용적률에 관한 규정이 바뀐지라 이 전에 지은 건물들 중 요즘 적용되는 기준보다 높게 지은 건물들이 있어. 이런 걸 보고 용적률 이득 본 건물이니 좋다고들 하는데, 이게 정말 이득일까는 고민해봐야 하지. 다시 철거하고 지으면 지금 건물보다 더 작아진다

어느 연예인이 매입해서 화제가 된
전용주거지역의 한 건물

는 건데 말이야. 그러니까 용적률 이득이란건 신축 건물일수록 좋고, 오래된 건물일수록 의미가 없어. 주거지는 분류가 많은 만큼 그에 따라 제약되는 거도 많아. 임대차로서는 업종이라던가, 건축법적으로는 일조사선제한 같은 거.

주거지역 중에서 준주거지역은 주거지와 상업지의 중간적인 성격이야. 상업지만은 못하지마는 허용되는 업종도 비교적 다양하고 제약이 덜해. 다른 것보다 주거지임에도 불구하고 일조사선제한이 없다는 게 가장 큰 강점이지. 공덕에서 충정로로 오는 길은 상업지가 아님에도 높고 큰 건물들이 잔뜩 있는 게 바로 준주거지역이라서 그래. 주거지역 중에서는 건폐율과 용적률이 가장 후하다 보니 대형 건물들이 들어서는 거지. 이 근처라면 종로 경희궁 쪽에도 있구나. 역시나 아파트가 들어섰고 말이야. 가뜩이나 서울 시내의 준주거지역은 전체 필지의 2%밖에 안 되는데, 이렇게 대형 개발이 자꾸 이뤄지면 서울 시내에서 개인이 가질 수 있는 준주거 필지는 점점 희소해질 거야.

가만히 듣던 까투리는 지도에서 한 구역을 짚는다. 여기를 보면 하나의 필지에 두 개 지역이 섞여 있는걸. 이건 주거지일까 상업지일까. 도마뱀은 까투리가 짚는 쪽을 본다. 이건 노선상업지역이란 거야. 상업지와 주거지가 한 필지에 다른 면적으로 공존하는 거지. 준주거지역이 별도의 용도지역으로 규정된 거라면, 노선 상업지역은 한 필지에 주거지역과 상업지역 두 구역이 같이 있는 거야. 이런 경우 건폐율과 용적률은 어떻게 정해지는가가 궁금해져야 하지. 바로 답해주자면, 이건 각 용도지역의 비율을 가중평균해. 음, 더 쉽게 설명하자면 농도가 다른 소금물을 섞어 휘젓는 거라고 생각하면 돼. 농도가 균질해지지. 이처럼 평균을 낼 때 각 용도지역의 비중만큼 보정을 한단 얘기야. 예컨대 상업지가 8할에 주거지가 2할이라면 상업지의 높은 건폐율과 용적률이 주거지가 차지하는 비중만큼 내려가

준주거지역의 건물들. 일반 또는 전용주거지역보다 건물들이 확연히 높다.

고, 주거지가 8할에 상업지가 2할이면 주거지의 낮은 건폐율과 용적률이 상업지가 차지하는 비중만큼 더 올라가지.

다음으로 남색 땅은 준공업지역이야. 앞서 살펴본 준주거지역이 상업지와 주거지의 중간이라면, 준공업지는 공업지와 주거지의 중간이지. 어디 공단이 아닌 이상 도심에서 보는 공업지는 웬만하면 다 준공업지역이야. 자동차 정비공장이라던가 소규모 제조업체들이 많이 있어. 지도를 보아하니 구로, 성수, 문래, 신도림, 영등포 쪽에 많구나. 오피스텔이나 아파트가 많은 걸 보면 높은 용적률을 활용해 주거 용도로도 쓰는 거겠지. 마지막으로 초록 땅은 자연녹지지역이야. 서울 시내에서라면 양재 쪽에 좀 있어. 이름만 들으면 뭔가 녹음이 우거진 땅인가 싶은데, 양재역 근방 운전면허 학원 일대가 자연녹지지역이더라고. 이름과는 다르게 자동차 관련 시설이 있다는 것에서 알 수 있듯 자연녹지구역에서도 뭔가 하긴 할 수 있어. 강남에서 밑쪽으로 내려가보면 녹지들이 아직 남아있는데 거기도 자연녹지지역이지. 지금껏 살펴본 용도지역은 토지의 활용성에 대한 거야. 지금까지 용도지역을 살펴봤는데, 다음으로는 용도지구와 용도구역을 보자구.

준공업지역의 건물

자연녹지지역의 운전전문학원

용도지구는 주로 건물에 대한 규제에 주안점이 있어. 앞서 살펴봤듯 방화지구니까 방화 자재를 쓰라. 문화재 보호지구니까 문화재를 보존해라. 고도제한지구니까 건물의 고도를 낮추라. 뭐 이런 것들. 이건 중복 적용이 된다는 게 중요해. 규제가 주렁주렁 달려있다는 건 성가실 수 있지만, 좋은 땅이니까 마음대로 못 하게 하는 거라고도 볼 수 있지. 규제투성이인 서울시 사대문 안의 상업지가 예시가 될 수 있겠네. 이렇게 생각해보자고. 용도지구는 이 땅의 애인 같은 거야. 있을 수도 있고 없을 수도 있어. 애인이 많단 거는 어쨌든 인기는 많단 거고, 하나도 없으면 인기가 없단 얘기잖아. 물론 애인이 많을수록 위험하단 것도 비슷하지.

용도구역은 행위 자체를 규제해. 대신 용도구역은 한 필지에 하나만 적용되지. 그러니까 이건 결혼 같은 거야. 결혼 안 할 수도 있지만 일단 하면 한 명이랑만 해야 하듯이 말이야. 용도지구와 용도구역은 중복될 수 있어. 마치 결혼해도 애인이 있을 수 있는 거처럼 말이야. 당연히 엄청나게 더 위험하고. 결혼처럼 한 번 하면 돌이키기 참 어려운 것도 비슷해. 예전

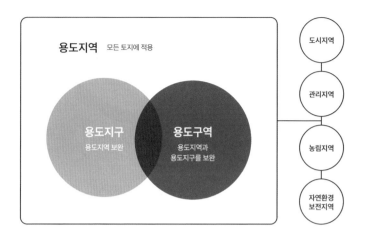

에 어딘가의 개발제한구역이 해제된다는 말을 들었었는데, 그게 20년 전인데 아직도 안 풀어주고 있거든.

지역, 구역, 지구 세 가지가 단어가 비슷해서 헷갈리지. 보통 제일 많이들 혼동하는 게 자연녹지지역이랑 과거 명칭 그린벨트, 개발제한구역이야. 끝 단어를 잘 봐. 자연녹지지역은 용도지역, 개발제한구역은 용도구역이야. 자연녹지지역 중 필요에 따라 개발제한구역이 설정되는 거야. 예컨대 서울시 일원역 일대는 자연녹지지역이고, 내곡동은 자연녹지지역이자 개발제한구역인 걸 확인할 수 있지. 그러고 보니 개발제한구역에 가끔 백숙 먹으러 갔는데. 이거 불법 아닌가 싶어 찾아보니 취락지구로 지정되거나 자치단체의 특별 규정 같은 걸 통해 건축행위나 음식점 영업이 가능하긴 하더라고. 아니면 해당 지구 내에서 건물이 있던 토지가 도로나 공원 등으로 수용당하면 일정 기간 이내 인접한 곳에서 건물을 지을 수 있는 권리인 이축권을 통해 인접한 곳에 건축허가를 받아 개발할 수 있다던가, 뭐 그런 것들이 있지. 요즘은 풍경 좋은 녹지에 카페나 음식점, 세컨드 하우스 같은 걸 원하는 수요가 많으니 알아두면 좋지 않을까. 일단 우린 도심에 있으니 대충 이런 게 있다는 것 정도만 알고 넘어가면 충분할 거야.

성동구의 서울숲 아뜰리에 거리, 붉은벽돌 보전 및 지원 조례로 인해 적벽돌 건물이 많다.

　여기에 마지막으로 지구단위계획과 조례 같은 게 세부사항을 결정해. 이건 서로의 사정 따라 다른 혼수 같은 거로 생각하면 돼. 당연히 분쟁의 원인이 되지. 저 집은 해왔는데 왜 너는 안 해오냐는 것 같이 말이야. 요즘 인스타그램을 보니 성동구 아뜰리에 거리의 건물들이 통일감 있게 예쁘던데, 그게 성동구 붉은벽돌 보전 및 지원 조례 때문이야. 거리 분위기에 맞춰서 적벽돌로 디자인을 통일하라는 거지. 어떤 곳에선 옥상의 빨랫줄이나 장독대까지 규제한다니까. 그야말로 시어머니 같지. 개개인에게 있어서 제일 중요한 게 바로 이 지구단위계획과 조례야. 앞서 말한 것들은 개략적인 걸 결정하고 실제로 필지를 볼 때는 이 두 가지가 제일 중요해. 보통은 이런 게 걸리면 별로 좋은 건 없어. 며느리에게 아무리 잘 해주려 해도 좋은 시어머니는 존재감이 없는 시어머니이듯.

　이 외에도 토지거래허가제가 있지. 일정 면적을 자가로 이용하는 경우에만 거래할 수 있도록 허가를 내주는 규제고. 하지만 기준이 명확하지 않아 분란의 소지가 있어. 과밀억제권역은 취득세가 중과돼. 필지 근처에 학

땅을 파던 중 오염토가 발견된 모습. 토지 정화 비용이 들게 된다.

교가 있다면 교육 환경 보호구역이 설정되는데, 통칭 정화구역이라고들 해. 학교 출입문으로부터 직선거리로 50m 이내의 구역은 절대정화구역, 학교의 경계선으로부터 직선거리로 200m 이내는 상대정화구역이라 여러 가지 업종의 제약이 있지. 이뿐만 아니라 어린이보호구역으로 지정되어 속도 제한이 걸리고 인도와 차도 사이 펜스가 설치되어 동선이 막혀.

또, 주유소를 하던 부지는 토양정화에 비용이 들고. 주유소가 아닌 부지라도 정작 땅을 파보니 오염토가 나오는 경우가 있어서 매도매수 후의 분쟁사례로 종종 보이곤 해. 뭐, 이 정도면 법적으로 규제되는 기본적인 틀은 대충 훑어본 거지. 이런 것들에 대해선 토지이용계획확인서를 발급받아보거나, 토지 이음에서 지번으로 검색해보면 필지에 적용되는 규제들을 한 눈에 볼 수 있어. 정보를 열람해봤을 때 뭔지 모를 규제들이 많이 적혀 있으면 앞길이 험난하겠다고 생각하면 돼.

부루마블에서 가장 비싼 땅은
명동이었다

　다음은 어느 쪽으로 가볼 거냐 묻는 까투리의 질문에 도마뱀은 이런저런 곳들을 짚는다. 하지만 까투리는 도마뱀이 짚는 곳마다 그다지 내키지 않아 하는 티가 역력하다. 러시아 거리라니, 그런 데는 또 어찌 알아 온 거야. 거긴 러시아 거리라기보다는 중앙아시아 거리지. 무슨 무슨 스탄 애들 있는 곳. 그쪽 가봐야 별로 볼 거 없어. 굳이 이국적인 분위기를 보고 싶다면 차라리 대림 쪽으로 가봐. 거긴 한국이 아니라 아예 중국이니까. 1호선과 7호선이 인천에서부터 중국인들을 싣고 오지. 2호선과 7호선은 다시 그들을 강남으로 보내고. 이 위로 더 가면 청량리. 서울시립대 쪽이야. 그런데 왜 이렇게 남들은 오히려 안 가는 곳만 찍어서 가보자는 거야.

　도마뱀은 앞서가는 까투리의 뒤를 졸졸 따라가며 답한다. 사실 건물 시장 남들도 다 보는데 지금 와서 내가 본다고 뭐 다를 게 있겠어. 구조 같은 게 궁금한 거야. 원래 여기저기 들쑤시고 다니면서 발산적으로 연구하는 게 발전의 원동력이라구. 세상의 해상도를 올리는 거지. 그렇게 발발 돌아다니며 서울과 지방의 가장 큰 차이를 느낀 점 하나만 예시를 들어볼까. 바로 중국인이나 동남아 사람들이 도심 중심지의 노동시장에 매우 많다는 것. 편의점에서 담배 하나를 사려 해도 아르바이트생이 한국말을 잘 못 알아들어서 몇 번을 다시 이야기해야 했지. 로마가 게르만족의 대이동으로 어찌 되었는가를 떠올려보자구. 역사 속에 답이 있나니. 사회 하부구조를 비워둘 순 없으니까, 결국은 이들이 모자란 부분을 채울 거야.

이야기를 들으며 청계천을 걷던 까투리는 멈춰 서서 어느 갈색 건물을 빤히 바라보며 말한다. 하부구조라, 너는 모르겠지만, 과거 청계천은 참 기묘한 곳이었지. 지금은 그 흔적도 없어졌지만 말야. 길게 보면 청계천이나 청량리야 변화가 있긴 했지만, 의외로 세부적인 부분들은 바뀌지 않았어. 지나고 보니 문득 바뀐 걸 깨달은 거지. 내가 너무 금세 익숙해져서 못 느끼는 걸까. 아니면 관심을 안 뒀기 때문일까. 정말 변하지 않는 동네는 저 위쪽 동묘지. 거기야말로 시간이 멈춰있는 동네 같거든.

까투리를 따라 동묘 근처에 도착한 도마뱀은 사람들의 연령대를 보고 내심 놀란다. 이렇게 고연령층들이 압도적으로 많은 동네는 처음 보는걸. 게다가 요즘 세상에 완구 시장이 아직 남아있다니. 까투리가 매대에 쌓인 먼지투성이의 물건들을 뒤적거리다 부루마블을 집어든다. 그러게. 요즘 누가 이런걸 살런지. 어렸을 때 땅따먹기 게임인 부루마블 게임의 가장 비싼 마지막 칸에는 명동이 있었었지. 아직까지도 아마 그 유명한 명동 네이처 리퍼블릭 자리가 전국 땅값 1위일 거야. 거의 20년째일걸. 상징적인 곳이지. 까투리는 손에 든 부루마블을 도로 툭 내려놓으며 중얼거린다. 땅따먹기 게임이라. 땅따먹기. 슬슬 이동하자.

역으로 돌아가는 길에 도마뱀은 근처 오피스텔에 잠깐 들어가 우편함을 뒤져본다. 이거 봐, 받는 사람 이름에 중국인들 이름이 꽤 보여. 따라 들어온 까투리는 얼른 잡아채 우편함에 도로 쑤셔 넣고 도마뱀을 잡아끌어 오피스텔을 나선다. 그런 짓 하다가 경비원에게 들킬라. 화장실 벌컥벌컥 열어보는 짓부터 쇠고랑 찰 일은 다 하고 다니는구만. 아마 동대문에서 밀려오는 보따리상들일 거야. 듣자하니 방을 잡아놓고 한국에 올 때 숙소처럼 쓴대. 퇴근 시간이 되어가니 사람 몰리기 전에 지하철 타러 가자.

　도마뱀은 종각으로 가는 지하철에서 주변을 휘휘 둘러본다. 탑승객들을 보아하니 이 일대는 지하철 이용객도 연령대가 높구나. 이 세대들이 퇴진하면 어떻게 될까. 이 거대한 노령인구와 지속적으로 유입되어 자릴 잡는 외국인들. 이게 아마 거시 구조상의 변수일 텐데 말이지. 아, 저기 자리 비었는데 앉지 그래. 까투리는 손잡이도 잡지 않고 핸드폰을 보며 답한다. 아냐 됐어. 종각까지 금방인데 뭐. 1호선은 제일 오래됐고, 길고, 구도심을 많이 관통하는 노선이지. 인천, 부천, 신도림, 영등포를 거쳐 서울역을 통해 종로까지 오니까. 연령대가 높을 수밖에.

　몇 정거장 가지 않아 도착해 지하철 출구로 걸어나온다. 까투리는 출구 한쪽의 건물을 가리킨다. 여기가 옛날엔 유명한 약속장소였지. 10번 출구는 종로서적, 우리가 지금 나온 4번 출구는 빠이롯뜨. 이쪽이 젊음의 거리라고 먹자골목인데, 이젠 딱히 젊음의 거리도 아니지. 연령대가 적어도 30대 중반 이상이니까. 뭐, 항상 상대적인 거지. 아까 동묘를 보고 왔잖아. 시골 가면 동네 청년회 젊은이가 65세인 거랑 비슷하려나. 여기는 전

통 먹자에 가까워. 다들 직장인들이다 보니 소비력은 있는 편이고.

얼마간 걸어가다 마주친 엘리베이터를 설치하고 있는 건물을 눈으로 대충 훑어보며 생각해본다. 우선 눈에 띄는 특이한 점은 증축을 두 개 층이나 했단 거다. 경량 철골로 증축한듯하고, 증축 면적은 눈대중으로 보아하니 층당 80평쯤 되겠군. 두 개 층이나 되니까 하중 때문에 구조보강도 해야 했겠지. 증축에 따른 주차 문제는 신사역 사례처럼 주차장 억제구역인걸로 해결한듯하다. 공부를 보아하니 지하 2층까지 있구나. 그렇다면 아마 지하 1층에도 엘리베이터가 가게 해놨겠지. 피트 공간은 지하 2층에 놓일 테니까. 거기다 기존의 건물이 4층짜리에 두 개층 증축까지 했으니, 엘리베이터 설치의 수혜가 훨씬 많은 층에 닿을거다.

이어서 눈길을 돌려 엘리베이터 관로를 바라본다. 관로를 외부화했는데 건축선이나 대지 경계선에 문제가 없었나 보군. 이러면 계단을 철거하지 않아도 되지. 유리라 안쪽이 잘 보이는데, 여기도 양문형 엘리베이터구나. 아마 장애인용 엘리베이터를 썼겠지. 기존의 공용부와 새로 생긴 엘리베이터 출입구를 합쳐서 새 로비를 만들었을거다. 건물이 가로로 길죽하니까 전용면적을 다소 희생해도 됐겠지. 이젠 힐끗 봐도 어느정도 추론이 된다.

도마뱀은 공사 중인 건물을 가리키며 부럽다는 듯 이야기한다. 이 구역이 주차장 규제가 없는 구역이야. 역세권 일정 구역 내의 상업지나 준주거지역이라지. 우리가 아까 갔던 명동 쪽도 차 없는 거리를 따로 만들어놨더라고. 찾아보니 홍대나 신촌 쪽은 공시지가를 기반으로 산정된 일정 금액을 내면 주차를 면제해주기도 한다나 봐. 꽤 비싸지만, 건축할 때 제일 문제 되는 게 주차인 걸 생각하면 그래도 파격적인 거지. 돈으로라도 해결되는 건 문제가 아니거든. 서울은 사람도 많고 땅값도 비싸다 보니 어떻게든 문제를 해결해주는 거야. 그러고보니 그 옛날 대구 반월당에도 사람이 북

적일 땐 혼잡하니 차로 오지 말라고 대중교통 전용지구를 설정했었지. 이제는 사람이 없어 도로 풀어줘야 한다는 말이 나오는데 말야.

까투리는 조언인지 구박인지 헷갈리는 말투로 알려준다. 웬만하면 서울에선 차 없이 다니는 게 속이 더 편하니까 얌전히 지하철이나 타고 다녀. 신촌도 그런 이야기가 나오지. 차 없는 거리를 해야 하네 말아야 하네 하고 있거든. 도마뱀도 세간에서 신촌이 예전만 못하단 얘기가 자주 나오는 걸 언뜻 들은 기억이 있다. 왜 그렇게 됐다고 생각하느냐 물으니 잠깐 생각하던 까투리가 입을 뗀다. 수많은 요인이 있겠지만 내가 느끼기엔 아무래도 학교라는 것의 힘이 이제 예전만은 못 하단 거지. 원래도 학교 기반의 집단문화는 와해 되어가고 있었어. 선후배나 학교 동아리라는 인맥으로 사람을 만나는 게 많이 약해졌지. 가뜩이나 죽어가는 집단문화에 연세대가 송도로 1학년을 옮겨버리고 코로나 사태가 마지막 쐐기를 박아버린 거야. 동아리 문화도 나름 전승되는 거라고. 송도엔 선배들이 없고 본교는 비대면 수업으로 2년간 맥이 끊겨버렸잖아. 이건 수직적인 세대차이가 아

니야. 수평적인 문화 괴리지. 이제 예전처럼 기수개념으로 우르르 모이지 않고 소규모에 폐쇄적으로 모여. 우리 아래 세대는 더 심해. 연애도 온라인으로 만나서 하지, 예전처럼 소개팅 같은 거 잘 하지도 않아. 이제 중요한 건 학연이나 지연이 아니야. 취미 문화와 온라인 문화지. 신촌이 망할 동네는 아니지만, 그래도 앞으로 신촌을 포함해서 대학가 앞 상권은 예전과 꽤 많이 달라질걸. 사회가 바뀐 거지.

그러고보니 까투리는 연세대 출신이었다. 도마뱀도 신촌은 어릴 때 가본 적 있다 하니 까투리는 그 옛날 이야기를 하기 시작한다. 신촌 대학약국 앞이 만남의 성지였지. 신촌역에서 연대쪽 올라가는 지하에 그레이스 백화점 통로. 신촌 버거킹. 민들레 영토. 독수리 다방은 다시 지어졌지만 지금도 갈 때마다 자리가 없지. 스타벅스 1호점은 이화여대 앞이었어. 이랜드도 이화여대 앞에서 옷집 하다가 저런 대기업이 된 거잖아. 신촌엔 은하미용실. 명동엔 미스코리아의 성지 마샬 미용실. 여기 종각의 젊음의 거리는 옛날 이름이 피아노 거리였지. 토익 하면 종로, 종로하면 토익이었어. 파고다 그 건물이 괜히 올라간 게 아니야. 북촌 한옥마을에서부터 광화문의 거대한 업무지구까지, 강북은 명실상부한 대한민국 정치, 경제, 문화의 중심지지. 단성사, 피카디리 극장, 명보극장, 서울극장, 대한극장.

야인시대 봤지. 김두한이가 싸우던 데가 여기야. 지금은 극악무도한 것들이 감히 강남이 대한민국의 중심이라 참칭하지만 서울이라 함은 강북. 그중에서도 진정한 서울은 사대문 안을 말하는 것이라. 나 때는 강남서 왔다고 그러면 지방에서 상경했다 그랬어.

가만히 듣다 보니 뭔가 좀 이상하다. 음, 그래 다 좋아. 근데 잠깐만. 오랜만에 봐서 그런데 너 올해로 몇 살이었더라. 까투리는 짧게 답한다. 서른한 살. 뭔가 반문하려는 도마뱀에게 까투리는 시끄럽고 자기가 그렇다면 그런 줄 알라고 일갈한다. 도마뱀은 얌전히 그렇구나 하고 받아들인다. 그럼 이 동네에서 젊은 사람들이 모이는 곳은 어디야. 까투리는 글쎄 하며 몇 군데를 떠올린다. 오늘 둘러본 곳은 유난히 노령 상권이었지. 학생 때야 신촌이나 홍대였지만 지금 여기선 거리가 좀 있고. 근처에 적당히 중간선의 나이대에 가까운 곳이라면 을지로쪽에 한군데 있지. 힙지로라고. 거기도 이젠 한참 됐지. 우리가 걸어온게 동묘에서 종각 그리고 지금 가볼 힙지로까지, 나름대로 세대를 걸쳐 내려온 동선이야. 그쪽으로 가보자.

모르면 당하는 리스백,
조삼모사 렌트프리

힙지로가 뭐냐 묻는 도마뱀에게 까투리는 힙스터랑 을지로를 합친 거라
며 그 옛날 홍대병 비슷한 느낌을 생각하면 된다 답한다. 도마뱀은 까투리
를 따라 골목 안쪽으로 걸어 들어가며 꽤나 익숙한 느낌을 받는다. 보아하
니 여기는 대구 교동과 비슷한걸. 어느 지역이나 비슷비슷한 테마의 상권
은 생기는군.

까투리는 당연하다는 듯 심드렁하게 말한다. 뭐, 서울 유행이 한 번 밀려

서 지방으로 퍼지는 거지. 대구도 이런 분위기의 동네가 있나 보네. 나는 여기 좋아해. 중경삼림 생각 나거든. 시티팝 감성도 좋아하고. 근데 이제 이런 유행 타는 상권도 패턴이 생성된 지 오래됐지. 무슨 무슨 길이라고 전국에 나부끼잖아. 패턴은 똑같지. 우리 때 홍대병은 불치병이라고 조롱 받았듯 힙스터도 요새는 은근 조롱 받는 대상이고, 또 몇 년 뒤면 뭔가 나오고 또 유행 타다가 또 조롱 받고 반복되겠지.

도마뱀은 까투리에게 여기가 이렇게 된 지 몇 년 정도 됐는지 묻는다. 적어도 취업 전부터 있었으니 오 년은 갔다는 까투리의 말에 도마뱀은 그렇다면 이게 언제까지 지속될지 한 번쯤 생각해보자며 이야기를 시작한다.

가게들의 인테리어를 보니 시설비를 그리 많이는 투자하지는 않았단 게 느껴져. 애초에 싼 월세 때문에 들어온 거니 크게 투자를 하긴 좀 그렇겠지. 입소문을 타고 사람들이 몰리니 몇 년은 갈 수 있겠지만, 월세가 계속해서 오르거나 신선함이 떨어지고 컨텐츠가 고갈되면 이들은 떠나서 다른 곳에 자리 잡을 거야. 부평초같이 말야. 이게 젠트리피케이션이라는 현상이지. 유행을 타는 상권은 보통 권리금이 두 번 정도 손바뀜되면 쇠락하기 시작해.

이런 상권 띄우기를 하는 자들이 고려하는 것 중 하나가 주변에 다른 사람들이 따라 들어올 수 있는가야. 자기들은 낙후된 상권의 최초로 들어오는 거니 월세를 싸게 내며 들어오지. 그리고 상권이 뜰 수 있겠다 싶으면 주변에 다른 건물을 지인들에게 매입해두라 하거나 미리 임차를 들어가. 상권 띄우기에 성공하면 권리금을 받고 나가거나 매입했던 건물을 판매하지. 물론 상권을 띄우는 것은 능력이야. 하자고 해서 할 수 있는게 아니니까. 하지만 매수자 입장에선 그들이 생성하는 부가가치를 구매하는 거라 그걸 스스로 유지 가능할지 생각해 봐야 하지.

토지의 생산성은 토지, 건물, 임차인 세 가지에 의해 이뤄지고, 이 중에 임차인, 건물 구조나 인테리어의 독특함에 의존한 월세 상승은 토지의 본질적 생산성과는 다소 거리감이 있어. 수익률을 단기로 끌어올려 매각 차익을 보기엔 토지의 평당가가 낮고, 외곽지나 낙후된 상권일수록 좋아. 임차인 개인의 특성이나 특정 업종에 기반한 수익률, 단기간에 뜬 상권, 외곽지의 대형 카페 같은 경우 항상 지속성에 대해 고민해봐야 해.

그런 측면에서 건물을 살 때 주의해야 할 점이 두 가지가 있어. 첫번째론 리스백이야. 건물의 소유주가 그 건물을 스스로 사용하면서 동시에 건물을 매도하는 경우를 말하지. 이 때 일정 기간 동안 임대료를 낸다고 하는거야. 이 임대료가 합리적인 수준이면 모르겠지만, 일부러 높은 월세를 책정하고 수익률을 띄우는 경우가 있지. 매도자가 직접 임차한 걸 밝히기라도 한다면 매수자 입장에선 그나마 검토라도 해볼 수 있지만, 가장 악질적인 방법은 지인을 가짜 임차인으로 내세우는 거야. 이건 알 방법이 없어. 매출이 어떤지 알려주지는 않으니까 실질적으로 이 월세를 감당 가능한가도 알 수 없지. 이런 경우 임대인과 결탁한 임차인은 극단적으론 사업을 통한 순수입이 적자가 나도 돼. 결국, 매각차익을 분배받을 테니까. 여기서 결정적으로 중요한 점은, 임대인이 바뀌면 임차인은 더 이상 계약 기간을 지키지 않아도 된다는 거야. 휙 나가버리면 어찌할 방법이 없어.

뿐만 아니라 임차인에게 인테리어를 지원해주는 경우도 있지. 예컨대 40평 매장에 인테리어비 5000만 원을 지원해주는데, 연간 월세를 다 합한 게 5000만 원이 안 되는 경우를 생각해보자고. 임차인은 낮은 월세 또는 투자금으로 위험부담을 덜고 매도인은 매각차익을 위해서 흔쾌히 지원해주겠지. 임차인은 장사가 안 되면 매몰 비용에 대한 부담이 없으니 그냥 나가겠다고 해버릴 수 있지만, 그것은 매각을 염두에 둔 매도자 입장에선 알 바가 아니지. 그 전에 단기로 수익률만 올려놓고 매수인을 혹하게 만들어 팔아치우면 그만이니까.

이건 금리가 낮을수록 유리해. 매가를 이 저금리라는 지렛대로 훅 끌어 올릴 수 있거든. 이자 50만 원당 1억 원의 대출이 가능한 상황이라고 가정해보자. 월세를 500만 원 올리면 10억 원의 매가가 오르지. 여기에 월세를 내야 하는 계약 기간이 2년이라고 하자. 이는 매도자로 하여금 매각 후 연간 1억 2000만 원의 월세를 더 내게 하고 매도 시 8억 8000만 원의 세전 차익을 더 챙길 수 있지. 하지만 금리가 낮아서 이자 30만 원당 1억 원 대출이라고 한다면, 위와 같은 조건에서 매도자는 약 17억 원의 매가 상승을 기대할 수 있는 거야.

가짜 임차인은 이런 작전을 매수자가 눈치 못 채게 꼬박꼬박 임대료를 낸 기록을 만들어두고 시간이 꽤 지난 후에 퇴거할 거야. 결국 나중에 임대 문의를 받아볼 때가 되어서야 실제 시세를 알게 되고 당한 걸 깨닫게 되는 거지. 여기에 더해 보증금은 어차피 도로 내놓으라 할 수 있으니 거액의 보증금을 걸어 놓기도 해. 이걸로 실제 인수가를 낮춰서 판매에 유리하게 만드는 거야. 매수자 입장에선 나중에 보증금을 돌려주는 것도 힘들뿐더러, 금리가 오르면 그 돌려줘야 하는 보증금의 가치가 오르니까 더욱 힘들어져.

가짜 임차인이 아니더라도 거액의 보증금이나 전세를 끼고 사는 건 위험해. 예컨대 상가에 은행 같은 금융권이 임차인인 경우 거액의 보증금이 걸린 경우가 있어. 이들은 분명 우량임차인이지. 하지만 은행은 점점 지점을 통폐합하고 있고 이들은 저렴한 조달 금리 때문에 임대료보다는 보증금을 올리는 걸 선호하거든. 전세를 원하기도 하지. 하지만 이 경우 은행이 퇴거하면 은행만큼의 보증금을 줄 수 있는 임차인을 구하기란 어렵고 결국 다음 사람에게 그만큼 월세를 올려야 하는데, 그게 쉬운 일이 아니야. 간주임대료라고 해서 상가 전세금도 수입으로 잡기에 세금도 피할 수 없지. 오피스텔 같은 주거용 건물을 전세를 가득 채워 실인수가를 낮추는 경우도 마찬가지야. 만약 전세가가 하락하거나 월세화가 될 때 전세금에 준하는 월세를 내줄 수 있는 사람이 사라진다면 치명타가 발생해. 가뜩이나 주거용 건물은 감가상각이 심한데 말이지.

두번째는 렌트 프리야. 요즘은 임차인을 구하기 어려워 초기 계약기간에서 1달에서 길면 3달 정도의 월세를 감면해주는 건데, 극단적으로 12개월씩 감면해준다고 가정해보자. 통상 첫 계약은 2년으로 하는 점을 생각해보면, 이 경우엔 월세를 두 배 정도 올리는 효과가 나와. 당연히 매가가 오르지. 그래서 계약서상의 수치만을 믿으면 안 돼. 매각을 위해 이 기간을 늘리는 건 얼마든지 가능하거든. 일반적으로 우량 업종이라고 인식되는 병원조차 이런 작업의 대상이 되는 경우도 많아. 주로 신도시에서 보이지. 병원이 나간 자리는 병원 아니면 그 월세를 못 내주는데, 병원이 애초에 못 올 자리에 위장해서 들어온 거라면 그 낙폭은 더하지. 이 낙폭이란 게 결국 이런 짓을 하는 사람들의 수익인거고.

반대로 렌트프리를 악용하는 임차인도 있지. 사례 하나가 기억나는데, 어떤 영업용 사무실이 높은 월세를 수용하는 대신 렌트프리를 과하게 요구하더군. 월세를 한껏 올려도 렌트프리를 6개월씩 주면 실질 수익률은 낮아지지. 한 철 장사를 하는 업종이나 다단계 관련 사업에서 종종 있는 일인데, 장기계약이랍시고 계약해주면 몇 년을 못 가고 사업체는 공중분해 되지. 처음부터 계약기간 동안 있을 마음이 없던 거야. 이런걸 방지하기 위해선 보증금을 최대한 많이 받아두고, 기간을 모두 못 지키고 나간다면 렌트프리 준 기간의 월세는 납부하고 계약 종료를 한다는 특약을 걸어야해. 여기까지 살펴봤듯 수익률은 실제로 임대료가 얼마 들어오느냐가 기준이어야 하지. 하지만 매매 시 역대 임차인들의 계약서와 임대료 납입내역을 모두 점검하는 경우는 많지 않기도 하거니와, 매매 직전에 새로운 계약서를 쓰거나 매도자가 최초 계약서는 없다고 해버리면 알 방법이 없다는 게 문제지만 말이야.

옆 땅 얼마에 팔렸대,
그래서 이 건물은 얼마일까

이야기를 나누며 노가리 골목에 들어가는 길목 어느 한쪽에서 뭔가 소란이 있다. 뭔가 분쟁이 있는 건가. 근처에 가서 들고 있는 카드 문구를 보니 경악스럽다. 여기서 또 뭘 더 개정하란 거야. 보나 마나 권리금이나 명도 문제겠지. 법이 바뀌는 건 다 내게 불리하게 바뀌는데. 백 년 가게라니 백 년간 명도를 못 하는 건가. 까투리는 저게 뭘 개정하자는 거냐고 묻는다. 하긴, 까투리는 건물에 관심이 없다. 건물주들의 수는 소수고, 법은 다수에 의해 결정되니 자꾸 건물주들에게 불리해지는 게 당연하겠지.

시위대를 지나쳐 야외에 자리를 잡고 앉아 바글바글 모인 사람들을 바라보며 생각해본다. 노가리 골목 일대는 척 봐도 오래 된 전통 먹자골목인 듯하다. 여기에 영향받아 근처에 힙지로가 형성이 된게 아닐까. 힙스터 상권이 완전히 새로운 상권이나 너무 먼 곳으로 가는 일은 드물다. 지도를 보면 송리단길도 가까운 전통 상권인 방이의 대척점. 성수도 전통 상권인 건대의 대척점에 있고, 거시적으로는 성수 자체가 강남의 대척점이지. 행성을 공전하는 위성들처럼 결국 신흥 상권 또한 전통의 입지 근처에서 떠돈다. 하지만 거시적인 추론만으로 다트를 꽂아 넣기엔 과녁이 너무 넓구만. 이면 구석구석에 형성되는 미시적인 상권을 예측하라는 건 불가능에 가깝지 않을까.

그래도 한 가지 변하지 않는 원칙은 있지. 임대료가 낮고 접근성이 좋아야 한다는 거. 그렇다면 다시 전통상권의 임대료가 낮아지면 그쪽으로 가지 않을까. 그런데 문제가 있군. 전통 먹자 상권은 건물들이 너무 무난 반듯하고 과하게 크거나 높단거다. 상권은 점점 파편화되고 소형화되고 임차인들은 그에 맞춰 자신의 개성을 드러낼 수 있는 곳을 선호하는데, 건물과 입지라는 건 고정되어있기 때문에 추세에 맞추기 어렵지. 무엇보다 이제 홍보 창구가 이제 SNS로 바뀌다보니 사람들이 죄다 핸드폰만 들여다보며 구석구석에 있는 가게를 찾아가버린다. 이들에게 대로변이나 전통 먹자 상권의 임대료가 낮아진다 한들 같은 값이면 대로변으로 간다는 논리가 통용될지 아리송해진다.

흠, 그렇다면 이런 이면의 건물을 매수자들이라면 어떻게 받아들일까. 도마뱀은 까투리에게 넌지시 물어본다. 너라면 우리가 갔던 힙지로의 바가 있던 건물을 얼마에 살 것 같니. 까투리는 피식 웃는다. 뭐라는 거야. 나 돈 없어. 사기 안 당하는 세 가지 주문이 있지. 없어. 안 해. 안 사. 도마뱀은 나 사기꾼 아니라며 얼마일 거 같은지 그냥 추론이라도 해보라 재촉한다. 까투리는 사기꾼이 자기가 사기꾼이라는 거 봤느냐며 틱틱거린 후 전혀 감이 안 온다는 듯 말끝을 흐린다. 글쎄. 모르지. 한 10억 정도 하려나. 도마뱀은 새삼 깨닫는다. 보통 30대들은 건물 시장에 아예 관심을 안 두지. 건물에 관심이 있냐고 물으면 도를 아십니까 취급 당하니까. 좋아, 한 번 설명해보자. 자, 일단 골목 안쪽 거래내역을 보니 30억쯤 하네. 그게 1년쯤 전 거래내역이니 지금은 평당 8,000만 원 너끈히 넘을 거야. 까투리는 기가 차다는 듯 되묻는다. 이 쬐끄맣고 다 쓰러져가는 건물이 30억이라고. 월세가 얼마 나오는데.

도마뱀은 난색을 표한다. 음. 월세는 우리가 알기 어렵지. 특히나 이런 상권은 말야. 직접 주변 부동산을 돌아다녀 보거나 창업 컨설팅에 가서 알아보든가 하는 수 밖에. 아니면 포털 사이트 부동산 검색을 해보거나 자영업자들이 모인 카페에 점포양도 글을 찾아봐서 주변의 월세랑 권리금으로 추정해보는 거 정도. 요즘은 매출을 공개하는 서비스들도 등장하고 있으니 그런걸로 일정 비율을 잡고 추정해본다거나, 뭐 그게 일반적으로 알아볼 수 있는 한계지. 다른 연줄이나 경험이 없다면 말이야. 까투리는 내가 점쟁이도 아니고 그럼 어떻게 맞추라고 물은 거냐며 짜증을 낸다.

도마뱀은 난감하다는 듯 잠깐 말을 멈췄다 다시 잇는다. 음, 이게 결국 중개법인들이나 기존 건물주들이 우위를 점하는 정보 비대칭성의 세 가지

요소 중 하나지. 매물이 나왔는가. 월세가 얼마인가. 매도자와 연락 가능한가. 그나마 실거래가는 공개되고 있었지만 몇 년 전만 해도 이렇게 쉽게 관련 정보에 접근할 순 없었어. 이 시장이 아주 폐쇄적이고 아날로그적이거든. 그래서 남들이 말하는 가격이나 거래 사례 한두 건만 보고 그렇구나 싶어서 덜컥 사면 위험해. 그러니 최소한의 기준점은 잡아두는 게 좋아.

기준은 평단가 또는 수익률이지. 음, 옆에가 평당 8,000만 원이었으니까 단순하게 근처인 여기도 비슷하게 8,000만 원이라고 보는게 평단가 논리야. 수익률 논리는 투자에 대한 수익을 예금 이자나 대출 이자와 비교하여 매매가를 산정하는 거고. 아까 월세 얼마냐고 물었지. 그거야. 쉽게 말해, 옆 땅 얼마에 팔렸대. 아니, 이자보다는 더 나와야지. 이 두 가지의 대립이야.

평단가 논리는 평단가 기반은 토지 자체에 비중을 실은 논리고 수익률 논리는 좀 더 건물 자체의 부가가치와 현금흐름을 중히 여기는 시각이지. 어느 한 쪽에 너무 편중되면 안 돼. 내가 얼마간을 주고 샀으니, 수익률이 얼마 나와야 한다 또는 수익률이 얼마니 매도시 평단가가 얼마다. 얼마, 얼마. 이런 어림셈은 엄마 친구 아들 같은 거야. 분명히 같은 학교 보냈는데 누구는 전교 1등인데 왜 너는 못 하느냐고 구박해봐야 안 되는 애는 안돼. 하나하나가 전부 다르다구. 토지의 생산성이란 저울에서 수익률 논리가 평단가 논리를 보정하고, 평단가 논리가 수익률 논리를 보정하지. 보통 평단가 논리로만 거래되는 시장은 활황, 수익률 논리가 우세해지는 시장은 불황이야.

경향성 기준	시황	유형	입지	크기	성질	가치	금리	중요시점
평단가	활황장	단독건물	핵심지	대형	원재료	미래성	둔감	매매
수익률	침체장	구분상가	외곽지	소형	완성품	현재성	민감	관리

평단가 논리

평단가 논리의 장점은 아주 직관적이란 거야. 월세는 쉽사리 알기 힘들지만, 과거의 실거래가와 공시지가는 공개되니까. 필지의 특성이나 상권이 균질할수록 평단가는 평균적인 생산성을 반영하지. 다만 비교되는 필지는 대상과 최대한 가깝고, 토지의 형태와 크기, 종류와 적용되는 규제가 같고, 건물의 감가가 비슷해야 해. 여기에 지하철 역에서 좀 더 떨어져 있으면 얼마간 낮추고 코너에 있으면 얼마간 높이는 식으로 보정도 좀 하고. 최근 매매 사례가 없다면 공시지가의 상승률을 근처의 매매사례 평단가에 곱해서 추정하기도 하지.

보통 일대의 땅을 다 사서 뭔가 큰 건물을 만들려고 하는 입장에서는 당장의 수익률이 중요하지 않기 때문에 토지를 모두 사들인 후 다 합해보니 평당 얼마에 샀다라고 표현할 때 주로 쓰지. 가끔 요지에 넓은 땅 중에 나이 많은 할아버지가 소유한 단칸 건물만 있거나 주차장으로 쓰는 넓은 땅 같은 거 있지. 그런게 수십억 원, 어쩌면 강남에선 수백억 원씩 하는 게 이유가 뭐겠어. 월세 때문일까. 아니지. 결국 땅값이야.

다만 거래사례라는 게 그런 개발 용도거나, 월세 소득, 실사용이나 사옥, 주거, 숙박업 등 다들 나름의 이유를 위해서 사는데 남이 산 이유와 내가 산 이유가 같지 않을 수도 있고, 남이 더 싸게 샀는지 더 비싸게 샀는지도 미지수지. 한두 건의 거래사례를 보고 단순히 남들이 그렇게 샀으니 뭔가 이유가 있겠거니, 시세가 이렇다니 그런가 보다 하고 샀다간 낭패를 볼 수 있어. 그래서 평단가 논리는 주변 거래사례를 오랜 기간 추적 검토해봐야 하지. 본질적으로 평단가 논리도 결국엔 개발 후의 수익률에 연동된단 점을 잊어선 안 돼.

수익률 논리

다음으로 수익률 논리는 현재 건축물에서 나오는 현금 흐름의 가치에 주안점을 두는 거지. 아까 월세 얼마냐고 물었지. 그거야. 현재 수익률에서 금리를 기반으로 매가를 역산해. 보통 신축이나 구분상가일수록 이 논리가 강해져. 까투리는 구분상가가 뭐냐고 묻는다. 도마뱀은 잠깐 생각한다. 어디가 예시로 좋을까. 아파트 단지 상가들 있지. 그런 거야. 건물의 한 칸 한 칸을 파는 거. 규격화가 되어있고 이것들은 바로 옆 점포와 큰 차이가 없지. 그래서 월세 시세도 비슷비슷하고.

음, 만약 토지도 그렇게 무난 반듯하게 규격화되어있다면 비슷하게 적용할 수 있겠지. 신도시의 네모 반듯한 필지나, 오늘 우리가 보고 온 명동의 작은 단칸 건물들이 주르륵 늘어서 있는 거. 이것들은 필지 모양이나 건물이 비슷비슷하니까 평단가 논리를 적용하기 좋지. 구분상가나 명동의 저 단칸 상가들 모두 둘 다 평단가로 가치를 평가하기 쉽지만, 기저가 달라. 이건 약간 다른 이야기니까 우선은 넘어가고 수익률부터 계산해보자고

$$연수익률 = \frac{월\ 임대료\ 총액 \times 12}{매매가-보증금} \times 100\ (\%)$$

이게 수익률 논리에서 가장 간단하고 보편적으로 통용되는 산식이지. 예컨대 10억짜리 구분상가를 샀고, 보증금 1억에 월세가 500만 원이 나온다고 하자. 연 수입이 6,000만 원이지. 연 6%의 수익률을 확보한 거야. 그런데 주변의 경쟁 매물들을 보아하니 수익률 7%로 매물로 내놔야 팔릴 것 같다면 매가는 약 8억 5,000만 원이야. 1% 차이에 거의 1억 5,500만 원 차이가 나지.

여기서 보증금은 원상복구를 못 하고 나간다거나 월세 체납 등의 분쟁을 대비하는 거니 온전히 내 돈이 아니야. 전세금이건 보증금이건 결국 빚이거든. 그래서 나는 수익률 계산에서 제외해. 하지만 이렇게 하나하나 따지면 보증금을 예적금에 넣었을 때의 이자소득세, 간주임대료로 부과되는 세금, 본인의 투자역량에 따른 기회비용 등 하나하나가 의문으로 남아. 그래서 그냥 남들이 제일 많이 쓰는 기준대로 받아들여서 이렇게 계산하긴 하는데, 당사자들의 상황에 따라 알아서 잘 판단해야 하지.

$$\text{레버리지 연 수익률} = \frac{(\text{월 임대료 총액} - \text{월 이자 총액}) \times 12}{\text{매매가} - \text{보증금} - \text{대출금}} \times 100\ (\%)$$

반대로 최대한 겉으로 보이는 수치를 높여볼까. 이게 소위 말하는 레버리지 수익률을 계산하는 법이야. 어림잡아 계산해보자구. 5억 원의 월 대출 이자 4.5%는 약 190만 원. 월세는 500만 원. 이러면 이자를 제하면 한 달에 310만 원이 나오고 금리가 동일하다는 전제하에 연에 약 3,700만 원의 결과적인 수익이 나오지. 매입가는 10억 원이지만 보증금과 대출 금액으로 메꿔 넣는다면 자기자본 4억 원을 투자한 것이 되는 거고. 즉 이경우 자기자본대비 9.6%의 수익률이야. 이율이 낮을 때는 대출을 많이 낄수록 자기자본은 적게 들이면서 상승 시엔 더 높은 수익률과 차익을 확보할 수 있지만, 이율이 오를 때는 수익률을 더 크게 악화시키고 추후 매매시 내 원금 손실이 날 수 있지. 적정한 대출 비중은 본인이 판단해야 해.

아, 무엇보다 건물의 수익률이라는 게 보통 만실을 가정하고 있다는게 문제야. 실제론 공실률을 적용한 기댓값을 적용해야 해. 당장의 월세가 아닌 5년 정도의 실질적 소득을 기준으로 삼는 게 가장 좋고. 사고팔 때 중개 수수료, 매수 시에 취·등록세, 보유하는 동안의 재산세, 종합소득세,

종합부동산세. 매도시의 양도세와 부가가치세. 관리에 있어선 관리비, 공과금, 감가상각 같은 것들. 예컨대 하수도원인자 부담금, 도로점용료, 교통유발부담금 같은게 있지. 그 외에도 건물마다 달리 들어갈 부대비용과 개인의 상황에 따른 기회비용 정도가 있겠네. 서로에게 유리한 방향으로 특정 항목을 제거하거나 부풀릴 수도 있으니 잘 따져봐야 한다구.

이렇게 산출된 가격은 서로의 입장에 따라 엎치락뒤치락하지. 수익률로 평단가를 산정하기도 하고 평단가로 수익률을 맞추기도 하고. 수익률과 평단가 논리의 충돌 예시를 들어볼까. 외곽지의 싸고 넓은 토지가 좋겠네. 음, 20년도에 부산 어딘가에서 300평 필지에 스타벅스 DT가 생기고 70억 원 정도에 팔린 게 있거든. 이건 토지가나 건물가보다는 임차인의 부가가치에 중점이 가있어. 바로 옆에는 카센터가 있는 걸 보면 서로 토지의 생산성을 끌어내는 게 완전히 다르지. 이게 매물로 나왔다고 해보자. 스타벅스가 주변보다 더 월세가 높다면 매도자는 수익률 논리를, 매수자는 주변 땅의 평균적인 생산성을 감안한 평단가 논리를 통해 가격을 책정하고자 하겠지. 근데 여기서 재밌는 건, 어찌저찌 합의되어 팔리면 주변 땅이 그 매매사례가 그대로 반영되어 평단가를 형성하는 경향이 있단 거야. 미개발지를 개발지의 평단가로 판매하려는 거지.

뭐, 여기 을지로 같은 경우엔 상업지니까 혹시 모를 대규모 개발 때문에 평단가가 좀 더 우세할거야. 합필이나 대형 개발 가능성이 생기는 순간 땅 자체의 가치로 계산을 할 테니까. 구도심이라 나이 든 사람들이 오랫동안 가지고 있는 건물은 한참 동안 월세를 올리지 않은 경우도 많고. 이럴 때는 내 필지와 유사할수록 공급이 더 없다는 전제 하에 그 필지의 가격과 평단가가 비슷하게 따라갈 수 있지. 평수가 너무 큰 경우엔 평단가가 내려가기도 하고, 가액이 커질수록 받아줄 수 있는 사람이 적어지고 개발 수익률을 따지거나 희소성을 따지게 되는 등 경우의 수는 정말 많고 복잡하니

가치 책정은 다각도로 고려해야 해. 까투리는 가만히 듣고만 있다가 70억이라, 70억이라 되뇌며 들고 있던 맥주를 마저 다 마시고 탁 내려놓는다. 그만 나가자. 지하철 끊기겠다.

　밤의 청계천을 말없이 함께 걷는다. 긴 침묵이 어색해 도마뱀은 혼잣말하듯 까투리에게 말을 건넨다. 저기가 광장시장이군. 육회가 유명하다더라. 이어 한밤중이라 크레인들이 멈춰있는 한 아파트 공사 현장을 멀찍이서 보며 중얼거린다. 저쪽은 재개발이 시작됐나 보구나. 여기도 낙후된 상업지의 취급이 대구와 비슷하네. 역시 서울에는 주거가 모자라지. 나만 해도 고시원에서 비싼 월세를 내며 단기로 살고 있고. 다른 친구들도 모두 결혼을 하면 경기도로 밀려나더군. 혼자 살 거라면 굳이 넓은 집은 필요 없으니 기왕이면 서울 시내 안에 있고 싶긴 하다. 청년 주택이 지어지면 조금 싸게 들어갈 수 있을까. 아, 그리고보니 결혼한다더니. 어느새 멀리 떨어진 까투리는 답이 없다. 못 들은 건가 싶어 쫓아가 되물으니 돌아보지도 않고 답한다.

아니. 안 해. 아까 저거 얼마일 거 같아. 도마뱀은 아파트에 관심이 없다. 시세도 잘 모른다. 글쎄. 힐스테이트네. 우연히도 대구역 앞쪽에도 이런 분위기의 동네에 힐스테이트가 올라가거든. 사람 사는 곳 다 비슷하네. 그게 아마 30평대에 한 5억 원 정도로 기억하는데. 까투리는 피식 웃으며 쏘아붙인다.

저거 20평대가 10억이 넘어. 여긴 서울 시내에서 그렇게까지 선호되는 동네도 아니지만 분양 경쟁률은 대입을 방불케 하지. 내가 중간부터 왜 듣는 둥 마는 둥 했다고 생각해. 넌 집안에 건물이 있으니 관심이라도 가질 수 있던 거야. 집 사는 데만도 벅차. 건물은 무슨 건물이야. 너 혼자 신나서 얘기하니까 들어준 거지. 좋겠네. 집안에 건물 있어서. 100억 단위 이야기는 현실감이 없다지만, 평소에 돌아다니면서 익숙하게 보던 구석탱이의 다 쓰러져가는 건물조차 30억이 넘는다니. 그때부턴 현실로 확 와 닿거든. 너도 참 너다. 십 원 한 푼 없는 게 백 억짜리를 논하다니 말야. 난 간다. 휙 가버리곤 청계천의 물소리만 들린다.

chapter 4

서브컬처의 요람
홍대에서 보는 건축법

이 건물 두들겨야 할까
말아야 할까

다음날, 숙취로 지끈거리는 머리를 감싸 쥐며 침대에서 비척비척 일어난다. 어제 을지로에서 까투리에게 괜한 말을 했다 싶다. 재수 없다고 생각했을까. 연락을 해봤지만 답신이 없으니 씁쓸해진다. 건물 이야기는 함부로 하는 게 아니구나. 서울 시내를 잘 찾아보면 그래도 30대들에게 기회가 있을법한 동네가 있지 않을까. 도마뱀은 가액이 상대적으로 작은 곳을 이래저래 찾아본다. 누구나 알법한 익숙한 동네에 절대가 상대적으로 저렴한 건물들이 많을법한 곳이라, 홍대 정도가 눈에 띄는군. 만만찮은 가격인 건 어디나 마찬가지지만, 그래도 강남보다는 싸니까. 지도를 짚어보니 강남에선 한 번에 갈 방법이 지하철론 2호선뿐이구나. 빙빙 돌아가야겠는걸.

50분이 넘는 지루한 이동시간이 끝나고 지하철에서 내려 대로변을 걸으며 느낀다. 여긴 강남 못지않구나. 대로변의 으리으리함도 그렇고, 서울 시내에서 규모 있는 기업들이 이면도로에까지 진입해있는 곳이 얼마나 될까. 여기는 서울 서북권의 허브, 이쯤에서 한 번쯤 부의 흡수에 있어 병목구간이 생기는 듯하다. 마포는 물론이고 일산이나 인천에서도 모인다는군. 다만 강남이랑은 분위기가 많이 다른 걸. 상권이 너무 넓어 한두 번 돌아보는 거로는 길조차 파악 못 하겠고, 기껏해야 건물 몇 개 둘러보는 게 고작이겠다. 도마뱀은 미리 약속을 잡았던 건물주, 딱따구리씨의 건물로 발걸음을 옮긴다.

약속장소에 도착해서 보니 약간 외진 곳이다. 도마뱀을 기다리고 있던 딱따구리씨는 도마뱀을 맞이하며 도로 끝의 자신의 건물로 안내한다. 도착해서 보니 도마뱀네 건물과 비슷한 크기의, 엘리베이터가 없는 5층짜리 작은 건물이다. 지하에는 스튜디오, 1층은 옷가게, 위로는 작은 사무실들이 위로 차있는 듯하다. 작아도 알찬 건물이구나. 엘리베이터가 없는 게 좀 아쉽긴 한걸.

딱따구리씨를 따라 올라간 맨 위층엔 아무런 간판도 표시도 없다. 엘리베이터가 없다 보니 역시 5층은 공실인가 싶었는데, 딱따구리씨가 어디론

 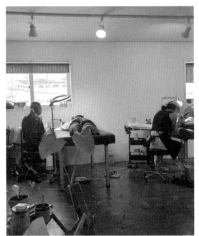

만날 수 없어 만나고 싶은데 그런 슬픈 기분인 걸

가 전화를 하더니 문이 벌컥 열린다. 안쪽으로 함께 들어가보니 문신 시술소다. 도마뱀은 상당히 보수적이라 문신을 해 본 적이 없다. 당연히 문신 시술소도 처음이라 신기한 듯 이리저리 둘러본다. 직원은 세 명. 인테리어는 평범한 사무실이랑 크게 다를 바가 없구나. 헌데 손님들이 와서 바로 시술만 하지 수납이나 다른 건 하질 않는다.

딱따구리씨는 도마뱀이 뭔가 이상해 한다는 것을 눈치채고 설명해준다. 상담실과 시술실이 따로 있는 겁니다. 상담실은 저쪽 번화가 쪽의 2층에 있지요. 이렇게 따로 분리하는 이유는 의사가 아닌 사람이 하는 문신 시술은 의료법상 엄밀히는 불법이기 때문입니다. 들어오시면서 내부에 명패는 물론이고 외부 간판도 없는 걸 보셨을 겁니다. 이 때문이지요. 물론 불법이라 하면 건물주로선 껄끄러울 수 있습니다. 하지만 퇴폐업소나 도박장 같은 건 몰라도, 문신 시술소를 받아서 크게 문제가 된 건물주는 아직까진 본 기억이 없군요. 제 입장에선 아주 우량업종이지요. 엘리베이터 없는 고층이나 지하에서 고부가가치의 생산성을 만들어내며, 외진 곳이라도 사람들을 찾아오게 만드는 업종이니까요. 인테리어도 깔끔하고, 월세도 밀린 적이 없어요.

임대인들이 가장 좋아하는 표현이 따박따박이라지요. 은행의 ATM에서 돈이 나오듯 말입니다. 하지만, 건물은 ATM이라기보다는 슬롯 머신에 가깝습니다. 제 경험상 어떤 업종이건 월세를 미루는 건 그냥 임차인의 개인의 성향이지 업종을 크게 타진 않더군요. 저는 건물 자체로만 볼 때엔 관리의 용이함, 업종의 안정성, 높은 월세 순으로 중요시 여기고 제일 마지막이 세간의 인식입니다. 사람들이 문신시술소, 전자담배점, 성인용품점, 유흥업종 같은 걸 싫어하는데 말이에요. 요즘의 깔끔한 프렌차이즈 성인용품점은 그 동네가 번화가라는 방증이고, 전자담배점은 담배권을 쥐고 있단 의미가 있습니다. 유흥업종은 취득세나 재산세가 높게 나오긴 하지만 월세가 아주 높지요. 정작 남들이 보기 좋아하는 꽃집이나 카페는 임대료가 별로 높질 않습니다. 오히려 남들이 기피하는 업종은 그걸 임차인 스스로도 알기에 오히려 임대료를 안정적으로 내주는 감도 없잖아 있어요.

홍대 입구역 근처의 특이 업종들. 점집과 성인용품점

임차 업종마다 특색이라는 게 있는 거지요. 예컨대 고시원은 수익률이 높지만 방공제*라는 게 들어가 대출이 잘 안 나오고, 권리금이 크게 형성되어 골치지만, 권리금이 크다보니 임차인들이 권리금을 지키기 위해 월세를 꼬박꼬박 내주는 효과도 있습니다. 누군가는 종교 관련 임차인을 우량 임차인이라고 하고, 누군가는 분쟁이 발생하면 내가 사탄이나 마구니가 된 것마냥 욕을 먹는다고 싫다고 하지요. 금융기관은 거액의 보증금을 걸어주지만 다른 임차인들은 보통 그렇게 하질 못 합니다. 하지만 이런 목돈을 선호한다면 그 사람에겐 그게 우량업종이겠지요. 또 누군가는 월세가 조금 더 적더라도 깔끔하고 인식이 좋은 업종을 선호할겁니다. 상황에 따라 다 다르고, 또 취향 차이 아니겠습니까.

작고 엘리베이터가 없어도 전 층이 가득 찬 우량 건물의 예

---

* 대출을 받을 때 방의 개수에 따라 최우선 소액 변제금을 공제하는 것.

　도마뱀은 문득 의문점이 든다. 이 문신 시술소는 엘리베이터가 없는 5층에 있다. 건축면적은 50평은 넘어 보이고, 구조를 보아하니 엘리베이터 설치가 가능해 보이는데 요즘 리모델링 열풍에도 불구하고 왜 하지 않으셨는지 궁금합니다. 그는 잠깐 생각하더니 반대로 도마뱀에게 묻는다. 저야말로 묻고 싶은 점입니다. 도마뱀님이 설치하신 이유는 무엇입니까. 도마뱀은 경험에 기반해 즉답한다. 그거야 비교우위지요. 주변에 엘리베이터가 없는데 우리 건물에만 있다면 확실히 비교우위에 설 수 있으니까요. 그는 반쪽짜리 대답이라며 엘리베이터 설치가 만능일지 한 번 생각해보자며 운을 띄운다.

　첫 번째로는 엘리베이터의 공간 효율성입니다. 사람의 시야각 상 2층까지는 보통 잘 보이고 한 개 층 정도는 사람들이 걸어 올라가는데 거리낌이 없지요. 그래서 3층 이하는 건물이 아주 넓은 게 아니라면 엘리베이터가 무의미할 가능성이 큽니다. 결국 4층 이상부터 엘리베이터 설치의 수혜를 받을 수 있다는 건데, 엘리베이터 설치는 어떤 방식이든 초기 비용이 많이 들지요. 그리고 외부로 증축될만한 여유가 없다면 결국 기존의 전용면적을 줄이거나 설비부의 효율성을 저하시킵니다. 건폐율과 용적률에 혜택이 있다고 장애인용 엘리베이터를 많이들 쓰는데, 이건 그만큼 더 까다로운 규정을 준수해야 합니다. 특히나 1층은 전용면적에서 손해를 보면 봤지 수혜를 받는 게 아예 없습니다. 통상 1층의 임대료가 가장 비싸단 점을 생각해보면 이게 과연 정답인가 고개가 갸우뚱해지지요.

　두 번째로는 엘리베이터에 부대 되는 비용입니다. 설치 비용과 관리 비용 그리고 감가상각이지요. 관로는 계속해서 쓴다고 해도, 엘리베이터는 20년을 넘어서면 교체를 해야 하는 감가가 들어가는 자산입니다. 교체 비용이 만만치 않아요. 거기에 승강기 안전관리공단에서 요구하는 연간 안전검사 비용과 엘리베이터 관리계약에 대한 비용도 들지요. 중간중간 자

잘하게 수리비가 드는 것은 물론이요, 사고의 위험성도 생기지요. 또한 앞서 말했듯 이 손실분을 위층에 전가해야 하는데, 요즘은 엘리베이터가 있더라도 고층을 채우기가 힘듭니다. 과연 3층 이상에서 이 투자금과 손실분을 만회할 수 있을지를 잘 생각해봐야 하지요.

건물을 즉시 매도할 예정이라면 이 유지비용과 초기 투자비를 매각을 통해 만회할 수 있지만, 보유하는 입장에선 오랜 월세 수입을 통해 회수해야 할 투자금이지요. 이건 꽤나 뼈아픈 타격이랍니다. 금리가 내려서 오른 매가는 팔지 않을 사람들에겐 크게 의미가 없어요. 미실현이익은 내 게 아니니까요. 그래서 오래 보유할 거라면 실질적인 수익률이 상승하는지에 주안점을 두고, 매각을 위해선 공실 없게 꽉 찬 건물을 만들어 상품성을 만드는 데 주력해야 하는 겁니다. 엘리베이터는 후자의 경우에 도움이 되는 도구지요. 보통 매수자 입장에서는 모든 층이 다 채워져 있고 엘리베이터가 있는 건물을 원할 테니까요. 건물을 오랫동안 가지고 가야 할 입장과 건물을 상품으로 만들어서 파는 입장의 차이입니다. 내가 어느 쪽에 해당할지 잘 생각해봐야 할 겁니다.

세 번째로는 회전율입니다. 이 회전율은 기본적으론 수요와 그 가운데서의 비교우위에 의해 결정됩니다. 예컨대 비슷한 입지에서 엘리베이터가 없다는 동일한 조건의 두 건물을 생각해보지요. 한쪽은 전용 50평에 임대료가 400만 원인데, 한쪽은 전용 30평에 임대료가 300만 원인 경우가 있습니다. 전자는 평당 8만 원, 후자는 평당 10만 원이지요. 임대료의 평단가로 보면 후자가 더 비쌉니다. 하지만 임차인 입장에서는 넓은 면적이 굳이 필요 없고 인테리어비만 많이 드니까 꺼릴 수 있습니다. 이런 경우 임대료 평단가가 더 비싸더라도 절대가가 더 저렴한 30평에 300만 원을 택하지요. 그런데 이 경우 엘리베이터를 설치한다면 설치비, 유지비를 만회하기 위해 월세를 100만 원은 더 올려야 한다고 해보지요. 이 때 임차인

입장에는 임대료의 절대치가 더 커진다는 게 문제가 됩니다. 이건 건물의 매매에서도 마찬가지입니다. 가액이 크거나 특수한 물건일수록 수요층이 줄어들고 또 매물도 적어서 예측이 매우 어렵지요. 계산과 생각과 취향은 다르답니다. 위로 갈수록 취향의 영역이 되지요.

이번엔 또 다른 회전율의 예시로 넓은 공간이 필요한 자동차 대리점의 경우를 생각해보지요. 이건 보통 전용 100평에서 200평 정도의 가로로 길쭉한 시인성 있는 일 층의 공간을 요구합니다. 희소하지요. 그렇기에 주변의 고만고만한 전용 40평짜리 일 층이 평당 15만 원을 부르는 것은 호가 책정에서 경쟁상대가 되지 않아요. 대체재가 없잖아요. 혼자 25만 원을 불러도 거기밖에 없으면 수요자에게 여길 택하거나 택하지 않거나 둘 중 하나를 강제할 수 있습니다. 하지만 대로변의 넓은 1층은 기업이 선택하지 않으면 매우 힘들어집니다. 선택을 강요할 수 있지만, 그 수요자층이 한정되어 회전율이 떨어지는 것이지요. 주변에 공급이 적고 수요가 많은 요지일수록 이 독점성은 강해집니다. 회전율이 극히 떨어진다면 그때야 분할 임대를 고려하는 거고요. 반대로 너무 넓어 싸게 줘야 하는 경우도 있지요. 결국엔 수요와 공급이라는 가장 기본적인 이야기를 하는 겁니다. 비슷한 맥락에서 서울 시세 1급 자동차 정비공장이면 개발하지 않고 그대로 놔두는 게 좋을 겁니다. 워낙 다들 주유소나 정비공장들을 철거하고 일반 상가를 만들어내다보니 이젠 규제 때문에 새로이 만들 부지가 없어요. 남은 것들의 독점성이 강해지고 영업권리금이 오르겠지요.

이 건물은 주변에 나지막한 건물들만 있기에 저렴한 고층이라는 수요에 대한 독점적인 공급을 맡고 있습니다. 독점성 대비 수요가 있기에 회전율이 올라간 거지요. 만약 주변 필지들이 모두 4층, 5층씩 엘리베이터가 있는 신축 건물을 올리기 시작한다면 저도 엘리베이터를 설치해야겠지요. 나만 비교열위에 놓이지 않게 말입니다. 아니면 아예 저렴한 임대료로 승부하던가요. 하지만 한두 개 정도의 건물이 올라가는 것 정도론 저의 독점성을 크게 훼손하진 못 할겁니다. 여유가 있다는 것이지요.

요즘 단순히 인테리어 수준의 공사를 통해 임차인이 잠깐 바뀐 걸로 건물의 가치상승을 이끌어냈다고들 하는 것은 별로 와닿지 않는 이야기에요. 최소 두 번의 임차인 손바뀜, 또는 적어도 오 년의 지속성은 검증되어봐야 아는 겁니다. 안타깝게도 이런 수요나 안정성을 알아보는 방법은 매수 후 임차 문의를 받아보며 이 미묘한 선을 잡아내는 방법뿐입니다. 한순간 한순간이 현실이고 검증이지요. 그러니 공실 건물의 호가를 보고 임대료를 책정하지 마세요. 공실이 났다는 것은 권리금이 없다는 것이고 보통은 그만큼 수요도 없고 감가가 반영되어 있음에도 불구하고 과거의 월세를 기준으로 한 호가일 가능성이 높거든요. 지극히 개인적인 경험상, 같은 조건이라면 현재 주변 구축의 공실 임대료보다 십 퍼센트 정도 저렴한 가격을 신축 건물에 적용시키면 그게 보통 최적점이더군요. 항상 보수적으로 잡으세요.

여기서 명목 수익률과 실질 수익률의 차이를 짚고 넘어가야 하지요. 명목 수익률은 쉽게 말해 우리가 매물을 받아볼 때 건물 안내에 표기된 수익률입니다. 현재의 월세를 기준 삼거나 공실이더라도 과거에 받았던 월세를 받을 수 있다고 가정한 수익률이지요. 하지만 건물을 오래 관리해보면 이게 잘 맞지 않는다는 것을 알게 됩니다. 세금, 감가, 이자, 관리, 공실. 다섯 가지를 반영한 것이 실질 수익률입니다. 사고 팔 때야 명목 수익률이 통할 수 있지만, 오래 보유할수록 실질 수익률을 고려해야 합니다. 그래서 엘리베이터 설치의 장점 중 하나는 임대 회전율을 올려 공실률을 낮춤으로써 실질 수익률을 상승시킬 수 있다는 거지요. 장기보유자들이라면 반드시 신경 써야 할 부분입니다. 건물을 사고팔 때 매도인 측에서 실질 수익률을 데이터화 해서 주진 않으니까요.

수익률 계산에 있어 최악이 평단가대로 사면 안되는 토지를 평단가대로 사고, 그걸 역산해서 내 수익률에 맞춰 임대료를 책정하는 겁니다. 토지가, 건축비, 임대료를 모두 평단가 논리로 계산했다간 각기 80%만큼 정확하다 해도 종합해 보면 반반 홀짝 게임이 되겠지요. 이럴 바엔 그냥 카지노에서 룰렛을 돌리는 게 나을 겁니다. 그나마 토지가에서는 평단가 논리가 통할 수 있어도, 임대료를 평단가 논리로 대패질을 했다간 현실과는 크게 차이가 납니다. 이 걷고싶은 거리를 보세요. 코너 건물에는 기업의 화장품 안테나샵이, 조금만 옆으로 가면 일본식 라멘집이 있습니다. 두 업종은 임차 주체부터 손님의 특성이나 객단가까지 모두 다르니 감당할 수 있는 임대료가 완전히 차이나지요.

이런 판단들은 그 상권에서 그 건물을 오래 들고 있어 본 사람들만 알수 있는 겁니다. 그래서 자기가 제일 잘 아는 동네를 사라고 하는 거에요. 가까우니 관리가 편한 건 두말할 것도 없구요. 다른 지역에 가면 미묘하게 추론이 맞질 않아요. 신축이나 리모델링을 하지 않는 기존의 건물주들이 괜히 그러는 게 아닙니다. 자기 동네에서 건물을 오래 들고 있어본 사람들이 건물의 실가치를 가장 잘 알기 때문이지요. 공실이 1년 이상 지속 되면 나의 임대료 책정이나 건물의 상태, 혹은 상권 자체에 문제가 있는가 되짚어봐야 합니다.

결국, 현재 임차인을 모두 내보냈을 때 새로운 임차인으로 다시 채울 때의 월세가 그 건물의 진짜 가치란 걸 잊지 마세요. 마찬가지로, 건물을 철거하고 단독 개발을 하던 합필을 하던 새로이 지을 때의 수익률이 바로 그땅의 가치입니다. 물론 공급이 적고 잠재수요가 많을수록 토지가든 임대료 책정에 있어서든 평단가 논리가 어느 정도 통할 수도 있습니다. 수익률은 하나하나 검증하기가 너무 힘들구요. 그래서 편의상 평단가 논리와 수익률 논리로 이분법적으로 돌아가지만, 결국 본질은 생산성에 기반한 수익률이에요. 예컨대 1층에 있어도 될 업종이 2층에 있다면 좋은 지표고, 고층에 있어도 될 업종이 1층에 있다면 엘리베이터 설치를 재고해 봐야 합니다. 위층의 생산성이 약하단 거니까요. 엘리베이터는 물과 같은 유동 인구의 흐름을 끌어올리는 물펌프 같은 것인데, 유동인구와 상권이 없는 곳에 설치해 무엇하겠습니까.

자, 그럼 여기서 처음 이야기로 다시 돌아가서 엘리베이터를 설치해도 되는 건물의 기준을 하나 알려드리지요. 그건 바로 엘리베이터가 없어도 고층에 임대문의가 오는가입니다. 역설적이지요. 제가 오랜 기간 임대업 을 하며 경험해보니, 정말 좋은 입지는 철거는커녕 지금 세입자가 있어도 임대 문의가 와요. 이 대기열의 유무를 파악하는게 중요하지요.

하지만 엘리베이터가 없는데도 임대 문의가 온다는 건 이걸 굳이 설치 해야 하는가를 다시금 고민하게 만들지요. 도돌이표가 됩니다. 정답은 본 인의 상황에 따라 다릅니다. 비슷한 크기의 건물이라도 도마뱀님의 경우 엔 노령의 시장 상권이라 설치한거고, 저는 홍대의 젊은이들의 상권이라 설치하지 않은 것 처럼요. 요약하자면, 일반적으론 엘리베이터가 없이 조 금 더 저렴하게 임대를 놓고 공실률을 낮출 수 있는 건물이라면 굳이 엘리 베이터를 설치할 필요가 없단 겁니다.

마지막으로 제일 중요한 점을 가르쳐드리지요. 모든 재화는 기대감이 있을 때 가장 비싸답니다. 건물은 환매성이 정말 중요한데, 완성된 상품 을 파는 것은 너무 완벽한 계산이 부대 되니까 외려 나에게 불리할 수도 있어요. 그러니 다음 사람에게 팔 때 엘리베이터 설치가 가능한 건물이니 공사를 하라고 해야 매수자가 미래에 대한 희망을 가지고 매수하지 않겠 습니까. 여행은 떠나기 전이 가장 즐겁고, 개는 짖는 소리가 가장 무서우 며, 이성은 뒷모습이 가장 아름답지요. 하하하. 그는 웃으며 마저 발걸음 을 옮긴다.

건물에서 보는 뷰와
시장을 바라보는 뷰

희망을 판다라. 그의 말을 들으며 생각에 잠겨 아래를 보고 걷다 보니 어느샌가 웬 잔디밭을 밟고 있다. 연남동이다. 독특하군요. 이런 게 도심 안에 있다니. 언제부터 이런 게 생겼는가 묻는 도마뱀의 질문에 그는 손가락을 하나씩 꼽으며 햇수를 세어본다. 2015년쯤 정비가 완료되었었지요. 옛날이야기지만 2010년 정도에는 연남동 주 동선의 단독 주택은 10억 원 대도 있었습니다. 안쪽의 미로 길은 더 저렴했고요. 지금은 그때 단가 기준으로 적어도 서너 배는 뛰었지요. 금리가 낮아진 영향이나 시간에 따른 물가 상승분을 제하더라도, 충분히 실질적인 이득이 되는 상승률입니다.

이 잔디밭이 생기기 이전까지만 해도 사람들이 여길 왜 사느냐고들 했어요. 하지만 저는 개인적으론 확신이 있었습니다. 도시계획과 조감도를 보니 여기다 싶었지요. 점점 더 특색있는 곳을 찾아가게 되도록 가치관이 변하고 있는 와중에 그 수요를 충족시켜줄 수 있는 곳이 드물었습니다. 앞으로도 서울 내에 이만한 녹지를 공급할만한 곳이 달리 몇 군데나 있을까요. 아까 말한 독점성이 여기서도 드러납니다. 제가 좋아하는 주제지요. 갈수록 내수만으론 안되고 외지 사람들이 찾아와야만 하거든요. 도마뱀님은 이런 풍경이나 특색이 있는 곳이라면 어떤 곳을 보셨습니까. 도마뱀은 들러본 곳을 떠올리며 하나씩 읊는다. 수원 광교의 호수 공원, 송파의 석촌호수, 대구의 수성못, 울산의 태화강, 부산의 광안리, 송정 정도가 기억납니다. 강북의 북촌, 인사동, 속초와 강릉의 경치 좋은 곳들도 있지요.

그는 고개를 끄덕인다. 맞습니다. 말씀하신 곳은 모두 좋은 곳이지요. 뷰에서 중요한 것은 동선이 직선인가 원형인가, 지대는 높은가, 풍경이 자연물인가 인공물인가, 도심에 있는가 교외에 있는가 같은 여러 가지 기준들로 나눌 수 있지요. 동선부터 살펴볼까요. 강이나 바다는 직선, 호수는 원형이지요. 직선은 사람들을 컨베이어 벨트처럼 옮겨주는 게 장점이고, 원형은 사람들의 동선을 가둬두는 효과가 있어요. 단점이라면 자연물은 한쪽을 막아버릴 공산이 큽니다. 인공물인 경우는 도시의 야경이나 어떤 특색있는 거리인데 다소 패턴이 뻔할 수 있지요. 그리고 상하이의 동방명주도, 싱가포르의 마리나 베이 샌즈도 그 건물보다는 거길 바라보는 곳이 더 좋다는 걸 잊지마세요. 어떤 랜드마크의 바로 옆은 오히려 좋지 않을 수 있습니다. 또 주로 고층이나 고지대에 있거나, 따로 찾아가야 하는지라 접근성이 떨어지는 경우도 있구요. 뷰라는 건 외지인들이 와서 소비를 해줘야 하기에 주말 상권이 되거나 유행에 따라 뜨고 질 가능성이 크단 것도 염두에 둬야 합니다.

그는 이야기를 잠시 멈추고 철길 건너편으로 저벅저벅 걸어간 뒤 돌아보며 설명을 이어간다. 그나마 이 철길은 이렇게 평지에 건너편으로 건너갈 수 있지요. 이건 아주 중요한 요소입니다. 차도에서도 무단횡단이 가능하냐가 중요하듯이요. 제가 가장 주안점을 뒀던 게 바로 지금껏 말했던 뷰와 이 동선의 개통입니다. 개인적으로 연남동을 좋아하는 이유 중 하나가 여기 있는데, 외지로 바다를 매일 보러 가지는 않지만 이런 잔디밭은 일상적으로 소비할 수 있는 소소한 요소이기 때문에 크게 질리지가 않지요.

도심 안에서 외지인들이 와주는 것과, 도심 밖으로 가야하는 것은 천차만별이에요. 여기는 홍대입구역에서 얼마나 가깝습니까. 젊은이들이 줄고 대학의 힘이 약화된다지만, 적어도 홍대는 존속할 수 있는 대학교고, 외국인들이 공항철도를 통해 꾸준히 와주지요. 이건 토착성이 있다는 거에요. 제가 중요시하는 요소지요. 그래서 저는 외곽지의 큰 카페 같은 것들에 대해서 아주 부정적입니다. 너무 내수 의존적이고 땅을 싸게 사서 처음 개발한 사람들이나 이득을 보는 구조지, 개발 완성품을 단순히 사서 보유하는 입장에선 굉장히 위험합니다. 뿐만 아니라 후발주자들에게도 매우 불리한 조건이 만들어지지요. 첫번째 개발 성공 이후 오른 평단가대로 거래가 된다면 주변 땅값이 들썩입니다. 이렇게 오른 땅값에 불구하고 다음 개발이 이뤄진다면 이는 성공하기 매우 힘들고, 성공한다 한들 또한 한정된 수요를 나눠먹게 될 가능성이 커지는 데다가, 경관은 난개발 때문에 점차로 훼손되거나 그 신선함이 떨어질 가능성이 큽니다.

그리고 이들은 결국에는 단기간 내에 매도를 원하지요. 그들 스스로가 그 땅의 한계를 잘 안다는 방증입니다. 보통 그런 외곽지의 카페는 임차인 의존성이 강하거든요. 저도 최근 외곽지의 대형 카페 같은 매물을 많이 받아봤었지만, 이런 이유들 때문에 사지 않았었어요. 그런 위험성이 있다면 수익률이 더 높아야 하지만, 제가 생각하는 가치 책정과는 그다지 맞지 않았어요. 저는 서울 사람이다 보니 어쨌든 서울 시내 안이어야 한다는 원칙으로 접근했습니다. 제가 홍대에 있으니 홍대만 이야기하는 것 같겠습니다만, 어디에나 이런 곳은 있을 거에요. 어디나 다 장단이 있겠지요. 누군가는 연남동이 객단가가 낮고 야간 상권이 없단 걸 단점으로 꼽기도 하니까요. 누구나 자기 자산에 편향성을 가지는건 당연하다고 생각하고 들어주십시오.

애초에 저는 잘 모르는 지역에 무리하게 들어가는 걸 싫어합니다. 다들 강남 이야기를 하지만 제게 있어 강남은 심리적 거리감이 너무 멀어요. 그건 강남사람들이 홍대를 볼 때도 마찬가지일 겁니다. 무엇보다 여기랑 거기는 문화적으로 종이 다르다구요. 그래서 저는 잘 아는 지역인 여기 홍대에 가급적 가액이 낮은 걸로 분산투자를 해뒀지요. 버티기도 쉽고 나중에 매도하기도 쉽고. 건물은 사고파는 게 참 어려운 일이란 걸 잊으시면 안됩니다. 특히나 큰 가액대는 더욱 그렇지요. 아파트에서의 미덕이 상대적으로 가액이 작고 규격화 되어있어 환매가 용이하다는 점인데, 상가에서도 동일합니다. 상업용 부동산은 필수재가 아니기에 무난하고 가액이 작은, 누구나 알 법한 지역의 건물을 사는 게 환매에 좋습니다.

당시에 함께 투자했던 친구들의 의견은 분분했어요. 홍대 상권은 너무 넓어 이리저리 튀는 성질이 강하고 소비자층의 취향상 낮은 가액대가 아기자기하게 몰린 곳을 선호한다. 하지만 너무 멀리는 갈수 없으니 결국 전통의 입지 근처로 올거다. 그렇다면 그 곳이 어디냐. 누군가는 신촌 쪽에 가까워야 한다고 그쪽으로 갔고, 저는 자고로 길은 반듯해야 한다고 지금 가장 상권이 좋은 미로길 쪽의 반대편을 택했습니다. 또 다른 친구는 미로길 근처의 단독주택을 샀었지요. 몇 억이 전부였던 그 친구에겐 선택지가 거기 밖에 없었을 거에요. 정 안되면 자기가 직접 살면 된다면서. 원래도 그 동네 주민이었거든요.

그런데 결과적으로 그 친구 건물 가격 상승 폭이 가장 컸으니 그 친구가 가장 성공했군요. 이처럼 앞날은 모르는 겁니다. 그 친구는 건폐율이 뭔지 용적률이 뭔지도 몰라요. 공부 같은 게 쓸모가 있는가 생각이 들더군요. 하하. 이제는 여기도 시세가 어느 정도 답보상태입니다. 변수가 없어졌으니까요. 남들이 다 아는 곳에선 별다른 변수가 없지요. 결국, 차익을 위해선 남들이 예상치 못하는 변수가 생성될 수 있는 곳이 중요합니다. 아니면 아예 한참 옛날부터 진입해두던가요. 결국 상권은 돌고 돌고, 이런 개발에 대한 변수는 아주 느리게 진행되는데 사람들이 그 시간을 못 견디거든요. 예컨대 국가철도망계획 같은 것만 봐도 5년마다 한 번씩 발표합니다. 이런 계획이 입안되고 삽을 뜨기 시작해도 사실 사람들이 체감을 잘 못해요. 눈에 보이는 시점이 되어서야 달려들지요. 건물이 지어질 때는 별 관심이 없다가 건물의 태가 드러날 때서야 임차문의가 오기 시작하는 것과 비슷합니다.

그래서 상상력이 중요해요. 단순히 철도길을 잔디밭으로만 만들었다고 좋아지는 건 아니지요. 사람들은 개발이 죄다 호재라고들 하는데, 어떻게 영향을 미칠지는 전부 다 다릅니다. 여기만 해도 보시다시피 경의선 숲길 밑쪽으로 내려갈수록 상권이 약화 되잖아요. 또, 흔히들 대형 개발이 되면 주변이 좋아질 거라 생각하는데 대형 상업 시설이 들어서는 경우 외려 사람들이 흡수되어 밖으로 도로 나오질 않아요. 요즘 아파트는 커뮤니티 센터에 사람을 가둬버리구요. 하지만 연남동 잔디밭은 사람들을 가둬버리는 시설이 아니란 게 주효했습니다. 이런 변수는 여러 가지를 종합해서 보는 겁니다.

뭐, 제가 하는 말이 꼭 정답이겠습니까. 사실 지금까지 말한 건 전부 후행적인 분석이고 결과론적인 이야기입니다. 나는 미시적일수록 상권분석을 믿지 않아요. 누가 10년 뒤를, 사람을 예측할 수 있겠습니까. 홍익대 앞쪽의 상가들을 보면 고층이 많이 비어있는 걸 보실 수 있을 겁니다. 원래는 미술학원들이 많았어요. 이들이 쇠락한 이유가 홍익대 입시에서 실기의 비중을 낮췄기 때문이지요. 이런 변수는 예측할 수가 없습니다. 그렇기에 거시적으로 판단하고 가만히 뿌리내려 버티는 겁니다

건물을 산다는 건 보통 한 사람에게 있어서 인생의 결단이에요. 생각해 보세요. 보통 건물은 한 번 살 때 자기가 살 수 있는 가장 좋은 것을 사려하고, 그건 아주 비쌉니다. 보통 두 개를 연달아 매입하기란 어려운 일이지요. 말인즉, 하나를 선택하는 순간 다른 걸 살 기회비용 또한 지불된다는 의미에요. 다음에 어떤 매물이 나올지 모르는데도 불구하고, 내가 이 큰 돈을 여기에 묶어두겠다. 이렇게 중대한 결단이다 보니 내가 고민했던 부분은 다음에 내가 팔 때도 매수자가 똑같이 고민 할거에요. 여기서 다음 사람도 나처럼 일생일대의 결단을 내릴 거고, 그때 내 눈에 좋아 보였던 게 남의 눈에도 좋아 보일 겁니다. 내가 봤던 단점도 그대로 볼 것이고요. 그래서 좋은 걸 비싸더라도 바가지 쓰고 사는거에요. 이 좋은 거라는 것은 둘 중 하나입니다. 내가 살 수 있는 한에서 가장 좋은 것, 또는 그 동네에서 가장 좋은 것. 장사도 권리금 주고서라도 좋은 데서 해야 하는 것과 똑같습니다. 부동산은 원래 항상 비싸요. 하지만 그 당시엔 비싸다고 생각했

어도 시간이 지나면 상급지와 하급지는 명확한 차이를 보입니다. 예전에
도 그랬고 앞으로도 그럴 거예요. 이 긴 시간을 버티는 힘은 어쩌면 믿음
에 불과할지도 모르는 자기 확신에서 나오지요. 성공은 우연입니다. 계산
이 서는 것이라면 남들도 계산 안 했을 리 없어요. 마지막 순간에서는 내
가 어찌할 수 없는, 어쩌면 눈치도 못 챘던 아주 자그만 변수가 모든 것을
뒤엎어버리지요. 무협으로 비유하자면, 고수들의 대결일수록 운으로 승부
가 결정되듯 말입니다. 결국 단순하게 생각하는 게 정답이란 걸 오랜 시간
끝에 깨달았지요. 부동산 고수는 다른 것 없습니다. 돈과 시간과 인내심.
내가 살 수 있는 한의 최선을 내 여력 안에서. 경구는 단순합니다만 참 어
렵습니다.

이야기를 들으며 연남동의 끝에서 끝으로 돌아나오는 길에 그는 손으로 어떤 건물을 가리킨다. 마침 연남동에 오셨으니, 저 건물을 한 번 보세요. 저게 바로 애경그룹의 건물이랍니다. 도마뱀님이 건물을 그 자체를 보러 오셨다니 생각나서 말씀드리는 겁니다. 겉보기로야 특이한 점을 모를 수밖에 없지요. 이게 바로 철도공단으로부터 50년간 사용할 수 있도록 토지만 빌려 지은 건물이에요. 타인 소유의 토지에 건물을 지을 수 있는 권리, 즉 지상권(地上權)이지요. 건물과 토지의 소유권이 다를 수 있다는 예시입니다. 듣자 하니 2068년까지 쓸 수 있다는군요. 석촌호수의 롯데월드도 송파구에 매달 7억 원의 점용료를 내지요. 여의도 IFC도 토지는 국가의 소유인 것으로 압니다.

지상권 말고도 토지와 건물이 별개라는 점에 대해 예시를 하나 더 들어볼까요. 특정 구역이 아닌 단일 건물에 적용되는 규제로, 등록문화재제도가 있습니다. 건축물 자체의 문화와 역사에 가치를 부여해서 보존하란 건데, 지정되는 순간 건물의 소유주조차 해당 건물을 철거하거나 리모델링을 함부로 할 수 없게 만드는 강력한 규제지요. 그러다보니 심의 예고가 뜨는 순간 바로 철거 해버리는 경우도 있어요. 아직 등록되기 전이라면 문제가 없으니까. 서울 사람들은 중구의 스카라 극장을 기억할 거예요. 지금은 신축 건물이 들어섰는데, 이게 지정된다는 예고를 받아서 헐어버리고 신축을 한겁니다. 어쩔 수 없지요. 저라도 그런 제약을 대뜸 들이밀면 달리 선택의 여지가 없었을겁니다.

여기까지의 예시들은 토지와 건물을 분리해서 생각하시란 의미에서 말씀드리는 겁니다. 잊지 마세요. 우리는 토지 위에 건물이라는 플랫폼 사업을 하고 있는 겁니다. 부가가치를 만들어내고 임차인이라는 고객을 유치하는 것이지요. 임대업도 서비스업이라구요.

오르락 내리락
지하와 옥상의 변수

그렇다면 어떻게 해야 이 부가가치를 올릴 수 있을까요. 신축이나 리모
델링이 가장 흔한 방법이긴 하지요. 도마뱀님이 보시기에 리모델링의 요
소는 무엇입니까. 도마뱀은 즉답한다. 증축과 멸실, 계단의 재배치, 엘리
베이터의 설치, 설비의 개선, 외장의 변경이지요. 그는 맞장구를 치며 한

가지만 더 답해보라 한다. 쉽게 떠올리지 못하는 도마뱀에게 그는 건물을
물리적으로만 보기 때문이라며 답을 알려준다. 바로 용도변경입니다. 건
축물에는 용도가 있는데 이것을 바꾸는 거지요. 여기, 홍대 같은 경우엔
다가구나 단독 주택을 상가로 만든 게 많아 참고할만한 게 많습니다. 이걸
설명하기 전에 우선 계단을 통해 건물을 한 번 오르내려 보지요. 용도변경
을 설명하는 데에 계단이 필수적이거든요.

이어 딱따구리씨는 주변 한 건물의 꼭대기 층으로 가보자며 도마뱀을
데리고 간다. 따라가 보니 꼭대기 층에 웬 카페가 있다. 그는 커피를 한 잔
시키며 옥상으로 먼저 올라 가보라 권한다. 꼭대기 층의 테라스로 나가보
니 나중에 덧댄듯한 계단이 하나 있고, 그 위로 올라가 보니 옥상 공간에
테이블과 좌석들이 놓여있다. 도마뱀을 뒤따라 커피를 들고 올라온 딱따
구리씨는 자리를 잡고 앉으며 말을 잇는다. 보통 카페들은 1층에 있습니
다만, 여긴 4층이지만 카페가 들어와 있지요. 옥상을 루프탑으로 사용하
기 위해서입니다.

원래는 관광특구에서만 허용되던 루프탑이 일반 도심에서도 허용된지
얼마 되지 않았지요. 그러다보니 아직까지도 명확한 기준이 정비되지 않

아 혼란이 많아요. 지방자치단체별로 규정이 아주 다르지요. 인허가는 구청의 식품위생과가 담당합니다. 기본적인 것 몇 가지만 말씀드리자면, 방수층 훼손 되는게 가장 문제시 되니 필히 점검하세요. 그리고 안전을 위해 화재 때문에 불을 쓰는 설비들은 모두 금지입니다. 조리는 영업장에서 따로 해야 하지요. 그리고 건물 내의 영업장과 직접 연결되어 있어야 한다는 게 중요한데, 보통 아래층의 임대면적에서 옥상으로의 내부계단이나 외부로 계단을 만들어 직접 연결되도록 합니다. 우리가 지금 올라왔듯이 말이죠. 추락 방지를 위한 난간에 대한 규정도 있고, 루프탑의 면적은 연결된 업장의 면적을 초과할 수 없지요. 그래서 작게나마 옥상에 추가적인 증축을 하거나 간혹 이제 쓰지 않는 물탱크실을 임대 면적으로 구청의 허가를 받아 바꾸어 쓰기도 합니다.

이렇게 루프탑 같이 건물의 남는 공간을 활용하는 것은 건물 외부에서도 가능합니다. 노점 같은 것에서부터 자판기, ATM에 이르기까지, 주차장이나 조경용 면적이 아닌 곳이라면 빈 공간을 활용 가능하지요. 다만 기존의 전용 면적 외의 부분에 대해 편법적 사용을 허락할 때엔 반드시 그 범위와 책임을 계약서에 명확히 써야 합니다. 불법 건축물로 등재되거나 건물에 손상을 입힌다면 곤란하니까요. 벽체와 천장, 설비나 특정 용도로 지정된 바닥 면적이 불법건축물의 기준이 되니 주의하세요. 간혹 주차구획을 영업용으로 쓰는 경우도 있는데, 이 때 치울 수 있는 기물들로만 구성하고 단속이 나오면 재빨리 치웠다가 다시 설치해서 영업하곤 합니다. 홍대에는 그런 곳이 많지요.

루프탑이 유행을 탄 건 아마 SNS를 통한 과시 문화와 코로나 때문에 내수 상권이 진작되었기 때문일 텐데, 사람들이 한 가지를 간과하고 있어요. 코로나 사태 때문에 잠시간 잠잠해졌지만, 미세먼지 이슈는 만성적이었단 겁니다. 사람들이 다시금 해외로 나가고 황사나 미세먼지 뉴스가 다시금 보도될 무렵이 오면 소비자의 외면을 받을 가능성이 있습니다. 게다가 계절도 타고, 기물들을 외부에 놓기 때문에 관리가 힘든 것도 문제인데다 사람들이 한 번쯤 와서 사진만 찍고 갈 뿐 여러 번 오진 않을 곳이 많이 생겼어요. 이런 루프탑이 지속될 만한 장소와 구조는 생각보다 드물어요. 그냥 제일 윗 층에서의 뷰가 나오는 것과 루프탑이 반드시 필요한 건 미묘한 차이가 있으니 잘 파악하셔야 합니다. 예컨대 명동을 다녀오셨을 때 보셨다던 몰토 같은 경우엔 일시적인 유행으로 끝나진 않겠지요. 이태원 해방촌 쪽으로도 한 번 가보시면 오랜 기간 지속되고 있는걸 보실 수 있을 겁니다. 임대인들에겐 항상 지속성이 중요하다는 것을 잊지 마세요.

뭐, 꼭 상업적인 목적이 아니더라도 요즘은 서비스 면적을 원하는 수요가 많으니 테라스나 옥상 공간 같이 건물 내의 유휴공간에 대한 부분은 항상 신경 써야 해요. 특히나 사옥이나 사무실들은 이런 부분들을 중요시 여기지요. 요즘은 옥상을 전용으로 쓰게 할 것이냐 모두가 쓰게 할 것이냐로 임대료가 조정되기도 하니까요. 이렇게 옥상에 루프탑이든 서비스면적이든 무엇이건 만들려면 보통 집진기, 덕트, 물탱크 같은 설비 관련 기물은

보이지 않는 게 좋아요. 최근 건축법 개정으로 일부 실외기 공간은 용적률에서 제외해주는 조항도 생겼으니 활용한다면 옥상을 깔끔하게 관리하는 데 도움이 되지요. 동선이나 미관에 안 좋은건 최대한 깔끔하게 정비해두세요.

방금 옥상엔 가급적 설비가 없다면 좋다고 했지만 예외가 있지요. 중계기입니다. 이건 직접적으로 임대료가 나오는 거니까요. 물탱크실 위나 계단실 위에 설치되면 걸리적거리지 않고 제일 좋습니다. 저쪽 건물의 꼭대기를 보시면 중계기들이 설치된 게 보일 겁니다. 20년쯤 전 옛날에는 한 개 층을 통째로 기지국으로 쓰는 경우도 있었는데, 기술의 발전이 대단합니다. 이게 소형화되면서 옥상으로 올라가게 된 것이지요. 전기세는 통신사가 옥상에 계량기를 달아 별도로 부담합니다. 지금 우리가 보고 있는건 4G와 5G 중계기입니다. 2G나 3G 중계기들은 더 넓은 범위를 관할하기에 높은 건물에 일부 남아있고, 아무래도 구세대 장비다 보니 마찬가지로 무겁고 옥상공간을 크게 차지합니다. 이것들은 점차 철수를 할 거에요. 그러니 구세대 중계기일수록 수익률에서 어느 정도 배제 하시는 게 좋습니다.

이 중계기의 설치 현황은 전파누리라는 사이트*에서 조회해볼 수 있어요. 설치를 원한다면 각 지역 통신사의 통신사업부에 문의를 해보시면 됩니다만, 보통은 필요한 측에서 먼저 연락이 옵니다. 몇 년 전만 해도 5층에서 9층 정도 되는 건물에 설치되는 게 과반이었지만, 요즘 보급된 5G는 전파가 닿는 범위가 작다 보니 낮은 건물에 더 촘촘히 설치되고 있습니다. 덕분에 힘든 건물주들에게 가뭄의 단비가 되어주지요.

이 건물에는 중계기들이 얼기설기 모여있고, 저쪽 너머에 보이는 건물에는 한 구조물에 중계기들이 다닥다닥 붙어있는 게 보이실 겁니다. 통신 3사

*　http://spectrummap.kr

가 모여서 거치대를 세우고 거기에 중계기들을 설치한 거에요. 깔끔하기로는 단연 거치대가 있는 쪽이겠지만 무게 문제가 있지요. 5G 중계기 한 개에 25kg, 4G는 그 두 배 정도 됩니다. 5G와 4G를 설치한다면 한 점에 집중되는 무게가 상당할 거에요. 설치 시 벽체나 바닥의 균열이 생길 수 있으니 옥상 방수에 특히 유의해야 하고, 장비에 문제가 생기거나 점검이 필요할 때마다 직원들이 들락날락해야 하니 옥상이 항시 개방되어있어야 합니다.

가장 중요한 임대료에 대해서라면, 아쉽지만 딱 집어 말하기는 힘듭니다. 통신량과 품질문제, 그리고 후보지의 통신량 수요에 의해 가격이 결정되는 거라서요. 일단 제가 개략적으로 알아본 바로는 대당 기준으로 연간 200만 원에서부터 500만 원까지 다소 천차만별입니다. 계약 기준들이 다들 달라 자기 건물의 중계기가 무슨 기준으로 얼마를 내는지 본인들도 잘 모르는 경우가 많습니다. 이 기준은 보통 중계기의 대수 또는 면적이지요. 면적보다는 대수로 계약하는 게 좋긴 합니다. 면적을 할당해주면 몇 대가 추가되던 같은 임대료를 낼테니까요.

여기서 제가 개인적으로 추천하는 방식은 방금 말한 요소인 무게입니다. 갈수록 통신 3사가 모여서 거치대를 만들어 중계기를 설치하는 방식으로 바뀌고 있거든요. 신형 중계기일수록 범위가 작아지기 때문에, 기존의 거치대에 계속해서 붙일 거고, 이건 면적은 동일하지만 무게가 점점 늘어난다는 이야기니까요. 물론 다음 세대의 통신망 중계기가 나오려면 한참 걸리겠고, 갈수록 가벼워지겠지만, 계약이라는 게 한 번 하면 돌이키기 참 어렵다는걸 명심하시고 최대한 모든 경우의 수를 다 반영할 수 있도록 해야하지요.

다음으론 계약기간입니다. 가장 쏠림이 있는 구간은 6년 차에요. 그러니까 6년에서 10년 사이에 이전하겠다는 엄포인지 통보인지 모를 협상이 들어온다고 생각하시면 될 거 같습니다. 하지만 굳이 바로 응해줄 필요는 없어요. 임대료 몇십만 원을 깎기 위해 이전하진 않습니다. 실질적으로 옮기기가 굉장히 어렵기 때문입니다.

중계기 거치대까지 설치되어 있거나 재난안전망이 포함되어있다면 더욱 그렇구요. 장소를 물색하고, 철거하고 이전하는 비용과 그동안의 통신망 유지, 새로운 위치에서의 전기공사부터 옥상 방수공사까지 합하면 꽤나 큰 돈과 품이 드니까요. 동결해주지 않는다거나 조금 낮춘다고 해서 이전하는 것이라면 원래부터 이전할 계획이 있던 것일 가능성이 큽니다. 거치대 없이 개별 중계기로 임대를 놓은 경우엔 다른 후보지를 물색해서 통신 3사가 거치대를 설치해서 이동하고 있는 추세거든요. 그러니 주변 중계기 상황을 전파누리에서 점검해보고 협상에서 내가 유리할지 불리할지 잘 생각해보세요.

사실, 중계기는 처음에 잘 설치만 해두면 연락 한 번 안 오는 최고의 우량 임차인이지요. 그러다보니 임대료를 올리는 것조차 잊어버리는 경우가 많아요. 아까 봤던 거치대 같은 게 설치되었다면 무리가 가지 않는 선에서

야금야금 임대료를 올리는 걸 꼭 잊지 마세요. 3사가 함께 들어온 것이다 보니 함부로 옮기기가 아주 까다로울 테니까요.

그리고 사람들이 많이들 혼동하는 게 이겁니다. 그는 다른 한 켠의 중계기와 비슷하게 생긴 것을 가리키며 말한다. 이게 전파 수신기지요. 여기서 배선이 내려와 지하의 중계기에 연결됩니다. 지하에 통신이 원활하지 못한 음영 공간에 전파를 증폭시켜주지요. 임대료를 내주는 옥상 중계기와는 달리 이건 필요로 하는 측이 통신사에 신청해서 달고, 전기세도 필요한 쪽이 내기에 보통 건물의 관리비로 전가 시킵니다. 아, 말이 나온 김에 한 가지 짚고 넘어가지요. 건물을 살 때는 이렇게 층별로 부담해야 할 전기나 수도 계량기 등이 분쟁의 여지 없이 정확하게 나누어져 있는지 점검해봐야 합니다. 간혹 엉뚱한 사람에게 부과될 수가 있거든요. 그럼 이 수신기를 따라서 지하로 한 번 내려가 보지요. 사실, 지하에 대해서만 잘 알아둬도 나머지 층의 규제나 설비들은 이해하기가 쉬워집니다. 이 지하라는 게 건물에서 어려운 문제를 모조리 모아놓은 공간이라서요.

그는 옥상에서 내려가 공사 중인 지하층의 문을 연다. 지하에서 중점적으로 봐야 할 요소는 계단과 소방, 누수와 배수, 환기와 채광입니다. 이 중에서 소방과 계단은 뗄 수가 없어요. 필지에 도로법이 있다면, 건물에는 계단법, 그러니까 소방법이 있다고 생각하시면 됩니다. 흔히들 소방법과 계단법을 혼용해서 쓰는데, 소방 규정이 곧 계단에 관한 규정이기도 합니다. 생각해보세요. 불이 나면 엘리베이터는 위험하니까 계단으로 대피하지 않습니까. 정확한 명칭은 건축물의 피난 방화구조 등의 기준에 관한 규칙이지요. 하나하나 다 읽으실 수는 없으실 테니 간단하게 핵심만 요약하자면, 불이 났을 때 빠르게 진화가 가능해야 하며, 사람들이 건물의 어느 층에 있든 간에 걷는 것만으로 지상 또는 피난층에 최대한 빠르고 안전하게 도착할 수 있어야한다는 게 요지입니다.

이 계단에 대한 규제는 용도, 층수, 면적 세 가지를 기준 삼습니다. 우리가 직관적으로 인식하는 계단은 공용계단 또는 내부계단이지만, 계단의 건축법상 분류는 건물의 내부냐 외부냐에 따라서 옥내계단, 옥외계단. 소방법에서는 직통 계단, 피난계단, 특별피난계단, 옥외피난계단 네 가지로 분류됩니다.

스프링클러가 설치된 천장

간이 스프링클러

가끔 지나가다 보면 건물의 위층에 외부로 덕지덕지 붙어있는 피난 사다리나 계단들을 보셨을 겁니다. 이게 다 이 법령에 근거한 거에요. 계단 외에도 이런 규제들은 많습니다. 4층 이상에 한 개 층의 면적이 600제곱미터 이상이면 모든 층에 소화전도 설치해야 하고, 이 외에도 층수나 면적, 업종에 따라 옥상의 상시 개방 여부나 스프링클러 설치 여부 같은게 강제되지요.

지하는 이런 게 더욱 까다롭게 적용되는데, 지하에 들어오는 업종이 다중이용업소인 경우 특히 더 그렇습니다. 다중이용업소란 불특정 다수가 많이 출입하는 업종을 말하는데, 이런 업종은 관할 소방서에서 소방완비 증명이란걸 발급받아야 영업이 가능하거든요. 추가적인 피난계단이나 스프링클러 같은 각종 소방시설의 확보가 필요하지요.

예컨대, 저기 스프링클러가 천장에 있는게 보이시지요. 이게 간이 스프링클러지요. 웬만한 건물의 지하에는 다 있어야 합니다. 작은 사무실 같은

차수판 전열교환기

것만 준다면 상관없을진 몰라도 어떤 업종이 들어올지 모르니 건물주 입장에서는 최대한 상위호환성을 고려해야합니다. 규모가 있는 병원이나 학원 같은 경우엔 규정이 강화되어있으니 더욱 신경써야하구요. 특히 이런 안전에 대한 부분이나 장애인 관련 법령은 나중에 바뀐 법이라고 해도 현재의 건물에 맞추라고 소급 적용되는 게 많단 점을 유의해야 합니다. 그러니 항상 건물의 설비에 관련된 공간과 예산은 넉넉히 생각해두세요.

다음으론 누수와 배수입니다. 지하는 옥상과 더불어 건물주를 가장 괴롭히는 누수지점입니다. 내 건물의 지하가 주변보다 더 깊다거나 일대보다 지대가 낮다거나 지하층의 위에 주차장이 있는 경우 특히나 조심해야하지요. 비가 올 때 뿐만 아니라 건물이 땅에 묻혀있는 부분은 내외부의 온도차이 때문에 벽체에 결로현상이 생기기도 하고, 윗층에서 상수도나 소방배관 같은게 파손되는 경우에도 지하가 제일 먼저 문제가 될 수 있습니다. 물은 위에서 아래로 흐르니까요. 심지어 시에서 건물 외부에 매립해 설치한 상수도관이 파손되어 지하가 영향받는 경우도 있어요. 지하는 누수나 침수가 잦다 보니 제 주변에선 지하 있는 건물을 사지 않겠다는 사람들도 많습니다. 워낙 시달리다보니 물길이나 배수판을 신축할 때부터 넣는 경우도 있어요. 이렇게 가장자리를 따라 물길을 만들고 나서는 벽체를 세워야 하는데, 보통 조적이 좋습니다. 판넬은 방수가 된다고는 해도 시간이 오래 지나니 틀어지거나 곰팡이가 슬더군요. 이렇게 배수로를 통해 집수정에 모인 물은 악취나 습기의 원인이 되기도 하니 물펌프의 작동에 이상이 없는지를 자주 점검해야 합니다. 지하에 화장실이 있다면 더더욱 꼼꼼히 살펴봐야 하고요. 이 모든걸 다 해두면 실제 면적이 많이 좁아지는데, 그래도 어쩔 수 없어요. 비 올 때 발 뻗고 잘 수 있다는 게 건물을 관리할 때 정말 중요한 요소거든요.

붙였다 뗐다,
계단으로 하는 블럭 놀이

마지막으로는 채광과 환기입니다. 앞서 살펴봤듯 지하는 그 태생상 환기가 안되고 습할 수 밖에 없으니 환풍 시설 또한 필수지요. 보통 외부로 통하는 비상계단이 있을 텐데, 그쪽에 창문을 꼭 달아두는 게 좋아요. 이런 창문 쪽에는 전열교환기, 덕트, 에어컨 배관 같은 걸 뺄 공간도 미리 마련해둬야 합니다. 설비적인 부분은 건물주의 관리, 임차인의 활용, 내방객이 사용할 때의 입장을 모두 고려해야한다는 걸 잊지마세요. 지하의 이런 난점을 구조적으로 만회하는게 선큰 구조입니다. 1층을 반 칸 올리고, 그만큼 지하를 드러내는 방식인데, 채광과 환기 그리고 지하의 시인성과 접근성에 있어서 아주 큰 장점을 발휘하지요. 지하의 임대료를 올려받을 수도 있구요. 유동인구의 물꼬를 트는 거랍니다.

하지만, 만능은 아니에요. 노래방이나 문신 시술소, 위스키 바 같은 건 오히려 완전히 밀폐된 지하를 선호하지요. 거기다 이건 지하의 임대료가 오른 만큼 1층의 임대료를 희생시킨 겁니다. 보통 지하는 임대료가 저렴하단 점이 무기인데, 임대료가 올라가면 정작 임차인들이 꺼릴 수도 있습니다. 1층도 접근성이 애매해지지요. 이게 1층도, 2층도 아니게 되니까요. 단순 계산으로 1층과 지하의 임대료가 합산해보니 올라가는구나 하고 설계했다가, 수요가 없어 이도저도 되지 않는 경우가 종종 있어요. 그러니 수요를 잘 조사해봐야 합니다. 문제는 보통은 선큰구조가 많지 않고 있어도 통임대가 많다 보니 추정이 참 어렵단 거지만요.

기존 건물의 지하는 보통 임대가 잘 나가지 않기 때문에 개선하는게 참 어렵습니다. 기존 건물을 선큰 구조와 비슷하게 추후에 만드는 사례가 몇 있긴 합니다. 예컨대 이런 거지요. 1층 바닥을 크게 철거해서 계단을 새로 설치한 경우입니다. 외부 출입구 쪽으로 최대한 계단을 붙였기 때문에 채광이 확보되고 지나다니며 지하 업장 내부를 볼 수 있습니다. 외부에서 계단을 통해 오르내려야 하면 사람들은 잘 오지 않지만, 일단 한 번 내부로

지하와 1층 사이의 슬라브를 철거해
접근성과 채광을 확보한 모습

들어오면 그 안에서 계단을 쓰는 것엔 크게 거부감이 없거든요. 일반적으로 지하의 임대료가 훨씬 저렴하다는 점을 생각해보면, 함께 쓰라고 이렇게 터주는 것도 나쁘지 않아요. 단, 이렇게 넓은 공간을 주는 건 임차인 입장에서는 지하부터 일 층까지 두 배의 면적을 인테리어 해야 한다는 게 문제겠지요. 이렇게 아래층과 위층을 터주는 공사는 임차인의 필요에 따라 요구하면 시공하는 거지, 건물주가 미리 할 필요는 보통 없습니다.

또 다른 사례를 볼까요. 이번엔 지하입니다. 그는 한 건물의 지하로 내려가 계단을 손으로 통통 두드린다. 이게 다중이용업소가 지하에 들어온다고 해서 철판으로 새 비상계단을 만든거지요. 이것도 저 조그만 슬라브를 철거하는 게 엄연히 대수선이라 허가를 받고 해야 했습니다. 아까 전의 건 내부로의 계단이지만 이건 건물 외부로 통하는 겁니다. 보의 위치상 슬라브를 철거하고 지상 피난로를 확보할 수 있었기에 망정이지, 보통은 외부로

비상계단을 지하에 새로이 설치한 사례

출구를 낼 때는 필요한 규격대로 변경이 안
되는게 더 많아요. 그래서 지하가 까다롭다
는 거에요.

　이번엔 정말 독특한 경우를 보지요. 이건
기존 건물을 리모델링을 통해 일종의 선큰
구조로 만든 거지요. 아까 지하가 보통 1층
면적보다 크다고 했던 것 기억하실 겁니다.
지표면에서 1미터 이하에 있는 부분, 즉 지
하는 건폐율에서 제외되니까요. 원래는 지
하 비상계단을 지상에서 둘러싸는 외부 구
조물을 철거하고, 지하에서는 천장이자 1층
에서는 바닥인 부분을 철거해 채광과 환기,
시인성을 확보했지요. 이렇게 지하 공간이
개선되니 고급 위스키 바가 들어왔어요.

다음은 이렇게까지 공사를 하지 않고도 활용하는 방법을 한 번 보지요. 고려대쪽의 3층짜리 건물입니다. 이런 작은 건물은 엘리베이터가 없이 위로 가는 수단은 공용부의 계단만 있는 게 보통입니다. 이 건물의 경우엔 커피빈이 2,3층을 통째로 임대하는 경우라 공용부는 사실상 커피빈의 전용공간이지요. 그래서 공용부까지 모두 매장 컨셉에 맞게 인테리어 한 예시입니다. 갈수록 고층 임대가 힘들어지는 임대시장에서 이렇게 여러 층을 써주는 임차인이 있다면 아주 좋지요. 건물 전체를 쓰면 더할 나위 없구요.

아까전에 슬라브를 제거해서 내부에 계단을 설치해 각 층을 연결하는 경우를 봤는데, 이번엔 한 층 내에서 새로이 층을 만들어 계단으로 연결한 것을 보지요. 이걸 복층이라고 합니다. 한 개 층으로 인정되려면 바닥면에서 천정까지의 길이가 일정 이상을 넘지 않으면 되지요. 요즘 신축은 층고를 높이 만드는 경향이 있어 상황에 따라 유용하게 사용할 수 있을 겁니다. 층고도 너무 높다면 두 개 층으로 인정된다는 점을 잊지 마세요.

마지막으론 건물 전체 면적이 200제곱미터가 안 되는데 내부 계단을 만든 경우입니다. 계단을 새로 설치할 때에는 기둥, 층고, 보, 전체 길이에 있어 제약이 큰데, 이 경우엔 계단에 대한 규제들이 상대적으로 완화되지요. 작은 건물의 리모델링의 경우엔 특히 유의해서 봐야 할 조항입니다.

이렇게 계단을 자세히 봐야 하는 이유는 크게 세 가지가 있습니다. 첫째로는 엘리베이터의 설치를 위해서, 둘째로는 법적 허가와 공간 효율성을 위해서, 세 번째는 바로 용도변경 때문이지요. 자, 이제사 건축물의 용도란 것을 설명하게 되는군요. 모든 건축물에는 용도가 서류상으로 정해져 있고 이걸 변경하는 것을 용도변경이라고 합니다. 그리고 이 용도변경의 핵심이 계단이지요. 지금껏 소방법과 계단을 계속해서 강조했던 게 이걸 설명하기 위해서였습니다. 저쪽으로 가보지요.

건물은 하드웨어,
용도는 소프트웨어

지금까지는 계단을 새로이 추가하거나 기존의 계단을 활용하는 방법을 봤는데, 이번엔 지하에서 지상으로 올라오는 계단을 막아버리는 경우입니다. 이 건물의 지하 1층은 상가. 1층의 반은 상가고 나머지 지상층은 모두 주택이지요. 그런데 새로운 임차인이 오면서 건물 전체를 카페로 활용하겠다고 했습니다. 즉, 건물의 용도를 주거에서 상업시설로 바꾸겠다는 겁니다.

이렇게 용도를 변경을 할 때는 그에 맞게 각종 규제를 따라야 하는데, 이런 부분들은 나중에 해결하기가 쉽지 않아요. 아까 같은 상업용 공간에서도 소방완비증명이 필요한 업종이 있고 그렇지 않은 업종이 있었지요. 그 때문에 계단을 설치해야 했구요. 같은 용도 내에서도 이렇게 힘든데, 이건 주거용을 상업용으로 바꾸는 거라 더욱 어렵습니다. 장기 이식의 거부반응 같은 거지요.

이 경우엔 주거용 공간을 모두 상업용으로 바꾸게 되면 스프링클러와 각종 소방설비를 설치해야만 했어요. 배보다 배꼽이 더 커지는 상황이었죠. 어찌할까 궁리하다 쓰지 않는 지하를 폐쇄해서 아예 공부상에서 삭제해버렸어요. 이렇게 하면 총 면적이 줄어드니까요. 특이한 사례지요. 보통 이렇게까지는 하지 않거든요. 어떤 경우엔 콘크리트를 갖다 부어서 멸실하라고도 하는데 차폐만 하는 걸로 넘어 가준 것도 관대한거에요. 이건 인허가권자의 재량이지요.

뿐만 아니라 정화조 용량도 중요합니다. 그는 건물의 한 구석으로 걸어가 맨홀 뚜껑을 발로 밟으며 말한다. 이 밑에 정화조가 있습니다. 눈에 보이지 않으니 간과하는 경우가 많은데, 건물을 볼 때 정말 중요하게 봐야할 부분입니다. 건물의 하수처리는 정화조에 달려있어요. 1년에 적어도 한번은 청소를 해줘야 합니다. 이건 의무사항이라 하지 않으면 과태료가 부과됩니다. 이게 없다면 건물의 하수관이 시의 하수관에 직결되어 있는거구요. 상수도가 시의 상수관에서 물탱크 없이도 직접 건물로 연결되는 것

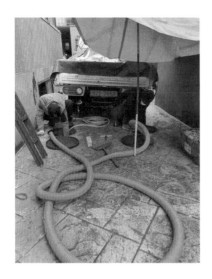

처럼 말이죠. 이런 경우엔 면적이나 업종에 따라 하수도원인자부담금이란 게 나오는데, 주거용과 상업용의 기준과 요율이 달라요. 상업용 내에서도 업종에 따라서 다르구요.

이렇게 배수량으로 계산하면 그저 요율이 늘어나고 줄어들 뿐이지만, 정화조가 있다면 용도변경이나 새로운 업종을 받을 때 정화조의 용량을 기준으로 그 입점 가능 여부가 판가름됩니다. 아무 업종이나 받겠다고 계약했다가 나중에서야 문제가 되는 걸 깨닫는 경우가 종종 있습니다. 교체할 수는 있지만 큰 공사지요. 그래서, 신축이나 리모델링시 정화조는 교체할 수 있다면 최대한 큰 걸로 교체해두는 게 좋아요. 이처럼 용도 하나에 따라 수많은 게 바뀌지요.

홍대는 원래 주거용이던 걸 개조한 건물이 많다 보니 이런 용도변경에 대해 알아보기 좋습니다. 옛날에 이런 주택들을 지었을 때만 해도 이게 이렇게 상가로서 활용 될 거란 생각은 못 했을 겁니다. 건물이라는 건 지어지면 몇십 년 동안 그 구조 자체가 크게 변하질 않기에 빠른 사회의 변화에 대응하기 어려워요. 그러니 기존의 건물에서 어떻게 용도가 변경 될 수 있는가는 건물의 가치를 평가하는 데 있어 정말 큰 부분을 차지합니다. 다

가구나 단독 주택을 상가로 리모델링을 할 때 특히 그렇지요. 계단의 추가 설치가 필요한 경우만 해도 건축면적에서 어떻게 제외되고 산입되는 지 알아두면 최소한의 공사만으로도 건물을 재탄생시킬 수 있어요.

반면 이런 용도변경이 불가능하거나 기존의 건물에 법령의 개정으로 제약이 가해진다면 그 가치가 떨어집니다. 예컨대 최근 15평 이상 카페나 음식점에도 장애인용 경사로를 설치하라는 법안이 통과되었습니다. 기존의 기준보다 더 작은 병의원에도 적용되도록 바뀌었지요. 이건 증축이나, 용도변경만 해도 적용되도록 아주 강력하게 규제합니다. 그 때문에 여기 홍대처럼 단독이나 다가구주택을 용도 변경해서 식당이나 카페로 쓰려던 경우는 아주 곤란해졌지요.

자, 그럼 이제 이 용도라는 것에 대해서 정리를 해볼까요. 일반적으로 우리가 보는 상업용 건물의 용도는 근린생활시설로 되어있습니다. 이 근린생활시설이라는 것은 뭔가의 원형이라고 표현할 수 있지요. 근린생활시설에는 1종과 2종이 있는데, 1종 근린생활시설은 더 우리에게 생활에 밀접하고 친숙한 것이고, 2종 근린생활시설은 그보다는 조금 더 상업시설적

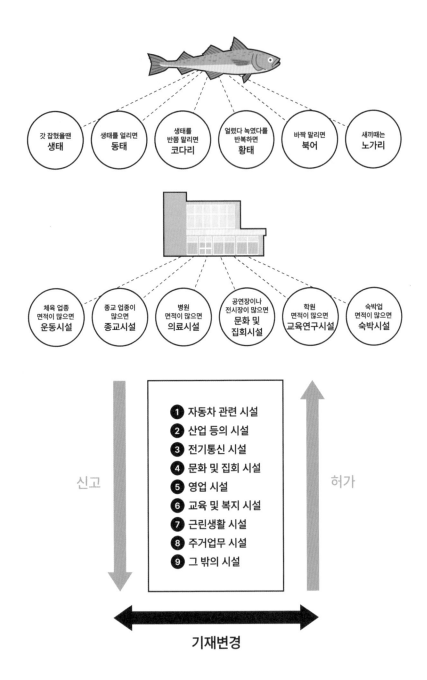

갓 잡혔을땐
생태

생태를 얼리면
동태

생태를
반쯤 말리면
코다리

얼렸다 녹였다를
반복하면
황태

바짝 말리면
북어

새끼때는
노가리

체육 업종
면적이 많으면
운동시설

종교 업종이
많으면
종교시설

병원
면적이 많으면
의료시설

공연장이나
전시장이 많으면
**문화 및
집회시설**

학원
면적이 많으면
교육연구시설

숙박업
면적이 많으면
숙박시설

① 자동차 관련 시설
② 산업 등의 시설
③ 전기통신 시설
④ 문화 및 집회 시설
⑤ 영업 시설
⑥ 교육 및 복지 시설
⑦ 근린생활 시설
⑧ 주거업무 시설
⑨ 그 밖의 시설

신고

허가

기재변경

인 면이 강합니다. 둘 다 보편적인 업종들을 대부분 포괄합니다. 예컨대 1종은 300제곱미터 미만의 휴게음식점, 미용실, 의원 등이고 2종은 조금 더 큰 규모의 휴게음식점이나 일반음식점, 사무실이나 운동시설 중에 500제곱미터 미만인 것들, 노래방 등이 있지요. 이 틀을 벗어나 특정 업종의 면적이 커지면 이제 건축물의 용도 자체가 바뀝니다. 대치동의 큰 학원건물이나, 어딘가의 큰 요양병원 같은 걸 생각해보세요. 그것들은 처음부터 그 용도에 맞춰 건축을 한 겁니다. 그런데, 일반적인 근린생활시설을 목적으로 한 건물에서 학원이 차지하는 면적이 커지면 교육연구시설, 사무실이 많아지면 업무시설, 연극시설 면적이 커지면 문화 및 집회시설로서 요구되는 구조와 설비를 맞춰야 하지요. 소방 설비, 장애인 편의 시설, 정화조, 주차 대수 같은 것들 말입니다.

사례를 통해 볼까요. 동네에서 보는 조그만 병원들은 최근 법 개정으로 1종 근린생활시설에서만 개원이 가능하게 되어있어요. 그런데 한 건물에 병원으로 사용하는 용도의 면적이 500제곱미터 이상이라면 건물 전체에 장애인 편의 시설을 설치해야하는 규제가 따릅니다. 이게 건물 전체를 하나의 병원이 사용하는 경우에만 해당하는 게 아니라, 서로 다른 병원이 모여 있을 때도 적용된다는 점이 중요합니다. 예컨대 5개층 건물에서 각 층의 임대면적이 100제곱미터인데 4개층이 모두 의원이라면 마지막 다섯 번째 층에 의원이 들어오는 순간 건물 전체에 장애인 관련 규정을 맞춰야 한다는 것이지요.

또한 업종 자체에 대해서도 신경 써야 합니다. 독서실과 스터디카페를 생각해보지요. 겉보기엔 비슷해 보여도 독서실이나 학원은 교육청 소관으로서 영업시간이나 면적, 비상시 대피로, 화장실의 남녀 분리 같은 것에 규제가 따라붙지만 스터디카페는 공간대여업이나 휴게음식점으로 허가받기에 서로 다른 업종으로 간주해야합니다. 그리고 학원이나 독서실은 학

건물 전체를 운동시설로 용도변경하여 스크린골프장을 통째로 입점시킨 예시

교 보건법에 의해 같은 건물 안에 유해업소와 함께 있을 수 없습니다. 건물이 아주 큰 경우엔 내부에서 일정 거리를 떨어뜨린다면 허가해주긴 합니다만, 까다롭지요.

이번엔 건물 전체를 용도변경하는 경우의 예시를 한 번 보지요. 기존의 근린생활시설에 해당하는 업종을 모두 내보내고 건물의 유리와 조명을 전부 새로이 해서 건물 전체에 스크린골프를 입점시켰습니다. 이 정도 규모의 스크린골프장 같은 경우 운동 시설이 차지하는 면적이 커지기에 건축물의 용도가 운동 시설로 분류되지요. 특히나 스크린골프장은 일반적인 건축물에서 면적당 주차를 규정하는 것과는 달리 타석별로 주차장을 설치해야 한다는 게 아주 까다롭습니다. 면적과 용도에 따라 주차, 전기, 소방 시설, 계단, 장애인용 설비 기준이 다 달라요.

이 경우엔 원래도 남는 주차공간이 많았기에 주차 문제는 없었지만, 소방규정에 따라 보시는 것처럼 비상계단을 추가해야했습니다. 이런 규정들이 건물의 실제 사용에 있어 얼마나 중요한 지 간단히 보여드리지요. 여기, 강남역 CGV 뒤쪽 사진을 보세요. 이 거대한 구조물이 비상계단입니다. 작은 건물에 달리는 사다리에서부터 이런 큰 건물에 달리는 계단에 이르기까지 본질은 같단거에요.

즉 용도변경이란 건물이라는 물리적인 하드웨어에 임차업종이라는 소프트웨어를 구동시키기 위해 구조와 설비에 대한 최적화를 하는 것이라 이해하시면 됩니다. 이 최적화의 요소로서는 계단, 소방시설, 건물의 하수처리를 위한 정화조, 전기의 종 변경이나 용량의 확충, 주차대수, 장애인 편의시설 설치 등이 있습니다. 이 건축물의 용도라는 것을 제대로 이해하지 못한다면 눈 뜬 장님이 되는 거지요. 내 건물에 뭐가 들어올 수 있는지, 못 들어온다면 뭘 해줘야 들어올 수 있는지 알고 있어야 합니다.

그럼 처음부터 다시 점검해볼까요. 우선 필지의 **법적 분류**가 기본이지요. 용도지역, 용도지구, 용도구역을 확인하고 조례와 지구단위계획으로 개략적인 형태를 잡습니다. 이 때 필지의 물리적 특성은 다섯 가지. **도로와 접함, 형태와 크기, 필지의 방향, 경사와 단차, 시인성과 접근성**입니다. 우선 필지의 형태와 크기를 확인합니다. 넓고 반듯할수록 좋습니다. 도로의 상태에 따라 건축선과 가각전제로 틀을 잡고, 필지의 방향에 따른 일조사선제한을 고려하여 층고를 포함한 건축물의 형태를 조절합니다. 경사와 단차를 활용해 건축물의 높이나 주차의 배치를 좀 더 효율적으로 배치할 수 없는지 점검합니다. 여기까지 언급한 모든 것들이 서로 영향을 주고받기에 건축과 임차에 법령과 실사용에 문제 되는 것이 없는지 다시 한 번 확인합니다.

이렇게 만들어진 건물은 건축물의 **구조, 너비와 높이, 용도와 설비, 공용부와 전용부, 내부와 외부**로 나뉩니다. 신축의 경우엔 건축물을 어떤 구조로 할 지 정하고 계단, 승강기, 화장실, 출입구 및 복도가 포함되는 공용부를 배치하여 건물의 축을 잡습니다. 이때 특히 지하와 옥상의 활용성을 고려해야 하지요. 주차, 승강기, 전기, 소방, 장애인 설비, 조경, 보안 등 관련 조건과 설비를 맞추고 예상되는 임차업종에 따라 세부적인 부분들을 결정합니다. 외장재, 창호, 테라스, 옥상정원, 간판과 조명의 위치 등의 요소를 붙여나가며 점차 세세하게 만들어나가지요.

리모델링의 경우엔 **계단과 공용부, 엘리베이터의 설치, 증축과 멸실, 외장과 조명, 설비와 용도변경**을 통해 기존 건축물에서의 개선점을 만들어냅니다. 이는 마치 하나의 조각상을 만들어내는 과정이지요. 채석장에서 원재료가 될 돌덩어리를 선정하고 큼직하게 잘라낸 후, 무게중심을 잡아 스케치한 대로 끌과 정을 들고 점차 파 내려가는 겁니다.

딱따구리씨는 이 정도면 앞으로 건물을 볼 때 개략적인 파악은 할 수 있을 거라 말하며 이어 건대 쪽을 한 번 가보길 권한다. 우리가 지금껏 둘러본 홍대가 서북권의 허브라면, 건대는 동북권의 허브입니다. 서울의 핵심지들 중 하나지요. 그리고 지금껏 상업지와 주거지만 둘러보셨을텐데, 성수쪽으로 가보시면 준공업지들을 보실 수 있을 겁니다. 필지 하나하나가 아주 큼직한 곳이지요. 그리고 여긴 주로 주택을 용도변경 했지만, 거긴 공장을 하던 부지들이다 보니 좀 더 독특한 용도변경을 볼 수 있을 거에요. 무엇보다 홍대는 오래된 상권이지만, 성수는 상대적으로 신흥상권이에요. 한국의 브루클린이라고들 하더군요. 성수가 뜨면서 은근히 홍대에서 조금 사람이 준 느낌도 없잖아 있어요. 가보시면 느끼시는 바가 많을 겁니다. 도마뱀은 그에게 성수에 대해 여러가지 주의점들과 특기해서 볼 만한 부분들을 귀띔받는다.

chapter 5

성수와 건대
전통 상권과
신흥 산업의 대립

목 마를 때 바닷물 마시지 마라, 내 건물에서 창업하기

다음날, 도마뱀은 지인인 오소리씨에게 성수 쪽의 안내를 부탁하며 건대입구역에서 뵙자 약속을 잡았다. 그는 도마뱀의 현장에 중요공정마다 보러 왔었던 수도권의 건물주다. 차이점이 있다면 오소리씨네 건물이 너덧 배는 더 크다는 점이지만. 그는 코로나 사태 초기 도마뱀의 설득으로 용기를 내 건물을 리모델링 했었고, 이제 완료된 지 1년 정도 지났다. 소식을 가끔 듣긴 했었지만, 다시 보는건 1년만이구나.

지하철에 앉아 멍하니 건대입구역으로의 이동시간을 보내고 있는 중에 옆자리에 뽀얗게 생긴 여자애가 앉는다. 이지적으로 생겼구나. 스무 살쯤 됐으려나. 도마뱀 같은 아저씨랑 닿으면 혐오스러워할 테니 괜스레 찔려 최대한 구석으로 꾸물꾸물 붙는다. 와중에 힐끔 곁눈질로 보아하니 휴대폰 화면이 한자로 가득 차 있다. 중국인인 건가.

어느덧 환승역임을 알리는 안내방송이 나오고 자리에서 일어나 내릴 문 앞에 선다. 문이 열리고 승강장을 밟는데 아까 옆에 있던 여자애가 유창한 한국어로 통화하며 도마뱀 옆을 휙 지나친다. 겉보기로도 몰라볼 뿐만 아니라 대화를 해봤어도 구분을 못 했겠는걸. 그리고 보니 여긴 2호선과 7호선이 겹치는 게 대림과 비슷하지. 연관이 있는 걸까.

북적북적한 인파를 헤치고 개찰구를 통과해 오소리씨를 만나기로 한 약속장소로 향한다. 사람이 정말 많구나. 환승역이라 그런 걸까. 하지만 엄밀히는 환승역이 좋은 입지에 있어야 좋은 거지. 여러 갈래에서 그 위치에 올 수 있도록 말야. 단순히 환승역이기만 하면 사람들이 환승만 할 뿐 밖으로 나오질 않으니까. 왕십리만 해도 사통팔달 교통의 요지라 주거로선 좋지만, 4개 노선의 환승역 치고는 사람들이 밖에 나와 소비하질 않아 상권은 상당히 약했었다. 그러니까 환승역이라서 좋은 게 아니라 입지가 좋은 곳이 환승역인 걸 구분해야 하지. 주거용과 상업용은 아주 다르기도 하고. 하지만 기껏해야 두세 개의 지하철 노선이 있는 지방과는 달리 서울의 어지러운 지하철 노선도는 도무지 파악을 하기가 쉽지 않다. 노선 한 개가 방정식의 차수 같은 건데, 고차방정식일수록 일반해를 찾기가 어려운 것과 마찬가지다. 결국, 정말 간단히 보면 강남에서 가까운 서울 동북권의 허브란 점이 주효한 게 아닐까. 이리저리 둘러보니 분명 좋은 상권이긴 하다. 대학교, 대학병원, 전통시장이 어우러져 있으니 당연하다. 다만 어느 지역에나 있을법한 다소 뻔한 상권이다. 어찌 보면 뻔하다는 건 탄탄하고 안정적이란 것이기도 하니 나쁜 의미는 아니지만.

   도마뱀은 발걸음을 약속장소로 다시 옮기다 헌혈의 집을 발견한다. 이건 교통 요지 또는 젊은이들의 상권이란 걸 알 수 있게 하는 지표식물 같은 거지. 역시 여기에도 있구나. 도마뱀은 어렸을 적 허삼관 매혈기랍시고 헌혈을 하고 영화 표를 받아 친구들과 시내를 쏘다니던 기억을 떠올린다. 어디나 사람 사는 곳은 다 비슷하니까 지역은 달라도 다들 비슷하게 공유하는 경험일 텐데, 요즘 애들도 그럴는지. 문득 서울에서는 어린 애들이 시내라는 말을 이해 못 하던 게 생각난다. 서울의 시내는 강북 어드메였으려나.

   슬슬 약속장소인 건물의 뒤편으로 들어가는데 진입로가 독특하다. 아마 이 도로는 사도겠군. 지적도를 펼쳐보고 공부를 점검해보니 원래는 세 개의 필지였던 듯하다. 가운데 낀 필지는 원래는 진입할 수 있는 도로가 없었기에 자기 토지나 주변 토지의 일부로 이렇게 사도를 만들었었을 테지. 그러다 대로변 건물 주인이 바로 뒤 가운데 낀 필지를 사고 맨 뒤에 건 못 산 듯한데, 그렇다면 이 도로는 대로에 접한 건물주의 것일 가능성이 크다. 통행권 때문에 분쟁은 없나 보군. 주위토지통행권이 인정되려면 해당 도로 없이는 접근이 불가해야 하는데, 나중에 합필을 통해서 이렇게 된 경우라면 통행권은 어떻게 되는 걸까. 도로법이 참 복잡하단 말이지.

문을 열고 들어가 자리에 앉아 만나기로 한 오소리씨를 기다린다. 슬슬 올 시간이 됐는데. 문이 열리고 가게로 들어와 두리번거리는 오소리씨에게 도마뱀은 다가가 오랜만에 뵙는다며 인사한다. 리모델링 공사는 잘 끝나셨지요. 오소리씨는 도마뱀을 따라 자리에 앉으며 한숨 돌린다.

덕분에 시운을 잘 잡았지요. 지금 와서 하려 했다면 공사비가 두 배는 들었을 거예요. 물가가 올라도 너무 올라서 말입니다. 하는 도중에는 몇 개 층의 임차인을 넣어놓고 리모델링 하느라 정말 고생이었지만, 해놓고 나니 큰 고비를 넘겼다 싶어요. 공실도 이젠 거의 다 채웠지요. 이제 지하 하나만 공실로 남아있습니다. 전에는 당구장이 있었는데, 아직 문의가 없어 고민입니다. 건물 내 전기용량도 너무 많이 남아 제가 피씨방이나 스터디 카페라도 차려볼까 해서 여러 업체의 설명회에 다녀왔는데, 긴가민가 합니다. 어떻게 생각하십니까. 오소리씨는 가방을 뒤적거리더니 이런저런 홍보자료들을 꺼내 도마뱀에게 보여준다.

홍보물을 받아든 도마뱀은 대충 몇 장 넘겨보다 말고 걸어가면서 이야기하자고 자리에서 일어난다. 글쎄요. 참 어려운 질문이군요. 저도 스스로 건물에 뭔가를 해보려 했었습니다. 하지만 시도하지 않은 데는 이유가 있었지요. 기본적으로는 추천하지 않습니다만. 도마뱀은 말끝을 흐리며 곰곰이 생각해본다. 이걸 어떻게 설명해야 할까. 함께 걸어가는 길에 주변 건물 군데군데 공실이 한두 개씩 보인다. 도마뱀은 몇 군데를 가리키며 저런 곳 정도면 어쩌면 가능할 수 있겠다며 설명을 이어간다.

여기 같은 먹자 상권의 고층에 코인노래방 같은 것, 아니면 본인이 직접 할 거라면 편의점같이 다소 규격화된 업종 정도가 생각납니다. 하지만 제가 기억하기로 그 건물은 전용면적이 100평이 훨씬 넘는 걸로 기억하는데, 그 정도 규모면 피씨방을 하나 차리는 데만 해도 투입비용의 단위가 억입니다. 쉽사리 결정할 수 없는 일입니다. 지금부터 제가 말하는 부분들에 해당하는지 점검해보도록 하지요.

첫째, 전문직이라 자가로 사용하기에 큰 문제가 없을 경우입니다. 의사나 변호사 등의 전문직군이 이에 해당합니다. 하지만 나의 건물이니 내가 쓰는 것이지, 남의 건물이었다면 이야기가 달라집니다. 과연 본인 건물에 같은 직군인 내 동료가 임차하길 원할까요. 내 사업이 사실은 다른 곳에 개업하는 게 낫지 않았을까요. 결국, 공실 위험성을 다음으로 미뤄둔 것일 뿐이지요. 그렇기에 추후 건물 매각이던 사업체로서의 양도던 마지막에 어떻게 할 것 인지에 대한 청사진을 반드시 고려해야 합니다.

둘째, 창업하고자 하는 업종을 원래 해봤던 사람이어야 합니다. 진입 장 벽이 낮은 사업을 갑자기 창업하는 경우는 필패입니다. 업종마다 다른 최 적 상권의 최소 기준선을 파악하고 상권의 흥함을 예측하거나, 순수히 임 차인의 역량으로 손님 모으기가 가능한 것은 원래부터 해당 업종에 잔뼈 가 굵은 자들만이 시도 가능한 일입니다.

셋째, 임대 수익 외의 특수한 목적이 있을 때입니다. 신축이나 리모델링 을 위한 명도 기간 동안의 공실로 인한 손실을 만회하고 싶은 경우, 업종 구성을 맞추기 위한 경우, 상권 변화나 종 상향 예정, 재개발 기간 동안에 버텨야 하는 경우. 이 경우들에는 수익보다는 손해를 최소화하는 것에 방 점이 찍힙니다. 업장 위치가 딱히 상관없는 곳이라 단지 사무실 용도로 사 업자 내기 위함도 있는데, 이런 경우는 훨씬 더 저렴한 곳을 찾아가면 되 니 꼭 내 건물이 아니어도 됩니다.

넷째로, 단순 취미나 명목이 필요한 경우입니다. 폐업을 각오하고 안전 망을 확보해서 자녀에게 창업을 경험하게 하는 거라던가, 내 음악 연습실 같은 취미공간이 필요한 경우입니다. 언제나 자기만족성이나 상속 등의 주제에선 단순 수지타산을 초월한 가치판단이 들어갈 때가 많지요.

위 네 가지 중 어느 한 가지에라도 해당하십니까. 오소리씨는 잠깐 고민하더니 되묻는다. 해당되는 건 없지만, 임대료만이라도 건질 수준이 되면 괜찮지 않겠습니까. 도마뱀은 단호히 잘라 말한다. 안됩니다. 초기투자비 회수에 기회비용, 본인의 고생 등을 고려해보면 건물주 입장에서는 딱 임대료 만큼 나와선 안됩니다. 무엇보다, 진입장벽이 낮은 거면 다른 사람들도 분명 시작하려 했을 건데 그럼에도 그 위치에 문의를 안 주는 거라면 그냥 거긴 안 되니까 안 오는 겁니다. 자영업도 결국엔 권리금 사업이지요. 임대료라도 건지자는 목적으로 만들어낸 사업체의 수익성으로는 권리금 회수가 불가능합니다. 그렇다면 운영기간중에 감가상각와 기회비용 이상의 수익을 내야 합니다. 하지만 그게 될 장소였으면 남들이 진작 시작해서 권리금이 생성됐을 겁니다. 이 모순에 대한 해답이 있으십니까. 구조적으로 불가능한 걸 시도하면 오래 못 버틸 겁니다.

침묵하는 그에게 도마뱀은 쐐기를 박는다. 딱히 명확한 청사진이 없어 보이십니다. 게다가 보통은 다들 본업이 있습니다. 그러니 부업으로 할 수 있는 업종이어야 하는데, 여기에서부터 선택의 폭이 좁아집니다. 다들 궁여지책으로 생각하는 것들은 비슷비슷합니다. 편의점, 카페, 각종 무인샵들, 독서실, 스터디카페, 공유 오피스, 코인 빨래방, 코인노래방 등. 특히 무인점포 같은 것에 눈이 가는 경우가 많습니다만, 무인샵은 대체로 민도가 높고 젊은 사람들이 많은 상권에서나 가능한 것입니다. 수익을 창출하기 위함이 아닌 홍보용 매장인 경우도 많지요.

결국 진입장벽이 낮단 건 대체로 규모의 경제로 승부를 볼 수 있을 만큼 초기 투자금이 크거나, 단순 노동력을 투입하는 저가 박리다매 계열이거나, 자동화를 위한 설비가 필요한 사업입니다. 공실 때문에 급히 만드는 게 품질이 나오기도 힘들고, 이렇게 대뜸 시작하는 사람들은 경험이 없기에 주먹구구로 사업을 시작하게 될 가능성이 큽니다. 그러다보니 프렌차이즈 업체에 더 비싼 비용을 주고 시작하십니다만 이는 초기비용을 증가시키지요. 대다수 프렌차이즈의 구조는 점주 인건비만 남기기를 목표로 합니다. 쉽지 않은 일이지요. 그나마도 점포가 영세하면 본인이 직접 해야 하구요. 자영업과 자선사업은 한 끗 차이랍니다. 단순히 공실을 해결하고자 뭔가를 직접 창업하는 건 망망대해에서 표류할 때 목이 말라 바닷물을 마시는 것과 같습니다. 더 고통스러워지지요. 소비자, 사업자의 입장과 건물주, 지주의 입장은 많이 다름을 잊지 않으셔야 합니다.

제가 이 시장을 보며 가장 의문이었던 게 자신의 건물에 시설비를 몇 억씩 투자해줄 임차인이 오길 바라면서 그 대상이 될 건물 자체엔 투자 안 하는 것이었지요. 임대업이란것은 곧 토지 위의 건물이라는 시설을 만들어놓은 시설업입니다. 본인 건물에 무언가를 한다는 것은 이건 이미 임대업의 범주를 넘어선 별도 사업이 됩니다.

가장 최악이 매물을 급하게 샀다가, 공실 기간이 길어지니 그럼 내가 뭔가 사업을 시작해서 ATM처럼 돈을 뽑아야겠다는 마음가짐입니다. 마음대로 흘러가는 사업을 보신 적 있습니까. 그런데 건물을 활용하는 사업에서 ATM처럼 돈이 나오는 걸 바라는 건 더 말도 안 되는 겁니다. 상업용 부동산에 참여하는 가장 큰 목적은 임대 사업을 통해 시스템 소득을 얻을 수 있는 지주 계급으로 올라서기 위함이지, 노동자가 되고자 하는 게 아닙니다. 자처해서 노동계급으로 들어가려 한다면 거기서부터 뭔가 잘못된 겁니다. 과연 내가 스스로 내 건물에서 하는 사업이 시너지가 날 수 있을지 연명치료에 불과한 궁여지책일 것인지는 본인께서 판단하셔야 할 겁니다. 궁지에 몰리면 사리판단이 잘 되지 않습니다. 그러니 갖은 업체들에서 자기 건물에 무엇을 차리라는 말은 부디 걸러 들으십시오. 도마뱀의 진언을 잠자코 듣던 오소리씨는 확실히 그렇다며 손에 쥔 홍보물을 미련 없이 쓰레기통에 버린다.

바뀌어가는 생산성,
전통의 상권과 신흥 상권

    함께 성수를 몇 시간인가 둘러보고 돌아가는 길에 오소리씨는 도마뱀에게 넋두리하듯 이야기를 꺼낸다. 제가 괜히 성수를 같이 와보자고 하는 것이 아닙니다. 저는 수도권에 건물이 있지만 사는 곳은 서울 시내, 성동구에요. 오래 살았지요. 그래서 성수는 저도 잘 압니다. 천지개벽이란 말은 여기에 잘 어울리지요. 10년 전으로 돌아가 성수의 땅값이 이렇게 오른다

고 하면 아무도 믿지 않았을 겁니다. 그때도 뭔가 생기긴 했었지만, 다들 한 때의 유행이겠거니 했었지요.

하지만 성수는 지금까지의 단순히 유행을 탄 상권과는 다릅니다. 이미 그 수준은 지났다고 생각해요. 대림창고는 2010년 초반부터 각종 문화행사가 열렸었지요. 말인즉, 10년을 넘긴 겁니다. 최근엔 디올까지 단기로나마 성수에 매장을 열었지요. 보통 한 번 유행으로 뜬 상권은 5년 정도면 힘이 빠지는 것을 생각해보면 성수는 그 두 배를 지속하고 있는 겁니다. 도마뱀님은 어떻게 생각하십니까.

도마뱀은 주저하다 입을 뗀다. 저는 이런 상권은 처음 접해봅니다. 아까 건대입구역 같은 상권이야 아주 정석적인 상권이지만, 여기는 다소 혼란스럽습니다. 성수는 상대적으로 오랜 기간 누적된 문화가 아니고 업종 또한 파편화 되어 있어 토착성이 약해 보입니다. 첫인상으로서는 홍대가 오랜 시간에 걸쳐 녹아든 용광로 같다면 성수는 마치 샐러드 같습니다. 서로 어울리지 않는 것들이 공존은 하지만 섞이지는 않는 느낌이지요.

물론, 전통적인 상권은 다소 뻔한 업종들이 들어오기에 변수가 크지 않긴 합니다. 10년 전이나 10년 후나 큰 차이가 없을 거에요. 아니, 정확히는 약화가 되고 있단 게 느껴집니다. 아무래도 관성이 있다 보니 1층은 크게 걱정이 없긴 합니다만, 갈수록 고층이 만성적인 공실에 시달리지요. 고층을 해결할 수 있는 가장 일반적인 건 사무실, 병원, 학원, 운동 시설 같은 것들 정도인데, 병원이나 운동 시설은 점점 더 대형화되는 추세라 작은 건물에는 더 이상 잘 들어오질 않습니다.

게다가 이건 한정된 수요를 나눠 먹는 거라 새로운 업종이 치고 들어오기가 쉽지가 않아요. 그래서 우후죽순으로 고층 건물을 만들었다간 과공급이 일어나지요. 건물을 높게 지어도 채울 업종이 점점 떨어지니까요. 갈수록 빨간 땅과 노란 땅의 경계가 사라진다는 게 느껴집니다. 결국 고층을 해결하려면 학원이나 사무실 수요가 많이 있어야 하는데, 이건 양극화가 되고 있어요. 엄청 크거나, 엄청 작거나. 주택가 근처의 작은 상가에는 1인 PT샵이나 필라테스가, 아니면 아예 큰 건물에 전용 200평 이상의 헬스장이 들어서지요. 아파트 커뮤니티 센터가 각종 업종을 흡수해 가기도 하고요. 어정쩡한 규모는 점차 설 자리를 잃어가고 있단게 느껴지실 겁니다.

여기서 한 가지 생각해봐야 할 점이 있지요. 저기 올라가고 있는 지식산업센터는 과거에 아파트형 공장이란 이름이었습니다. 저희 동네만 해도 아직 90년대에 지어진 아파트형 공장에 제조업이 들어가 있는데, 여긴 IT 사무실이나 의류업들이 차고 있어요. 이런 고부가가치 산업들은 땅의 크기와 생산성이 꼭 비례하지만은 않지요.

그런 점에서 성수의 가장 큰 장점은 사무실 수요가 다양하게 많다는거에요. 사무실 상권이 다른 상권보다 좋은 건 고층을 채울 수 있다는 것뿐만 아니라, 다른 업종은 서로 수요를 나눠 먹을 가능성이 크지만, 업무지구는 밀집될수록 효율이 올라간다는 점입니다. 사업의 파편화와 정보통신의 발달로 인해 사무실이나 재택근무가 활성화되며 업무지구가 약화 될거란 예측 말입니다. 저는 개인적으로 반은 맞고 반은 틀렸다고 생각합니다. 어디서든 업무가 가능하기에 역설적으로 더욱 고급지나 교통의 요충지로 몰리는 겁니다. 공유 오피스를 보세요. 이게 어찌보면 사무실계의 쪽방촌인데, 임차인 입장에서도 그런 작은 공간이라도 필요하고, 또 정히 모여있어야 한다면 그 장소는 핵심지가 아니면 힘들거든요. 아무리 비대면 온라인이네 그래도, 암묵지*를 나누는 것은 온라인으론 쉽게 대체하기 어렵지요. 이런 공간 수요는 기존의 사무실의 보완재거나 공존하는 형태로 남을 겁니다.

---

* 글이나 말만으로는 전달이 힘든 개개인에게 체화된 지식

임대인 입장에서도 생각해볼까요. 쪽방촌의 월세 총액이 같은 면적의 웬만한 아파트만큼은 나온다는 사실을 아십니까. 잘게 나눠진 만큼 채울 수 있다면 나눌수록 수익률이 높아지지요. 단, 공유 오피스의 경우에는 일정 이상 채워져야 잘게 자른 효율이 나오는데, 일정 이하로 내려가게 되면 오히려 훨씬 비효율적이게 됩니다. 집중화와 그에 따라 작은 공간이라도 수요가 있다는 전제 하에서 가능한 일이지요.

사옥도 마찬가지입니다. 이들 또한 이왕이면 요지에 뭉쳐 있고 싶어합니다. 요즘 작은 사옥에 대한 수요가 늘어났지요. 홍대의 연남동이나 서교동도 주변에 사옥이나 사무실들이 많습니다. 광화문과 을지로는 전통적인 업무지구고, 강남은 말할 것도 없지요. 다양한 입지, 평수, 건물에 대한 수요가 밀도 있게 채워주는 것이 핵심지의 땅값을 지탱해주는 큰 요인이라 생각합니다. 성수도 지식산업센터와 사옥들이 생기기 시작하면서 본격적으로 땅값이 올랐지요. 결국엔 일자리, 즉 생산성이에요.

또한 오피스에도 전통 상권이 있고 신흥 상권이 있습니다. 광화문이나 역삼 같은 전통적인 업무지구들은 주말만 되면 지나다니는 사람이 많이 줄어들어요. 거기다 유연근무제나 탄력근무제로 사람들의 밀집도가 점점 줄어들고 있지요. 하지만 안정성 면에선 여전히 압도적입니다. 이번엔 성수를 볼까요. 최근 이마트가 성수동 본사를 IT기업 크래프톤에 팔았다는 게 화제가 되었습니다. 강남 교보문고의 두산 인프라코어는 당근마켓에 그 자리를 내어줬고요. 생산성의 기준과 특색이 바뀌고 있다는게 느껴지지요.

전통적인 기준이 흔들리는 것 중 또 하나는 대로변에 대한 선호도입니다. 이젠 어정쩡한 대로변보다 요지의 이면이 훨씬 생산성이 크니까요. 절대가도 상대적으로 저렴하고, 아니 저렴했었다고 해야 할까요. 요즘엔 개성을 드러낼 수 있는 게 중요한데, 대로변은 그걸 만족하기가 어려워요.

그러니 단순히 가격이 상대적으로 저렴해진다고 대로변으로 올 거라는 거, 쉽지 않을 것 같습니다. 대형 상가나 무난 반듯한 건물들이 해결할 수 없는 게 바로 이 단독 건물을 통해 드러낼 수 있는 개성이거든요. 건물 시장이 과거 연금형으로 임대소득을 받던 것과 달리 실사용자, 사업, 취향의 영역으로 가는 거지요.

특히나 온라인의 강세를 통해 산업이 소형화되고 파편화되는 만큼 젊은 사업가들이 많이 등장했다는 게 중요하지요. 과거에는 50대는 되어서야 겨우 부동산에 투자할 수 있는 목돈을 모으는 게 보통이었지만, 이제 큰 부를 성취하는 시기, 아니 어쩌면 도전하는 시기가 점점 빨라졌습니다. 그리고 이 신흥 사업들은 문화의 힘을 중히 여기기에 지역과 건물의 특색을 중요시하지요. 부를 축적해 건물을 사는 게 아니라, 건물을 사서 부를 만드는 방식. 이 또한 지금까지와는 아주 다릅니다.

이들의 취향을 만족시킬만한 필지는 갈수록 희소해집니다. 예컨대 뚝도

시장 쪽 일대가 전략정비구역입니다. 말인즉, 아래 건물들이 모두 사라지고 아파트가 된다는 거지요. 성수뿐만 아니라 이런 개발행위들은 전국에서 일어나고 있습니다. 그러니 앞으로는 개인 소유의 건물이 점점 줄어들 테고 그만큼 희소가치가 생길 겁니다. 또한 서울 시내의 아파트 가격은 비싸고, 그걸 감당할 수 있는 사람들이 들어온다는 것은 소비력이 높아진다는거구요. 다만 그때까지 성수가 지금 이상으로 토착성을 확보할 수 있어야겠지요. 인공위성을 발사할 때 지구의 중력을 벗어나 공전 궤도에 이를 안착시키기 위해서는 7.9km/s의 속도가 필요합니다. 이 이하로 떨어지면 도로 지구로 추락하지요. 성수는 과연 이 속도를 달성한 것일까요. 연료는 충분한지, 너무 무겁진 않은지. 성수의 장점은 열 장도 더 적을 수 있고, 단점 또한 열 장도 더 적을 수 있을 겁니다. 전통의 상권과 신흥 상권이 쌍성계마냥 돌고있는 성수에서부터 건대입구역까지는 그야말로 뜨거운 감자지요. 결국엔 시간이 검증해줄 겁니다.

어설픈 신축이나 리모델링은
하지 않느니만 못하다

그는 개성을 드러낼 수 있는 필지라는 말을 듣곤 마침 성수에 재밌는 사례가 있다며 도마뱀을 연무장길로 데리고 간다. 저걸 보십시오. 그가 가리키는 곳을 보니 골조만 남겨놓고 임대 현수막이 붙어있는 건물이 있다. 오소리씨는 자기가 한 리모델링과는 정반대라며 허탈하다는 듯 팔짱을 끼고 건물을 바라본다. 이렇게 골조만 남기고 전부 철거하고 임차인들이 알아서 하게 놔두는 겁니다. 또 다른 곳에선 이렇게 놔두고 임자가 나올 때 까지는 팝업스토어를 계속해서 받기도 하더군요. 심지어 성수에는 임차인이 직접 구청 인허가와 구조안전진단까지 받아가며 증축까지 한 경우도 있어요.

최소한의 수선만으로 활용성을 높인 건물들.

도마뱀은 건물을 멀찍이서 바라보며 생각해본다. 확실히 맞는 판단이다. 이 사례는 토지와 건물, 임차인의 관계를 생각하게 해주는군요. 갈수록 임차인의 취향이 중요해진다는 걸 보여줍니다. 다만 이처럼 무난 반듯한 상가건물은 기본적인 구조가 범용성이라도 있지만, 다가구주택이나 단독주택을 리모델링 하는 경우는 그렇지 않습니다. 오래된 건물의 미감을 잘 살려야 하고 기존 구조를 활용하기 까다로워 더욱 난이도가 높지요. 더욱이 원래 주거용이었단 이야기는 전통적인 상권에 위치하지 않았을 가능성이 큽니다. 토착성이 약하단 이야기지요. 거기다 유행이 돌고 돌기에 지금 최신 유행이라거나 촌스럽다고 하는 것이 나중에 어떻게 받아들여질지 모릅니다. 이 흐름에서 최적점을 잡아내는 일은 원래부터 그 수요층이 원하는 걸 체화한 사람들이 아닌 이상 굉장히 어려운 일입니다.

인테리어를 탐탁지 않아 하는 고양이 　　　　　취향에 맞아 만족하는 고양이

　비유하자면 이런 거지요. 제가 고양이를 한 마리 키우는데, 아무리 비싼 캣타워를 사줘도 옆에 뜯어놓은 포장 박스에 들어가 버리곤 하더군요. 이미 벽체에 고정해 설치한 걸 철거하기도 난감하고. 마찬가지로 건축주가 만들어놓은 게 임차인의 취향에 맞지 않거나 유행이 지나가면 아주 고역을 치르게 됩니다. 그야말로 임차인은 고양이로소이다. 까다로운 수요자층이 있는 곳에서는 어설픈 리모델링이나 신축은 하지 않느니만 못하다는 것을 명심해야 합니다. 본질적으로 리모델링은 그저 건물의 감가를 분칠한 것에 불과하거든요. 마치 몸에 전 애인의 문신이 있는 사람을 질색하는 것처럼, 사랑이 불타오를 때야 괜찮지만 이별하고 나면 그 문신이 낙인이 되고 지우는데 아프고 비싸고 흔적이 남는 거랑 같아요. 건물의 물리적인 감가상각뿐만 아니라 디자인과 유행에도 감가상각이 있다는 점을 잊지 마세요. 튜닝의 끝은 순정이라고. 건물은 무난 반듯한게 최고 좋습니다.

　건물이 특이하고 오래되었을수록 임차인의 취향과 역량에 따라 활용성이 천차만별이니 섣불리 손대지 말고 임차인과 시공에 대한 협의를 하는 것이 더 효율적일 수 있습니다. 한 번 손댄 것을 두 번 손대기란 꽤 어려운 일이라서요. 예컨대 내력벽을 당장의 필요나 유행에 따라 해체하고 보강했다면 그 다음 임차인은 달리 활용하기가 까다로워집니다. 구조적으로도 문제가 될 수 있습니다. 어릴 때 찰흙 놀이를 해본 기억이 있으십니까. 굳어진 찰흙에 다시 다시 새로운 찰흙을 덧대어보면 마른 뒤에 접합부부터 떨어지지요. 본질적으로 다르지 않습니다. 증축 또한 너무 많이 하게 된다면 아무리 건물의 구조를 보강한다 한들 땅이 건물을 받쳐주는 힘, 그러니까 지내력이 못 버틸 수도 있어요. 몸무게가 늘어날 때 신발을 아무리 튼튼한 걸로 바꿔도 땅이 내려앉는 것과 비슷하지요. 즉 손을 댈수록 점점 개선 여지가 사라지고 위험성은 증가한다는 거에요.

그러니 신축이나 리모델링이 과연 만능일지를 잘 생각해봐야 합니다. 어찌보면 신축보다도 난이도가 높은 것이 리모델링이거든요. 기본적으로 리모델링은 층고를 높이거나, 주차 대수를 늘리거나, 마감을 깔끔히 하거나, 설비 공간을 만들거나, 지하나 옥상 공간의 활용성을 만들어내는 데 있어 한계가 있어요. 더군다나 기존의 건물에 보, 슬라브 등을 해체 수선하는 작업은 아무리 보강을 잘한다 한들 장기적으로 건물의 내구도에 손상을 주게 됩니다.

물론 리모델링이 단점만 있는 건 아닙니다. 앞서 말했듯 임대업도 결국 건물이라는 걸 가지고 하는 시설업. 시설업은 감가가 들어가면 객단가가 낮아지거나 회전율이 낮아지거나 둘 중 하나가 발생하지요. 이걸 방어해야 합니다. 다만 네모반듯하고 무난한 건물로 충분한 곳이라면 최소비용으로 낡은 것을 수선한다는 것만으로도 충분해요. 신축의 난점이 명도, 인허가, 철거, 터파기, 민원, 추가공사, 하자 같은 것들입니다. 리모델링은 신축을 하는 것에 비해서 면적을 살리거나 이런저런 법적 규제를 피할 수도 있고, 설계 단계가 간소화되고 터파기와 골조공사가 생략되기에 절대가가 저렴하단 점은 분명 장점입니다. 새로 태어나는 것보다는 성형이 쉽

최고의 조명은 임차인이 켜주는 조명이다.　　　　조명은 고양이도 돌아보게 만든다.

지 않겠습니까.

　약을 복용 할 때를 생각해보지요. 모든 약에는 부작용이 있습니다. 하지만 약으로 인해 얻는 이로운 효과가 부작용보다 크기 때문에 복용하는 거지요. 마찬가지로 리모델링 또한 장점이 단점을 상쇄하고도 남는다는 확신이 있을 때 실행해야 합니다. 그렇기에 기본적으로 리모델링은 수선의 정도와 그 비용을 최소화하는 것이 좋습니다. 수술과 똑같지요. 최소 절개로 최소한의 적출을 하듯이. 외부는 청소를 하고 조명을 새로 하고 간판을 정리 하는 정도, 대수선의 범위를 넘지 않게 창호만 바꿔주는 것 정도가 최대치입니다. 내부는 공용부와 화장실 정도만 개선해주는 것으로도 충분합니다. 그것만으로 여의치 않을 때 골조를 제외하고 전부 철거해버리고 새로이 하는 것이지요.

　매도나 매수를 할 때도 이 점을 주의해야 합니다. 리모델링 직후 시장에 내놓는 매물은 공실 상태의 권리금 없음과 개선된 상태에 대한 프리미엄이 없어져 월세가 대체로 상승하는 경향이 있습니다. 이것이 매가에 반영되어 값이 비싸지지요. 하지만 이건 감가 방어의 기회가 한 번 소진 된 매물이라고 보아야 합니다. 매도자가 그 건물을 완전히 철거하고 신축을 해서 더 높은 수익률로 만들 수 있었다면 그리 했을 겁니다. 왜 그리하지 않았을까요. 매수자 입장에서는 이걸 생각해봐야 합니다.

건축의 부가가치를 인정 안 할 수는 없지만, 어느 정도 선이 적정할지 항상 생각해보셔야 합니다. 건물을 리모델링해서 사업체로서 활용 하는 것 또한 마찬가지로서, 공사부터 모든 걸 임대인이 다 해주고 지원금까지 줘야 한다면 이게 최종적으로 나에게 어떤 이득일지를 잘 생각해보셔야 합니다. 대가를 지불 하고 무언가를 얻는 것이 나쁜 것만은 아니지요. 그 안에 사업소득으로 만회할 수 있다는 확신이나, 토지의 소유권의 온전이 필요한 경우도 있으니까요. 가급적 리모델링은 건물의 수명과 성능을 최대한 늘려 변수가 생길 때 까지 토지의 소유권을 쥐고 있다는 데에 의의를 두는 게 좋습니다.

또한 이런 개발행위는 지금의 내 필지와 건물만 고려하는 게 아니지요. 합필의 가능성이 있는가, 건축법 개정에서부터 거시적으로 종상향, 지구단위계획 등으로 어떤 제한이 완화될 수 있는가. 이런 점들을 건축행위를 하기 전에 모두 고려해야 합니다. 예컨대 2003년에 일반주거지역 하나로 분류되던 주거지역이 지금의 1, 2, 3종 일반주거지역으로 재분류되었습니다. 몇몇 분류에서는 허용되는 용적률이 낮아졌지요. 이 전에 지은 건물들을 보고 용적률 이득 본 건물이라 좋다고들 하는 경우가 있는데, 이건 건물의 감가상각에 따라 조삼모사에 불과할 수 있습니다. 법령 개정 직전에 건축한 건물조차 지금 보면 20년이 지난 건물입니다. 어쩌면 30년 이상 되었을 수도 있구요. 30년이 넘게 지난 건물의 용적률 이득은 이미 건물의 감가와 함께 소진된 거라고 봐야 합니다. 마지막에는 철거하고 새로 지어야 하는데 결국 건물이 작아지지요.

꼼꼼히 알아보지 않고 섣불리 개발을 했다간 건물의 감가와 투자금의 회수를 감안하면 토지의 생산성이 30년 가량은 묶이게 될 수도 있어요. 이걸 만회하려면 추가적인 개발을 통해 수익률이 엄청나게 높아지거나, 새로 지어진 건물의 감가상각이 다 될 때까지 기다리거나, 더 큰 대형 개발에 합필됨으로써 건물분의 가치가 희석이 되어야 하는데 모두 쉬운 일이 아니지요. 땅의 생산성은 건물이 세워지는 순간 건물의 감가상각만큼의 형기를 받아 감옥에 갇히게 되는 겁니다. 건물은 낡을수록 토지의 가치가 더 돋보이게 되는 거름과 같습니다. 그러니 토지 그 자체를 원재료로서 바라보는, 보편적인 개발 시각을 가지시길 바랍니다.

방금 전 우리가 보았던 골조만 남기고 임차인을 기다리는 건물은 성수 중에서도 가장 좋은 곳이니까 가능한 독특한 전략이지요. 평범한 곳이었다면 임차인들에게 과중한 부담을 주는 전략이 될 테니까요. 원상복구의 기준은 이 상태가 되겠군요. 계약서를 잘 써야겠는걸요. 이렇게까지 해서라도 임차를 한다는 것은 매출로 투자비를 감당할 수 있다는 임차인의 자신감 아닐까요. 이렇게까지 독특한 전략을 쓰는 곳에 들어올 임차인이 어떤 임차인인지 궁금하군요.

오소리씨는 여기엔 이미 어떤 사업체가 입점이 예정되어있고, 요즘엔 건물주, 투자자, 임차인 셋이서 건물을 활용하는 사업으로서 시장에 접근한다 알려준다. 도마뱀이 처음 듣는 부분이 있다. 건물주와 임차인은 그렇다고 치고, 투자자가 별도로 있는 거군요. 오소리씨는 아마 그 또한 여러 명이어서 공동 출자를 하고 임차인을 구해와서 사업으로서 접근하는 것일 거라 말한다.

이뤄지지 못한 도원결의,
공동투자

도마뱀은 곰곰이 생각해보다 어렵사리 말을 꺼낸다. 우선 저는 아주 보수적이란 걸 감안하고 들어주십시오. 이것은 최고급지의 최요충지에서만 가능하거나, 생산성을 끌어올릴 수 있는 임차인을 유치하고 유지할 수 있는 역량이 있는 자들이 시도하는 것이지요. 하지만 저를 포함한 대부분의 건물주들은 그럴만한 역량이 없거나, 어찌저찌 가능하다 해도 임차인에 대한 의존성이 너무나 올라가게 됩니다. 앞서 자신의 건물에 무엇을 한다는 것은 별도의 사업이 된다고 하지 않았습니까. 크게 사업을 하고 계시니 아시겠지만, 사업에서는 공동투자 하지 말라는 사람들이 많은데 부동산 공동투자는 왜 이리 열풍인지 의문입니다.

물론, 자본주의 사회에서는 당연히 비싼 것일수록 좋은 것일 가능성이 크기 때문에 여럿이서 투자금을 모은다면 더 좋은 것을 살 수 있지요. 또 손해가 날 때 혼자 감수하는 것보다는, 분산이 가능하단 점 또한 장점이긴 할 겁니다. 땅값이 워낙 비싸기에 공동투자를 하지 않는다면 기회조차 없을 수도 있어요. 하지만 여럿이서 공동투자한 물건은 시장에서 단독 한 명이 사기엔 비싼 경우가 많습니다. 그러니 그 많은 수의 공동투자자들의 합의가 될 때까지 시장에 남아있었을 확률이 높지요.

이들이 단기간에 시세차익을 보려면 호가를 더 높여 내놓아야 하는데 이러면 더더욱 시장에서 단독 한 명이 사주기엔 어려워집니다. 이를 어찌 해결해야 할까요. 의외로 해결법은 간단합니다. 더 많은 사람이 모여서 사주면 됩니다. 하지만 이게 무한히 지속 될 수 있을까요. 역설적으로, 그래서 공동투자를 한다면 차라리 최대한 비싸고 좋은 것을 사야 합니다. 그래야 그 가치를 인정하는 단독 거인이 사주거나 더 많은 사람들이 와서 사줄 확률이 조금이라도 올라가니까요.

헌데, 단독으로 소유한 필지는 재산권 행사를 단독으로 할 수 있다는 게 최고의 장점입니다. 공동투자는 이 장점을 포기해야 하는데, 별로 내키질 않는군요. 부동산은 단독 소유라고 해도 실질적으론 단독 소유가 아닌 경우가 더 많아요. 단독 소유조차 공사하거나 사고팔려고 하면 가족과 싸움 납니다. 명절 전후로 매물이 나오는 게 괜한 게 아니지요. 명절은 친척들이 오랜만에 모여 우리가 왜 같이 살지 않고 있는지 재확인하는 자리니까요. 상속 분쟁 매물이 좋다는 게 괜한 게 아닙니다. 혈연도 그러한데 남은 오죽하겠습니까. 유비, 관우, 장비의 도원결의조차 죽는 날은 서로 다 달랐어요. 쉽지 않습니다. 심지어 각 공동투자자의 배우자가 설득 대상에 포함됩니다. 평소에 내가 내 배우자를 설득할 수 있었는지 생각해보세요. 남의 배우자도 설득할 수 있는 재능이면 부동산 투자가 아니라 다른 진로를 생각해보는 게 어떨까 싶습니다. 긴말할 것 없이, 자식이 바로 부부 공동투자의 결과물입니다. 자식이 내 마음대로 되더이까. 그러니 가급적 공동투자는 독신끼리 하십시오. 저는 독신이라서 좀 해도 되지 않을까 합니다.

결국 핵심은 투자자의 수가 많아지고 보유 기간이 길어질수록 불화가 발생할 가능성이 큰 게 문제입니다. 오죽하면 지역주택조합은 원수에게 권한다는 농담이 있겠습니까. 모아주택은 모아서 망하고 가로주택은 누가 가로채 가지요. 모두가 바라보는 바가 같기란 정말 어려운 일입니다. 공동투자의 성패는 버틸 수 있는 자들에 의해 결정되지 않고 못 버티는 한두 명이 일으키는 분란에 의해 결정됩니다. 수십 명이 모여 무리한 대출을 실행하여 매입했을 때, 하나둘씩 대출 이자를 내지 못한다면, 남은 자들이 그 이자를 분담해야 합니다. 이탈자가 많아질수록 남은 인원이 부담해야 할 것은 더 많아지지요. 건물을 구매한다는 것은 결혼과 같은데, 이건 일부일처제입니다. 부부간에 합의한 주택 담보 대출 이자조차 사랑을 넘어선 전우애로 겨우 방어하는데, 내가 공동투자자를 사랑하는지 돌이켜 생각해 보십시오.

정히 공동투자를 할 거라면 될 수 있으면 신뢰할 수 있는 적은 인원으로, 최소한 한 명이 결정적인 키포인트를 쥐고 있어야 하지요. 예컨대 개발을 위한 토지 일부를 선점하고 있다든가. 또한 단순히 무기한 버티기보다는 청산 시점을 명확히 해야 합니다. 일반 투자보다 더욱 보수적이고 계획적으로 접근해야 한단 거지요. 제가 관찰해보기엔 그나마 성공하는 공동투자는 보통 세 명 이하의 아주 친밀하고 경험 있는 지인들끼리 폐쇄적으로 하더군요. 정말 좋은 공동투자 건이라면 다수가 우르르 모일 수가 없습니다. 돈 되는 게 그리 팔랑팔랑 날아다닐 리가 없지요. 그래서 저는 대중 강의를 통해 수십 명씩 모여 공동투자를 하는 것을 이해할 수 없습니다.

너에게만 가르쳐줄게,
돈 버는 법 강의

여기서 한 가지 짚고 가야 할 건, 보통 대한민국에서 부동산이라는 것은 보통 아파트를 이야기한다는 점입니다. 대입, 취업, 아파트로 이어지는 이 흐름은 다소 정형화되어 있다 보니, 인터넷에서 대학교 훌리건 하던 사람들이 자연스레 아파트 훌리건을 하고 있습니다. 이제 다음은 프리미엄 실버 콜라텍이랑 양로원 훌리건이 아닐까요. 내 지팡이는 황금 지팡이, 내 전동 휠체어는 명품이라고들 인터넷에서 아웅다웅 싸울 날이 머지않았습니다. 하하. 이제 이 세대교체의 흐름에 따라 상업용 부동산 차례가 온 거 같긴 합니다. 그래서인지 대학교나 아파트를 보는 시각을 그대로 상업용 부동산 시장에 적용하는 경우가 많이 보이더군요.

그런데, 상업용 건물 시장은 주거와는 달리 가액이 더 크고 상대적으로 필수재는 아니기에 그 참여자의 수가 아주 적고, 또 개별성이 엄청나게 강합니다. 그래서 상업용 부동산에선 일반론을 만들기가 굉장히 어려워요. 그런데 요즘 건물로 돈을 벌게 해주겠다는 강의가 유독 많이 등장했더군요. 여러 가지 이유가 있겠지만, 이전과는 달리 SNS를 통해 성공사례의 전파, 홍보, 선동이 아주 쉬워졌다는 게 주요한 요인 중 하나겠지요. 다양한 정보와 경험담이 나온다는 점은 분명 장점이긴 합니다만, 제가 시장을 둘러보니 단기간의 상승과 차익에 대한 강의의 비중이 너무 높은듯했습니

다. 증권가 보고서에서도 하락 분석을 내는 것을 싫어하듯이, 재테크 강의
들에서는 보통 위험성이나 하락은커녕 조금이라도 부정적인 이야기조차
하기 어렵습니다.

그렇기에 실패 사례나 고생담, 10년 단위로 보유하고 관리해본 사람들
의 이야기는 잘 드러나지 않았지요. 그도 그럴만한 것이, 애초에 건물주의
대다수는 나이가 아주 많습니다. 인터넷에 익숙하지 않고, 자산을 드러내
지 않는 것을 미덕으로 여기는 세대라 그렇습니다. 게다가 일반적으로 건
물주라는 것은 일종의 부업 같은 것이고, 개별성도 매우 강합니다. 그래서
의외로 건물주들도 자기 건물에 대해서 잘 모르고 두루뭉술하게 밖에 말
을 못 해주지요. 건물에 대해서는 살 때랑 팔 때 가장 잘 알고 또 가장 행
복하다는 농담이 있는 게 괜한 게 아닙니다.

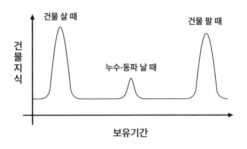

설령 이들이 경험에서 우러나온 개별적인 첨언을 해준다 하더라도 대중
들은 그것을 잘 알아보지 못할 겁니다. 보통 피상적이고 즉각적인 부분에
만 더 주목하니까요. 마치 의대 갓 입학한 예과생은 수능 고득점 받았다고
찬양하면서, 정작 동네 병원 의사는 돌팔이라고 무시하고 멱살 잡는 거랑
비슷합니다. 아이러니지요. 바로 그 의사들이 의대 입시는 물론이요, 학
부, 인턴, 레지던트, 군의관까지 다 거쳐서 개원가라는 강호로 나온 사람

들인데 말입니다. 대중이 일반적으로 아는 범주가 수능뿐이니 당연한 결과겠지요. 건물 시장도 비슷합니다. 단순 매도와 매수 결괏값으로만 건물에 대한 환상을 키우고 또한 그게 자극적으로 퍼지기가 쉬웠던 듯합니다. 보통 이런 경우 과거의 사례나 중간 과정은 모두 생략되어있지요. 제가 관찰해보니 원래 있던 분들은 하나 더 생기면 감추기 바쁘고 원래 없던 분들은 하나 생기면 자랑하기 바쁘더군요. 마치 여자친구처럼요. 공격적인 투자라고들 하는데, 부동산은 어찌 될지 모를 미래를 대비하기 위한 방어용 재화 속성이 강하고, 특히나 상업용 부동산은 환매가 굉장히 어렵습니다.

그런데 건물 단타라니, 상가는 잘못 사고 팔았다간 상갓집 됩니다. 기존의 시장 참여자들은 개발업자들이 아닌 이상 건물을 사서 단기간에 되팔 생각을 거의 하지 않았었지요. 설령 단기간에 팔더라도 그 보유 기간의 단위가 적어도 5년이었으니까요. 매수자측에서도 굉장히 오랜 기간 숙고하고 사는 시장이었지요. 건물을 덜컥 사는 건 돈만 있으면 누구나 합니다. 뭐랄까, 전쟁 일으키는 건 쉬워요. 무작정 때리면 됩니다. 문제는 개전 후의 보급과 승리지요. 내 생각대로 안 흘러갑니다. 오죽하면 2015년도에 뉴스에 회자 되었던 어떤 인물의 기도 내용이 강남 건물 팔리게 해달라는 것이었겠습니까. 2015년 4월에 기도해서, 2017년 10월에 매각됐더군요. 하느님조차 건물 파는데 이년 반 걸린단 거에요. 이처럼 부동산의 흐름은 아주 느리고 환매가 어려운데, 이렇게 단기간에 단타 및 개발 강의가 많이 늘어났다는 점은 시사하는 바가 있는 듯합니다. 하나씩 살펴보도록 하지요.

첫 번째로 업계 종사자들의 강의입니다. 당연히 그들에게 있어 강의 또한 영업의 일환이기에 정상적인 업체라면 기본적인 내용은 틀릴 게 거의 없습니다. 특히, 정보를 어디서부터 찾아봐야 할지 모르겠을 때는 이런 강의들의 커리큘럼대로 수강하면 우왕좌왕하는 걸 줄여준다는 점이 좋지요.

다만 매수와 매도, 설계와 시공, 임대차와 관리는 각각의 전문분야입니다. 일반적으로는 건축사는 수익성에 대해서는 전문가가 아니고, 중개사는 구체적인 시공이나 특수 설계에 대해서는 잘 모를 가능성이 크지요. 종합적인 판단과 그 책임은 본인의 몫이 된다는 점이 중요합니다. 그리고 영업을 위해서 특정 방향성에 대한 유도나 정보의 선별적 제공이 있을 수 있다는 점을 주의해야 합니다. 안 좋은 건 알면서도 말을 하지 않는다든가, 무언가 더 필요한 것이 있다면 추가금을 내거나, 별도의 소수 강의를 들으라는 식이지요. 이 또한 시장 구성의 요소이기에 나쁜 것만은 아닙니다. 다만 연관된 것에 대한 수수료나 투자 유인이 목적인 강의라면 의도성을 분리해서 내게 필요한 것을 우선 취하고 나머지를 천천히 판단해보는 것이 좋을 겁니다. 즉, 체리피킹을 하시란 겁니다.

두 번째는 한두 번 정도의 성공을 경험한 일반인들의 강의입니다. 건물 시장은 방금 말했듯 아주 폐쇄적인 데다 한 번이라도 해본 사람과 안 해본 사람의 격차가 아주 크기에 한 번의 성공만으로도 대중을 상대로 한 강사로 활동하기엔 충분한 이력이 됩니다. 원래 강의라는 게 중수가 초보를 가르칠 때 가장 효율이 좋거든요. 물론 여러 강단에 서시는 매도매수 또는 개발 성공사례들의 주인공분들은 모두 훌륭한 판단력과 높은 의지력으로 역경을 이겨내고 무언가를 성취하신 게 맞습니다. 이런 간접 경험을 많이 듣는 것은 어떤 통찰을 전달받는 데는 도움이 될 수도 있습니다. 하지만 같은 강에 발을 두 번 담글 수 없다는 말을 아십니까. 강물은 흐르기 때문입니다. 상황은 계속해서 변하기에 성공담 중 추후 완벽히 재현 가능한 것은 드물고 사례집 정도로 참고하는 데 의의가 있을 겁니다. 이런 종류의 강의는 시황에 따라 유행처럼 빠르게 명멸하지요. 제가 하는 말 또한 그저 스쳐 지나가는 평범한 시장 참여자 하나의 한 번의 경험과 의견일 뿐인 것처럼요.

세 번째로는 전업 또는 특수 개발에 대한 강의입니다. 글쎄요. 보통 일반인이 단기 강의로 배운 수준으론 개발이 전업인 사람들을 이길 수가 없습니다. 또한, 특수한 개발에서는 정보 비대칭성과 여러 가지 비공식적인 것들이 큰 영향을 끼칩니다. 일반인들은 쉽사리 따라 하기 어렵습니다. 또한, 모든 분야는 위로 갈수록 비공개, 도제식, 맞춤식 교육이 됩니다. 특수하거나 대자본이 투입되는 일일수록 대중 강의에선 본질적인 한계점이 있단 겁니다.

그런데, 요즘에는 단순한 매도매수뿐만 아니라 온갖 특수 개발에 대해서도 대중적으로 강의가 열리고 있더군요. 이게 무엇을 의미할까요. 이런 와중에 너에게만 특별한 걸 알려준다는 것은 그것 나름대로 믿기 어렵고, 무엇보다 그게 사실이라 한들 이렇게 많은 이들이 구조와 원리를 자세히 알게 되는데 시장에 먹거리가 앞으로 남아있을지가 의문입니다. 게다가 보통 특수 개발이라는 것은 단순한 임대업을 뛰어넘는 사업이 되는데, 초심자들 입장에서는 뱁새가 황새 따라가려다 다리 찢어지는 꼴이 나올 수 있습니다. 유명한 경구가 있습니다. 성공한 사람의 삶은 포장되어 평범한 사람의 삶을 망친다. 특별한 성공담을 듣고 용기를 내야 할지는 본인의 판단에 달려 있습니다. 가만히 앉아 있어서 일으킬 수 있는 기적은 아무것도 없습니다. 아무것도 하지 않으면 아무 변화도 없는 것 또한 사실이니까요. 다만 가급적 특수 개발에 대한 강의는 보편적인 사례들을 충분히 경험해본 뒤 접해보시기를 권합니다.

매매사례나 상권분석 같은 것도 마찬가지입니다. 불과 5년 정도 전만해도 매매사례나 임대료를 알아보는 것은 아주 불편했었지요. 하지만 이제는 카드 결제 내역이나, 통신사의 데이터, 정부의 공공 데이터 등을 기반으로 여러 가지 서비스들이 많이 나와 상권분석, 유동 인구 분석, 거래사례, 공사 내역 같은 것들이 공개되고 있습니다. 심지어 자영업자나 소

기업들의 매출 데이터를 공개하는 서비스들도 속속들이 등장하고 있어요. 이런 정보는 인터넷으로도 간단히 찾아볼 수 있으니 누구나 접근 가능한 정보에 대한 강의는 그 가격과 가치에 대해 숙고해 보십시오. 장기적으로 폐쇄적이던 부동산 시장도 다른 시장처럼 정보 평형을 향해 간다는 게 느껴지지요.

그러니 이제 어지간한 정보나 강의로는 사람을 모으기 점점 더 힘들어질 겁니다. 그래서 더욱 자극적인 사례들을 내세우는 경우가 생기지요. 보통 이런 과정의 마지막엔 정신론이 나오게 됩니다. 돈에 미치라는 둥 자극적인 문구들을 부르짖으면서요. 안타깝게도, 미쳐서 돈이 벌리면 미치면 되겠으나 대부분은 돈도 안 벌리고 그냥 미치기만 합니다. 운명과 긍정의 힘을 믿으라는 둥 신앙심을 고취하기도 합니다만, 강사는 구세주가 아닙니다. 요즘 젊은 진입자들은 인터넷 강의에 익숙한 세대들이라 그런지 강의를 많이들 찾는데, 이건 실전입니다. 최소한의 훈련 이상에선 커리큘럼이라는 게 있을 수 없어요.

게다가 입시 강사들이 연예인화되는 것의 연장으로 재테크 강사들에게 그런 팬덤이 형성되는 듯한데, 주의하십시오. 대중이 모이면 발생하는 고양감 또는 불안감은 모두를 취하게 만듭니다. 하지만 어떤 경우에도 술집 주인과 카지노 딜러는 항상 맨정신으로 있다는 점을 잊지 마세요. 내가 절벽 끝을 향해 달려가는 레밍 무리 중 하나인지, 나도 모르게 양떼몰이 당하는 건지 잘 생각해 보세요. 강사나 관련 업자뿐만이 아니라, 개인들조차도 모두가 자신의 자산 또는 입장에 편향이 있을 수밖에 없기에 누구의 말이건 항상 걸러 들으십시오. 모든 판단은 본인의 책임입니다. 강사 말 들어서 잘못 됐다고 하는 사람이 있다면 저는 차라리 강사 편을 들 겁니다. 항상 거리감을 유지하십시오. 재테크 시장에서 우리는 별과 별처럼 멀리 있답니다.

그래도 확실하게 피해야만 하는 강의는 몇 가지 있습니다. 예컨대 바람잡이를 넣어 선취매 한 악성 매물을 떠넘기는 사기성 강의들이지요. 이런 강의들은 활황 때 갑자기 떴다가 금방 사라집니다. 헌데, 사업을 하다 의도치 않게 사기가 되고 사기를 치려다 되려 사업으로서 성공하는 사례도 있는 걸 보면 참 어려운 문제입니다. 정히 이런 난장판에 들어가실 거라면 다음의 원칙을 가슴에 새기십시오. 차라리 1등으로 당해라. 그래야 나올 때 1등으로 나올 수 있다. 당할 바엔 차라리 먼저 쳐라. 어차피 칠 거면 크게 쳐라. 충분히 성공한 사기는 사업과 구분할 수 없다. 마지막으로, 나만 아니면 된다.

아, 무엇보다 돈 얼마 있는데 뭘 해야 하냐는 질문 함부로 하지 마세요. 돈을 들고 어떻게 하나 우왕좌왕하는 걸 티 내는 건 날 잡아 잡수라는 것과 다를 바 없습니다. 솔직히 처음 서울에 올라왔었을 때 적잖이 당황했었습니다. 가끔 저를 수소문해 찾아와서 내가 한 달에 몇천만 원씩 버는데, 몇십억 원의 자산이 있는데, 어찌해야 좋겠습니까 라고 묻는 사람들을 보고 있자면 참, 뭐랄까 이거 앞에 있는 사람이 사기꾼일까, 내가 사기꾼일까. 세상에 순진한 사람 참 많구나 싶은 생각이 들더군요.

특히나 의사분들이 그리 많았었어요. 대체 왜 그럴까요. 제가 나름대로 생각을 좀 해봤습니다. 부동산 시장의 네 가지 축은 상속, 사업, 금융, 의사입니다. 이 중에서 의사들만이 노동소득이기 때문이겠지요. 개원지가 필요하다는 특수성도 있구요. 잠깐 이 부분에 대해 짚고 넘어가지요. 의사들의 소득과 자산 증가 패턴은 부동산과는 다소 맞지 않는 부분이 있습니다. 상대적으로 정배열적이고 예측 가능하며 상방이 정해져있지요. 의사들은 이 아름답고 예측 가능한 패턴에 흠을 내길 꺼려합니다. 헌데 부동산이란건 먼저 사겠다고 달려들면 기본적으로 비쌀 수 밖에 없는 속성을 가지고 있습니다. 양자역학 같은 거예요. 아무도 안 쳐다보면 1억, 누군가 관찰하기 시작하면 10억입니다. 당장은 손해인걸 알아도 사야 할 때도 있지요. 개원지는 선점이 더 중요하니까요.

반면 성공한 사업가들은 경험해 봤습니다. 돈은 차곡차곡 버는게 아니라, 한 때 운으로 몰려 들어왔다 어느 순간 사라진다는 것을요. 그러니 오늘이 내가 제일 잘 벌 때구나. 이만한 목돈 다시 없다. 지금 이자 안 내면 나중엔 못 낸다. 내일은 오늘보다 나이 먹고 체력 떨어져서 오늘보다 더 못 번다는 마음가짐으로 땅에 묻는겁니다. 최상급의 부동산일수록 수익을 내기 위한 재화라기보다는 보험이나 사치재에 가깝습니다. 생각해보세요. 보험은 왜 가입하겠습니까. 내가 더 빨리 죽는다에 배팅하는 것 아닙니까. 제로섬 게임임을 가정하고 계리사들의 계산이 맞다치면 전부 보험사에게 유리한 싸움일텐데요. 그래서 토지 시장을 처음 보면 이게 무슨 다단계 피라미드 사기인가 싶을겁니다. 맞습니다. 이건 물귀신 같은 겁니다. 내 자리에 남을 놔야 내가 성불할 수 있어요. 그래서 최고 좋은거에는 보통 자식을 그 자리에 놓으려 하지요. 대물림은 대를 이어 물림이라. 이 고고한 흐름에 중간에 난입하기란 쉬운 일이 아닙니다. 이 보험에 신규가입하는데엔 입장료가 있다는거에요.

사치재로서의 속성으로도 생각해볼까요. 죽을 때 돈 싸들고 가지 못 합니다. 금석과 같던 맹세도 돈의 사기(邪氣)와 세월에 마모되어 사막의 모래바람으로 흩날립니다. 아귀떼들만이 주변에 붙어 나 언제 죽나 관찰하고 있는거 보면 이 내 생에 다 쓰고 가버리겠다는 마음이 들게 마련이지요. 피라미드도 내 살아 생전에 건축해야 자기만족이라도 하지, 죽고나서 피라미드 다 부질없습니다. 고대 이집트의 파라오들도 피라미드는 자기 생전에 건축했다구요. 지평선을 달리던 위용 높던 군세와 바다를 일으키던 권력도 다 부질없이 스러져 피라미드 한 켠에 안장되었지요. 마지막의 마지막엔 한 줌의 땅만이 필요하답니다. 이렇게 남들은 선점하고 손해를

감수하고 자아실현 하고 있는데, 계산을 세우고 들어가니 방법을 찾을 수 있을 리 없습니다. 계산과 생각과 취향은 모두 다르단 걸 다시금 강조 드리지요. 그래서 이 피라미드 다단계 사기판에서는 앞서 말한 여섯가지 원칙 중 첫 번째를 수행하기가 가장 어렵습니다. 차라리 빨리 당하세요. 피라미드에 들어갈 미라를 만들 때 뇌를 빼던게 괜한게 아닙니다. 누가 더 빨리 뇌를 적출하는가의 싸움이에요. 채찍질 당하며 남의 피라미드 지어주지 말고 내 피라미드 지어야 합니다. 그래야 다음 노예가 와서 벽돌 한 장이라도 더 얹어주거든요.

　각설하고, 다시 의사 이야기로 돌아와서 병의원이 왜 우량 업종으로 대우받겠습니까. 너무 정직하고 순진하세요. 남들은 조금만 거슬려도 드러눕고 이마에 빨간 띠 두르고 삭발식 하는데 의사들은 월세 꼬박꼬박 내고 건물주가 하라면 하란대로 다 합니다. 서러워서 내 건물을 사긴 사야겠는데, 세무조사가 무섭지요. 국세청에서 행운의 편지를 보내오면 이번엔 또 내가 무슨 죄를 지었나 지나온 삶을 반추하게 됩니다. 그것까지 감수하고 알아보자니 내 뼈 갈아넣어 남의 뼈 채워주는게 본업이라 폐쇄계의 정보를 일일히 알아보러 돌아다니기 힘듭니다. 그래서 온갖 곳에 상담을 받으러 다니시는거에요. 그런데, 대한민국은 의사가 되기 위해 공부하고 의사가 되지 못 하면 의사를 벗겨먹을 직업을 가지려 발버둥치는 곳이라는 걸 잊지 마세요. 그런 상담을 받아주는 절대다수의 사람은 학창시절에 당신보다 공부 못 했고, 또 수십 수백억 건물을 검토할 정도인 당신이 버는 소득이나 가진 자산의 십 분지 일도 안 되는 사람이 대부분일거거든요. 그들은 당신 시간의 부스러기를 주워먹는 자들에 불과합니다. 거기 옆에 지나가는 변호사 웃지 마시고요. 남 말 할 처지 아닙니다. 사짜 달린 직업들이 사짜들에게 당하는 세상이에요.

물론 부, 지식, 학력, 경험은 모두 별개입니다. 돈으로 남의 노하우를 사는게 더 효율적인 경우도 많지요. 저야 무식하면 용감하다고 이렇게 말을 하고 있습니다만, 그만한 자산과 능력이면 본인 스스로를 조금 더 신뢰하시란 의미에서 드리는 말씀입니다. 어차피 남들 말 다 무의미합니다. 이런 큰 결정은 아무 생각없이 작두 칼날 위를 무아지경으로 걷다 어느 찰나의 순간 접신하듯 결정해야하는거에요. 이건 내가 지금 작두를 타고 있구나 인식하는 순간 썰려버리지요. 내가 타던게 개작두일지 용작두일진 썰려봐야 아는거구요. 그러니 막연하게 어디가 올라요, 뭐 사야해요 같은 거 물어보시려면 그냥 차라리 사주팔자 보러 점집 가시거나 요새 유행하는 MBTI에 따라서 투자하세요. 그거나 다른 난립하는거나 별반 차이 없답니다. 이 시장을 들여다보며 참여자들을 관찰해보니 평생 괴력난신 안 믿던 제가 사주팔자를 공부해야겠단 필요성을 느끼게 되더군요.

물론 압니다. 심리적 위안을 위해서일 뿐이겠지요. 큰 결정이니까요. 재벌가도 거물 정치인들도 점 보러 다니는걸요. 하지만 사람이 약해질 때 다가오는 자들을 가장 경계하십시오. 남편, 마누라, 자식놈들도 못 믿는데 어찌 다른 사람을 믿습니까. 제발 다른 사람 좀 믿지 마시고, 특히나 인터넷의 사람은 더 믿지 마세요. 인터넷은 수능 4등급이 2등급을 가르치는 동네라구요. 인터넷의 상대는 누군지도 모를 상대인 데다 어쩌면 악의를 가지고 답을 달 수도 있지요. 게다가 이 시장의 특성상 민감한 정보를 공개하지도 못하기에 두루뭉술한 질문은 누가 와도 양질의 답변을 달기도 힘듭니다. 그저 화살을 동쪽으로 쏴라 정도가 한계입니다. 결정적인 내용은 반드시 법전 원전과 판례를 기준으로 공인된 전문가의 조언과 인허가권자와 상담을 통해 스스로 판단하셔야 합니다.

뭐, 어떤 강의를 듣든 철칙 하나는 있습니다. 자본주의 시장은 모두가 부자가 되게 하지 않는다는 것이지요. 모두가 부자가 될 수 있다는 것은 시작부터 모순과 왜곡이 있다는 겁니다. 애초에 부자에 대한 환상을 갖지 마십시오. 부자들의 특징, 삶의 방식 이런 것도 별 쓸모 없습니다. 제가 만나본 부자들의 공통점은 돈이 많다 하나뿐이던걸요. 백인백색이에요. 부자들이 죽으면 따라 죽으실 겁니까. 순장 당하고자 하는 그 충절만큼은 노비로서 적합하군요. 천 리 길도 한걸음부터라고. 초심자에게 좋은 강의는 가장 원론을 가르치는 강의입니다. 요즘은 유튜브나 블로그 등이 잘 되어 있어 기초적인 건축법에 관련된 것이나 상권분석, 경매 같은 것의 기본적인 내용은 정확한 용어만 안다면 검색만으로도 알아낼 수 있거나 저렴한 수업료로 충분히 알 수 있어요. 모든 분야를 처음 배우는 데는 명목상의 수업료뿐만 아니라 실패 경험을 통해 내는 무형의 수업료가 있지요. 강의의 선택에도 마찬가지입니다.

마지막으로 한 가지만 더 말씀드리지요. 굉장히 역설적인 말입니다만, 매도와 매수의 순간엔 지금껏 배운 것은 모조리 잊어버리십시오. 마지막 순간에는 무소음의 백색 방에 나와 선택 버튼 하나만이 오롯이 남아있는 그 감각을 느끼게 됩니다. 부디 그 관문을 무사히 통과하시길 바랍니다.

작은 건물이나 큰 건물이나
본질은 같다

물론 건물을 사고파는 것도 중요하지만, 이건 건물을 보유하는 전체 기간 중에 찰나에 불과합니다. 내가 투자할 재화가 본질적으로 어떤 속성들을 지니고 있는지는 알아야 하지 않겠습니까. 시장을 둘러보니 정작 건물을 장기로 보유하는 입장에서 제일 중요한 건물의 구조와 관리, 필지의 개발이나 임대차 계약에 대해서는 거의 언급들이 없는 게 아쉽더군요. 건물에 관련된 전반적인 모든 분야를 어느 정도는 두루 알아야 하는 게 건물주입니다. 이건 문제가 생겼을 때 직접 처리하란 의미가 아니에요. 일반인의 입장에선 어떤 문제가 발생했을 때 이걸 해결하려면 어떤 분야의 누가, 또 무엇이 필요한지 정도만 알아두면 충분합니다. 하나하나 전부 다 알려고 하면 평생 공부만 하다 끝나버릴 수도 있습니다. 오히려 너무 잘 알면 못 사기도 하구요. 그러니 스페셜리스트보다는 제네럴리스트가 되십시오. 그걸 위해 내 건물에 적용되는 부분들만이라도 알아두시면 좋다는 겁니다.

그렇다면 건축법을 알면 어떤 점이 좋을까요. 역시 건축법을 알고 있으면 건물을 볼 때 개략적인 판단이라도 즉시 할 수 있다는 점입니다. 보통 급매로 나오는 매물은 전문가와 인허가권자에게 일일이 확인을 받을만한 시간적 여유가 없을 때가 많아요. 빠른 판단이 성패를 가를 때가 있지요. 기존의 보유자의 입장에서도 내 건물의 잠재력을 어떻게 해야 최대한 이

끌어 낼 수 있을지 방향성을 알 수 있게 해줍니다. 그러니 기본적인 건축법은 숙지하시고 관심 있는 분야에 대한 질의회신집이나 지역 조례의 변화 같은 것들은 항상 꾸준히 보고 있어야 합니다.

건축법에 대해서 예시로 쓸만한 건물이 없나 성수 일대를 둘러보던 도마뱀의 눈에 한 건물이 들어온다. 맨 위층의 마감이 다른 걸 보니 수직으로 증축한듯한데, 보아하니 이 건물은 원래는 좌측 건물과 똑같이 생긴 건물이었군요. 또 그 옆의 건물은 신축을 했구요. 구축과 리모델링과 신축이 나란히 있는 재밌는 사례입니다. 이건 앞면의 계단을 철거하고 측면에 계단을 배치해 4층까지 갈 수 있게 한 뒤 원래 계단부의 통로를 테라스 형태로 처리한 겁니다. 이런 소형 증축 사례는 성수동 인근을 둘러보면 종종 볼 수 있지요. 준공업지다 보니 용적률이 남는 경우가 있고 일조사선제한도 받지 않기 때문입니다.

다음 건물은 성수동의 28평짜리 대지의 주택을 약 14억 원에 매입한 사례입니다. 상업용으로 용도변경 후 3층은 12평, 4층은 8평으로 두 개 층을 증축한 겁니다. 이 경우엔 아래층과의 면적 차이는 테라스나 옥상 공간으로 처리했군요. 총 증축 면적은 20평 정도입니다. 자, 여기서 왜 하필 20평일까요. 1, 2층은 각기 14평인데 말입니다. 이왕 할 거면 14평씩 두

개 층을 증축하는 게 좋지 않았을까요. 반듯해지도록 말입니다. 아닙니다. 이 건축주가 정확한 선택을 한 겁니다. 여기서 중요한 부분을 한 가지 짚고 넘어가지요. 보통 건축면적이 늘어나면 주차장을 추가해야 하는데, 주차장 관련법에는 보통 이런 단서조항이 있습니다.

> 설치기준에 따라 주차대수를 산정할 때 소수점 이하의 수가 0.5 이상인 경우에는 이를 1로 본다. 다만, 해당 시설물 전체에 대하여 설치기준을 적용하여 산정한 총주차대수가 1대 미만인 경우에는 주차대수를 0으로 본다.

기본적으로는 서울시 기준으로 건축면적 약 134제곱미터당 주차 한 대를 확보해야 합니다. 그런데 위 조항에 따르면 약 67제곱미터의 증축까지는 주차장을 추가할 필요 없이 증축할 수 있다는 거지요. 단, 이렇게 증축한 뒤 두 번째 증축부터는 0.5대 미만 규모를 추가로 증축하더라도 이전 증축 면적을 포함해 요구되는 주차공간을 확보해야 합니다. 즉, 20평이 딱 주차 구획 추가 없이 증축할 수 있는 한계였다는 거지요.

하나 더 살펴보지요. 이건 압구정 로데오의 한 건물입니다. 건물 양쪽의 마감이 다르게 보이시지요. 원래의 주차장 면적 위에 철골로 필로티 형태의 증축을 한 겁니다. 옛날 건물이라 건폐율과 용적률이 조금은 더 남아있었고, 기둥을 설치할 여유공간이 조금 남아있었나봅니다. 1층의 주차공간은 유지한 채로 2층과 3층에 각기 6평을 증축했지요. 필로티로 지은거다 보니 아래쪽의 정화조 같은 설비를 파내지 않아도 됐었겠구요. 이 또한 증축되는 면적의 합이 40제곱미터 미만이니 주차구획을 추가하지 않고 가능했던 것입니다. 그리고 증축부의 가장 윗쪽은 4층과 평평하게 만들어 옥상 테라스로 처리했는데, 이게 루프탑이 된 것이지요. 증축했을 당시만

해도 루프탑이 크게 의미가 없었었지만, 세월이 흘러 옥상 루프탑이 유행을 타고 압구정 로데오가 다시 되살아남으로 인해 효자 노릇을 톡톡히 하고 있습니다.

여기서 깨달아야 할 점은 모든 규제에는 임계점이 있다는 겁니다. 이 범주 안에서 최대한 유리한 지점을 찾아내는 것이 중요하지요. 예컨대 증축되는 면적이 약 94 제곱미터라면 필요한 추가 주차 대수는 0.7대로 반올림 되어 1대입니다. 187 제곱미터로 증축한다면 추가 주차 대수는 1.4대가 필요한데 이것 또한 반올림하면 1대입니다. 둘 다 1대가 필요한 증축이지요. 어차피 1대가 추가되어야 한다면 187 제곱미터에 최대한 가깝게 증축을 하는 겁니다. 여기에 건축법에서는 85제곱미터 미만의 증축은 허가사항이 아닌 신고사항이라, 먼저 건축주가 공사를 하고 구청에 신고하는게 가능하단 점을 같이 이용해서 직영공사를 할 수도 있지요. 신축에서도 처음부터 증축을 염두에 두고 설계한 뒤 준공 완료 후 곧바로 증축해서 추가적인 공간을 확보하는 방법이 가능하긴 합니다만, 이렇게까지 하려면 그 번거로운 신고 수리 과정과 중첩되는 공정을 감수해야 한다는 게 난점이지요.

사실, 이런 걸 모두 하나하나 따져보는 건 아주 어렵습니다. 거기다 필지가 작을수록 수요 예측이 쉽지 않고 활용성이 떨어지며 공사비의 단가가 높아지기에 숙련자의 영역입니다. 하지만 작은 건물일수록 이 조그만 면적의 증축과 멸실, 그리고 이에 부대 되는 주차대수, 조경면적, 계단의 변경 같은 것들을 얼마나 자유자재로 사용하느냐가 성패를 가릅니다. 물론 어려운 일입니다. 하지만 남들이 어렵다고 꺼리는 것을 해결해야 돈이 됩니다. 남들이 쉽게 접근하는 것에선 기회가 적을 테니까요. 이 외에도 건축법에서 일정 면적 이하에서 계단의 규격에 대한 규제 완화, 외부 계단의 일부를 건축 면적에서 제외해주는 혜택, 에어컨 실외기 공간에 대한 용적률 혜택, 주차장이 면제되는 구역이라거나, 지정제 건축선 같은 것들이 있지요. 하나하나 잘 알아보셔야 할 겁니다.

어디 또 다른 예시를 하나 볼까요. 이 건물은 원래 모텔 건물이었습니다. 리모델링을 하며 전체를 숙박업소가 아닌 근린생활시설로 용도변경을 했지요. 그리고 추가로 건물 모서리 공간에 3평짜리 공간을 증축했습니다. 면적이 작다 보니 방금 말했던 주차장이 필요가 없는 증축이지요. 여기는 사무실 상권이라 평일 점심에만 사람이 많습니다. 그래서 테이크아웃 커피 전문 매장이 들어왔어요. 이 작은 공간에서 사람 셋이 서로 등을 맞대서 분업하여 응대, 제조를 분담하지요. 점심시간 전후로 6시간 정도

만 영업합니다. 다른 업종이라면 거의 쓰지 못할 평수와 입지지만, 정확하게 필요한 업종에 필요한 공간만큼 증축한 거지요. 이런 경우는 아마 임차인을 미리 구해놓고 증축을 한 거겠지요. 결과적으로 이 업장은 5년이 넘도록 성업 중이니 지속성 측면에서도 합격입니다.

이처럼 작으면 작은 나름대로, 크면 큰 나름대로 건축법의 여러 가지 조항을 활용

합니다. 준공업지와 같이 용적률이 높은 곳에선 다세대주택, 다가구주택, 근린생활시설, 오피스텔, 도시형 생활주택 등을 분할 조합해서 단일한 조합보다 더 높게 지은 것들이 종종 보이는 게 그 예시지요.

마침 성수 쪽에 왔으니 서울숲 쪽에 예시로 들기 좋은 유명한 건물이 있습니다. 바로 저 클리오 사옥입니다. 이 건물은 제가 아는 상식보다 높게 지어졌던데, 궁금해서 공부를 열람해보니 지상층이 주차장이더군요. 아마 지하를 파는 비용이나 진입로 때문에 발생하는 면적 손실 등을 생각해봤을 때 차량용 엘리베이터 두 대를 이용해 고층에 주차장을 배치하는 게 더 낫다고 판단했나 봅니다. 이렇게 지상층에 주차장을 배치한다면 다른 제약이 없다고 가정할 시 그만큼 건물의 높이를 더 올릴 수 있습니다. 주차장 면적은 용적률 산정 시 제외되기 때문이지요. 이 건물은 이렇게 높아진 덕분에 옥상 층에선 한강 조망이 더 잘 나오겠군요.

이렇듯 고급지나 땅값이 비싼 곳에 가면 어떻게든 주어진 조건을 최대한 활용하려 한 건축물들이 많습니다. 아는 만큼 보인다고, 건축법을 공부해서 나의 필지와 비슷한 조건의 건축물에서 건축주의 의도를 분석해보는

연면적을 산정할 때 용적률에서 제외되는 공간

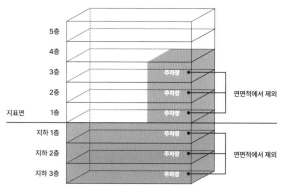

게 필요합니다. 소위 리버스 엔지니어링이라고 하지요. 지역별 차이는 있겠지만, 기본적인 틀은 비슷하기에 나의 필지와 비슷한 조건을 가진 곳들을 둘러보는 게 중요합니다. 예컨대 준공업지와 상업지는 대체로 경사나 단차가 그리 심하지 않습니다. 하지만 저희 건물 같은 경우엔 상업지임에도 필지의 앞뒤로 단차가 있습니다. 그래서 상업지의 단차라는 조건을 가진 역삼역 방면 오르막은 참고가 많이 됐지요. 지역별로 세부적인 건 다를 수는 있지만, 기본적인 틀은 같거든요.

오소리씨는 기억을 더듬으며 서울에서 경사나 단차가 두드러지는 동네를 하나씩 말해준다. 서울 시내에서라면 제가 아는 한에선 버티고개 쪽이나 흑석동, 장위동, 효창동 정도가 있을 겁니다. 고급지 중에서 찾아보자면 서울 시내 쪽에선 한강진 쪽이 대표적일 거에요. 여기서 강변북로를 타고 갈 수 있습니다. 제가 태워다 드릴 테니 한 번 같이 가보지요.

chapter 6

한남과 이태원
취향과 문화의 힘

사무실은 필수재,
사옥은 사치재

강변북로를 통해 한강진에 도착해 일대를 차로 둘러보는 중에 오소리씨는 고갯짓으로 길 건너편을 가리킨다. 저길 보세요. 구찌 매장이 있지요. 이 도로는 강북, 아니 서울의 대표적인 고급지입니다. 저기 안쪽으로 가보지요. 오소리씨는 핸들을 꺾어 뒷쪽 도로로 들어간다. 여기는 앞뒤로 도로를 접하고 있는데 뒷쪽이 대로변보다 한참 낮아 뒷쪽에 주차장이 있거든요. 도마뱀은 급격하게 지대가 낮아지는 것을 느끼며 차 창문을 내려 창밖으로 고개를 내밀어 본다. 확실히 서울 시내에서 이만한 단차는 처음 봅

니다. 방금 전까지 보던 건물들의 1층이 여기에서 보면 5층 정도로 보이는군요. 말씀하신대로 용적률 혜택을 직관적으로 보기에는 최적입니다.

오소리씨는 한 건물의 뒤편에 차를 세우고 발렛 주차를 맡긴 뒤 올라가 보자며 건물들 사이의 계단 쪽으로 발걸음을 옮긴다. 우리가 지금 걸어 올라가는 이 계단 옆의 건물은 현대카드 뮤직라이브러리지요. 저쪽엔 맥심 플랜트가 있구요. 구찌 같은 명품 기업뿐만 아니라 여러 의류나 자동차 관련 기업들이 자신들의 마케팅을 위해 높은 임대료를 낼 용의가 있는 서울의 몇 안 되는 고급지입니다. 사실, 서울에 이렇게 형성될만한 상권은 손에 꼽거든요. 에르메스는 도산공원으로. 구찌는 여기 한남동. 디올은 단기간이나마 성수에 매장을 냈지요. 다른 곳이 또 어디 있을까요. 그다지 많지가 않습니다.

오소리씨는 뒤를 돌아보며 손으로 멀리 어딘가 몇 군데를 가리키며 말한다. 높은 데서 보니 골목 사이사이마다 상권이 어느 정도 형성되어있는게 보이지요. 이 아래 쪽에 상권이 형성되는 것 또한 이렇게 고급 상권이 존재하니까 사람들이 물처럼 아래쪽으로 흘러내려 가는 겁니다. 이 경사가 말 그대로 낙수효과를 받게 만드는 거지요.

도마뱀은 일대 토지가의 시세를 잠깐 확인해본다. 이 동네는 평당 토지가격이 굉장히 비싸구나. 이 정도 투입비용이면 요구수익률에 따른 월세는 얼마로 책정되어야 할까. 도마뱀은 잠깐 계산해보다 무의미한 걸 깨닫고 관둔다. 당연하겠지만 이 매장의 매출에서 나오는 마진은 큰 의미가 없겠지요. 실사용과 홍보 효과, 사치재로서의 속성에 무게추가 실려있을 테니까요. 이런 건물의 소유주들 또한 그 문화를 소유하고 활용한다는 가치 자체에 주안점을 두는 경향이 있는듯 합니다.

이제는 명품에서뿐만 아니라 부동산에서도 모두 개성을 드러낼 수 있는 필지와 건축물을, 그리고 그 지역의 문화를 삽니다. 연예인들이나 유명한 재력가들 또한 여기를 바라봅니다. 그들의 취향은 까다롭지요. 이들은 자기실현적 예언을 할 수 있는 저력이 있습니다. 때문에 다소간의 비효율성은 대수롭지 않게 여기는 경우도 있겠지요. 그들에게 중요한건 가치의 인정과 보존이니까요. 가히 사치재라고 할만합니다. 단순히 임대목적으로서는 접근하기 아주 까다롭겠지요.

그리고 이렇게 공고한 취향과 문화의 말뚝에는 그에 수혜를 입어 많은 문화적 소산물들이 나오기에 크고 작은 고부가가치 업종들이 함께 몰려있지요. 이렇게까지 경사와 단차가 있고 꼬불꼬불한 길의 작은 필지들이 한남동이 아니라면 수요가 있었을까요. 이 켜켜이 쌓인 문화적 유산을 원하는 임차인들은 이 틈을 비집고 들어가고 싶어하기에 경사와 단차가 있는 작은 필지에서도 수요가 만들어지는 거지요. 그래서 그런지 작은 사옥들도 여기저기 많이 보입니다. 저쪽만 봐도 제일기획이란 회사의 사옥이 있군요.

오소리씨는 제일기획 사옥에 얽힌 이야기를 도마뱀에게 들려준다. 저게 원래는 삼미유통 소유의 비바 백화점이었지요. 지어진 지 얼마 되지 않아 경매에 나왔었어요. 제일기획이 당시에 200억 원 정도에 낙찰받았었지요. 그 직후 IMF가 터지고 모두가 추풍낙엽처럼 쓸려나갈 때 제일기획은 이걸 매물로 내놓았다 팔리지 않자 사옥으로 사용했다 합니다. 결과적으로 당시보다 훨씬 오른 가격이 되었습니다.

도마뱀은 어렸을 적 희미한 기억을 떠올린다. 제가 초등학교에 입학했을 무렵이군요. 뉴스에서 하루가 멀다 하고 기업들이 부도로 넘어갔다던 뉴스가 나오던 게 어렴풋이 기억납니다. 그런 위기 상황에서 토지의 소유권을 스스로 사용하는 것으로 방어하며 놓지 않을 수 있다는 점은 오랜 시간을 들여야하는 부동산 시장에서 사옥이 갖는 장점 중 하나지요. 이런 사옥을 원하는 이들은 보통 단독으로 한 건물을 통째로 쓰는 걸 선호합니다. 소위 통임대입니다. 아무래도 홍보 효과도 있고, 사업체를 운영하시는 분들에게 단독으로 사용하는 사옥은 주거에서의 자가와 같은 안정감을 주기 때문이지요. 앞서 사례처럼 사업이란건 불안정합니다. 지난 수십년간 존재했던 수많은 기업들 중 현재까지 몇 개나 살아남아 있을까요. 하지만 땅은 그 자리에 남아있지요. 땅은 거짓말을 하지 않습니다. 사람이 거짓말을 할 뿐. 무엇보다 사업 모델은 복제가 가능하지만, 필지의 개별성과 한정성은 복제가 불가능하다는 점이 수요자들에게 와닿는듯 합니다. 최근엔 지금리 때문에 지가 상승을 기대하고 월세를 내느니 이자를 내겠다는 시각도 있고요. 아무래도 핵심지들의 땅값이 갈수록 비싸지다 보니 사옥 또한 임대 목적보다는 실사용자들의 시장으로 고착화 될 것 같습니다.

서울의 고급지와 핵심지의 통임대 사옥들, 이것들이 땅값을 크게 끌어올린 한 축일 겁니다. 제가 서울을 둘러봤을 때 이런 사옥들이 모여있는 곳은 당연히 강남, 그리고 홍대 일대와 성수, 그리고 지금 둘러보고 있는 한남동 일대 정도가 떠오르는군요. 먼저 강남에서의 일반적인 기준을 생각해보지요.

우선 건물 자체로 먼저 볼까요. 실제 크기 대비 건물이 부피감 있고 웅장해야 합니다. 계단을 외부에 두르는 것도 이 부피감을 확보하기 위한 일환이기도 합니다. 외장은 별개 임대를 주는 건물과 달리 마감이 전체적으로 일체감이 있어야 합니다. 마치 자기 건물인 것마냥 한 건물을 통째로 쓴다는 인상을 줘야 하기 때문이지요. 건물에는 가급적 사선 형태가 없는 게 좋지만, 만약 일조사선제한이 적용된다면 측면에 적용되는 것보단 건물의 앞이나 뒤에 있는 편이 좋습니다. 요즘은 일조사선제한을 받는 부분을 테라스로 처리하는게 보편적이지요. 외부의 흡연공간이나 휴식 공간을 원하는 수요가 많으니까요. 테라스가 없다면 옥상에라도 휴식 공간을 만들어야 합니다. 화장실은 당연히 남녀분리여야 하구요.

외부에서의 부피감과 시인성 뿐만 아니라 내부에 들어갔을 때도 사람들에게 좋은 인상을 심어줘야 합니다. 그래서 층고도 높아야 하는데, 층고는 리모델링으론 개선하기 힘든 요소다 보니 가급적 신축 건물이 좋지요. 엘리베이터는 최대한 커야 하고, 지하나 옥상이 있다면 거기까지 운행할 수 있어야 합니다. 엘리베이터를 가급적 내부 전용으로 사용할 수 있으면 좋긴 합니다만, 이런 방식은 통임대가 되지 않을 경우엔 위험성이 아주 큽니다. 통임대란 말은 공실이 한 번 나면 공실률 백 퍼센트라는 것을 잊지 마세요. 텅임대가 되는 수가 있습니다.

사옥용 건물은 통임대만을 위해 설계가 된 것이 있고, 추후 별개 임대를 줄 수 있도록 설계된 것이 있는데 건물주 입장에선 후자가 안정적이지만 별개 임대를 주게 된다면 통임대의 수익률보다 훨씬 못 한 경우가 많아요. 왜냐하면 통사옥은 보통 일반적인 상권으로서는 그리 좋지 못한 곳에 있는 경향이 있기 때문입니다. 이건 상가의 핵심인 1층이 그닥 힘이 없다는 이야기에요. 대신 그만큼 고즈넉하고 깔끔한 주변환경이 있어야 하지요. 사옥의 수요층은 주변에 오래된 세탁소나 영세한 마트 같이 생활감이 있는 곳을 기피하는 경향이 있습니다. 오래된 주택가의 느낌이 있는 곳이나 너무 시끌벅적한 먹자 골목 근처 같은 곳은 선호하지 않아요. 그래서, 원래 주거지였던 곳이나 번화가 근처를 사옥으로 만드는 것은 조금 주의할 필요가 있습니다. 강남의 대로는 네 개의 층위로 이루어져 있는데, 대로변이야 물론 좋지만 가격이 너무 비싸고, 그 바로 뒤는 먹자와 유흥 상권이 있지요. 그 다음이 일반적인 사무실들 건물들이 몰려있고 그 뒤가 주거지입니다. 작은 사옥으로서는 세 번째 층위가 가장 적합합니다.

또한 시인성이 좋아야 하니 가급적 코너 건물이어야 하지요. 코너는 도로를 두 개 이상 접했단 거니 차량 접근성과 주차에서도 장점이 있습니다. 이 접근성에서는 중요한 점이 있는데, 차량으로 대로에서 두 번 이상 꺾어 들어가면 안됩니다. 일방 통행은 기본적으론 좋지 않은 요소지요. 일방통행이 있다면 적어도 대로변에서 들어올 때에는 거슬림이 없어야 합니다. 또한 극단적으론 1층 면적을 거의 없애는 한이 있더라도 주차를 최대한 많이 넣어야 합니다. 앞서 지적했듯 어차피 일반 상권으로서의 힘은 약한 편이 많으니까요. 고속도로 IC 또는 지하철 역에 가까워야 직원들의 출퇴

근이 좋단 점은 두 말 할 필요가 없지요.

이런 사옥은 크게 세 가지로 나뉩니다. 건물 전체를 사용하거나, 1층만 임대를 주고 나머지 층을 다 쓰거나, 맨 윗 층만 쓰는 경우지요. 전체를 쓰는 사옥은 앞서 말한 특징들을 대부분 포괄하니, 다른 경우들을 한 번 보지요.

우선 1층만 따로 임대를 주는 경우입니다. 보통 상가는 1층의 임대료가 가장 높다는 걸 생각해보면 이를 포기하기는 어렵지요. 다만 입점업종을 가립니다. 건물 전체의 인상을 중요시하다 보니 양재천변이나 선정릉 근처 일부 건물들처럼 1층에 깔끔하고 예쁜 업종이 있길 원합니다. 결국, 외부인들에게 어떻게 보이는가가 핵심인 건 동일합니다. 사실, 테헤란로의 대형 건물들 같은 경우엔 1층에 카페들이 있는 이유도 비슷한 거에요. 1층의 수익보다는 윗 층의 수익이 훨씬 크니까 1층은 그저 깔끔한 업종만 있어도 충분하지요.

다음으로 사무실 한 칸을 위해 맨 위층만 쓰는 경우입니다. 의사나 변호사, 강사 같은 직종들이 많이들 택하는 방식이지요. 이건 상대적으로 단독 건물의 홍보 효과가 덜 중요하기에 입지 선정이 훨씬 자유롭습니다만, 나머지 공간에 대한 임대 계획이 중요합니다. 무엇보다 이런 경우엔 본인이 쓰니까 채울 수 있는 거지, 다른 업종이 과연 내 적정 요구수익률대로 임차를 희망할지를 생각해 봐야 합니다.

다음은 지역별 차이입니다. 강남은 다른 지역보다 상대적으로 강남에 반드시 있어야 하는 외지인들의 수요가 많습니다. 강남의 작은 사옥은 고급지에 대한 선호이자, 일종의 입장 자격 같은 느낌입니다. 이미 어느 정도 사업이 안정 궤도에 들어선 업체들의 사옥은 약간 외지더라도 대로변이 상대적으로 많다면, 단독 사옥은 성장해야 할 필요가 있거나 홍보의 필요성이 있는 회사의 수요가 좀 더 많기에 주소지에 청담동, 서초동, 역삼

왼쪽부터 홍대, 강남, 한남의 사옥들

동, 신사동 등이 찍혀야 할 필요성이 있지요. 테헤란로 이남과 이북의 경계가 명확히 드러나는 시장입니다. 이들은 반드시 여기에 있어야 하는 이유가 있기 때문에 단기로라도 임대를 들어가고, 전대에 대한 요구도 많습니다. 상대적으로 터전이라기보다는 단기 목적성이 강하지요. 그러니 냉난방기나 화장실의 편의시설 같은 기본적인 설비는 임대인이 해놓는 게 좋습니다. 집기류만 들이고 바로 영업할 수 있게 할 수 있도록 말이지요. 업종 또한 신생 IT나 엔터테인먼트쪽이 많기에 상대적으로 수명이 짧습니다. 하지만 이걸 회전율로 상쇄하지요. 주거로 비유하자면 강남의 단기 풀옵션 원룸 임대 같은 겁니다.

강남의 사옥이 수요자층으로선 외지인, 업무 형태로서는 아웃바운드의 성격이 강하다면 홍대나 한남은 현지인과 인바운드의 성격이 강합니다. 해당 지역에 생활로서든 사업적으로서든 뿌리내린 자들의 비중이 높지요. 토착성이 더 강하단 겁니다. 그리고 업종이 상대적으로 더 다양하고 또 잘 바뀌지 않습니다. 그래서 임대보다는 매입을 통해 직접 짓는 비중이 상대적으로 높지요. 생활 터전이자 사업의 기반지이기에 윗층에 주택을 넣는

이태원의 한 사옥.
건축주이자 임대인의 취향이 진하게 반영되어 굴곡진 모습이 아주 독특하다.

경우도 있습니다. 여기 한남동의 한 사옥 또한 맨 위층이 주거인 게 그 예
시입니다. 강남에서는 잘 하지 않는 일이지요. 홍대나 한남동은 좀 더 이
면이라도 선호되고 실사용자의 비중이 더 높습니다. 그래서 건축물에 건
축주의 취향이 아주 진하게 묻어있지요. 홍대와 같이 넓은 상권에선 대체
할 수 있을 만한 필지가 많고 필지와 건물의 종류 또한 다양해 종종 다가
구나 단독을 취향대로 고쳐서 사옥으로 쓰는 경우도 보입니다. 이런 점들
은 개발 후 매각이나 임대수익을 원하는 사람들에겐 난점으로 작용합니
다. 수요와 취향을 맞춰주는 게 어렵지요. 그래서 소형 사옥 열풍에 강남
이 유독 더 반응했던 것일 수도 있습니다. 상대적으로 외지 수요가 많고
정형화되어있으니까요. 반면 한남동이나 이태원은 사옥으로 쓸만한 입지
자체가 비교적 모자란 편입니다. 또한, 한남동이 조금 더 고급지의 성향이
강해서인지 통임대를 선호하지요. 방문자들의 이동 수단도 차이납니다.

한남과 강남을 오갈 때는 지하철보다는 차량으로 더 많이 이동할 겁니다. 그래서 한남동은 안쪽에 있더라도 차량 주 동선, 조금이라도 더 넓은 도로에 위치하는 게 아주 중요합니다. 반면 홍대나 이태원은 상대적으로 지하철과 도보의 힘이 더 강하지요. 대로변엔 상대적으로 일반적인 업종들이 자리하고 있구요.

다소 거칠게 표현하자면 홍대나 이태원의 사옥은 조금 더 자기 만족적, 한남동이나 강남은 외부 과시적입니다. 어느 게 더 우월하냐의 문제가 아니라 성향의 차이고, 전체적인 인상을 말한 것입니다. 강남이라고 토착성이 없는 건 아니지요. 학동역 근처는 자가사용자의 비율이 높아 보이고 마포 쪽은 임대 비율이 높은듯했습니다. 이 외에도 대학교 근처의 산학연계를 위한 경우나, 공단 근처에서 넓은 땅에 짓는 경우들도 있지요. 이런 자가사용자들의 필요나 취향은 일반인들이 추론하기가 참 힘듭니다.

자, 다음으론 사옥의 위험성에 대해서도 이야기 해보지요. 통임대를 염두에 뒀지만, 임차인이 일 층 혹은 특정 층만 안 쓰겠다고 하면 참 힘들어집니다. 보통 일 층의 임대료를 가장 비싸게 책정하려 하는데, 앞서 말했듯 정작 사옥의 위치는 일 층에 그 임대료로는 뭔가 들어오지 못할 만한 곳에 있는 경우가 꽤 있거든요. 임대인이 정 통임대만을 고집하면 임차인이 통임대 후 전대를 요청하는 경우도 간혹 있습니다만, 이게 됐다면 임대인이 먼저 따로 맞출 수 있었겠지요. 모순입니다. 애초에 이럴 바엔 다른 층별 임대가 되는 곳을 가겠지요. 그리고, 그 높은 월세를 감당할 정도면 그냥 건물을 매수하지 임대로 들어오지 않을 수도 있다는 걸 감안해야 합니다. 사옥은 임대, 매매 두 부문에 있어서 경쟁이 더욱 심하다는 점을 주의하세요.

또한 단독 건물의 특징과 정확하게 그 입지가 필요하다는 특수성은 다른 업종보다도 더욱 임대에 있어 회전율을 떨어뜨립니다. 그래서 처음 사옥으로 임차가 맞춰진 건물은 다소 위험합니다. 회전율과 안정성에 대한 검증이 안 되기도 했고, 한 명만 설득하면 수익률을 단기간에 올리는 것은 일도 아니니 리스백이 정말 쉬운 구조지요. 그러니 두 번 정도는 임대차 손바뀜이 돌거나 5년 정도는 지속되어야 검증되었다고 볼 수 있습니다. 가급적 서로 다른 업종으로요. 한 가지 업종만으로 유지되던 것은 사회 흐름에 따라 한때의 유행으로 끝나버릴 수 있습니다.

마지막으로 특히나 사옥에선 보증금이나 계약 기간 너무 믿지 마세요. 아까 통임대가 위험하다고 그랬었는데, 포괄양수도라고 해도 임대인이 바뀌면 임차인은 남은 계약 기간과 관계없이 계약을 해지할 수도 있다는 것을 보통 잘 모르시더군요. 이 또한 리스백이 쉬운 구조라는 것에 일조합니다. 만약 그렇지 않더라도 요즘 유행하는 작은 사옥들은 월세는 높고, 보증금은 다소 낮은 편이란 게 불안합니다. 보통은 2년 정도의 월세에 원상

앞과 뒤의 도로가 각기 차량 통행 및 도보 유동 인구가 많으며
모든 면에서 시인성이 확보되는, 단독 필지의 좋은 건물의 예시

복구 비용 정도를 감안해서 보증금을 책정하지만, 월세가 높아질수록 보증금은 이름 답지 못 하게 그 기간을 보증 못 해주는 경우가 많지요. 또, 통사옥이라는게 작고 핵심지에 있고 임대료가 비쌀수록 단기 깔세에 가까운 형태다 보니 자본이 적거나 소송이 걸려있는 업체들이 종종 보입니다. 그래서 사옥은 특히나 월세가 밀리면 즉시 명도를 시작해야 합니다. 월세가 높고 보증금이 적은 경우가 많기에 아차하는 순간 엄청난 손해가 납니다. 임차인의 재무제표 등을 잘 잘 점검해보세요. 요즘 사옥 열풍이 부는데, 도대체 사옥으로 적합하지 않은 곳이 어디인지 묻고 싶을 정도로 갖다 붙이고들 있더군요. 작은 사옥들이 너무나 많이 공급되고 있습니다. 생태계에선 한 종이 과밀해지면 어떤 식으로든 정화가 오지요. 사옥 수요란 건 마법의 단어가 아님을 명심하세요.

사옥에 대한 이야기를 마치고 도마뱀은 슬슬 이동할 채비를 한다. 주차장으로 돌아가는 길에 도마뱀은 오소리씨에게 언젠간 서울에 사옥을 마련하실 건지 물어본다. 오소리씨는 회의적으로 답한다. 글쎄요. 저는 딱히 단독 사옥이 필요 없는지라 자가 건물의 한 칸을 쓰고는 있지만, 작은 단독 사옥은 주차, 접근성, 넓은 한 개 층의 면적에서 비롯되는 공간 효율성을 제공해주기 힘듭니다. 여러 층을 사용하는 것은 대규모 사업체일수록 비효율적이지요. 보통은 층당 100평짜리 단독 사무실과 30평 짜리 네 개 층 사옥이 있을 때, 규모가 큰 업체일수록 전자를 더 선호할 겁니다. 업무 효율에서 큰 차이가 나요. 또 큰 건물일수록 주차 등의 편의시설이 갖추어져 있고 대로변이나 역세권에 위치해 시인성이나 접근성 등이 훨씬 좋으니까요.

물론 제 주변 사업하시는 분들 또한 사옥을 갖고 싶어들 하십니다. 하지만, 어떤 분이 이런 말씀을 하시더군요. 내가 평생에 걸쳐 이룬 사업체의 성적표가 이런 작은 건물이라니. 굳이 살 필요를 못 느끼겠다. 하하하.

이젠 너무 비싸졌어요. 사옥의 프리미엄 또한 수요자들이 감수할 만한 부가가치를 생산해낼 수 있어야 하지 않겠습니까. 과연 이 가치가 적합한지, 존속 될 수 있을지를 생각해 봐야겠지요. 보통 불황이 오면 이런 사치재의 프리미엄부터 사라지거든요. 물론 땅값은 언제 어느 때나 항상 비쌌어요. 경기가 항상 불황이다란 말이랑 비슷하다고 생각합니다. 세상에 나쁜 건물은 없어요. 나쁜 가격만이 있을 뿐. 이조차 누군가에겐 나쁜 가격이고 누군가에겐 좋은 가격이겠지요. 서로 입장이 다른 겁니다. 누군가는 반드시 서울, 특히 고급지에 단독으로 있어야 할 겁니다. 요약하자면, 사무실은 필수재지만 사옥은 사치재에 가깝다고 할 수 있겠군요.

　오소리씨는 차에 올라타서 시동을 걸고 운전대를 꽉 잡으며 나지막이 말한다. 대출이란 게 말입니다. 아주 무서워요. 지나가다 궁금한 건물의 공부를 확인해보면 부채가 단 한 푼도 없고, 법인이 아닌 개인 소유인 건물이 많이 보입니다. 오랜 옛날부터 가지고 있던 사람들. 구지주들이지요. 구지주들은 어떻게 이렇게 부채가 없을까요. 저는 이 질문이 틀렸다고 생각합니다. 구지주들이 대출이 없는 게 아니라, 살아남은 구지주들이 부채가 없는 거지요. 그분들은 IMF 당시를 기억합니다. 그 잘살던 집안들에 차압 딱지가 붙고 소리소문없이 사라지던 그 공포. 불황이 오면 좋은 걸 싸게, 좋은 걸 비싸게, 안 좋은 걸 싸게, 안 좋은 걸 비싸게 산 순으로 구제받습니다. 호황에는 나의 가장 못난이를 비싸게 팔 수 있고 불황에는 나의 가장 소중한 것을 헐값에 넘기게 되지요. 누군가의 못난이는 누군가의 최선이 되고, 누군가의 최고가 누군가에겐 하잘 것 없는 것이 되는 그 혼란기. IMF 당시에 경매에서 헐값에 넘어간 건물의 앞을 이십 년 넘게 서성이는 분도 있습니다. 윗세대들은 자신의 소중한 것을 헐값에 빼앗기는 그 공포를 알아요. 그래서인지 절세건 뭐건 부채가 있다는 것 자체를 감정적으로 싫어하시지요.

그런데, 요즘 대출의 비중을 보면 깜짝 놀랄 때가 많습니다. 절세를 위한 수단 이상으로 대출 비중이 엄청나게 올라갔습니다. 물론, 대출은 받을 때 최대한 받지 않으면 다음엔 받기 어렵고, 살 수 있을 때 대출을 이용해서 최고의 것을 사야 한다는 말도 맞습니다. 다들 자기의 상황에 맞게 조절했겠지요. 하지만, 다소 불안한 감이 없잖아 있습니다. 과거 테헤란로에 공실들이 가득했던 시절 또한 있었다는 걸 사람들이 잊어버렸나 봐요. 어느새 다 채워졌더군요. 만약 신흥 산업들이 쇠락하게 된다면 사무실 수요가 번진 역순으로 회수될 수도 있습니다. 물론 미래는 모르는 일입니다. 말씀대로, 땅은 그 자리에 남아있겠지요. 어쨌든, 오늘 이야기는 잘 들었습니다. 동의하는 부분도 있고 아닌 부분도 있지만 말이죠. 도마뱀은 서서히 멀어지는 오소리씨를 배웅하고 이태원쪽으로 걸어간다.

이태원 클라쓰,
문화적 코드와 부동산

보통 처음 가는 동네를 둘러볼 땐 그 지역의 건물주, 토박이 주민, 그 동네에서 장사하는 사람들을 만나봐야 한다. 그리고 무엇보다 외지인, 그중에서도 여자들이 중요하다. 얘들이 봄날의 망아지들마냥 돌아다니는 걸 졸졸 따라다녀 보면 미시적인 상권을 알기 좋지. 모르는 여자 뒤를 따라가면 스토킹으로 잡혀가니까 조심해야 한다. 도마뱀은 아는 망아지 하나를 불러다 풀어놓고 어디로 쏘다니는가 관찰한다.

망아지의 발길이 앤티크 거리에 닿는다. 망아지는 두 손 모아 반짝반짝 빛나는 눈빛으로 거리를 바라본다. 꽃집 있는 이 건물 예쁘다. 도마뱀은 곁눈질로 흘낏 보고는 잘라 말한다. 아니, 그거 돈 안 돼. 망아지는 아랑곳하지 않고 꽃집 건물에서 눈을 떼지 못한다. 하지만 예쁜걸. 세상의 욕망이 모두 애정이 된다면 꽃집의 꽃이 다 팔릴 거야. 도마뱀은 답답하다. 아니, 이런 거 팔아서 임대료 어떻게 내. 근데 얘가 집는 앤티크 전등 하나가격이 80만 원이다. 이게 80만 원이라고. 도마뱀은 속물이라 갑자기 전등이 예뻐 보인다.

앤티크 거리에서 올라가다 보니 이상한 건물이 있다. 대지 4평짜리 건물이다. 옆에서 먹다 남은 케이크 같은 저건 뭐냐고 묻는다. 얘는 왜 항상 비유가 이럴까. 지적도를 보니 과거 도로를 넓히며 수용되어 건물이 절단된 사례야. 국가나 지자체에서 어떤 계획이 설정된 것인지 확인하지 않으면 나중에 수용당한다든가, 공동개발이 강제된다든가, 건축행위가 규제되니까 조심해야 하지. 뭐나중에 수립되는 건 어쩔 수 없지만. 이

316

런거 금호동에도 있고 종종 보여. 그런데 가만 생각해보니 틀린 말은 아니네. 국가가 반쯤 먹다 남긴 거니까. 참고로 남은 반도 양도세나 상속세로 떼일 거야. 걔네는 알뜰하거든.

이어 오르막길의 제일 위로 올라가 본다. 망아지가 지나가며 뭔가를 가리킨다. 룰루레몬이다. 도마뱀은 그게 뭔지 모른다. 그게 뭐냐니 망아지는 지금 내가 입은 이런 거라며 레깅스를 가리킨다. 아, 망측한 그거. 방구석에만 박혀 살던 도마뱀이 모르는 게 많다. 상권은 여자들의 발길에 달렸는데, 이렇게 몰라도 되는 걸까. 이어 망아지가 광고판을 보며 말한다. 상수리나무 아래 저거 재밌게 읽었었는데. 요새 웹소설 많이 읽거든. 리디북스가 여기 광고하네. 망아지는 옆구리를 팔꿈치로 쿡쿡 찌르며 바람을 넣는다. 너도 이번에 글 쓴다며, 이런 데 써서 올려보지 그래.

도마뱀은 이런 주제는 별로 인기 없을 거라 힘들 거라며 넘기지만 그래도 혹시나해서 설명을 덧붙인다. 지금 내가 쓰는 건 별로 재밌는 글은 아닐걸. 예컨대 저기 저런 건물들에 관한 이야기를 쓰는 거지. 어디 한번 저 건물에 관해 이야기해 볼까. 삼각형 필지의 삼각형 건물이지. 대로를 끼고 있으니 가각전제가 안 들어가서 면이 넓어진 것 같아. 아니면 옛날 건물이라 옛날 법대로 처리된 거라던가. 고작 28평짜리 단독주택이지만 뒤쪽과 대로변에서 시인성이 나오기에 두 면에 모두 광고판이 달린 거야. 광고판이 이면이나 골목까지 달리려면 정말 압도적인 유동 인구와 소비력이 필요한데 말이야. 좋은 지표지. 보통 핵심지가 아니면 그 동네 병원이나 지역자치단체 광고 정도가 다거든. 전광판에 명품 브랜드나 창작물에 대한 광고가 있는 곳은 짧게나마 돌아다닌 서울에서 딱 네 군데를 본 듯 해. 강남, 광화문, 홍대를 포함한 신촌 일대, 그리고 여기 이태원. 그런데 보통은 상업지에만 허가가 날 텐데, 여긴 준주거지역이다 보니 광고판이 가능한 건지. 보통 결과적으로 되어있는 건 뭐라도 관련 법이 있어. 이 지역 조례에 뭔가 있겠지. 아마 관광특구라서 되는 게 아닐까.

우리가 지나다니며 보는 건물의 간판들도 모두 법적으로 규제받아. 현수막이나 시트지도 마찬가지고. 이런 광고물과 간판에 대해선 옥외광고물법을 점검해봐야 하고 세부사항은 구청 도시과와 한국 전광방송협회에 문의를 해봐야 하지. 이런 광고판 중에서도 대형 전광판의 경우엔 서울시에서 한 달에 한 번씩 신청 건수들을 모아 심의를 해. 주로 제기되는 문제는 빛, 그러니까 광공해야. 그 외에도 사람들이 멍하니 광고판을 보다가 사고 나면 어찌할 거냐, 광고판 무게는 괜찮으냐, 겨울에 광고판에 맺힌 고드름이 떨어져서 사고 나면 어쩔 거냐. 이런 온갖 질문 세례가 쏟아져. 그리고 기존 건물에 달리면 구조보강에 공사 과정도 만만찮고 설치하고 난 후 전기료는 중계기와 달리 건물주 부담이야. 이게 꽤 비싸지. LED 수명도 은근히 짧아. 10년이 채 안되거든. 결국 이것도 유지비와 감가상각에서 자유롭지 않다는 거지. 그래서 선거 현수막 같은 게 제일 좋아. 규제도 덜하고 단기로 돈 많이 주고 철거도 쉽고.

그런데 요즘 광고판도 경쟁이 치열해 쉽지 않아. 삼성동 같은 특구가 아니면 기존 광고판 일정 반경 이내에선 추가설치가 매우 까다롭고, 기껏 광고판을 달았더니 앞 필지에서 건물을 높게 지어버려서 내 건물의 광고판

을 가리는 경우도 있지. 보통 우리가 보는 큰 전광판은 광고를 20개 정도
는 채워야 하는데, 일정 비율 이상은 공익광고로 편성해야 해. 공익광고
는 수입이 월 백만 원도 안 하는 경우도 많아. 그나마도 경쟁이 치열해서
몇 달 대기를 해야 한대. 이렇게 작은 곳은 건물주가 직접 하는 거겠지만,
큰 건물의 경우엔 광고판 사업주가 건물주와 다른 경우도 있지. 전광판방
송사업자가 건물주에게 임대료를 주는 형태야. 보통 매출을 광고대행사와
나눠 가지지. 어때, 이런 내용이 재밌어 보이니.

이태원 스타벅스   스타벅스 내부엘리베이터

망아지는 주절거리는 도마뱀을 무시하고 쫄래쫄래 옆쪽 스타벅스로 도
망간다. 도마뱀은 역시 이건 안 될 거라 중얼거리며 뒤따라 스타벅스로 들
어간다. 이건 앞쪽만 리모델링 한거구나. 세로로 길쭉하고. 4층짜리를 통
으로 쓰는군. 먼저 들어간 망아지가 전화로 4층에나 겨우 자리가 있다며
맡아둘 테니 커피 갖고 엘리베이터를 타고 올라오란다. 주문을 기다리며
주변의 개발 상황을 점검해본다. 최근 거래된 필지들이 꽤 많네. 동시에
네 개 필지가 매입된 걸 보면 아마 대형 개발 예정지겠지. 이 외에도 큰 건
물들이 몇 개 들어선 걸 보니 어쩌면 이 스타벅스는 주변의 넓은 1층으로

이전하지 않으려나. 항상 내 주변 필지와 건물은 임차인을 두고 경쟁하는 경쟁자란 의식을 해야 하지. 지금 우리가 하는 의자 뺏기처럼.

커피를 받아들고 올라가 맡아둔 자리를 탕탕 치며 손짓하는 망아지 앞에 앉으며 말한다. 이 건물은 엘리베이터를 나중에 설치한 것 같아. 내부 전용 엘리베이터구나. 그러고 보니 역삼이나 명동 쪽에도 이런 식의 내부 전용 엘리베이터가 있긴 했지. 망아지는 여전히 듣는 둥 마는 둥 어쨌든 스타벅스 있는 건물 갖고 싶다며 늘어져 있다. 하긴, 일반적인 사람들이 이렇게까지 신경 쓰며 건물을 구매하진 않는 것 같다.

망아지는 뭐라 마저 말하려는 도마뱀의 말을 끊어먹고 그래서 이 스타벅스 건물은 얼마 하느냐고 묻는다. 도마뱀은 휴대폰으로 잠시 찾아보곤 답해준다. 글쎄, 여기는 17년도에 한 70억 원쯤 했네. 망아지는 입을 삐죽인다. 으액, 그게 뭐야. 비싸. 도마뱀은 문득 강북에서 까투리에게 했던 말실수를 떠올리고 최대한 작고 저렴했던 스타벅스 매매 사례 몇 군데를 필사적으로 생각해낸다. 아, 부산교대 바로 앞에 전국에서 손꼽을 만큼 작은 스타벅스는 10년쯤 전에 10억 원 정도 했던 기억이 있는데, 노력하면 우리도 살 수 있을지도 몰라. 망아지는 마뜩잖다는 듯 빨대로 남은 커피를 마저 호릅호릅 소리 내며 마신다. 그래도 아예 못 넘볼 가격은 아니네, 뭐.

희망을 꺾지 않기 위해 도마뱀은 뒷말을 삼킨다. 지금은 그 가격에 못 사지. 공시지가만 두 배는 넘게 뛰었는걸. 그나마도 팔아야 말이지. 과거에 산 월세 잘 나오는 건물을 팔 이유가 없으니까. 거기다 작은 스타벅스들은 폐점되고 큰 스타벅스DT 하나로 통합되는지라 불안하기도 하고. 망아지는 조금만 쉬었다가 퀴논 길에서 저녁 먹고 해밀턴 뒤쪽 클럽에 아는 사장님이 있으니 궁금한 거 있으면 물어보라며 거기 가보잔다.

저녁의 클럽 골목은 시끌시끌하다. 망아지를 클럽 안에 던져놓고 잠깐 사장님과 밖으로 나와 이런저런 이야기를 나눈다. 월세는 어떤지, 매출은

회복된 것 같은지. 사장님은 인건비부터 이야기한다. 야간이 주력인 업종
은 인건비 감당이 안 됩니다. 코로나 회복이랑은 완전히 별개로, 오른 인
건비는 다시 내리지 않아요. 임대료도 조금씩은 계속 오르지요. 순익을 유
지하기 위해선 객단가를 올리거나 회전율을 올려야 하는데, 찾아오는 사
람들의 수는 고만고만하니 가격을 올릴 수밖에요. 결국 다른 모든 조건이
같다면 오른 물가를 감당할 수 있는 곳만 제자리 걸음이라도 할 수 있는
겁니다. 그조차도 못 따라가면 탈락하게 되는 거구요. 내 계좌 잔고가 열
배가 된다 한들 다른 물가도 다 열 배가 되면 무의미합니다. 전부 오른 거
에요. 인플레이션이란 게 체감이 되지요.

　건대나 홍대는 어떠냐는 도마뱀의 질문에 사장님은 강남역, 이태원, 건
대, 홍대 순으로 봤었다 답한다. 그 순서에 특별히 의미가 있는 것인지 물
으니, 꼭 그렇지만은 않고 자리에 따라 다르다며 권리금이 없는 곳을 우선
해서 봤단다. 이게 내가 뭘 잘하려 해도 운 때라는 게 있어요. 코로나 사태

때 창업 시점을 잘 못 잡은 분들은 권리금을 주고 들어와서 그 권리금을 지키겠답시고 2년 내내 일만 하는데 돈이 사라지는 경험을 했지요. 자영업도 권리금 장사라 신경 쓰지 않을 수가 없습니다. 헌팅포차나 감성주점 같은 건 홍대나 건대 쪽이 좀 더 빠르게 유행을 타는 편이지요. 권리금 장사를 하려면 그쪽이 나을지도 모르지만, 저는 단기를 생각하고 들어온 것은 아니었거든요. 이태원 이쪽 골목은 꾸준한 상권에 건물의 손바뀜이 덜 하다 보니 임대료를 상대적으로 덜 올려요. 경리단길의 선례가 있다 보니 아무래도 건물주들도 조금은 사리는 모습입니다. 모두가 공멸하는 상황은 피하고 싶은 거지요.

사장님과 대화를 마치고 도마뱀은 다시 클럽으로 들어가 앉아 가만히 생각에 잠긴다. 다들 인건비 때문에 죽겠다는데, 정작 또 다른 데선 월급 빼고 다 오른다고들 하고. 아리송하군. 모든 게 올라서 따라 오른 건물 가격이고, 실질 생산성이 오른 곳은 몇 군데 없다. 모든 게 다 같이 떠올라서 오른 건물 가액이 과연 실질 이득일까. 물론 단가와 회전율이 받쳐준다면 매출도 증대되고 임대료와 건물의 매가도 같이 못 오를 이유가 없긴 하다. 받쳐준다면 말이지. 애초에, 단가를 올려서 매출을 방어하려면 보통은 소비력이 쫓아오기 힘들어 회전율이 떨어지는데, 사람들의 지갑이 닫히고 있는 상황에서 이게 유지될 수 있을까. 그러니 단가를 올리고 소

형화, 고급화해서 홍보를 통해 반짝 치고 빠지겠지. 생각에 잠긴 와중에 망아지가 도마뱀의 어깨를 툭 치며 이제 슬슬 이동하자며 어디론가 끌고 나간다.

앞서가는 망아지를 따라 해방촌의 야경이 보인다는 루프탑에 도착한다. 별 희한한 데를 다 아는구나. 20세기 초에 남극점에 예쁜 카페가 있다고 하면 아문센보다 너네들이 먼저 남극점을 정복했을 거야. 망아지는 야경을 응시하며 돌아보지도 않고 대꾸한다. 뭐라는 거야. 너만 몰랐어. 여기 이태원 클라쓰 촬영한 데야.

평생 대구 살던 내가 그걸 어떻게 아냐. 너도 처음 왔을 땐 잘 몰랐을 거 아냐. 망아지가 자리에 돌아와 앉는다. 막상 마주 앉으니 딱히 할 말이 없다. 루프탑 이거 한겨울 되면 못 하겠는걸. 계절 많이 타겠다. 어느새 가게가 닫을 때가 됐다. 자리를 정리하고 일어난다.

어디 갈까 이제. 글쎄. 그냥 걷자. 도마뱀은 담배 한 대만 태우고 가자고 잠시 멈추고 담배를 꺼낸다. 망아지는 담벼락에 기댄다. 야경 예쁘지.

도마뱀은 그렇네 하고 짧게 답하고 담배를 물고 이어 말한다. 이 해방촌의 야경을 향유 할 수 있는 건 저들과 완전히 유리되어있다는 그 안도감이 없으면 불가능하지. 요새는 가난 포르노라고들 하더군. 너도 한 대 필래. 망아지는 고개를 가로젓는다. 아니, 담배 끊었어. 도마뱀은 담뱃갑을 집어넣으며 중얼거린다. 그러게 나도 끊어야 하는데. 세월이 지나도 단어가 바뀔 뿐 본질은 같아. 도둑맞은 가난. 그래, 팝업스토어는 말이 좋아 그렇지 사실 깔세야. 그런 거지. 담배를 다 태우는 동안 서로 별말이 없다.

한참을 아무 말 없이 다시 걷다 입을 뗀다. 내가 서울에 처음 왔을 때 이태원을 잠깐 들렀었지. 그때 인상 깊게 남은 것은 단순히 비싼 땅값이나 예쁜 건물들이 아니야. 경리단길의 카페에 잠시 앉아 있는데 옆자리에서 20대들이 올해의 휴고상 수상작 이야기를 하더라고. SF계의 노벨 문학상이지. 꼭 이태원이라서가 아니라, 서울 전반에는 문화에 관한 이야기가 넘쳐. 지방은 이런 점에서 불모지야. 모든 문화예술 인프라가 서울에 있지. 하위문화부터 고급문화까지. 이 문화적 유산은 더욱 강화될 거야. 갈수록 문화적 요인이 모든 분야에서 중요해지거든. 이태원과 홍대, 북촌, 성수 같은 곳에는 독특한 아우라가 있어. 이건 후발주자들이 따라잡기 힘들지. 아마 이것들이 훨씬 더 강해지지 않을까.

어딘지 모를 곳에서 높은 계단을 마주친다. 여긴 계단이 많네. 몽마르트르 언덕 같은 거야. 가난한 예술가들이 모이는 곳이지. 한참 말이 없던 망아지는 가보기는 했냐 툭 던진다. 도마뱀은 무심히 답한다. 아니, 책에서 봤지. 망아지가 실실 웃는다. 이거 봐, 너도 환상을 소비하고 있구만. 도마뱀은 흠칫하곤 쓸쓸히 웃는다. 그래 해방촌을 내려다보는 것과 별반 차이가 없지. 내가 이래서 널 좋아한다니까. 그러고 보니 오는 길에 용산 도서관이 있었지. 도서관은 전국에 공평하게 있어서 좋아. 희망도서 신청하면 비치도 해주고 말이지.

천천히 한 계단씩 올라간다. 지금이야 겨우 자취방을 잡았지만, 처음에 신사에서는 고시원에서 살았었지. 아래에는 월세 수백만 원을 내는 스티커 사진관. 위에는 고시원. 냄새가 정말 고약하더라고. 씻는 게 의미가 없어. 사람을 만날 땐 목욕탕을 따로 가야 했는데 옷과 몸에 밴 냄새가 사라지질 않았지. 성수에서는 잠깐 반지하에서 살았었는데, 하루만 상추를 놔둬도 곰팡이가 슬었었지. 옆 방엔 나보다 어린 냉각기 수리기사가 살았고. 월세가 밀리고 있더군. 지금 잡은 자취방엔 정부미가 와있어. 전 세입자가 아마 기초생활 수급자였나 봐. 돌려주고 싶어도 찾을 수도 없고. 그 사람은 한 달 치 밥 굶겠네. 하하. 그건 되팔지도 못한대. 아직 방에 있어. 먹기도 뭣하고. 망아지는 도마뱀의 걸음에 맞춰 뒤따라 올라와 준다.

잠깐 계단을 오르는 걸 멈춘다. 세상은 변하지 않는 거 같아. 부자는 더욱 부자가 되고 빈자는 더욱 빈자가 되지. 해방촌도 시장 상인과 쪽방촌 주민들이 내몰리고 힙스터들이 들어왔고, 그 힙스터들도 월세가 올라 젠트리피케이션을 당하고. 그렇게 오른 지가는 정부에서 세금으로 환수해서 다시 사회 구조의 아래로 내리고. 돌고 도는 게 보이지 않니.

얼마 남지 않은 계단을 마저 오른다. 이번에 말야. 서울 전역을 다 두들겨 부숴놔서 하급 주거지를 다 없애버렸다구. 상가주택이나 고시원을 죄다 상업 시설로 바꿨지. 고시원은 이제 규제 때문에 새로이 만들기도 까다로워. 이 여파가 분명 올 거야. 내가 보기에 서울에 모자란 건 상업용 시설이 아니야. 주거야.

어느새 마지막 계단이다. 뒤에서 망아지가 난간을 발로 통통 찬다. 그런 애가 부자들 세금 걱정해주니. 연예인이랑 건물주 걱정은 하는 게 아니야. 부동산 책 쓴다며. 무슨 사회 르포를 쓰러 온 건지. 사람들은 그런 거 싫어해. 도마뱀은 울리는 난간을 붙잡는다. 그러게. 나도 왜 이 짓 하는지 모르겠다. 망아지는 성큼 앞질러 먼저 올라간다.

너무 복잡하게 생각하지 마. 난 돈 많이 벌면 예쁜 건물 사고 싶어. 위에는 내가 살 집으로 쓰고. 대책 없는 긍정에 도마뱀은 뭔가 마음이 놓인다.

그래, 꼭 1층에 꽃집 있는 예쁜 건물 사라. 슬슬 추워지니까 들어가자. 마지막 계단을 오른다.

chapter 7

혜화, 연극이 끝난 후,
돌고 돌아 강남으로

그냥 전부 귀찮아,
오래된 건물주들의 심리

서울을 전반적으로 둘러보던 중 오랜 지인인 도토리의 연락을 받는다. 서울에 올라왔다는 소식을 들었나 보군. 간만에 얼굴이나 보자는데, 혜화라. 꽤 먼 길을 오라 가라 하네. 가보고 싶었던 동네였지만 2호선 밖으로는 갈 일이 잘 없었는데 마침 잘 됐다 싶어 노선도를 더듬어 짚으며 이동동선을 짠다. 강남에선 사당에서 환승해서 4호선을 타야겠구나. 혜화역에

도착해 올라오니 꽤나 익숙한 분위기의 변화가 있다. 대구 동성로를 축소해놓는다면 이런 느낌일까. 성균관대로 올라가는 경사길을 올라가 도토리가 기다린다는 곳에 도착해보니 꽤나 오래되어 보이는 호프집이다. 문을 열고 들어가니 구석 소파에 반쯤 기대 누워있던 도토리가 왔느냐며 몸을 일으키지도 않고 손을 흔든다.

　도마뱀은 무슨 이런 오래된 호프집에서 하릴없이 혼자 낮술을 먹는 거냐 빈정거리며 앞자리에 앉곤 맥주를 한 잔 더 시킨다. 거의 10년 만에 보는군. 도토리는 벌써 그렇게 됐냐며 오랜만의 재회를 기념해 축배를 들자며 맥주 한 잔을 더 시킨다. 낮엔 아래쪽 카페가 오히려 더 시끄럽고, 여기가 그나마 제일 조용하거든. 그래도 이 가게 나름대로 유명했던 곳이야. 옛날에는 건물 하나를 통째로 쓰던 소개팅의 성지였다나. 그게 줄어들어 여기로 이전했다지. 도마뱀은 성균관대학교 쪽으로 올라온 길을 떠올려본다. 확실히 오르막 시작 전에는 그나마 사람이 있지만, 이쪽은 대학교 앞

의 흐르는 길일 뿐 상권이 별로 없었지. 이런 데가 그리 유명했었다니, 믿어지지가 않는걸. 하지만 이제와서는 딱히 변수가 없어 보이기도 하고. 다른 데로 가보자. 도마뱀은 빠르게 맥주를 들이켜 마시고 밍기적거리는 도토리에게 얼른 일어나라고 재촉한다. 이거 술값 내달라고 불렀구만. 어련하시겠어. 술값으로 근처 안내나 좀 해. 요즘 건물에 관심이 생겼으니까.

도토리는 반쯤 눕힌 몸을 힘겹게 일으킨다. 연구실이랑 자취방 말곤 다른 데 갈 일이 없어. 시계추처럼 왔다갔다하는 생활이지. 그러다 보니 다른 데가 어찌 변해가는지 하나도 모르겠다니까. 도마뱀은 술값을 대신 계산해주고 먼저 문을 열고 나선다. 그래도 여기 있은 지 10년도 넘었을 텐데, 초행인 나보단 더 잘 보지 않겠어. 또 그런 동선이 제일 좋은 동선일지도 모르니 뭐든 알려줘 봐. 도토리는 느릿느릿 따라오며 답한다. 네가 역에서 여기까지 올라온 길이 제일 주동선이지. 서울대 병원 쪽문 쪽엔 예쁘장한 가게들도 몇 개 있고. 남자 둘이 가긴 싫은 가게들 말이야. 우리끼리 술 먹을 거면 안쪽 골목으로 가야지. 그 건너편은 극장들 모인 곳이고. 밑쪽으로 내려가 보면서 둘러봐봐.

혜화는 연극의 성지답게 벤허를 오마쥬한 개 마차가 돌아다닌다.

내려오는 길에 웬 개 마차를 마주친다. 듣던 대로 연극 문화의 총본산답구나. 벤허 직관이로군. 도토리는 실없는 소리 하지 말라며 혜화 일대를 돌아다니며 몇 군데를 짚는다. 여기엔 뭐가 있었고, 뭐가 어디로 이동을 했고, 어디는 개점하자마자 1년도 못 버티고 폐업을 했고, 어디는 10년째 자리를 지키고 있다는 둥. 그러던 중 도토리는 손가락으로 맞은편 멀찍이 있는 KFC를 가리킨다. 저것도 벌써 몇년째 여길 지키고 있는 터줏대감이지. 이 동네도 변화는 거의 없어. 그래도 극장들이 있어서 외지인들이 찾아와주기는 하지. 여기는 오래된 가게들이 많아. 동네가 정갈한 편이지.

그 중 가장 최근에 변화가 있던 게 뭐냐 물으니, 도토리는 4번 출구 쪽의 커피빈을 꼽는다. 그게 원래는 스타벅스였어. 그리고 커피빈은 저쪽 멀찍이 떨어진 작은 건물에 있었지. 그런데 스타벅스가 대로변 어딘가로 이전해서 여기 자리가 나자마자 커피빈이 거의 바로 이전 해왔더라. 내 생각엔 이 자리가 더 좋은데 왜 그랬나 몰라. 도마뱀은 주변을 휘휘 둘러보곤 확실히, 누가 봐도 좋을 법한 자리라며 몇 가지를 짚는다. 이 커피빈 건물 말야. 이게 특이한 건 1층 한 칸을 위층으로 가는 계단실로 만들었단 거야. 유동 인구를 위층으로 흡수 가능하게 물펌프를 설치한 거지. 로드뷰를 보니 스타벅스 때부터 구조는 똑같았구나. 이게 1층 한 칸의 임대료를 포기한 건데, 대신 위 층 전부를 커피빈이 통째로 쓴다는 점으로 손해를 상쇄한 거지. 이걸 소방법에서의 피난계단으로 사용할 수도 있다는 건 덤이고.

도토리는 1층의 임대료가 아깝다며 계단을 철거하고 각 층을 따로 임대 줄 수 있도록 하는 게 어떠냐 묻는다. 잠시간 고민하던 도마뱀은 그렇지 않다 답하며 말을 잇는다. 중점을 두는 가치가 뭐냐에 따라 다른 거지. 우리야 수익성을 따지겠지만, 옛날부터 갖고 있던 사람들은 보통 안정성을 최우선으로 여겨. 어디 한 번 네 말대로 생각해보자고. 1층이야 뭐든 들어온다고 치자. 2, 3층에 따로 들어올 수 있을만한 업종이 뭐가 있을까. 맘스터치나 설빙 같은 게 떠오르네. 으뜸 50 같은 저가형 안경도 있을법하지. 보통 젊은 유동 인구가 많은 곳의 2층에 많이 보이는 업종이지. 3층엔 미용실이나 룸 카페 같은 것도 가능하겠다. 그런데, 우리가 지금 설빙이네, 맘스터치네라고 말하는 거 다 공염불이야. 방금 말한 거 찾아보면 이미 주변에 다 있거나, 올지 안 올지 확신이 없어. 내가 뭐 들어오면 되겠다고 섣불리 망상하지 마. 그건 패를 까봐야 아는 일이야. 보통 이 불확실성을 제거하는 방법은 임대료를 파격적으로 낮추는 거지. 신규 창업 또는 이전에 있어 유인이 있도록.

하지만, 임대료를 낮추는 건 적어도 사람 한 명의 인건비를 뺄 수 있을 정도가 되어야 임차인에게 유인이 될 수 있지만, 임대인에게 있어서 임대료를 낮추는 건 10% 정도가 한계야. 10%는 계약서에 매년 5%씩 올릴 수 있다는 조항이 있으면 2년 안에 복구되지만, 30% 정도 낮췄다면 매년 올려도 복구에 7년이나 걸리기 때문이지. 그러니 임대료를 낮추는 건 최후의 수단이야. 임대료를 매년 5% 올릴 수 있다는 거 계약서에 써둔다고 해도 현실적으로 절대 쉽지 않다는 걸 명심해. 거기다 그쪽 업장들의 계약 기간이나 감가상각 주기도 고려해야 하는데 이런저런 사정을 다 봐주면서 먼저 유치를 하려 한다는 거에서 이미 한 수 접고 들어간다는 게 문제야.

잘 못 하면 질질 끌려다니게 되지. 차라리 임대료를 낮추기보다는 장기 공실로 놔두더라도 하나씩 높게 맞추는 게 편해. 임대인 입장에선 객단가와 매출이 높은 업종일수록 관리가 편한 게 현실이라구.

물론 네 말대로 할 수도 있어. 생각보다 어렵지 않을 수도 있지. 이 건물은 이 일대 최고의 건물로 손꼽힐 입지를 지니고 있으니까. 하지만 이런 입지조차 별거 다 해보고 내린 결론이 그냥 놔두자인 경우가 훨씬 더 많을걸. 휴대폰 새로 샀을 때랑 비슷해. 처음엔 애지중지 하지만, 시간 지나면 막 던지듯이 말야. 그런 노력으로 뭔가 될 입지라면 언제든 할 수 있다는 이야기고, 또 내가 굳이 노력 안 해도 알아서 따라 올라와. 요즘 건물의 가치를 올리기 위해 우량 임차인을 유치하라고들 하는데, 그게 아예 안되는 건 아니지만 노력의 효율이 떨어진다고 해야 하나. 입지는 크게 변하지 않기 때문에 결국 비슷비슷한 게 채워지거든. 특수한 경우로 맞추는 건 지속성이 없고 말야. 임대를 놓는 게 아니라 임차를 당하는 곳이 좋은 곳이라구.

장사라는 건 결국 목이고 다섯 가지가 중요하지. 입지, 장소, 로케이션, 플레이스, 위치. 그냥 자릿빨이야. 인테리어 깨작깨작 하고 온라인 홍보 백날 해봐야 처음이자 마지막은 입지지. 점주의 역량이니 사업 아이템이니 이런 거는 그다음이야. 씨름도 샅바를 잡아야 들배지기를 할지 호미걸이를 할지 결정 나게 되듯이 일단 손님이 발을 잘 못 들어서

드루와, 드루와.

라도 들어와야 뭘 하는 거라. 백날 입지 분석, 상권 분석해 봐야 소용없어. 다 필요 없어. 입지 보는 건 간단해. 누가 봐도 좋으면 거기가 좋은 거야. 좋은 거 누가 모르나 안 파니까 문제지. 설령 팔아도 비싸고. 그러니 임대인이 해야 할 노력은 다른 건 없어. 처음부터 좋은 자리를 그냥 어떻게든 사고 버티는 게 거의 전부지. 다른 거 그냥 다 잡소리야. 건물을 팔아야 할 때나 매가를 올리기 위해 조금 알아보고 노력 해볼려나. 그나마도 귀찮아서 다음 타자에게 넘기려 할걸. 보유 기간이 긴 건물일수록 월세가 시세보다 낮은 경우가 그래서야. 뭐, 그 덕에 신규매수자들이 뭔가를 할 수 있는 여지가 남아있는 거기도 하지만.

그렇다고 그 구지주들이 싸게 팔아줄거냐는 별개의 얘기지. 구지주들의 취미생활은 시세 확인이고, 물건 넣었다 뺐다 하면서 사람들 낚아보면 밥 안 먹고도 배부른 느낌이 들기 때문에 매수자들은 번번히 헛밥 반찬거리만 되지. 이 할배들 능구렁이 같아서 따지고 들면 치매 걸린 척해. 몇 년 전에 이민 간다고 해놓고 동네 뒷산 잘만 뛰어다니고 말야. 뒷산 정자에서 장기나 한 판 두면서 할배, 언제 파실거냐며 넌지시 물어보면 내 죽으면 가져가라며 외통수를 놓지. 뭐야, 정신 멀쩡하잖아. 근데, 이런 태도 본받아야 해. 나에게 불리한 말 하면 가는 귀가 먹었다고 하고 꾸벅꾸벅 졸다가 좋은 조건 들으면 예수가 앉은뱅이 일으키듯 싹 나아버리는 기적을 행해야 하지. 할렐루야. 이들은 알고있어. 부동산을 팔아서 그 돈을 그냥 들고 있다간 어영부영 녹아버린다는 것을. 그런 그들이 땅을 판다는 건 망했거나, 죽었거나, 누군가에게 바가지를 씌웠거나. 셋 중 하나지. 그래서 참 좋게 매물 받아내기가 기약 없고 어려운 일이야.

아, 그리고 스타벅스가 매출에 비례해서 임대료를 주는 요율제 방식을 택하고 있는 건 알고 있겠지. 보통 요율제는 임대인에게 불리해. 보통 남들이 먼저 들이대는 조건은 내게 불리하다구. 부가세나 배달 매출, 쿠폰이나 이벤트 상품 같은 것들은 제외하고 산정하는 경우도 있고, 예상 매출보다 실제 매출이 낮거나 들쑥날쑥한 경우가 많아. 요율제는 임대료를 올릴 수 있는 기준도 명확하질 않아서 분쟁이 되곤 하지. 아마 연평균 매출을 기준 삼는다고 판례가 나와 있긴 할 거야. 결국 요율제는 실익이 크지 않고 예측이든 관리든 굉장히 까다롭단 걸 잊지 마. 하지만 이 건물주는 이 상권의 이 입지에서 몇 년간 스타벅스를 받아봤기 때문에 동종 업종이라면 요율제로 임대료가 얼마 정도 나올지 개략적으로 파악할 수 있었을 거고, 큰 구조나 업종 상의 변경 없이 예측이 가는 임대료를 받는다는 것에 의의를 두는 거겠지. 건물의 이미지와 그걸 통한 고층의 임차 유치에 도움이 될 거라 생각한다면 괜찮겠지만, 임대료와 안정성을 중시한다면 스타벅스 같은 건 내 건물보단 내 건물 옆에 들어오는 게 더 좋을 수도 있어. 생각해 봐. 동물원 코끼리는 동물원에서 봐야 멋있지, 정작 내 집 안에 들어오면 재앙이라구.

자, 각설하고 여기까지 그들의 심리를 관통하는 핵은 바로 안정성이야. 언젠가 건물을 새로 짓든 월세를 올리든 새 임차인을 들이든 팔아치우든 그건 내가 알아서 할 수 있는 일이니, 신경 쓰게 하지 않게만 해라. 자꾸 업종을 자꾸 바꿔가며 넣으면 건물에 야금야금 손상이 가는 것도 여간 귀찮은 게 아니라구. 이렇게 별 신경 안 쓰고 싶어하던 게 이제까지의 보편적인 건물주들이었지. 보통 이들은 매입가도 싸고 부채가 거의 없어서 금리에 일희일비할 필요가 없거든. 하지만 앞으로는 좀 다를걸. 요즘은 다들 대출 비중을 엄청나게 높였기 때문에 과거 건물주들처럼 금리를 무시할 만큼 여유롭지가 않아. 그럼 이제 여러가질 고민해 봐야겠지.

도토리는 도마뱀이 하는 장황한 말의 반도 못 알아듣고 아리송해한다. 도마뱀은 이걸 어디부터 어떻게 설명해야 할까 고민한다. 건물이라는 게 참 설명하기가 어려워. 좀 더 와 닿는 예시를 들어보면 좋을 텐데. 이게 하나하나가 전부 다르거든. 소위 개별성이라는 거지. 아파트는 지도만 봐도 어느 정도 짐작이 가고 웬만하면 가격이 그 서열과 맞아 떨어지지만 상가는 그렇지 않아. 바로 한 칸 옆이랑 극심한 차이가 나지. 내 추론이 맞을지조차 사실 모르는 일이고. 그저 경험에 기반해 추론해보는 것일 뿐. 그러고 보니 너도 고향에 집안에 건물이 있었던 걸로 기억하는데 말야.

　도토리는 손사래를 치며 민망하다는 듯 도마뱀의 말을 끊는다. 아버지가 1층에 직접 장사를 하시는 아주 작은 건물인데 그게 무슨 건물이야. 대지가 60평도 안 될걸. 도마뱀은 마저 말을 잇는다. 다들 그래. 우리가 일반적으로 찬양하는 번듯한 건물은 사실 극히 일부야. 지나가다 보이는 게 전부 건물이고 전부 주인이 하나씩은 있어. 건물주라는 단어에 환상을 가지면 안되지. 그리고 이 시장은 세대교체의 간극이 굉장히 커. 예전에는 50대가 되어서나 참여하던 게 보통이었고, 또 냉정하게 봐서 그나마 있는 이 시장의 젊은 참여자들의 대부분은 상속이거든. 보통 70~80대의 자산이 30~40대에게로 넘겨지니까. 대충 봐도 30년 단위지. 빠른 상속 심지어 격세 상속을 한다면 아무것도 모른 채 덜컥 받게 되는 경우도 있고, 집안에 어르신이 부동산에 대해 아무것도 알려주지 않다가 갑자기 돌아가시면 가족들이 아무것도 몰라서 우왕좌왕하다 헐값에 넘기는 경우도 많지. 특히나 요즘 빠른 증여나 상속을 하는 세태 보면 꽤 불안하다구. 요즘 핀테크의 발전으로 스마트폰으로 자기 재산 정보 다 조회 가능한데, 이거 애들이 자기 재산 얼마 있는지 알게 된다면 성인 되자마자 받은 지분이랑 슈퍼카 옷 바꿔먹듯 홀라당 바꿔먹을 것 같거든. 막을 수 없지. 명의가 자기건데 어쩔거야. 상속이 참 어려운 일이지. 물질적으로나 정신적으로나 말이야. 이제까지 살펴봤듯 보통 부동산을 파는 이유는 죽는 것 때문이야. 그러니 죽지 마. 실수로라도 죽으면 주민센터에 부활 신청서 있으니까 작성해서 부활 신청하도록 해. 너도 작으나마 집안에 건물이 있고, 어쩌면 언젠가 다른 곳에 건물을 살 수도 있을 테니 일종의 예비 시장 참여자지. 그러니 이 시장을 어떻게 봐야 할지 알아두면 좋을 거야. 저쪽으로 가서 너희 건물이랑 비슷한 걸 한 번 찾아보자. 자기 땅의 가치도 파악 못 하고 헐값에 바꿔먹지 않도록 예방주사를 놓는거지.

■ 인감증명법 시행령 [별지 제12호서식] <개정 2016. 7. 5.>

인감 [ ]사망 [ ]실종선고 [ ]신고사항의 변경 신고(신청)서 [ ]말소 [√]부활

※ [ ]에는 해당되는 곳에 √표를 합니다.

(앞쪽)

접수번호		접수일			처리기간	즉시
대상자	성명 (한자)		(	)	인감 ㉞	
	주민등록 번호					
	국적					
	주소					
신고(신청) 사항						
서면신고 사유						
증명자료(첨부)						
미성년자의 법정 대리인, 한정후견 인 또는 성년후견 인 동의	성명		관계		인감 ㉞	
	생년월일					
	주소					

위 사실을 확인합니다.

년   월   일

실제로는 행방불명자가 돌아왔을 때
실종 선고가 사망으로 처리되었던 것을 되돌리기 위한 절차 서류다.

알박기의 기본,
욕 먹으면 잘 하고 있는 거다

도마뱀은 적당한 건물이 어딨을까 두리번거리다 한 건물을 발견한다. 저 건물이 딱 너네 건물 같은걸. 저 작은 건물이 구석에 있고 다른 건물이 기역자로 앞뒤로 감싸고 있지, 이게 바로 알박기야. 이 두 건물을 합쳐서 새로 만들어보면 어떨까. 정확할 필요는 없어. 주차장 배치, 일조사선제한, 코어부의 배치 등을 고려해 개략적으로 파악해보는 거야. 개략적으로만 봐도 타산이 안 나오면 애초에 손을 대면 안 되고, 타산이 나오겠다 싶으면 건축사에게 가서 정확하게 감수받아보는 거지.

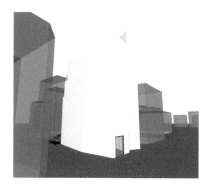

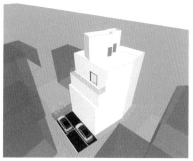

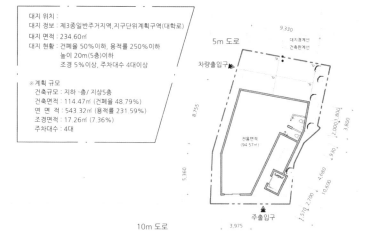

대지 위치 :
대지 정보 : 제3종일반주거지역,지구단위계획구역(대학로)
대지 면적 : 234.60㎡
대지 현황 : 건폐율 50%이하, 용적률 250%이하
　　　　　 높이 20m(5층)이하
　　　　　 조경 5%이상, 주차대수 4대이상

※계획 규모
　건축규모 : 지하 -층/ 지상5층
　건축면적 : 114.47㎡ (건폐율 48.79%)
　연 면 적 : 543.32㎡ (용적률 231.59%)
　조경면적 : 17.26㎡ (7.36%)
　주차대수 : 4대

5m 도로

10m 도로

지상1층 평면도
Scale 1:200(A4)

　대충 눈대중으로 그려보니 이 정도의 건물이 나오겠구나. 이게 머릿속에서 그려져야 해. 다음으론 더 골치 아픈 문제를 해결해야 하지. 바로 명도. 사야 할 필지의 수가 두 개면 하나의 필지를 사는 것보다 난이도가 두 배, 아니 제곱으로 올라가. 거기다가 명도해야 할 임차인은 보통 필지의 수보다 훨씬 많아. 이쯤 오면 거의 불가능하단 게 보이지. 각종 컨설팅에서 명도를 단기간에 책임져주겠다고 하는데, 그거 믿지 마. 거의 불가능해. 에둘러 시간을 보내며 하염없이 기다려야 하는 게 명도야. 그래서 명도는 매도자 책임으로 하는 게 좋지. 매수자가 공사를 하려고 하는데 매도자가 명도를 알아서 하라는 건 폭탄 넘기기라고 생각하면 돼. 뭐, 반드시 필요하다면 명도가 안 되어있어도 사야 하지만. 그런 경우엔 기간이나 비용이 어느 정도는 예측할 수 있는 수준이어야겠지. 그만큼 감안해서 가격 절충이 되어야겠고. 이래서 오히려 텅 빈 건물이 비싸다구.

마지막으로 제일 중요한 타산의 문제가 있지. 그렇게 겨우겨우 두 필지를 사서 명도도 다 하고 새로이 신축해 건물을 네모 반듯하게 만들었다 치자. 이게 과연 그 수고만큼 보상이 돌아올까. 아래쪽 통 공실 건물의 호가 기준으로 임대료와 매가를 역산해보면, 타산이 나오질 않아. 거기다가 조금 더 밑에 통공실 건물이 하나 더 있지. 이 상황에서 내가 여길 통건물로 짓는다면 잉여 공급이 하나 더 늘어나는 셈이야. 개별 임차를 준다면 또 얼마간이 나오겠지만, 글쎄. 어떻게 봐도 합필의 효율성이 떨어져. 나라면 이 노력을 할 바엔 다른 네모반듯한 필지를 사려 할 거야. 그럼 이제 각 건물은 개발 가능성을 염두에 둔 평단가 논리보다는 수익률 논리에 비중이 실려 팔리겠지. 그러다가 어떤 한 쪽 또는 둘 다 급매로 나오게 되는 상황이 있어서 개발타산점이 나온다면 합쳐서 신축을 할 수도 있을 테고.

헌데, 여기서 한 가지 중요한 점은 각 필지의 주인들은 인접한 필지를 비싼 값을 치르더라도 살 필요와 그 가치가 있다는 거야. 아주 옛날에 샀고, 남들처럼 당장의 수익률을 따질 필요 없이 합필 개발 후의 이득을 따질 텐데 그 계산상 이미 매입 단가에서 압도적으로 유리한 위치를 차지하니까. 설령 자기가 개발하지 않더라도 묶어서 팔면 되고. 하지만 앞서 살펴봤듯 두 필지를 합친다는 게 쉬운 일이 아니야. 그래서 넓은 단독 필지가 좋은 거지. 남의 간섭을 받지 않고 계속해서 건물을 단독으로 새로 지을 수 있는 요지의 땅. 이건 부의 자가발전이 가능한 무한동력기관 같은 거야. 그만큼 비싼 덴 이유가 있지. 내가 아는 이런 사례들을 몇 가지 더 살펴보자고.

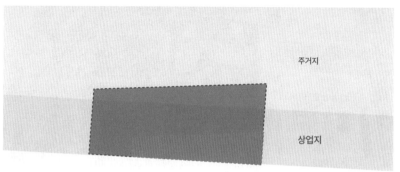

대표적인 알박기 사례야. 이 지적도는 대로변의 노선상업지의 일부인데, 빨간색 땅이 파란색 땅을 가로막고 있어 분쟁이 일어나고 있지. 이 두 필지가 합필이 되어야 대로변의 네모 반듯한 토지가 생기는데, 2007년경 빨간 필지가 매매된 이후 나대지로 아무런 개발행위도 하지 않고 있어. 뒤 필지는 500평에 공시지가로 80억 원 정도고, 앞 필지는 그 반도 안되는 200평 정도인데 공시지가로 50억 원이야. 뒤 땅이 크기 대비 더 저렴하잖아. 알박기 된 필지가 작아도 더 가치 있다는 거지. 이 알박기가 전체 필지의 활용성을 저해하고 있으니 뒤 필지 입장에선 답답하기 그지없는 일일 거야. 하지만, 여기서 진리가 있어. 이기고 있는데 상대방에게 욕먹으면 그건 최고의 찬사야. 도저히 이기지 못하겠으니 욕을 하는 거라서.

　지적도에선 이렇게 착수 한 번에 10년 단위의 시간이 걸리는 바둑판 싸움이 일어나고 있지. 이 커피샵이 있는 필지는 고작 4평에, 1954년에 지어진 목구조 건물이야. 한국 전쟁 무렵에 지어진 건물이란 거지. 이 작은 4평의 필지가 알박기를 해서 큰 필지의 개발행위를 굉장히 성가시게 만들어. 거인도 손가락에 박힌 가시는 아프다구. 이 4평짜리 대지의 가치는 얼마일까. 월세에 따라 수익률로 역산해서 사야 할까. 아니지. 뒤 토지주는 이 매물이 나오면 우선해서 사려 할 거야. 남들이 따지는 수익률 논리가 아닌 자신의 토지와 합필 되어 나오는 가치를 반영해서 매수가를 산정하겠지. 보통 이건 수익률 논리로 정해지는 매매가보다 높을 가능성이 커. 인접 필지 지주가 더 오래 전에 샀을수록 말이야. 여기서 보듯 선점을 한 두 지주가 씨름을 하고 있는거고, 이 경우엔 확실히 가운데 알박기 지주가 우위를 점하고 있지. 그렇기에 신규진입자 입장에선 이 오래된 싸움의 중간에 난입하기 힘들어. 그렇다면, 알박기가 만능일까. 그건 생각해볼 여지가 좀 있지.

　위 건물을 보자구. 우측의 코너는 단칸 상가. 좌측의 건물은 필지의 넓이, 시인성, 도로에 접한 상태가 단독으로 건물을 건축하기에 충분했기에 옆의 저 작은 필지를 굳이 사지 않아도 됐어. 그래도 분명히 개발 당시 좌측 필지 지주가 매각을 권유했을 거고, 우측 지주는 거절했겠지. 그런데 정작 좌측 큰 필지가 개발을 완료해버리니 이제 우측 작은 필지 주인이 난감해지지. 개발 여지가 없으니 이제 우측 건물은 수익률 논리에 의해 거래될 거고, 이건 좌측 지주가 쳐주는 값보다 낮을 가능성이 커. 긴 시간이 지나 양쪽 건물이 낡아서 가치가 없어져야 두 필지를 합해서 다시 개발을 할 수 있을 거야. 그런데, 그때도 우측 입장에서 굳이 좌측을 사려 할까. 똑같은 상황의 도돌이지. 그 때도 굳이 필요하진 않을 것 같아. 이런 알박기는 작은 필지 지주가 딱히 힘을 못 쓰지. 이런 경우엔 작은 필지는 인접한 큰 필지 위의 건물이 감가상각이 다 되어 새로운 개발을 할 때가 매도기가 될 수 있어. 다른 자들이 수익률에 기반한 값으로 사주는 것보다는 인접 필지 지주가 더 높은 값을 치를 테니까.

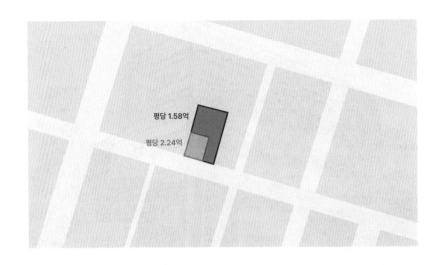

알박기의 제일 기본적인 형태를 하나 더 볼까. 강남의 한 자루형 필지야. 역시나 앞쪽 지주가 아니라면 사줄 사람이 잘 없지. 그런데 이 사례에선 거래 시점으로 보아 자루형 필지와 앞의 필지를 누군가가 한 번에 산 것 같아. 앞 필지는 55평에 평당 2.2억 원이었지만, 뒤 필지는 75평에 평당 1.6억 원이야. 뒤 필지는 앞 필지와 합쳐지는 순간 보통 앞 필지의 가격에 거의 근접하게 가치의 상승이 이뤄지지. 쉽게 말해 물타기가 된다는 거야. 일대의 평단가가 현재 기준으론 2억 원 정도인데, 두 필지를 합해서 130평을 평당 1.85억 원에 산 게 된 거거든. 여기서 앞쪽을 다소 비싸게 산 이유는 뒤 땅을 살 수 있다는 확신이 있었기 때문일 거야. 결과적으론 현재의 평단가 기준으로만 보자면 비교적 싸게 산 거지. 그러니까, 이 합필이라는건 기본적으로 내 땅보다 못한 땅을 내 땅과 붙여 가치의 상향 평준화를 만들어내는 거라고 생각하면 돼. 이 합필의 과정은 도로로 둘러싸인 하나의 구획을 한 사람이 모두 소유하게 될 때 까지 아주 느리게 일어나.

아까 봤듯 보통은 뒤쪽 필지가 싸니까 앞 필지 지주가 뒤 필지를 사. 도로변에 나란히 있는 두 필지는 가치가 비슷하니까 두 개를 산다고 해서 딱히 물타기가 되지 않거든. 예외가 하나 있지. 나란히 인접해서 일조사선제한을 받는 두 필지는 합필 시 한쪽의 일조사선은 사라지니까 그만큼 건축 면적에서 이득을 볼 수 있지. 또, 앞서 살펴본 자루형은 기본적으로 앞쪽 필지와 합필 하면 네모반듯하게 되지만 보통은 그렇지 않아. 뒤 필지와 합필 할 때 보통 가장 신경 쓰는 게 도로에 접하는지, 그리고 내 필지와 합쳤을 때 네모반듯하게 나올 수 있는가거든. 만약 합필을 하더라도 삐뚤빼뚤하게 나온다면 더더욱 많은 필지를 합필해야 네모반듯해진단 거니까 아무래도 감점요소지.

합필이 능사는 아니란 또 다른 예시로, 뾰족 튀어나온 모퉁이 부분의 필지는 뒤 필지와 합필해 새로 개발한다고 해도 건축선이나 가각전제 때문에 앞쪽 건물의 건축 면적만큼 다시 못 짓고 공지로 내어주게 되는 경우도 있어. 이러면 앞쪽 필지를 사봐야 별 의미가 없어지는 거지. 통행로 확보나 건물이 가려지는 걸 치우는 정도가 의의가 되려나. 그리고 합필은 소유권자와 지목이 같아야 하는지라 사도가 중간에 끼여 있으면 골치가 아파. 사도는 지목이 도로고 소유 관계가 복잡한 경우가 많거든. 지구단위계획이 합필을 가로막기도 하고, 합필이 된다 한들 타산의 문제도 있고. 넓고 접도 상황이 좋은 땅에 붙는 프리미엄이 괜한 게 아니야. 이런 속 시끄러운 합필 과정 없이 번듯한 건물 하나 올리기 더 쉽단 거니까.

　합필을 한다고 해서 두 건물을 당장 다 부숴야 하는건 아니야. 독특한 사례를 한 번 보자구. 이 건물은 강남의 한 필지인데, 두 건물이 저 구름다리로 연결되어있어. 건축법에서의 정식 명칭은 연결 통로지. 오래 전 건물이라 추론해볼 따름인데, 보통 신축 당시부터 이렇게 짓지는 않아. 원래는 떨어져있던 두 건물을 나중에 연결시킨거로 보여. 그러니 왼쪽은 석재 마감이고 오른쪽은 노출 콘크리트 마감이겠지. 두 건물을 한 번에 철거하고 새로 짓기엔 타산이 안 나왔거나 뭔가 사정이 있지 않았을까. 연결 통로라는 건 건축법적으로 굉장히 복잡한데, 내 필지에서 뿐만 아니라 서로 다른 지주의 필지간에도 지하나 지상으로 만들 수 있고 심지어 공중으로 타인의 토지를 가로질러서도 만들 수 있지. 지주들의 동의와 인허가가 복잡할 뿐이지만. 합필을 하더라도 당장 철거하고 뭔가 하지 않겠다면 이런 식으로 활용할 수 있어. 또 건물이 딱 붙어있는 합벽건축도 그 사이의 벽을 트는게 가능해. 건축법을 아는 만큼 인접 필지에 대해서 여러가지 전략을 쓸 수 있다는거야.

이렇게 필지의 모양들이 제각각이고 하나하나의 상황도 다들 다르지만, 핵심은 필지의 확장성을 고려해야 한다는 거지. 항상 토지를 재료로 생각하는 습관을 들이는 게 좋아. 내 알박기가 화점착수 금강불괴 알박기일지, 기약 없이 백마탄 초인을 기다리는 건지 잘 판단해봐야 해. 그래서 내 땅보다 내 옆 땅이 훨씬 중요해. 내 땅은 내 돈 들여 마음대로 할 수 있지만 내 옆 땅은 내 맘대로 못 하거든. 금쪽같은 내 건물, 문제는 남의 건물도 금쪽이라는 거지. 그러니 뭔가 매물을 받으면 옆 땅의 등기를 통해 상황을 살펴보고, 옆 땅이 매물로 나올 확률, 그때의 옆 건물의 감가상각, 내 건물의 감가상각, 각자의 매수 여력, 명도와 개발 가능성, 현재의 생산성과 잠재 생산성 등을 모두 고려해서 땅값을 책정해야 하고, 이건 개개인에게 모두 달라. 하지만 단 하나, 가장 중요한 게 있지. 내 수명. 오래 살아야 해. 상대보다 하루라도 더.

자, 지금껏 살펴봤듯 인접 필지는 최우선 매입대상이야. 알박기란 건 기본적으로 인접 필지 지주간의 힘 싸움이고. 그러다보니 심지어 몰래 대리인을 내세워 매입하는 경우도 종종 있지. 꼭 필요하다 보니까. 그러니 기본적으로 매물이 내게 왔을 때는 왜 인접 필지 지주들은 이걸 구매하지 않았을지 생각해보라구. 보통은 인접한 선점자 입장에서도 너무나 비싼 가격이거나, 인접 필지 지주가 아예 살 여력이 없는 경우지. 그런 와중에 내가 과연 이 사이를 비집고 들어가서 승산이 있을지 생각해봐야 해. 땅이란게 사고 싶다고 살 수도 있는 것도 아니고. 잘못 엮여 들어갔다간 도깨비랑 씨름하는 꼴이 나버려. 예컨대, 옆 필지가 국가 기관이거나, 학교, 다른 필지에 부기등기 된 주차장 용지, 분양이 된 대형 상가라면 굉장히 합필이 까다로워지거든. 아니면 금액이 너무 크다던가, 필지의 수가 너무 많아서 합필이 거의 불가능할 수도 있고. 이러면 개인이 할 수 있는 영역을 넘어가. 여기서부턴 보통 전업 개발업자들이 접근하지.

구분상가, 삶은 계란에선
병아리가 나올 수 없다

예컨대 여섯 필지의 토지가 있고, 하나당 한 층짜리에서 높아 봐야 네 개 층의 건물이 있다고 해보자구. 아까 두 개만 해도 합필이 어려운 일이라 그랬지만, 방법이 있어. 규모의 경제를 일으키면 되지. 이 여섯 개의 개인의 소유 토지를 모두 시행사가 비싼 값에 사들이는 거야. 이들은 규모와 시간에 있어 개인을 압도해. 그들이 제시하는 가격은 수익률로 따져보나 주변의 평단가로 따져보나 일반적인 매수자들이 제시하는 가격보다 더 높을 가능성이 크지. 사회의 흐름상 대부분의 작은 건물들은 서서히 생산성이 떨어지게 되고, 단독으로 신축이나 리모델링을 통해서 생산성을 끌어올리는데에도 한계가 있어. 결국 개인 지주들은 토지를 하나둘씩 팔게 되는 거야.

이 거대한 자금 동원력은 모두 PF대출(Project Financing)로 이뤄지지. 이들의 에쿼티(Equity), 즉 자기자본은 전체 사업비의 5%도 차지하지 않는 경우도 있어. 이렇게 거대한 대출을 통해 하나로 합쳐진 토지 위에 시행사는 높은 건물을 짓는 거지. 건축을 완료하고 나면 이들은 이 대출을 해결해야 해. 건물 자체에서 자신들이 월세를 받는 것으론 해결할 수가 없고, 설령 가능하다 한들 이들에게는 크나큰 기회비용의 낭비니까. 그래서 분양을 해. 구분 소유권으로 건물의 한 칸 한 칸을 나눠서 파는 거야. 이들은 레버리지 수익률을 앞세우며 대출로 구매하게 종용하지. 이것은 곧 자신들의 부채를 더 크게 나눠 가지라는 의미야. 이 모든 과정이 끝나면 이제 이전의 온전한 토지 소유권을 지닌 지주는 없어. 집합건물법에 따라 관리단이 꾸려지고, 과거의 단독 필지 소유권 수십 명이 구분 소유권으로 나누어 가지게 되지.

여기서 가장 중요한 점은 분양 시장의 생리에 따르면 갈수록 개인 소유의 단독 필지가 희소해진다는 거지. 그들은 이렇게 분양을 통해 번 돈으로 마찬가지로 다시 개인의 필지를 사들여 구분 소유권으로 만들 거니까. 거기다가, 앞서 말했듯 PF 또한 금리가 낮을수록 유리하기에 저금리에서 구분상가를 잘 못 샀다간 금리의 움직임에 따라 타인의 레버리지 손실까지 함께 안을 수도 있어. 구분상가는 온전한 대지의 개발 잠재력을 지니지 않

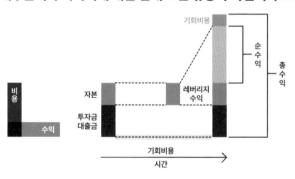

**신축 매매, 분양 사업, 권리금 장사 등
대부분의 부가가치에 대한 판매 또는 유동화 사업의 구조**

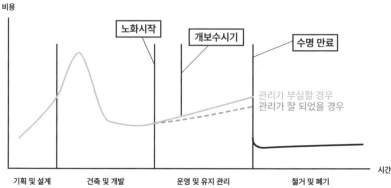

기 때문에 금리에 직격타로 영향을 받아.

이 과정을 살펴보면 개인 지주의 토지를 대자본이 모조리 사서 이를 화약 삼아 용적률 불꽃놀이를 하는 거야. 화려하지만 끝나고 난 뒤의 적막은 고액으로 분양받은 소유주들을 괴롭게 하지. 이것은 본질적으로 꿈의 곱을 사는 것이기 때문이야. 지주는 자신의 토지가 합필 되어 이뤄질 용적률 뻥튀기에 대한 꿈을, 건설사는 건축 이익에 대한 꿈을, 시행사는 분양 이익에 대한 꿈을, 마지막으로 임차인은 권리금 없는 신축에 대한 꿈을 최종 가격에 의탁해. 이는 곧 꿈의 네 제곱을 구매하는 것이라, 그 실체가 어떨지 잘 파악해봐야 해.

게다가, 생각해봐. 구분상가는 수익률이 그 판단 기준의 처음이자 끝이야. 단독 대지보다는 상대적으로 달리 따질 게 많이 없지. 그런데 네가 수익률을 보고 샀는데, 다음 사람은 수익률을 생각하지 않을까. 원래 부동산은 방어용 재화로서의 속성이 강해서, 개발행위를 하지 않는 한 단기간에 큰 차익이 발생하기는 힘들어. 내가 살 때와 같은 이유로 사줄 사람은 별 차익을 가져다주지 못해. 나와는 다른 이유로 사줄 사람이 와야 차익이 크게 발생하지. 보통은 이게 개발업자들의 매입인데, 구분상가는 이미 개발이 완료되어 단독 소유권이 구분 소유권으로 모두 흩어져버렸잖아. 단독 소유권은 구분 소유권이 되는 순간 사치재로서나 재료성으로선 가치가 많이 떨어져. 재산권의 단독 행사가 불가능한 것뿐만 아니라, 토지가 상당히 감성적인 재화인데 소유욕이란 걸 채워주지 못하기 때문이야. 예술품의 소유권을 유동화해서 팔겠다는 게 참 어려운 이유랑 일맥상통하지.

하지만 나눌수록 단가가 올라가 총분양가는 오르니 분양하는 입장에선 최대한 잘게 자르려 하는데, 이건 받아드는 입장에선 내 앞, 뒤, 옆이 모조리 경쟁자인 거라구. 이런 와중에 누군가 큰 평수를 임차하길 원한다면 상가 소유자 여러 명이 모여서 임대를 해야 하는데, 이러면 벽을 튼 구분상가가 되지. 이건 대출이 나오기도 쉽지 않아. 또, 여러 개를 합칠 때 누군가는 코너의 더 좋은 자리를 갖고 있다거나 아래 위층을 터야 한다면 임대료의 배분은 어떻게 합의할 거야. 임대 하나만 해도 이런데, 언젠가 해야 할 재건축은 어쩌고. 토지 시장에서 온전한 물건이 단독 소유가 아닌 경우 이 소유권을 전부 다시 회수해오려면 합의든 매입이든 정말 지난한 과정을 거쳐야 한단 말이지. 어느 정도냐면, 부부 공동소유였던 물건이 이혼 때문에 반쪽만 나와서 그걸 구매했다면 남은 하나를 사들이는 것보다 남은 소유주에게 청혼해서 결혼하는 게 더 빠를걸. 부동산에서 뭔가를 쪼개는 건 부부 각방 쓰는 거 말고는 해선 안 돼.

물론 구분상가도 재건축을 하는 사례가 없진 않아. 안산중앙역 인근에는 재건축을 하긴 하더라. 압구정 앞쪽의 구분상가들도 언젠간 하겠지. 구분상가도 본질은 토지를 깔고 앉은 부동산이라 재건축을 할 만한 입지와 상권일지에 따라 달린 거야. 하지만 최근 지어지는 것들일수록 보통 힘들어. 구분상가도 결국 입지고 좋은 입지는 희소하지. 아파트만 해도 입지가 좋을수록 구축이고, 외곽일수록 신축이란 걸 생각 해 봐. 그러니 만약 신축 분양상가라면 공급량을 주의깊게 봐. 구분상가는 대형 상가의 공급이 더는 없을 거란 독점성을 기반으로 지속성을 보장받을 수 있어야 하지. 그래서 어찌 보면 최고의 구분상가는 같은 급의 건물보다 사기 어려워. 이런 위험성을 모두 헤쳐내고 변수가 없는 완제품으로서 연금같이 월세가 잘 나오고 있는 구분상가를 선점자들이 굳이 팔아야 할 이유가 없잖아. 이런 엘도라도를 찾기 위해 모든 개발업자들과 수분양자들이 애를 쓰지만 참 어려운 일이지. 아까 아파트 예시도 그렇고, 좋은 땅은 곧 과거에 매여있다는 거야. 그리고 이미 과거에 요리를 다 해놔 버렸지.

삶은 계란에서는 병아리가 나올 수 없듯이, 한 번 개발이 된 필지는 다시 예전의 잠재력을 가지기 힘들어. 재건축 기대감이 없는 구분상가가 값이 오르려면 두 가지밖에 없거든. 월세가 오르거나, 금리가 내려 요구수익률이 낮아지거나. 이 외에는 큰 차익이 나오기가 힘들단 이야기야. 무난 반듯하게 개발이 완료된 지라 월세가 내 것만 갑자기 오를만한 변수가 생기기도 힘들고, 금리가 내려봐야 다른 것들도 다 올라있을 것이고. 장기 인플레이션에 기대기엔 보통은 감가상각이 더 빠르게 진행될 거라서. 결국 이런 요소들이 해체되어버린 구분상가에선 수익률을 최우선으로 해서 봐야 하고, 토지의 소유권에 대해선 그 지분만큼 희석된, 좀 더 금융 상품이란 시각으로 접근하는 게 좋을 거야. 그래서 구분상가는 곧 수익률이요, 최종적으로 내 돈 놓고 내 돈 먹기 이상을 받을 수 있어야 한다. 이게 핵심이지.

도토리는 분양 시장의 구조를 쭉 듣더니 그렇다면 구분상가는 아예 사면 안 되는 거냐 묻는다. 도마뱀은 멀찍이 보이는 고깃집 하나를 가리키며 답한다. 너 고기 구워 먹을 때 우시장에서 송아지 한 마리 사와서 직접 우사 짓고 쇠죽 쑤어 먹여 키우고 도축해서 불 지피고 구워 먹을 거 아니잖아. 저기 고깃집 가서 값을 치르고 불판에 얹어 구워달라고 하지. 원가 논리를 극단적으로 적용하면 커피조차 원두값만 따지고 사야 하는 거 아니겠어. 주거에서도 아파트, 다세대, 단독 주택이 있듯 재화의 특성이란 게 있고, 그 자체가 나쁜 건 아니라구. 항상 문제는 가격이지. 아파트 분양은 그럼 왜 하냐. 직접 아파트 짓지. 못 하잖아. 그러니까, 구분상가나 개발업자들이 꼭 나쁜 게 아니야. 그들이 아니면 누가 빌라, 아파트, 상가 지어주겠어. 건축 참 힘든 일이야. 보통은 건물 두 번 안 지으려고 해. 무엇보다 아까 말했듯이 가장 좋은 값을 치러주는 건 바로 그 개발업자들이라구.

지주의 입장에서도 생각해볼까. 단독 필지를 오랫동안 갖고 있다고 해서 반드시 보상을 받는 것은 아니야. 게다가 스스로 합필이나 개발을 하는 건 개인으로선 아주 어려운 일이거든. 보통 인접 필지를 살 수 있다는 건 일생에 한 번 올까 말까 하는 기회기도 하고. 그러다보니 개인 지주들 입장에선 하염없이 시간만 보내다 결국엔 서로를 잡아먹을 여력이 없어지는 경우가 많아. 그런 시간과 수고를 그들이 대신해 주는 거라고 봐도 되고. 특히나 개인이 하지 못하는 대형 또는 특수 개발 외에는 탈출 전략이 없을 때 개발업자들이 와주지 않는다면 그 토지는 좌초자산이 되어버리지. 아까 개발업자들이 사주는게 가장 좋은 값을 받는 거라고 그랬잖아. 시장은 생태계와 같아. 장점과 단점, 수요와 공급의 균형점을 찾는 거야. 서로에게 까치밥이 남을 수 있는 가격이어야 한단 게 중요해.

매수자 입장에서도 생각해보자고. 기본적으로 단독 필지 위에 세워진 건물은 비싸. 단독 필지를 서로 거래하는 건 한쪽이 손해를 감수하고서라도 거래하는 경향이 강하다면, 구분상가는 그 부가가치를 잘만 공유할 수 있다면 모두에게 승리가 될 수도 있지. 기본적으로 구분상가는 훨씬 저렴하고, 관리가 비교적 쉽단 것 또한 장점이고. 그렇기에 초심자의 입장에선 차근차근 작은 구분상가부터 시작해서 임대차, 원상복구, 상권 분석 등을 체득할 수 있지. 거기다 은퇴자들은 구분상가를 사야 할 필요성이 더 크지. 앞서 말했듯 토지의 개발이라는 것이 정말 기약 없는 이야기고, 피곤한 일이거든. 그래서 젊을수록 토지 지분의 온전함, 개발 여지, 지대 상승, 노령일수록 수익률과 안정성, 관리의 용이성이라는 테마에 무게추가 쏠리는 거야.

이런 대형 건물은 개발업자들만이 공급 가능하다.

관리비
곶감 빼먹듯 빼먹지 마라

이야기를 마치고 혜화를 배회하던 중 도마뱀은 으슥한 곳 어딘가로 기어 들어간다. 이쪽은 그래도 사람이 좀 없는걸. 나 같은 흡연자들은 말야, 어디가 제일 담배를 피우기 좋은지 본능적으로 안다구. 여기가 은근 외지니까 좋네. 담배를 금세 다 태우곤 꽁초를 하수구에 버리며 자리를 뜨려는 도마뱀에게 도토리가 너네 건물이라면 이렇게 피고 버릴 거냐며 건너편 안내문을 가리킨다. 도마뱀은 겸연쩍게 웃으며 거름망에 걸려있던 담배꽁초를 다시 줍는다. 이 건물주도 어지간히 시달리나 봐. 아까 구분상가의 장점은 관리가 비교적 편하단 거였다고 그랬었지. 건물의 관리에 대해서 잠깐 말해볼까.

1. 건물주의 인내심이 한계에 달한 현장
2. 건물에서의 폭행 사고 흔적

건물을 관리하는 입장에서 흡연자와 주취자는 기본적으로 강아지와 비슷한데, 다양한 방법으로 영역표시를 적극적으로 하기 때문이야. 옥상은 개방해두는 경우가 많고, 지하로 내려가는 계단은 으슥하기 때문에 방뇨부터 주취자들의 술판이나 노숙, 폭행 사건까지 일어나. 이런 건 어떻게 예방도 못 해. 미리 알 수도 없고 뭔가 사고가 일어난 뒤엔 도주한 뒤니까. 그래서 이렇게 술집이 많은 상권은 상가 관리 난이도가 가장 높은 편에 속하지. 말 나온 김에 몇 군데만 둘러볼까.

지금 여기처럼 음식점이 많은 곳에는 보통 가스를 인입해달란 요구가 많아. 가스의 인입은 도시가스공사에서 관할하는데, 이게 타인의 대지경계를 넘나들어야 하는 경우가 있어. 땅 주인이 허락하지 않으면 빙빙 둘러서 인입 시키거나, 소송을 걸어야 해. 내 필지는 돈이 들 뿐 내가 뭐든 할수 있지만, 남의 땅은 함부로 못 한다는 예시 중 하나야. 정 끌어오기 힘들면 LPG 가스통을 갖다 놓고 가스차를 불러와 충전하는 식으로 쓰기도 하지. 그러니 전기, 수도, 가스, 통신 같은 설비가 제대로 건물에 인입 되어 있는지는 꼭 점검해야 할 부분이야. 가끔 오래된 건물에선 남의 필지를 가로질러 설치되어 있거나 심지어 내 오수관이 남의 정화조에 연결된 경우

1. 가로수를 자르는 전지 작업
2. 도로 위 배전함을 지하로 묻는 지중화 작업
3. 통신주에 붙어 있는 수많은 통신 중계기들

도 있거든.

특히나 남의 땅이 국가의 땅인 경우들. 이건 함부로 손을 댈 수 없지. 가로수의 경우엔 가지를 치는 전지작업을 해줘야 해. 건물을 가리면 좋지 않으니까. 보통은 해당 구청 녹지과 소관인데, 고압선이 지난다면 한국전력에서 담당해. 전신주의 이설 또한 한국전력의 관할이야. 주차장 진입 방해 등의 사유가 있으면 가능한데, 전신주에 보면 전신주 고유번호가 기록되어 있으니 필요하면 연락해보면 돼. 비용 부담을 해야 하지. 통신주 같은 경우에는 KT에 문의해야 하고. 이렇게 도시 시설물엔 모두 관할 기관이나 관련 법령이 있지. 한국전력, 상수도사업본부, 도시시설관리공단, 지하철 공사, 한국통신사업자협회 등. 건물 하나로 끝나는 게 아니라, 내 땅과 옆 땅, 국가의 땅과 시설물까지 모두 내 땅에 연관되는 점을 잊지 않아야 해.

배관 사진제공 ⓒ 목동키즈
https://blog.naver.com/mynar

그리고 이런 먹자 상권에서 특히 문제 되는 건 배관 문제야. 예컨대 임차업종이 고깃집인 경우, 기름 때문에 막히는 거 책임지겠단 조항을 계약서에 써야 하지. 기름을 걸러주는 장치인 그리스트랩 같은 걸 설치하기도 해. 배관이 워낙 자주 막히다 보니 배관을 뚫기 위한 도구를 넣을 수 있도

록 구멍을 만드는 경우도 있어. 이 경우엔 딱 필지의 경계선에 만들었구나. 저쪽 보면 물길을 만드는 트렌치, 오수나 하수, 우수를 배출하는 관들, 상수도 계량기가 보이지. 전부 요주의 대상이야. 일단 건물에 물이 닿거나 흐르는 부분은 동파나 누수, 막힘이 발생할 때 제일 먼저 점검해야 하는 부분들이니까.

동파된 배관을 스팀기로 녹이는 현장

외부배관이 동파된 현장

엘리베이터 피트가 배관 파손으로 인해 물에 잠긴 현장

도저히 방법이 없어 물 받침대를 설치한 현장

건물은 그야말로 물과의 싸움이거든. 여름이면 누수, 겨울이면 동파. 옛날 건물들은 가뜩이나 노후된 관에 단열도 잘 안돼서 동파에 취약해. 동파된 배관을 녹이는 스팀기 같은 걸 하나쯤 구비 해두면 좋아. 연에 한두 번씩은 꼭 써야 하더라고. 동파를 방지하기 위해 열선을 배관에 감아 두는 경우도 있는데, 나는 그냥 라디에이터를 켜놔. 열선은 왠지 화재 불안 때문에 꺼림칙해서 말야. 하지만 외부 배관이라면 결국 열선 말곤 답이 없어. 이마저도 못 할 매립된 배관에 문제라도 생기면 이제부턴 정말 골치 아파지고. 그래서 건물을 볼 때 외부 배관이나 매립 배관이 있다면 꺼리게 되지. 배관만 터진 걸로 끝나면 차라리 다행인데, 물이 흘러넘쳐 다른 설비를 망가뜨리면 이제 일이 커져. 보통 엘리베이터 피트실이 물에 잠기는 게 제일 흔해. 이런 경우 관리책임이 누구에게 있느냐로 싸우는데, 나는 그냥 간단하게 계량기 전은 임차인, 계량기 후는 임대인으로 정리했어. 배관이 심각히 노후화되어있지 않단 전제하에 말야. 이런 건 협의의 문제라 자기 건물에 맞게 계약서에 명시해둬야 해.

이런 누수는 테헤란로의 큰 건물에도, 심지어 경복궁에도 있어. 없는 데가 없지. 몇 달 전에 가봤던 동물원에는 이런 게 붙어있더라고. 귀여운 미

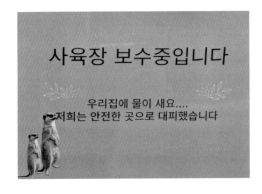

어캣과 안 귀여운 임차인들은 대피라도 하지 건물이랑 건물주는 대피도 못 해. 그러니 장마철이나 동파 철에는 건물주들이 어머니 무덤 쓸려 내려 갈까 봐 우는 청개구리처럼 돼. 그래서, 부동산 시장에선 토지만 매매하는 것을 선호하는 사람들이 종종 존재하지. 토지는 비가와도 전화가 오지 않기 때문이야. 건물 사고 한 3년 정도만 지나서 장마 세 번만 맞아봐. 아마 다 기겁하고 도망갈걸.

옥상 변압기 교체 현장

변압기 교체를 위한 크레인 대여

배관뿐만 아냐. 이건 야밤에 변압기가 고장이 나서 급히 크레인과 변압기를 공수해온 현장인데, 이런 건 크기가 크다보니 엘리베이터로 올리지도 못 해서 크레인을 불러와야 해. 이게 1100만 원 정도 들었지. 예비금은 커녕 있는 생돈에서 지출해야 하는 경우가 부지기수야.

그래도 이제까지 본 건 누구에게 책임이라도 묻거나 원인을 고치기라도 하는데, 이런 사례들은 또 다르지. 멀쩡하던 유리가 온도차로 인해 응력이 발생해서 깨지기도 해. 자파(自破)현상이라고 하지. 들도 보도 못한 이름만큼 들도 보도 못한 일이 자주 일어나. 마치 마른하늘에 날벼락 같지. 그

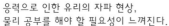

응력으로 인한 유리의 자파 현상,
물리 공부를 해야 할 필요성이 느껴진다.

벼락 맞은 건물, 돈벼락은 못 맞고 이런 것만 맞는다.

런데 진짜로 벼락 맞는 경우도 있어. 우측 건물은 번개가 내려쳐 내부 전기 설비가 모두 파손되어 휴점한 업장의 모습이야. 보통은 아주 높은 건물에나 피뢰침이 의무고 작은 건물에는 잘 내리칠 일이 없다 보니 대비가 되어있질 않아. 어딘가의 전신주 변압기가 터져 장비가 망가지기도 하고. 이런 건 그냥 재수가 없는 거지. 이 외에도 태풍이 불면 바람에 의해 간판이 추락하거나, 외벽의 마감이 탈락하거나, 옥상의 구조물이 날아가는 경우도 있고. 이런 사고가 나면 통상 건물주의 관리책임이 되지. 천재지변은 어떻게 할 수 없는 문제인데 말야.

또 문제 되는 거로는 화재나 자동차 사고 같은 게 있지. 설비나 임차인의 과실에서 비롯된 거도 있지만, 건물주나 세입자에게 앙심 품고 누군가 불을 지르는 경우도 종종 있어. 보통은 평생 방송 타볼 일이 없지만, 건물주는 건물 화재로 방송 타는 수가 있다니까. 이게 만약 옆 건물에 옮겨붙거나 인명사고라도 난다면 정말 이제 정말 아득해지지. 각종 불법 건축물이나 소방 관련 규정 미준수에 대해 건물주의 책임을 묻는 경우도 많거든.

가장 흔히들 저지르는 불법 사항은 피난로에 짐을 놔두는 거지. 이런 경우엔 임차인과 임대인 중 책임소재가 모호해질 수 있으니 계약서에 반드시 명시해야 해.

이런게 불안해서 보험을 가입하려 해도, 건물에 대한 보험은 수익이 안 나서 보험설계사들도 별로 적극적이질 않아. 비싸기만 하고 보장되는 거도 별로 없어. 그래도 없으면 불안하니 울며 겨자 먹기로 가입해야 해. 적어도 화재만큼은 말야. 특히나 업장 내부와 외부에 대한 보장이 개별적으로 돌아가기에 임차인의 화재 보험과는 별개로 따로 건물주도 가입하는 게 좋지. 이것 말고도 별별 일 많아. 아까 본 맨홀 뚜껑 같은 거도 훔쳐 가는 놈들이 있어. 고물상에 갖다 판다나 봐. 심한 경우엔, 엘리베이터 컨트롤 패널을 훔쳐가기도 해. 장물로 몇백만 원 정도 한다나 봐. 그래서 자동차에 블랙박스가 필수이듯, 건물에도 CCTV를 달아야 하지. 이 CCTV 요금도 다 관리비에 해당해.

하지만 다른 모든 것보다 사람이 제일 무서워. 세입자가 야반도주를 하거나 교도소에 가기도 하지. 아는 분 건물의 세입자가 징역형을 선고받고 고양이를 남겨놓고 갔는데, 결국 맡아줄 사람이 없어 길거리에 방생되었지. 고양이가 무슨 죄겠어. 상가에서도 동물 관련 업종은 이런 문제가 발생할 가능성이 있지. 실비나 인테리어는 철거하기라도 하는데, 이러면 임대

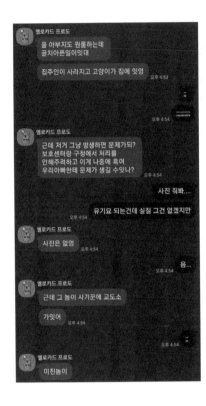

인 입장에선 졸지에 동물 보호소를 운영하게 되는 거야. 이래서 동물 관련 업종은 보증금을 더 받아둬야 해. 정말 간략하게만 살펴봤지만, 이루 말로 할 수가 없는 수많은 사례들이 있지. 아마 사례집으로 책을 한 권 쓸 수 있을걸. 건물이 나를 봉양해야 하는데 내가 건물을 봉양하게 되는 꼴 정말 많지. 이쯤 오면 고슴도치도 내 새끼는 함함하다고 미운 정들어서 못 팔아. 건물에 전우애랄지 아픈 손가락이랄지 모를 복잡미묘한 감정이 생기지. 황순원 선생님의 소나기에서 저 놈이랑 같이 묻어달란 것처럼 건물에 순장, 아니 순정이 생긴다니까.

이쯤에서 관리와 관리비에 대해서 한 번 정리해볼까. 보통 건물에서 인력이 필요한 일은 크게 다섯 가지 정도야. 환경미화관리자, 주차보안관리

자, 승강기안전관리자, 소방안전관리자, 전기안전관리자. 어느 정도 규모 있는 건물에선 모두가 필수적인 사안들이지.

청소 같은건 직접 하거나 세입자들과 협의해서 한다손 치더라도, 건물의 외관이나 공용부는 결국엔 임대인이 몇 년에 한 번쯤 정리를 해줘야 하지. 보통 이런저런 장비가 필요하니까 전문 청소업체에 맡겨야 해. 소방안전관리자 2급을 요구하는 정도나 스스로를 엘리베이터 안전 관리자로 선임하는 것 정도가 건물주가 직접 할 수 있는 것들이지. 단, 책임도 함께 떠안게 되고 말야.

엘리베이터의 경우엔 실질적 관리는 외주를 줘야해. 이 때 POG 계약, FM 계약이란 것 둘 중 하나를 택해야 하는데 POG는 조건부, FM은 풀커버리지라고 생각하면 돼. 처음 7년 정도는 POG로 유지하다가 이후 FM으로 변경하는 게 보통이야. 엘리베이터의 경우엔 20년 정도 지나면 노후 엘리베이터로 분류되어 관리가 더 까다로워지지. 이처럼 엘리베이터 뿐만 아니라 모든 기계식 장치, 그러니까 에스컬레이터, 기계식 주차장, 덤웨이터, 차량용 엘리베이터, 회전판 같은 것들은 모두 기본적으로 감가상각과 유지관리보수비를 생각해야 해.

여기까지는 어떻게든 스스로 할 수 있거나 비용이 적게 들지만, 큰 건물은 이야기가 달라. 큰 건물의 소방, 전기, 기계식 장치의 관리는 보통 스

검 사 성 적 서

□ 승강기정보

건 물 명			
건 물 주 소			
호기(설치장소) 1(1-1)		승강기고유번호	1-4(1)
형 식 / 종 류 권상식 VVVF / 승객용		운행구간(운행층수) 1-4(1)	
제 조 업 체 오티스엘리베이터(유)서울		유지관리업체	
구 동 기 공 간 MRL		적 재 하 중	600 kg
정 격 속 도 1 m/s		완 속 도 1 m/s	3 mm
비 상 정 지 장 치 전자작동형		현 수 로 프 (가닥)	3 가닥

□ 항목별 검사결과

항목번호	주요내용	결과	항목	주요내용	결과
1.1	기본제원	적합	1.2	안전부품	적합
1.3	기계실 공간 일반사항	적합	1.4	승강로	적합
1.5	P기 점검운전 및 접근허용	적합	1.6	매다는 장치, 보상수단, 제동 및 권상	적합
1.7	안전회로	적합	1.8	카 및 균형추의 주행행정한도장치 공속에 따른 보호	적합
1.9	주행성능 측정	적합	1.10	보호장치	적합
1.11	전기적 보호	적합	1.12	기술서류	적합
1.13	장애인용 엘리베이터 추가요건	해당없음	1.14	소방구조용 엘리베이터 추가요건	해당없음
1.15	피난용 엘리베이터 추가요건	해당없음	1.16	재해손강지진관리명을 받은 엘리베이터의 추가요건	적합

□ 검사실시정보

검 사 종 류	설치	관 할 검 사 기 관	대구동부지사
검 사 실 시 일	2021.01.14	판 정 결 과	보완후합격
검 사 자		검사유효기간(보완기간)	2021.01.14 ~ 2022.01.13

승강기 검사 합격 증명서

발 행 번 호 :
검 사 구 분 : [✓]설치[ ]청기[ ]수시[ ]함열안전검사
건 물 명 :
승강기종류 : 승객용   1호기 (1-1)
소 재 지 :
검 사 자 :
검 사 기 관 : 한국승강기안전공단이사장

승강기번호(ID)   2021년 01월 14일
                              행정안전부장관

소방안전관리자 자격증

스로 하긴 무리지. 관리 업체에 어느 정도 비용을 주고 맡겨. 전기는 건물 전체의 전기 용량이 75kW, 300kW일 때가 분기점이야. 관리에 있어 추가되는 설비, 관리비, 관리 책임이 쟁점이지. 각각 전기안전관리자 선임, 22.9kV 수전변압기 설치가 필요해. 만약 세입자들이 전기 승압할 때 이 분기점을 넘게 될 때 미리 협의가 되어 있지 않다면 분쟁의 요소가 되지. 특히 기계식 주차장은 보통 20대를 기준으로 상주 관리인력이 필요한데, 건물 관리를 위한 총무와 설비, 주차 관리 담당은 상주 인원이어서 외주용역을 쓸 수 없고 직원으로 채용해야 하니 부담이 커.

이 외에도 관리비에는 건물의 공용부와 지하의 관리를 위한 통신 및 전기 비용도 있고. 건물 자체에 인터넷 회선을 계약했다면 그 또한 포함돼. 보통 CCTV와 함께 계약하는 경우가 많아. 옥상 방수도 주기적으로 해야하니 분할 해서 관리비로 받아야 하고. 정화조 청소비 또는 하수도원인자

부담금, 도로점용료, 각종 기계식 장치의 관리에 부대 되는 공과금이나 세금도 고려해야 하지. 그거 재산세도 나와. 아, 그리고 보험에 가입했다면 이것도 포함해야 하고. 대형 건물일수록 관리해야할 게 많아져. 높은 건물이라면 상수도 직수로는 수압이 약해서 중간층에 물탱크를 놓거든. 혼잡도를 개선하기 위해 엘리베이터가 두 개 필요하다거나, CCTV의 대수, 기계식 주차장의 필요성, 별도 피난공간 같은 빡빡한 소방규제, 장애인 관련 설비의 설치, 그에 필요한 관리인력 등 얽히는게 많거든. 기계식 장치들은 특히나 자주 고장나는데, 마지막엔 교체를 해야 하지. 하지만 그렇다고 관리를 손 놓을 수는 없는 일이지. 건물 내의 임차업종들은 24시간 돌아가는 경우도 많으니 문제가 생겼을 때 바로바로 대처할 수 있게 해야 해.

얼핏 보기에 필요 없어 보이고 귀찮기만 한 안전수칙은 피로 쓰여진 것이라. 하나라도 소홀히 하면 안되지. 이게 다 겉으로 봐서는 알 수 없는 비용들이야. 그러니 관리비에서 남는 금액은 장기수선충당금 명목으로 모아둬. 이렇게 하나하나 수리하다 보면 언젠간 건물을 새로 지어야 하는데, 그건 결국 받은 임대료를 토해내는 꼴이란 말이야. 관리비 곶감 빼먹듯 빼먹다 보면 나중에 돌발적인 상황이 발생하거나 감가상각 때문에 허둥지둥 목돈 구하러 뛰어다니게 되지. 건물의 실수익률에선 세금, 감가, 공실, 관리, 이자 비용을 항상 생각해야 해. 이런 관리비는 연식이 오래 될수록 기하급수적으로 늘어난다구. 사람이랑 똑같아. 나이 들면 병원비가 많이 들지. 성인병 누구나 다 달고 사는 것처럼, 나는 아니겠거니 생각하면 안 돼. 특히 세금 말이야, 일 년에 안 내는 달이 두 달밖에 없다는 거 잘 생각 해야 해.

문제는 보통 장기수선충당금이 보통 관리비 내역 중에서 임차인들에게 제일 납득시키기 힘들단거야. 건물주 입장에서야 감가상각을 감안하면 당장 쓰이는 실질 관리비보다는 더 많이 받아야 할 텐데, 임차인들이야 그저 건물을 잠시 쓰다가 나가는 사람들이라 순순히 받아들이지 않을 거야. 그러니 감가상각에 대한 부분은 웬만하면 월세에 반영하는 게 좋지. 결국 월세가 온전히 다 내 수입이 아니란 걸 잊지 않아야 해. 작은 건물이라도 상급지를 선호하는 이유 중 하나가 이거야. 월세 대비 실질 관리비가 적게 들거든. 다가구나 원룸 같은 걸 예시로 들어볼까. 도배, 장판이나 배관수리비용 이런 건 어차피 서울 전역이 다 비슷한데, 월세가 싼 곳은 받아서 수리하고 나면 남는 게 없지. 상가도 큰 건물 수익률 좋다고 사봐야, 수리하다 보면 이게 남는 게 없어.

그리고 아직까진 관리비는 인상 상한이 없다지만, 마구 올리면 당연히 분쟁 거리가 되지. 예컨대 월세가 300만 원이고 관리비가 30만 원인데 관리비를 대뜸 100만 원으로 올려버리거나, 안 받던 관리비를 받겠다는 거 말이야. 이건 실질 월세의 인상과 다를 바가 없으니 임차인 쪽도 가만히 있진 않아. 통보식으로 올린다고 해봐야 만약 임차인이 관리비를 안 내버리면 골치가 아파지지. 관리비를 내지 않는 건 명도 사유도 되지 않거든.

아마 관리비도 앞으론 서서히 법으로 규제를 할 거야. 임대인보다 임차인의 수가 많으니 표의 논리상 당연한 결과지. 그러니 관리비를 내 돈이라고 생각하거나, 내 이익으로 생각하면 안 돼. 아파트는 그 수가 많고 규격화되어 있어서 관리 체계란 걸 점점 만들어나갔는데 소위 작은 상업용 건물은 이게 제대로 정비 되어있질 않아. 규제가 들어올 걸 대비해서 미리미리 정비해놓는 게 좋아. 미리 기존의 관리비를 월세에 반영하고 명목 관리비를 최소화해놓은 다음 실제 관리비를 반영해 올리는 식으로 말이지. 기본적으로는 관리비보다는 월세의 비중이 클수록 좋아. 분쟁 거리도 적어지고 월세가 높아야 임대차보호법에서 5%씩 올릴 때 그 곱해지는 모수가 더 크니까 올리기가 더 수월하거든. 추후 규제가 생긴다면 법적으로 규제되었으니 관리비를 올리겠다는 명분도 생기고 말야.

다음으로 계약 사항에 관련된 건데, 관리비의 세부 내역이나 특약은 건물마다 천차만별이라 정형화할 순 없지만 몇 가지 조항만은 꼭 계약서에 적어두는 게 좋아. 우선 납입 된 금액은 관리비 이자, 관리비 부가세, 관리비, 연체 이자, 월세 부가세, 월세 순으로 납입 된 것으로 간주한다. 단전이나 단수 같은 거도 함부로 해선 안 되니까 관리비를 안 내는 잔머리를 굴리는 사람들이 많거든. 앞서 말했듯 관리비 미납은 명도 사유도 되지 않으니 납입 순위를 정하는 거야. 관리비는 분쟁이 나지 않게 최대한 세부 항목을 투명하게 공개할 수 있도록 하고 장기수선충당금 명목으로 넉넉히 받는 게 좋아. 그리고 관리비에서 장기수선충당금 잔액은 반환하지 않는다는 조항을 적고, 관리비는 전체 건물의 관리 비용을 안분 한 것이므로 이의제기하지 않는다는 조항을 넣는 게 좋지. 지하의 집수정 관리비는 지상층이 내려 하지 않거나 엘리베이터 관리비는 1층이나 지하가 내지 않겠다고 할 수도 있으니까. 이런 게 앞으로 들어올 관리비에 대한 규제에 얼마나 효용이 있을진 모르겠지만, 없는 것보다는 나을 거야. 임대차 계약서는 연애편지 쓰듯 아주 세심하게 써야한다구.

예컨대, 계약서에선 수치를 적는 것보다는 될 수 있는 대로 문자로 적어.* 연체 이자에 대해서 법정 최고치는 20%인데, 그냥 법정 이자율 최고치라고 적는 거지. 신축을 할 때도 계약서엔 기간을 명시하는 게 아니라 설계나 인허가, 공정 완료 같은 걸 기준 삼아야 하는 것처럼 말이야. 수치는 법령의 개정으로 변동될 수도 있고 임차인들에게 딱딱한 인상을 줘서 계약에 거부감을 줄 수도 있거든. 그리고 임대료는 가급적 선불로 해. 명도 사유인 3기분 연체를 빨리 달성하려면 선불이 좋아. 중간에 갑자기 퇴거할 때 남은 금액 정산하기도 좋고.

마지막으로 건물의 관리에 있어서 협의 사항을 위반했을 때 구체적인

---

* 제소전 화해조서를 쓸 때는 구체적 수치가 명기되어야 한다.

위약벌 규정이 있어야 해. 이게 없다면 하지 말라고 말만 할 뿐 딱히 제지할 방법이 없으니까. 예를 들면 지정한 주차 위치 외에 주차했을 때 시간당 요금을 정해서 징수한다던가. 건물에서 가장 큰 분쟁요소 중 하나가 주차거든. 그러니 CCTV 기록 같은 걸로 객관적인 증거를 남길 수 있도록 해야겠지. 또 임차인이 불법 건축물을 지으면 이행강제금은 그쪽이 낸다는 조항 같은 걸 넣어야 하고. 그러니 원상복구의 기준점을 서류나 사진으로 자료를 만들어서 계약서에 첨부하는 것도 잊지 마. 원상복구는 준공 직후의 미마감 상태를 기준으로 한다고 해. 남들이 남겨놓은 상태를 인수받는다면 원래 상태의 기준이 그 시설과 집기가 있는 게 되어버리니 골치 아파진다구. 세입자가 퇴거할 때에는 사업자 등록 폐지를 기준 삼고 퇴거에 있어 모든 게 완료되고 정산되었다는 확인서를 받아야 하지. 이렇게 건물에 관련된 모든 건 기록을 해놔야 해. 임대료의 납입 기록이라던가 설비의 교체 시점 등. 이런 경험들이 쌓이면 내 건물을 좀 더 객관적으로 바라볼 수 있게 되지. 명심해. 내 땅 내 거 아니고 내 건물 내 거 아니고 내 돈 내 거 아니야. 마지막으로 다시금 강조하지만, 건물은 연락 안 오는게 최고의 미덕이야.

누수, 침수, 동파가 동시에 일어난 현장.
트리플 크라운 달성. 이 정도 수준이 아니라면
임차인의 누수 제보는 일단 결로라고 우기면서
문제를 축소시키거나 책임을 회피하자.

연극이 끝난 후,
커튼콜과 함께 사라지는 관객들

건물의 관리 이야기를 듣던 도토리는 생각만 해도 머리 아프다며 진절머리를 낸다. 도마뱀은 넌지시 도토리에게 만약 집안의 건물을 상속받는다면 어떻게 할 건지 물어본다. 도토리는 다소 떨떠름하다는 듯 어물거린다. 언젠가 상속 관련해서 이야기가 나오기야 하겠지만, 보통 자식이 집안 재산에 대해 왈가왈부하는 건 금기라 잘 알려주지도 않고, 잘못하면 집안 재산 탐내는 망나니 낙인찍히는데 감히 어떻게 이야기해. 자식에게 부동산만큼은 죽기 직전까지 주지 말란 게 우리 집안 철칙인걸. 게다가 방금 관리가 얼마나 힘든지 들어보니 엄두가 안 나지. 도마뱀은 그냥 생각만 해보는 거라며 어찌할 거냐 채근한다.

도토리는 잠깐 고심하더니 답한다. 내가 지방에 어떻게 내려가서 일일이 관리하겠어. 아마 팔아야 하지 않을까. 그리고 서울에 아파트를 살 것 같아. 아니, 동생들이랑 나누고 나면 얼마 남지도 않을 거야. 남은 돈으론 서울은 무리고, 경기권으로 가야겠지. 도마뱀은 역시라며 고개를 끄덕인다. 그렇지. 그게 대부분이더라고. 그런데 문제가 있지. 사람들이 전부 서울 수도권에 있으니 지방 건물을 갈수록 받아줄 사람이 없단 거야. 상업용 부동산의 가장 핵심을 두 가지로 요약하자면 생산성이 유지 또는 잠재되어있고 환금성이 나와야 한단 거야. 그런데 환금성의 가장 중요한 요소가 뭐야. 사줄 사람이 있어야 한다는 거잖아. 이제 지방엔 사람이 없단 게 문제야. 상권 변화의 변수도, 물이 남아있는 서울 수도권에서나 돌고 돌 뿐, 지방은 진폭이 서서히 줄어 고착되고 있다는 거지.

이번 대구의 출생아 수는 겨우 1만 명을 턱걸이했어. 인구수 230만에 육박하는 도시에서, 고작 1만 명이 태어났단 거야. 그나마도 이 중 적어도 반은 서울로 가겠지. 고작 5,000명이 지탱하는 초고령화 도시라. 이건 결정 난 미래야. 하지만 없어진 사람을 이제와서 만들어 낼 수도 없지. 인구구조는 그 해에 이미 미래를 결정해버리는 가장 강력한 요인 중 하나라구.

80년대 말 인구학자들이 경악하며 경고했던 여아 낙태 광풍도 모두가 무시하다 이제야 문제가 터졌듯이, 결국 이거도 똑같은 꼴이 날 거야. 그나마 남녀 성비 붕괴는 인구수라도 채우고 있었지, 이제는 아예 사람이 사라진 거라니까. 2022년 대한민국 출산율이 0.78이었지. 서울은 무려 0.59라고. 저출생 고령화로 심각한 사회문제가 된다는 일본이 1.26정도인 걸 생각 해 봐. 이건 수치를 보고도 믿어지지가 않아. 내가 아는 한 인류사에서 그 어떤 국가도 평시에 이런 말도 안 되는 상황을 겪어본 국가가 없어. 그러다보니 예측이 안 가는 거야. 이건 미증유의 재해라구.

이게 체감되지 않는다면, 80년대 후반생인 우리의 초등학교 시절을 생각해봐. 남녀로 짝을 지어줘도 남남 짝꿍이 세 쌍은 있었었지. 선생님들이 그걸 보고 한숨을 푹 쉬며 했던 말이 기억나. 너네 여자들에게 잘해라. 앞으로 너네 쌍쌍이 다 결혼시켜도 여섯 명은 못 하겠구나. 그도 그럴만했던 게, 80년대 중후반 한국에서 태어난 아이들의 남녀성비는 115:100 정도, 셋째 아이부터는 남자애 둘에 여자애 하나, 심지어 대구 경북은 남자애 셋에 여자애 하나였지. 우리가 결혼 못 하는 이유가 괜한 게 아니지. 요즘 여자애들은 경상도 출신이면 일단 거르고 본다구. 그 업보를 받는 거야. 하하.

도토리는 미간을 살짝 찌푸리며 말한다. 왜 우리야. 나는 빼고 말해. 그럼 너는 왜 안 파냐. 네 말대로라면 지금 당장 다 팔아야지. 도마뱀은 손가락으로 도토리를 가리키며 말한다. 바로 방금 네가 말했잖아. 함부로 집안 자산에 대해 왈가왈부하는 건 망나니 낙인찍힌다고. 집안 땅 받았답시고 냅다 팔아버리면 아마 선대들이 관짝 부수고 튀어나와 네 목을 조를걸. 부동산 꽤나 감성적인 재화라구. 어쩌면 아이폰보다 더. 선대의 땅이라고 억만금을 갖다줘도 팔지 않는 사람들이 많지. 사고 파는게 계산만으로 돌아가지 않아. 그러다보니 은전 한 닢 갖고 싶단 마음으로 사는 사람도 많고.

그리고 난들 이런저런 방법을 생각 안 해봤겠니. 설령 내가 온전히 결정권이 있었다고 가정해봐도 가만히 있는 게 답이더라. 팔아서 할 수 있는 게 없어.

도토리는 갸웃거리며 그래도 근래 땅값이 많이 올랐으니 어쨌든 이득을 본 거 아니냐며 배부른 소리 한다고 핀잔 준다. 도마뱀은 어디 한 번 생각해보자며 말을 잇는다. 글쎄, 땅값이 급격히 올랐다고 좋아할 게 아니야. 일단 미실현차익은 불확실성이 있지 그리고 부동산이라는 재화의 특성상 내 거 오르면 남의 거도 오르잖아. 체감되는 실익이 아니야. 내 거만 더 올라야 좋은 거지. 보통은 남의 게 더 좋아서 더 많이 오른다는 게 문제지만. 그리고 그렇게 오르기만 하면 받아줄 사람이 점점 줄어들지. 환금성이 얼마나 중요한데, 예컨대 너만 해도 집안 건물 그거 얼마 정도라고 내심 생각하고 있지. 그거 실제로 시장에 내놨을 때 팔리는 게 얼마나 힘들지 모를 거다. 제값은 환상이요, 팔려야 그 값이야. 무엇보다 수익률은 안 오르고 땅값만 올라서 세금을 처리할 돈이 없어. 특히나 양도, 증여, 상속세 말이지. 아랫세대는 보통 윗세대보단 더 가난하다구. 너 당장 증여세나 상속세 낼 돈 있는지 자문해봐. 땅값은 오늘이 제일 싸다라. 문제는 세금도 오늘이 제일 싸다는 거지. 팔았다간 세금 내고 나면 땅거지에서 거지된다. 하나 온전히 받으려면 결국 두세 개가 있어야 해. 하나 팔아 세금 내야지. 하나는 노후대비용이지. 제일 좋은 거 자식 키워서 줘야지. 보통 강남 건물주들에게 있어 작은 건물 하나 팔아서 세금 내고 남은 돈이면 애 하나 낳고 키워 유학 보내고 결혼시키는 돈이랑 딱 맞아. 기둥뿌리 하나 뽑는 거지. 부동산 3대 리스크가 죽음, 자식, 세금이야. 그러니 국가에서 세 가지 이벤트만 해주면 땅값은 폭락할걸. 양도세 선착순 면제, 기간제 면제, 무작위 면제. 이러면 너도나도 할 것 없이 던질 거다. 안 팔고 못 팔아서 오른 거야. 이건 시한폭탄이 돌아가고 있는거라구.

그래도 관성이란 게 있어서, 아직 본격적으로 문제가 터지기까진 10년 정도는 더 남아있지. 과거의 지주들은 대부분 나이가 많고 오래전에 진입했기에 이 관성에 편승해 끝까지 버틸 수 있어. 문제는 자식 세대들이야. 이들은 이제 지방에 도로 돌아가지 않을 거야. 일자리가 전부 서울에 있으니까. 새로 이 시장에 진입하는 사람들이 모두 서울, 수도권만 보는 이유가 뭐겠어. 너만 해도 지방의 건물을 받아 관리하느니 수도권에 아파트를 살 거라고 했잖아. 새도 둥지가 있어야 새끼를 까는데 수도권 집값은 폭등했고, 지방엔 일자리가 없어. 진퇴양난이지. 그럼 집값이 내리면 될까. 내리면 내리니까 서울 수도권으로 몰려갈 거야. 자연은 진공을 허하지 않거든.

도토리는 그래도 대구 정도면 살아남을 수 있는 곳 아니냐 반문한다. 하지만 정작 대구 사람인 도마뱀은 부정적이다. 위대했던 경북 구미산단의 굴기, 그것도 이제는 과거의 영광이지. 과거 대구역은 경북 각지의 부를 흡수해 동성로로 내뱉었었고 그로 인해 동성로는 전국에서도 손꼽히는 최고의 번화가였었어. 하지만 이젠 흡수할 부가 경북에 남아있질 않아. 경북의 부를 흡수해오던 대구역 앞은 경북의 쇠락에 따라 그야말로 초토화 되었다구. 지방국립대의 쌍두마차 경북대와 부산대는 이제 미달이 나기 시작했고, 전국 교대의 위상은 추락하기 시작했지. 애들이 없는데 교사가 왜 필요해. 가까운 부산을 종종 가보곤 하는데, 서면 한복판에 가만히 서서 둘러보면 보청기 가게가 대체 몇 개인지. 그야말로 노인과 바다로다. 엑스포 꿈돌이 시절의 대전은 이제 적막이 흐르고, 빛의 고을 광주는 이제 그 빛이 바랬다네. 근대사의 격동을 겪었던 개항지 인천은 그나마 인구가 늘어나고 있지만, 빠르게 서울권으로 빨려 들어가 버리지.

그리고 이건 집값이나 일자리만의 문제가 아니야. 인구가 줄어 그나마 남은 젊은이들은 그 수가 적기에 더더욱 문화적 동질감을 위해 서울 수도권으로 몰리지. 적어도 두 배는 되는 울산의 사기업 연봉을 마다하고 서울

교통공사 입사 시험 치겠다는 애들이 요즘 애들이야. 날 때부터 다 수도권에서 태어났으니까 당연한 일이야. 요즘 애들은 울산이 광역시인 줄도 모를걸. 어디 붙어있는지라도 알면 다행이지. 특히나 가장 중요한 젊은 여성들에게 있어서 수도권 밖으로 나간다는 건 사회적 사형 선고랑 다를 바 없어. 경북에서 나고 자란 여자애들 중 적지 않은 수가 대구조차 건너뛰고 바로 서울, 적어도 부산이나 인천으로 도망치지. 그들을 탓할 순 없어. 올바른 선택이거든. 너라도 도망쳐서 살아남아라.

광역시급 도시조차 휘청거리는데, 이제 지방의 군소 도시들은 대부분 그 수명이 얼마 남지 않았어. 뻔한 이야기들이야. 새삼스러울 것도 아니지. 하지만 아무도 신경 쓰지 않아. 아니, 알아도 할 수 있는 게 없으니까 애써 모른 척 외면하는 걸지도. 수도권에 편입되는 순간 그들의 일원이 되니까 흐름에 편승하는게 편하거든. 이 붕괴를 해결하려면 모든 정권이 차일피일 미루는 외국 노동력 수입 말고 도대체 대책이 뭐가 있겠어. 그해의 출산율은 이미 결정된 거고 지금부터 올려봐야 20년 뒤에나 효과가 나오겠지만, 당장 외국인 노동자에 대한 문호를 여는 건 즉각적으로 효과가 나오니까.

하지만 모두가 자기 순번에서만큼은 문제를 가시화하고 싶어 하지 않아. 언젠가 심각하게 문제가 터져 나갈 때쯤에나 급히 빗장을 열어버리겠지. 그 동안 인구가 줄어 군대 징집 인원은 군을 유지 못 하는 수준으로 떨어질 테고, 공무원에 대한 선호도도 떨어지니 경찰과 소방관에 대한 지원 유인이 떨어지지. 의료에서도 목숨에 직결된 과들은 수가 문제 때문에 기피 하게 되고. 그 와중에 지방은 세수가 모자라지기 시작할 테니 인프라 정비가 안 돼. 슬럼화가 더 빨리 진행되겠지. 외곽부터 서서히 무너질 거야. 치안 좋던 대한민국은 과거의 이야기가 될 걸. 분당이나 광교 같은 곳은 균질함으로 치안이 그나마 낫겠지. 재개발은 가난의 소독이요, 유니폼

은 가난의 가림막이니 말이야. 이제 웬만한 구역에서는 도로 하나를 경계로 한쪽은 신축 아파트, 다른 한쪽은 슬럼화된 주거지가 있는 꼴을 보게될 거야. 멕시코처럼 말이야.

이야기를 나누며 걷던 중에 어느 한 가게의 팻말 앞에서 발길이 멈춘다. 도마뱀은 빛바랜 황동판에 적힌 문구를 따라 읽어본다. 반들반들한 현재의 시간 위에 과거를 끊임없이 되살려 붙잡아 메두려는 위태로운 게임을 하고 있다. 하하하. 여기가 학림다방이지. 이어 마저 읽는다. 대학로라는 첨단의 소비문화의 바다 위에 떠 있는 고립된 섬이라. 글쎄, 대학로도이제는 첨단의 소비문화라기엔 아무래도 어폐가 있지. 세월은 자꾸 흐르고 사회는 변하니까. 이젠 여기도 환갑을 넘긴 나이라지. 학림다방은 앞서다른 것들과는 달리 사라지지 않도록 서울 미래유산으로 지정되었다더군. 사라지지 말지어다. 영원히, 영원히.

자, 그렇다면 그나마 생존 가능성이 있는 광역시급 도시에 공공기관들과 공기업들을 이전해서 심폐소생술을 해야 하지. 그런데 이 논리는 조금만 확장하면 왜 대구, 부산, 세종에 보내는가. 그럴 거면 서울 수도권으로가야 한다는 자기모순을 내재하고 있어. 어쩔 수 없지. 행정수도 이전이실패한 시점에서부터 서울 집중화의 시곗바늘은 돌이킬 수 없는 가속이 붙은 거야. 애초에 민주주의 사회에서 인구의 반이 수도권에 몰려있는 정치 지평에서 이건 이미 옛날 옛적에 끝난 거지. 사람들이 모이는 수도권, 서울, 강남. 밀도는 곧 무게고 무게는 곧 중력이라, 중력이 강할수록 시간은 느리게 가. 그렇기에 대한민국이 늙어가도 이들은 늙지 않아. 종종 강남 접근성이 좋아서 좋다는 말을 듣곤 하는데, 불필요한 이중 수식이야. 그 말대로라면 강남 접근성이 좋은 데를 사는 게 아니라 강남을 사야지. 내가 이래저래 만나서 물어보니 물려도 그나마 안심은 강남뿐이라더라. 내게 강 같은 평화, 내게 강남 같은 평화. 하하하.

언제부터 강남 예찬론자가 됐냐는 도토리의 비아냥에 도마뱀은 고개를 가로저으며 웃는다. 빨대는 빨아갈 뿐 내뱉지 않아. 당장 우리부터 서울에 올라와 있잖아. 어디 자기부정을 해보시지. 사실은 그렇지 않다거나 네가 그렇게 믿지 않더라도 대부분의 사람들이 그렇게 믿는다면, 그게 기준이 되지. 대세를 거슬러선 안 돼. 강남 안 사다가 강남 사는 사람은 있어도 강남 사다가 강남 밖을 사는 사람은 잘 없거든. 이거 마늘밭 같은 거야. 무슨 짓을 해서라도 돈 벌어오면 그거 갖다 묻는 거지.

물론 어디나 부촌은 남아있겠지. 지방이 다 망하진 않아. 대구 수성구만 해도 서울의 웬만한 외곽지보단 훨씬 나을걸. 하지만 이게 수성구가 좋은 거라고 착각하면 안 돼. 대구의 핵심지인 범어네거리 일대가 좋은 이유는 다른 게 아니야. 서울 접근성 때문이지. 서울로의 탈출을 위한 동아줄인 KTX를 붙들고 있는 부촌의 학군지. 이 조건 중 하나라도 없었다면 살아남기 어려운 일이었을 거야. 이제 대구는 외곽에서부터 서서히 버려지는 땅들이 나와. 그리고 극단적인 수축이 이뤄지고 있지. 쓸모없는 상업지를 주거로, 마지막 여력을 쥐어짠 재개발이 이뤄지고 있어. 나는 다음 대구의 재개발 붐이 올 수 있을지 확신할 수 없어.

동대구역에서 범어네거리까지 걸어가며 종종 섬뜩함을 느끼지. 침몰해

가는 배의 솟구쳐진 선미가 대구 수성구, 범삼만네*요. 여기만은 마지막까지 방어하리라. 와중에 동대구역에 세워진 신세계 백화점은 마지막 남은 대구의 생명력을 모조리 응축시켜놓은 벙커지. 전국에서 손꼽히는 매출이라, 대단하지. 하지만 이런 거대한 자본 근처에선 다른 상업 시설들이 힘을 못 쓴다는 게 문제야. 낙수효과는커녕 나무가 너무 크면 아래에 그늘이 지는 것과 같아. 신세계 백화점이 들어오고 나서 일대의 상업 시설들은 모조리 멸절당했거든. 대구의 대구백화점뿐만 아니라 대전 세이백화점, 서울의 태평 백화점이 모두 그 종언을 고했지. 지방의 쇠락을, 소자본의 증발을, 동력의 상실을, 기억만이 잔존 하는. 한 시대가 저무는 거야.

물론 지금까지 말한 인구소멸이나 수축에 대한 건 지방에 국한된 이야기가 아니긴 하지. 결국 수도권도 지방을 흡수해가며 커온 거니까. 모든

---

* 대구의 핵심지 범어 3동, 만촌네거리의 약칭.

건 결국 연계되어있어. 경북의 도시들이 쇠락한 게 대구에 영향을 주고, 지방의 광역시들이 쇠락하는 게 서울 수도권에도 영향을 미칠 거야. 이미 서울이라고 그 여파가 안 보이는 건 아니라구. 이번에 압구정 로데오가 살아났다는데, 강남서 그 시절을 기억하는 아저씨들이 이런 얘길 하더군. 전성기 압구정 로데오는 전국 팔도 사투리가 다 들리는 최고의 번화가였는데 고작 골목 몇 개 살아난 걸 가지고 부활했다고 하는 게 참담하다고. 전체 인구수가 주는 건 제아무리 강남이라도 어떻게 할 수가 없단 거지. 애초에 광역시급 도시에 정착한 40대 이상 인구는 이제와서 굳이 서울로 옮겨갈 유인이 잘 없어. 서울조차 흡수해갈 게 떨어지고 있다는 이야기야. 지금이야 집중화로 방어막을 치고 있지만, 최후의 순간에는 그 여파가 안 닿을 리 없지. 안심할 수 없어. 애초에 출산율 최저치는 서울이라구. 코로나 사태 때 대구만 봉쇄하면 된다는 일부 여론들이 기억나는걸. 오만이야. 결국엔 서울에까지 퍼졌지. 흐름은 막을 수 없다네. 결국엔 서울 또한 대구가 그러하였듯 해외 부동산이나 해외 유학 같은 탈출의 동아줄을 잡기 위해 발버둥 칠걸.

그래도 여기서 중요한 건 어쨌든 되살아나고, 남은 한 줌이라도 모인다는 거야. 다른 데는 그마저도 안돼. 수축만 하는 게 보여. 대한민국 전체는 구조적으로 저물어가지만, 이 팽창과 수축의 잦아드는 진폭이 어쨌든 서울, 특히 강남으로 수렴하고 있잖아. 사람이 모이는 서울, 강남이니까. 성수만 해도 강남에 가까이 있으니까 그리 큰 변화라도 있었던 거지. 강남을 포함한 서울의 핵심지들을 관통하는 2호선은 그야말로 대한민국의 설국열차인거고.

근래의 건물 매매 광풍은 어찌 보면 침몰해가는 배에서 구명보트를 잡으려는 움직임일지도 모르지. 대한민국은 마지막 사그라들 때의 생명력을 모조리 강남을 필두로 한 각 지역의 핵심지로 몰 거니까.

무너져 가는 거시구조에서 이 집중화는 지층의 움직임처럼 천천히 일어나고 있어. 그러니 지주들은 값이 오를수록 외려 안 팔아. 고슴도치처럼 호가라는 가시를 세울 뿐. **그리하야 마지막까지 맥동하는 최강의 노선 2호선이라는 가시 왕관을 쓰라. 변수는 그 안에 있을지어니.**

도토리는 투덜거린다. 네 말대로면 강남은 불패고, 다른 곳은 다 망하는 거구만. 그래서, 그놈의 종말은 대체 언제 오는 거야. 너나 나나 서울은커녕 지방에 거점을 두고 있는데. 누구 망하라고 고사 지내는 거도 아니고. 도마뱀은 허탈하게 웃곤 잠깐 저쪽에 앉자며 어느덧 어스름이 깔린 노천극장의 한 좌석에 걸터앉는다. 강남, 물론 좋은 곳이지. 아, 절대로 비꼬는 거 아니야. 좋은 곳이지, 그래. 나라도 돈만 많으면 일단 강남부터 먼저 보겠지. 그럴만한 이유가 다 있어. 가격이란 게 허투루 형성되진 않으니까.

이어 도마뱀은 한참 동안 침묵하며 지나가는 사람들을 물끄러미 바라본다. 은은한 조명 아래 두런두런 들리던 말소리도 사람들이 하나둘씩 떠나며 서서히 잦아든다. 도마뱀은 긴 침묵을 깬다. 여기가 마로니에 공원이지. 칵테일 사랑 그거 말야. 그 노래를 들은 게 20년은 넘은 거 같은데, 이제야 와보네. 이럴 때 내가 철저한 외지인이란 걸 느끼지. 그런데 그런 나도 여기는 알아.

혜화는 충분히 좋은 곳이지. 일대의 사람들이 모이는 곳이란 게 느껴지니까. 뭐랄까, 연예인이랑 똑같은 거야. 이름이라도 들어본 곳이면 이미 좋은 곳이고, 정말 망한 곳은 물망에도 올라오지 않지. 혜화는 한국 연극 문화의 총본산. 단순히 몇 년 단위로 유행을 탄 게 아니라, 한 세대의 세월이 서려 있지. 이건 쉽사리 무너지지 않아. 뭐, 너무 부정적으로 생각하진

말자구. 거시적으로 보면 우린 결국 다 죽는다는 말이랑 뭐가 다르겠어. 그 사이의 선택일 뿐이지. 무엇보다 이 양극화와 집중화에 따른 수축은 선형이 아닐 거란 점이 중요해. 부의 흡수는 프렉탈 구조와 같아서 병목 구간이 존재하거든. 결국 강남이라는 말은 그저 핵심지를 은유함에 불과한 걸 수도 있어. 전국 어디든 생존할 곳은 있을 거야. 그때는 그때의 공간 수요가 있고 가격 최적점이 있겠지. 사람이 땅을 안 밟고 살 수는 없을 테니까. 그게 어딜지는 다들 알아서 찾아봐야겠고 말이야.

어느새 연극이 끝난 후 지하철을 타러 걸어오는 사람들이 보이기 시작한다. 도마뱀은 자리를 툭툭 털고 일어선다. 이제 슬슬 가야겠구나. 다시 돌고 돌아 강남으로 가는군. 혜화 만큼은 서울에서 한 번쯤은 와보고 싶었었는데, 덕분에 잘 둘러봤어. 온 김에 연극도 보고 싶었지만, 내겐 서울을 둘러보는 거 자체가 하나의 연극을 보는 것 같더군. 코로나로 인해 막이 열린 기묘한 서사. 이 시장은 원래 이렇게까지 대중의 관심을 받던 시장이 아니었는데, 입장객들이 참 많아졌어. 대흥행인걸. 정작 여기 혜화의 극장들은 죽을 쑨다는데 말야. 덕분에 여러 가지 징후들을 관찰하기 좋아졌지. 뭐, 이것도 커튼콜이 머지않은 거 같지만.

도마뱀은 이제 정말 간다며 헤드셋을 끼려다 잠시 멈칫한다. 지금 내가 들으려는 노래 뭔지 알겠지. 도토리는 팔짱을 끼며 건들거린다. 넌 너무 선곡 취향이 뻔하다니까. 도마뱀은 그렇냐며 웃곤 헤드셋을 마저 쓴다. 그래, 아는 사람들끼린 말이 필요 없지. 언젠가 또 보자. 배웅하는 도토리를 뒤로하고 강남으로 돌아가는 지하철에 몸을 싣는다.

돌고 돌아 강남으로.
한 줌이라도 더, 한 뼘이라도 높게

고시원을 정리하고, 떠나기 전 마지막 날만큼은 좀 편히 자야겠다 싶어 강남 어딘가에 숙소를 잡는다. 피곤한 몸을 침대로 던지고 누워 흰색 천장을 멍하니 바라본다. 전등의 고주파음만이 희미하게 들린다. 그새 공사현장이 엄청나게 많이 늘어나 있구만. 강남뿐만이 아니지, 그야말로 전국에 화전을 일구고 있다. 이게 정말 괜찮을까. 갈수록 규제는 더해지고, 공사비의 큰 비중을 차지하는 인건비는 올라간다. 훗날 수요 적체가 풀려 공사비가 다소 내려갈 수 있다고 한들, 점점 줄어드는 임대차 시장의 수요를 먼저 선점해야 할 필요성이 있으니 공사는 빠를수록 좋긴 하다. 하지만 이 정도로 급격한 속도엔 공급 측면에서든 시공 측면에서든 반동이 있지 않을까.

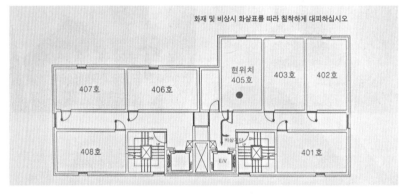

잠깐 선잠에 들었다 악몽에 시달려 깨어나 보니 어느새 저녁이다. 별 희한한 꿈이 다 있구나. 찬물로 세수를 하고 세면대를 붙잡고 가만히 거울을 들여다본다. 사람이 초췌해져 있다. 서울을 둘러보는 동안 많은 일들이 있었지. 정말 수 많은 일들이. 슬슬 돌아갈 때가 된 것 같다. 역마살 낀 사람처럼 돌아다녔구나. 이어 침대 위에 던져둔 노트북을 바라본다. 저게 엿판인 거지. 이젠 지쳤다. 본가의 우리 고양이가 보고 싶어. 한시라도 빨리 내려가야겠다.

　방을 나가려 문고리를 잡는데, 문득 앞에 붙은 비상대피도가 눈에 띈다. 이제 별 관심도 없지만 습관적으로 파악을 하게 된다. 올라올 때는 눈치를 못 챘었는데, 엘리베이터 두 대가 설치되어 있었구나. 확실히 14층이나 되다 보면 엘리베이터 한 개로는 모자랄 수 있지. 장애인용 엘리베이터를 넣었으니 건폐율과 용적률 혜택을 받았을 거고, 이건 건축법의 기준으로 보면 한 대당 한 층에서 2평의 입방면체 공간을 건축 면적에서 뚝 떼어낸 거라고 볼 수 있지. 그만큼 위로 층수를 더 올릴 수 있었을 텐데, 눈대중으로 봐도 1개 층 정도는 더 만들 수 있을 거다. 한 개 층만 더 올려도 객실이 7개 정도 더 늘어나니, 회전율이 받쳐준다면 아마 수익성도 더 올라갈 가능성이 크다. 도마뱀은 엘리베이터를 타고 내려가는 대신 계단으로 내려가며 건물 구석구석을 둘러본다. 계단의 구조도 독특하게 돌음 계단처럼 만들어 각 엘리베이터 양쪽에 배치한 게 눈에 띈다. 코어공간이 전체적으로 대칭에 가까운 모양새인데, 가운데 공간은 아마 배관이 지나가겠지. 작은 공간에 최대한 욱여넣었구나.

　계단에서 내려와 밖을 돌아보며 주차구획을 세어본다. 몇 대 없는 걸 보니 여기도 주차장 억제구역인듯하다. 그러니 기계식 주차장 없이도 이렇게 작은 땅에서 높이 만든 거겠지. 입지상 일반적인 상가보다는 숙박업소가 좋을 테고. 여러가지 조건을 잘 따져봤구나. 모텔은 건물주가 직영으로 하거나 임대를 주더라도 보통 환산보증금 이상을 받으니까 명도가 쉬운 편이지. 언젠가 주변 필지와 합필해서 오피스텔을 올릴 수도 있지 않을까. 현재 모텔의 매출과 순익, 그리고 오피스텔 신축에 들어가는 비용대비 분양과 임대를 통한 수익률을 비교해보면 할지 말지 결정이 되겠지. 수요와 공급, 임대와 매매, 수익과 차익, 자산과 부채라. 그러고 보니 리먼 브러더스 사태 이후에 역시 수익형 부동산이 답이라며 숙박업 광고들이 많이 난립했었지. 여론이란 게 참 몰이가 되면 한 번에 바뀐다니까.

　정처 없이 발걸음을 옮기며 마저 둘러보던 도마뱀의 눈에 한 건물이 눈에 띈다. 아까 숙박업소도 작은 땅이었지만, 여긴 그보다 한참 작구나. 24평짜리에 층당 11평으로 9층으로 높게 올린 건물, 마찬가지로 주차장 억제구역이라 주차대수는 한 대만 확보한 거겠지. 공부를 보아하니 작은 건물인데도 승강기가 한 대 있구나. 계단과 화장실, 공용면적을 제하면 정말 작은 사무실 공간만 나올 건데, 안쪽이 궁금하구만. 그래도 역시 상업지니까 이렇게 높이 올릴 수 있는 거겠지. 언젠가 여기도 합필 되면 더 큰 규모의 건축을 할 수 있지 않을까. 이 일대에 오피스텔이 공실이 거의 없던데, 아무래도 개발한다면 상가보다는 오피스텔이 좋겠지. 주변에 비슷한 조건의 필지에 가장 최근에 지어진 오피스텔의 규모를 보고 그 호실당 매매가로 역산하면 대충 어느 정도 규모에 호실이 몇 개쯤 나오겠다는 게 어림짐작이 간다. 공사비와 제반 비용을 제외한다면 그것이 땅값이겠지.

　이어 눈에 띄는 코너의 하얀 건물이 있다. 리모델링을 한듯한데, 대장을 보아하니 역시나 한 개 층을 증축했다. 아래층과의 면적 차이가 나는 부분은 옥상 정원을 만들고 외부에서 보기엔 일면이 되도록 외관에 벽을 세웠군. 무엇보다 독특한 점은 슬라브를 해체하고 지하 2층을 지하 1층으

양재의 한 소형 필지,
24평 대지에 11층이 지어졌다.

한 개 층을 증축하고 엘리베이터를 설치,
내부 계단도 신설한 예송 빌딩

로 재설정한 점이다. 엘리베이터 관로 배치에도 굉장히 신경을 많이 썼는데, 아마 위층은 자가로 사용하는듯하다. 이 건물도 아까와 마찬가지로 코너를 점거하고 있어 언젠가 대로변에 큰 건물을 개발할 때 옆 필지와 함께 매입될 가능성이 있긴 하다. 아까랑은 달리 그나마 여긴 대로변이기도 하고 두 개 필지만 합하면 되겠구나.

상대적으로 저렴한 이면 상업지에 비슷한 규모의 세 개 필지와 대로변에 단가가 비싸지만 서로 체급이 차이가 나는 주거지역의 두 필지. 어느게 더 개발 난이도가 낮을지는 모를 일이다. 또, 시간은 얼마나 걸릴까. 10년일지, 20년일지, 30년일지. 또 누가 얼마에 사줄지 모두 모르는 일이다. 그러니 다들 신축과 자가사용을 통해 그 오랜 기약 없는 시간을 버티려 하는 거겠지.

하지만 강남에서 합필은 쉬운 일이 아니다. 여기는 대한민국 토지 시장의 최전선, 모두가 주목하고 있기에 자루형 필지든 뒤 필지이든 앞 땅과의 물타기 가격이 모두 반영되어있다. 지구단위계획에서 합필을 유도하려 이런저런 보상을 제공해도 개개인에게는 그럴만한 유인이 되지 않는다. 그 이상의 값을 치르며 매입한다 해도 두 필지를 합한 가격을 따져보면 그냥 다른 곳을 매입하는 게 나을 공산이 크다. 항상 모두의 기대를 받는 곳이라 합필의 이득이 나올 만큼 가격이 떨어지지 않고 만에 하나 그만큼 하락이 있다면 수익률 논리를 기반으로 조정된 값에 누군가 즉시 채갈 거다.

하지만 역설적으로 누군가가 그 비싼 값을 치르고서라도 합필을 반드시 하겠다면 그것은 강남일 가능성 또한 있다. 다른 곳은 지가가 떨어져야 합필이 가능하지만, 강남은 이 구조상 차라리 높은 값을 치르고 합필을 할 거다. 모두가 이렇게 완고하게 움직이지 않으니 선택지가 많지 않고, 그럴만한 가격을 감수할 고급지는 분명히 한정되어있기에. 만약 합필이 되지 않더라도 집중화와 공간 수요의 변화는 결국 핵심지에서 돌고 돌 것이기에 한정된 고급지의 공간 수요는 수요자들에게 가격에 대한 강제력을 강화한다. 따라서 생산성을 어느 정도는 보장할 수 있을 것이고 그 기대감으로서 가치가 존속한다. 개인의 소유권을 유지 시킬 수 있고 방어할 수 있다면 결국 어떤 식으로든 변수가 있으리라.

1	2
3	4

1. 청담동 동국제약 사옥, 재생골재를 활용해 용적률 혜택을 받은 건물
2. 세 개층 증축을 한 건물
3. 태양광 패널을 이용해 용적률 혜택을 받은 건물
4. 일정 면적을 줄이고 증축한 건물

이건 허황한 게 아니다. 변수 자체가 아예 없을 곳보다는 개발 가능성이나 미래 생산성에 대한 기대감이 내포되어있다면 누군가는 그것을 승계하고, 또한 언젠가는 실현할 것이기에. 근래 주차장 용지들이 생기고 있는 것은 지주들이 이 시간을 기다리며 거북이 등껍질처럼 갑주를 두름이라. 조난 당했을 때 함부로 움직이면 구조대가 나를 찾지 못하니 가만히 있듯 가장 확률이 높은 곳에서 차분히 기다리는 것과 같다.

그렇기에 서울 시내, 특히나 강남만은 건물만큼이나 단단한 결속과 믿음으로 모두가 어떻게든 한 줌이라도 더 넓게, 한 뼘이라도 더 높게 건축하려 한다. 동국제약 사옥은 공개공지, 에너지 효율 인증, 재생골재 사용을 통해 용적률을 90% 이상 혜택 받아 주변 건물보다 확연히 높다. 강남에서는 세 개 층을 증축한 건물도 종종 눈에 띄고, 아래층을 일정 부분 멸실하고 그만큼 위로 더 높이는 독특한 리모델링 방식을 택한 건물도 있다.

보통 이렇게까지는 다른 지역에선 잘 하지 않는다. 도산사거리 남양유업 사옥의 경우에도 그 높이가 주변 건물보다 더 높은데, 2014년경 노선 상업지의 용적률 계산식이 불리하게 바뀌기 전에 건축허가를 받아 이전의 기준으로 더 높게 건축한 거다. 심지어 지은 지 10년 정도 밖에 안 지난 멀쩡한 건물을 철거해버리고 더 높이 올린 건물도 있다. 그야말로 토지 위에 건물이라는 거대한 닻을 내림이라. 도마뱀은 어질어질하게 높게 올라가는 건물들 사이를 정처 없이 걸어 다니다 어느덧 한 언덕배기에 도착해서 마지막으로 뒤돌아 청담을 바라본다. 저 곳. 도마뱀은 뭐라고 혼자 중얼거리곤 돌아간다.

다음날, 대구로 돌아가기 전 도마뱀은 서울에서 처음으로 가봤던 강남의 공사현장에 들렀다. 돌아온 시점엔 공사가 끝나있었다. 잘 마무리되었군요. 다행입니다. 그간 어디를 다녀봤는지 묻는 아저씨에게 도마뱀은 잠시 생각에 잠겼다가 입을 연다.

가장 기본인 지역, 상권, 건물을 기준으로. 교통으로는 지하철과 버스. 환승을 중심으로. 자차와 도보. 시간적으로선 낮과 밤. 평일과 주말. 계절과 날씨. 소비로서는 성수기와 비수기, 내수와 관광. 지리적으로는 내륙과 해안. 사람에 대해선 성별과 연령, 인종과 국적, 부자와 빈자. 집단에게는 유행과 전통. 개인에게는 취향과 욕망입니다. 아저씨는 묻는다. 강남의 땅값에 대한 의문은 풀렸는가.

도마뱀은 답한다. 제 생각에, 땅값이란 것은

chapter 8

토지 시장의
기본이자 본질

제 생각에,
땅값이란 것은

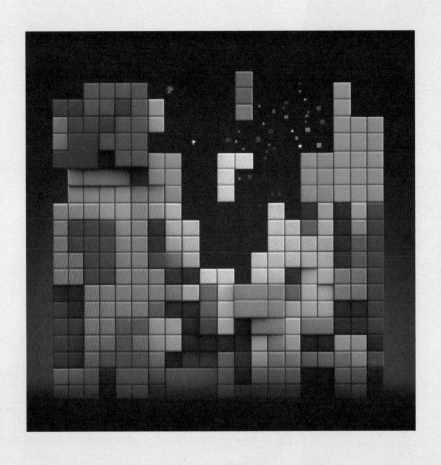

흡사 땅따먹기다. 바둑판 싸움. 호흡이 아주 긴. 토지 시장은 필수 한정재에 대한 독점을 지향하는 담합 시장이다. 장기 우상향은 이 판의 가장 기본적인 믿음이다. 토지 시장은 이 싸움에서 서로의 시간을 무기로 상대의 기회비용을 소진 시키는 승자독식 게임을 하고 있는 것이다. 이 와중에 누군가 난입한다면 이들은 내가 기다린 시간 값을 내놓으라고 한다. 세상에 천금으로도 사지 못하는 것이 시간이요, 세상 만물에는 감가가 들어가지만 토지 소유권에만은 감가가 들어가지 않는다. 그래서 건물주라는 단어는 엄밀히는 잘못됐다. 지주(地主)가 옳다. 생산성을 잃지 않고 시간의 제련을 받은 토지는 프리미엄이 증대된다. 그리하야 이것은 흩날리는 부의 종착역이요. 이 적체된 부의 지층은 움직임이 굉장히 느리다.

땅은 싸거나, 넓거나, 요지거나 셋 중 둘 이상을 만족시키면 생산성이 생긴다. 이러한 생산성을 단독 소유권으로 가지고자 함이 토지 시장의 공리(公理)다. 토지의 재료성, 입지의 대체 불가성, 건축물의 구조는 모두 개별성이 강하다. 토지 시장의 변수들이 언제 어떻게 일어날지는 아무도, 어쩌면 토지를 소유한 지주들조차도 모른다. 설령 알 수 있더라도 외부로 발설되지 않는다. 이것이 바로 폐쇄성이다. 토지 시장에 처음 진입하는 자들이 가장 난항을 겪는 것이 이 세 가지로 요약된다. 개별성, 폐쇄성, 단독 소유권. 이것은 종합적으로 희소성을 만들어낸다. 갈수록 희소해지는 상급지에 대한 의자 뺏기 싸움. 선점이 중요해진다.

이 시장은 환매가 굉장히 어렵다. 착수를 한 번 하면 물리지 못한다. 부동산을 팔아 양도세와 대출 금액과 각종 부대비용을 제하고 나면 상급지는커녕 같은 급의 부동산조차 다시 사기 어렵다. 나의 소유권이 강력한 만큼, 남의 소유권도 강력하다. 상대도 호락호락 팔아주지 않는다. 내가 원하는 저 물건이 언제 어떻게 나올지 모른다. 내가 원하는 저 물건이 지금 나와야 한다는 점은 돈으로 해결할 수 있는 것이 아니다. 혹여 매수 판단이 틀릴 수도 있다. 아무리 대단한 부동산을 갖고 있다 해도 단 두 번 잘못 사고팔면 거덜 난다. 그렇게 시간의 이정표를 잃어버리고 유민이 된다. 그래서 부동산을 팔 때는 최대한 상대에게 바가지를 씌워야, 다른 것을 살 때도 기꺼이 바가지를 쓸 수 있다. 이 바가지가 바로 신규 진입자 입장에서 이 사이를 비집고 들어갈 때의 입장료다. 이것은 늦을수록 지각비를 내게 되어있다. 부동산은 오늘이 가장 싸다는 통설은 여기에 기인한다.

그러니, 토지 시장에선 세 가지만 기억하자.

팔지 마라. 죽을 때 팔아라. 영생하라.

토지의 생산성에서 파생되는
8가지 프리미엄

　토지가의 가장 기본은 **생산성**이며, 이것에서 파생되는 프리미엄들이 그 가치와 가격을 형성한다. 이 생산성은 가시적인 생산성과 잠재적인 생산성으로 나뉜다. 가시적인 생산성은 현재의 건물과 임대료에 굉장히 강하게 종속된다. 이는 땅 위의 건물에 대한 가장 대중적인 인식이며, 그렇기에 임대료를 올릴 수 있다면 일차적으로 매가가 오른다. 다음으로 단기간에 토지가에 영향을 끼치는 것은 금리다. 부동산 또한 여느 재화와 같이 금리가 오르내림에 따라 요구수익률이 연동되기에 금리가 낮아지면 매가가 오른다. 저금리 기조에서 대출이 용이해지는 것 또한 이에 일조한다. 이는 일종의 금융 상품적인 속성이며, 최근의 상승은 이에 크게 기인한다. 하지만 단기적인 금리의 등락은 토지가에 있어 본질적인 것이 아니다. 지금 이 순간에도 돌아가고 있는 신용화폐의 윤전기는 장기적으로 화폐의 가치를 떨어뜨리며 신용화폐가 풀리는 만큼 한정된 실물자산의 가치 상승에 부력을 더해준다. 이 화폐가치 희석에 대한 방어로서의 기댓값이 바로 **한정재 프리미엄**이다. 통상 부동산에서는 시간이 무기라는 의미가 여기에 있다. 다만 이 과정은 굉장히 오랜 기간에 걸쳐 이뤄지며, 실질 가치가 아닌 명목 가액만 올라가는 경향이 있다. 20년 전의 건물 가격 또한 당시에는 큰돈이었음을 상기해보라. 따라서 단순히 물가에 따라서만 토지가가 오르는 것이 기회비용의 측면에서 차익이 실익인지, 과연 그 실질 생산성이 같이 상승한 것인지 고민해보아야 한다.

이렇듯 임대료 또는 단기 금리의 영향으로 인해 매가가 잠시간 변동될 수 있으나 장기적으로는 평균적인 잠재 생산성으로 회귀한다. 잠재적인 생산성은 미래 가치에 대한 기대이며 소위 땅값이라는 것으로 통용된다. 모든 건물은 언젠간 낡는다. 결국 남는 것은 토지고, 이를 원재료로 삼아 건축 행위를 통해 부가가치를 생성해내는 개발이 가능할 때 그 개발 가능성과 결괏값의 일부로서 지대의 차익이 생긴다. 토지의 **개발성 프리미엄**이다. 이는 대체로 토지의 재료성에 가장 주안점을 둔다. 토지의 가장 능동적이고 적극적인 활용법이며, 모든 지대 상승 요인 중에서 단기간의 상승 폭이 가장 크고 활용되는 방법 또한 다양하다. 이때 가장 중요한 것은 **소유권 프리미엄**이다. 이것은 토지의 가치 형성에 있어 다른 재화와 구분되는 가장 이질적이며 중요한 속성이다. 필요한 구조나 외형의 건물을 원하는 자리에 직접 구현해 작은 곳에서도 고부가가치를 생성해 낼 수 있다는 것, 필요시 인접 필지를 매입하여 주체적으로 무언가를 할 수 있다는 것, 규모의 경제를 통해 부가가치를 만들어내는 것, 나의 필지가 반드시 필요한 자와의 협상에서 우위를 점하게 하는 것, 종 상향이나 상권의 변화 등 변수가 생길 때까지의 긴 시간을 버틸 수 있게 하는 것. 모두가 이에 연관되어 있다. 이 소유권 자체에는 감가상각이 들어가지 않으며, 수많은 주식이 상장폐지가 되었어도 토지의 소유권에는 상장폐지가 없다. 자고로 땅에 묻는다 하였다. 그 어떤 지주도 은행의 이자율과 비슷한 수준으로 값을 치를 테니 그 땅을 팔라고 했을 때 그 값을 순순히 수용하지 않는다. 이는 단기 금리 연동성을 상쇄하는 가장 큰 요인이다. 지주들은 이 단독 토지 소유권을 온전히 활용할 수 있고 이로 인해 일반적인 생산성 이상의 가치를 확보하며 토지 시장의 경직성을 더욱 강화한다. 이는 시간의 저축을 해놓은 것이라, 매입 단가와 대출 비중에 있어 세월을 견디며 변수를 기다릴 뿌리가 단단하다. 결국 진입자들은 선점자들에게 있어 일정 부분 선점에 대한 대가를 지불해야 한다. 생산성이 남는 필지에 대한 의자 뺏기 싸움. 그렇기에 소유권 프리미엄은 다른 말로 선점 값, 입장료로 표현된다. 이 깊은 뿌리를 뽑으려면 막대한 자금과 거대한 규모가 동반되는 개발이라는 기중기가 필요하다. 그렇기에 대체로 개발성 프리미엄과 소유권 프리미엄은 대립각의 관계다.

다음으로 부동산의 가격을 지탱하는 축, **필수재 프리미엄**이다. 사람이 땅을 밟지 않고 살 수는 없다. 세월이 흐르고 사회가 변한들 그 형식이 바뀔 뿐 공간 수요는 항상 존재한다. 주거용에서 이 특징이 가장 두드러지고, 사업체의 입장에서도 경제 활동을 하기 위한 최소한의 상업용 공간이 반드시 필요하다. 이는 대기열이 많을수록 하방 경직성을 만들어낸다. 이 필수재와 한정재라는 속성은 각기 부동산의 강력한 하방경직성을 이루는 두 축이다. 따라서 상업용 부동산은 공격적인 투자재로서 활용되기보다는 자산의 분산이 필요하거나, 실사용자들, 그리고 잃지 않는 게 더 중요한 참여자들에게 방어용 재화로서 활용되었었고, 그렇기에 단기적인 등락에 시세가 요동치지 않는 안정성이 있었다. 이에 기반해 장기적으로 명목 가액이나마 물가상승률에 따라 오른다는 경험칙은 자산의 보존에 가치를 부여하는 이들에게 매력적인 부분이다. 최고 세율 구간에 거하는 자산가들에게 있어 임대료 그 자체는 큰 의미가 없다. 그래서 이 기댓값은 자산의 보존, 상속과 증여, 절세와 대출에 활용되기도 한다.

또한 양극화와 저성장시대에 접어들며 노동소득의 가치절하에 따라 상대적으로 자본 소득이 각광 받게 되며, 임대 소득은 상대적으로 예측 가능한 안정적인 소득이기에 인구구조의 노령화에 따른 수요가 증대된다. 따라서 단순한 필수재 이상으로서 미래에 잔존 될 가치에 대한 기댓값 **보험**

성 프리미엄이 발생한다. 이 보험의 체계는 하급지일수록 신규 유입자가 없기에 지탱될 수 없고 환매가 아주 어려운 부동산 시장의 특성상 모두가 인지하고 참여를 바라는 곳이어야 지속 가능하다. 과거 유리하게 계약된 우량 보험은 해지하려 하지 않듯이 이 또한 마찬가지로 소유권 프리미엄을 강화한다. 여기서 본연의 가치를 기반으로 한 인지도와 대기 수요에 따라 **환매성 프리미엄**이 발생한다.

이러한 인지도와 환매성은 본질적인 생산성에서 비롯된 무형의 가치에 영향을 많이 받는다. 이 무형의 가치는 지역, 상권, 입지, 필지, 건물, 임차인 순의 계층에서 누적된다. 적어도 입지 계층의 기저에서 10년 이상의 누적이 일어나지 않는 한 아무리 폭발력이 있는 상권이라 한들 훗날 화산재와 같이 흩어진다. 모든 신흥 상권들은 이런 곳이 될 수 있는 잠재력을 지니고 있지만 이는 제논의 역설과 같아 기존의 간극을 좁히기 굉장히 어렵다. 이 세월을 견뎌낸 취향의 누적이 앙금처럼 눌어붙을 때 생성되는 프리미엄이 바로 **문화적 프리미엄**이다. 이는 단순한 찰나의 유행에서부터 적어도 한 세대의 세월이 서린 유산에 이르기까지 시간의 제련을 받는 것이라, 여기서부터는 개개인의 취향이 진하게 배어나기에 타인이 승계받기가 어렵다. 특수한 성향이나 취향 또는 동질감에 의하여 형성된 가치, 한 세대 또는 특정 집단의 추억이 서린 장소, 새로운 문화의 태동, 수구초심으로서 고향으로 머리를 누이는 회귀본능, 단독 사옥을 통한 과시 및 홍보, 또는 자가 사용을 통한 안정감이나 자아실현을 위한 용도 등. 만약 이것이 만인이 인정하는 희소한 고급 가치가 되면 문화적 프리미엄은 비로소 **사치재 프리미엄**으로서 기능한다. 이는 토지, 건물, 임차인과 융화되어 앞서 말한 모든 프리미엄을 증폭시킨다. 언뜻 터무니없는 가격으로 보인다 한들 이 기저에는 토지의 생산성이 내재되어 있다. 반면 근래 시장을 배회하는 활황장 프리미엄은 토지 본연의 생산성과는 괴리가 있는 망령으로서 사치재

프리미엄과 가장 많이 혼동된다. 이는 단기의 매매차익, 월세의 인위적 상승, 대중의 광기 등 시황에 따라 단기간에 이뤄질 수 있고, 그저 타인의 욕망에 대한 기댓값만이 존재한다. 이로 인해 형성된 상승 폭은 타인의 욕망을 욕망하는 것 이상의 가치가 내재 되어 있지 않은 한 튤립 거품처럼 어떤 재화에서든 발생하고 사라질 수 있음을 주의해야 한다. 결국 토지가는 생산성에서 발로하는 여덟 가지의 프리미엄에 의해 형성된다.

> **사치재** 프리미엄은 **희소성**에 대한 기댓값
> **문화적** 프리미엄은 **동질감**에 대한 기댓값
> **개발성** 프리미엄은 **미래 가치**에 대한 기댓값
> **환매성** 프리미엄은 **미래 세대**에 대한 기댓값
> **보험성** 프리미엄은 **잔존 가치**에 대한 기댓값
> **한정재** 프리미엄은 **독점**에 대한 기댓값
> **필수재** 프리미엄은 **현생**에 대한 기댓값
> **소유권** 프리미엄은 **영생**에 대한 기댓값

그리고 생산성은 이 모든 것의 본질이라, 모든 재화는 희망이 있을 때 가장 비싸노니. 부동산을 산다는 것은 이 생산성에 기반한 기댓값을 사느라 시간이라는 기회비용을 지불하는 것이다. 이것은 규모가 커질수록 불확정성을 줄이고자 하는 속성이 있다. 개별성, 희소성, 폐쇄성을 기반으로 생산성을 단독 소유권으로 취하고자 하는, 독점 담합을 지향하는 시장. 이것이 이 시장의 본질. 고로 땅값은 기댓값이다.

시장의 핵심 구지주,
그들은 누구인가

　이 시장을 이해하는데 가장 중요한 점은 시장의 참여자들의 절대다수가 아득한 과거 시점의 진입자들, 구지주라는 것이다. 이들은 평균 연령이 60세 이상이며, 개인 명의로서 대출 비중이 아주 낮고 취득원가 또한 한참 낮다. 그렇기에 이들은 금리 변동성에 크게 개의치 않는다. 오랜 세월을 보내는 동안 이들은 건물과 함께 나이가 들었고, 이제는 건물에서 나오는 소득이 아니면 생활이 불가능한 자들도 많다. 그렇기에 생산성이 떨어진들 적게나마 월세가 나오는 건물을 군이 팔 이유가 없다. 아니, 팔지 못한다.

　이들에겐 이른 진입 시점과 취득원가가 낮다는 점이 오히려 독으로 작용한다. 개인 명의의 부동산은 매각시 양도세의 장기보유공제 한도가 15년이다. 이후부터는 공제의 효율이 떨어지기 시작한다. 상황에 따라 다소 차이가 있지만, 부동산을 매각해 세금, 대출금, 중개 수수료를 제하고 나면 원래 자산가치의 반쪽짜리 현금을 쥐게 된다. 같은 가액대의 비슷한 물건을 다시 산다 한들 부채 비율만 올라가고 금리 변동성에 노출 된다. 향후 노동 소득을 기대하기 힘든 이들에게 고정된 수입이 없이 현금이 소진되거나 불확실성을 감수해야 한다는 것은 엄청난 심리적 부담이다. 다른 분야로 투자를 이어나가기에도 이들은 이제 공격적인 투자를 할 처지가 되지 못한다.

　이런 점들을 만회하려면 높은 매도가를 내질러야 한다. 이렇게 오른 가액은 매수인에게는 중개 수수료와 취등록세가 가중되어 더욱 부담되지만, 매도인에게는 세금을 제하고 나면 큰 차이가 없다. 심지어 상속 물건으로서 지분이 여러 명에게 있다면 더욱 체감되는 실익이 없다. 이 시장은 나가면 다시 들어오지 못 한다. 그렇기에, 호가를 내릴 수 없다. 당연히 팔리기가 쉽지 않다. 올라서 못 판다. 그래서 이들은 스스로를 땅거지라고 자조한다. 이것은 물귀신과 같아 나의 자리에 남을 놓지 않는 한 성불하지 못 한다. 자의로든 타의로든 담합 시장에 참여한 것이다.

이들의 상황은 간단히 한 줄로 요약할 수 있다. **이들도 자신의 건물을 사지 못한다.** 팔지 못하고 사지 못하는 탓에 이들은 잠김물량과 같은 역할을 한다. 이들의 심리와 상황을 이해하는 것이 이 시장을 이해하는 첫걸음이다. 이렇게 오도 가도 못 하는 사회의 부가 윗세대에 적체되어 있지만, 아랫세대의 수는 줄고 더욱 가난해진다. 결국 다음 사람이 받아줄 수 없는 매물들이 조용히 쌓이고 있다. 상속 주기와 인구 절벽이 맞물리는 시기는 약 10년에서 15년 사이 어딘가에 위치한다. 이 안에 다른 어떤 변수가 있을지는 모르나, 언젠가 쏟아질 이 물량은 부동산 시장에 시한폭탄처럼 자리하고 있다.

돌고돌아 강남,
돌돌강 논리의 탄생

돌고 돌아 강남을 간다고들 한다. 줄여서 돌돌강이다. 강남이 너무 비싸서 다른 곳을 가봐도 가격들이 만만치 않아 이 가격을 치를 바엔 다시 강남으로 돌아온다는 의미다. 이는 쳇바퀴처럼 반복된다. 사실 핵심지는 어디에나 있다. 다른 곳이라고 값이 만만치 않은 것 또한 사실이지만, 왜 하필 다시 강남인가. 일반적으로는 토지가가 오르는 요인들에 더하여 환금성과 가치의 보전이라는 이유가 더해진다.

환금성은 곧 기대 생산성과 인지도에 기인하고 이는 교통망에 크게 의존한다. 도시는 모일수록 효율이 나온다. 국토의 대동맥 KTX와 SRT, GTX, 2호선과 신분당선을 필두로 서울시의 지하철 노선도와 버스는 강남을 기준으로 향해있다. 한 번 놓인 교통망은 쉽사리 바뀌지 않는다. 사람이 모이니까 교통망을 더 확충한다. 교통망을 확충하니 사람이 모이기 쉬워진다. 선순환 효과가 일어난다. 이미 서울 수도권으로 몰린 사람들은 다시 지방으로 돌아가지 않는다. 그리고 모두가 그렇듯 생활 반경 이상으로 나갈 일이 잘 없다. 이들의 인지 범위가 좁아진다. 가본 적도 없는 동네를 그제야 가서 파악하기란 어려운 일이다. 이 교통망의 편의성은 모두가 강남을 인지하고 찾아오게 만들며 이는 시간을 써서 돈을 아끼는 자들과, 돈을 써서 시간을 아끼는 자들의 차이를 가른다.

흔히들 부동산에서 시간이 무기라고들 하지만, 시간의 가치가 서로에게 다르다. 어느 쪽의 시간의 밀도가 높을지는 명확하다. 한정된 땅과 시간에서 시간과 사람의 밀도는 무게요 무게는 곧 중력이라. 이 강대한 중력은 모든 것을 흡수해간다. 이는 강남을 사회변화에 가장 먼저 반응하게 하며, 일반적인 생산성 이상의 고부가가치 업종을 유치할 수 있게 만든다.

여기에 더해 강남은 부의 적체에서 더 갈 곳 없는 막다른 길이란 점이 주효하다. 상권은 기본적으로 소비력 있는 계층이 거주하거나 찾아와야 유지가 된다. 흔히들 상권은 닭의 머리요, 주거는 용의 꼬리라지만 주거에 있어 강남에 주거로서 진입하고자 하는 이 대기열은 이 용의 꼬리를 다소 두툼하게 만들어 본체인 상권을 흔들 수 있게 한다. 이는 전체적으로 쇠락하는 임대시장에 있어 상권의 존속에 대한 기대치를 높이는 데 일조한다. 땅값은 곧 기댓값이라, 이 기대치에 대한 프리미엄은 보험의 성격에 가깝다. 즉, 강남은 주거와 상업이 얽혀 어느 구간에나 존재하는 부의 흡수의 병목 구간과는 다소 차별화되는 부가가치가 생성된다.

이러한 부가가치 덕에 강남은 변화하는 공간 수요에서 제일 첫 번째 실험 무대가 되기도 하며, 다른 곳에서 성공했을 때 강남에 진입해야 한다는 필요성을 만들어낸다. 강남에 사업장이나 사옥을 가지고 있다는 그 자체의 가치는 브랜드 효과로서 다소간의 비효율성을 상쇄시킬 수도 있다. 높은 지가라는 이런 거친 환경에서도 살아남을 수 있다는 점은 고급 부가가치를 지향하는 이들에게 있어 수컷 공작새의 꼬리와 같은 효과를 발휘하게 한다. 더욱더 강함과 견고함을 과시하는 경쟁, 멈추면 죽는다. 이는 붉은 여왕의 역설이라. 서울 안에서도 강남, 강남 안에서도 테헤란로 북쪽, 그 안에서도 청담과 압구정으로 좁아지는 스코프는 마치 보석을 세공할 때 쓰는 돋보기인 루페로 들여다보며 보석의 둘레를 깎아내어 광채를 만들어내듯 사치재로서의 속성을 강화한다.

이렇게 교통망, 생산성, 인지도는 처음과 끝이 어느 것이었는지 가늠하지 못하게 서로를 보완하며 부가가치에 있어 선순환 효과를 만들어낸다. 이는 뫼비우스의 띠와 같이 안과 밖을 구분하기 힘들다. 결과적으로 그러하니 그러하다는 순환 논리 구조지만 이 순환은 현실적으로 존재하는 선순환이고, 따라서 이 시장의 참여자들 모두가 주거용과 상업용을 막론하고 강남의 부동산 시장만큼은 주목한다.

다음으로 환금성이다. 토지 시장의 장점인 하방 경직성은 환매의 어려움과 한 쌍이다. 매도에 직접 나서보지 않는 한 이 가격을 받아줄 수 있는 사람이 얼마나 있을지 알 수가 없다. 호가와 실제 거래가의 차이를 최소화하려면 이 주목도에 따른 환금성을 고려하지 않을 수 없다. 가격이 높기에 조금만 가격을 낮춰도 주목을 받기에 환금성이 좋고, 환금성이 좋기에 이를 필요로 하는 수요가 가격을 지탱한다. 이에 따르는 대출의 용이함은 더더욱 자산가들에게 강남 말고 다른 곳을 살 수 없게 한다. 일정 이상의 자산이 있는 자들이 보고 있는 곳이 강남이라는 점은 환금성을 더욱 강화한다. 여기에 더해 아직까지 확정적인 강남의 대체제가 없다는 점은 한정된 강남의 토지가에 평단가 논리가 더 강하게 작동할 수 있게 한다.

마지막으로 유무형의 가치와 그 보전에 대한 프리미엄이다. 수축과 쇠락이 예정된 거시구조에서 마지막까지 생산성이 남아있을 가능성이 가장 크고 환매의 어려움을 방어할 수 있는 어딘가에 거대한 담합을 하자. 다소간의 비효율은 감수하더라도 그럴만한 가치가 있을 곳에. 강남에 진입하고자 하는 대기 수요자들은 높은 지가를 감당할 수 있는 소비력 있는 계층이자 이전 생활 양태의 보전과 그 상속을 원하는 자들이다. 하지만 사회구조상 부동산에 적체된 부를 순환시키는 것은 세금이기에, 살아남는 핵심지들은 턱 끝까지 차오르는 매가와 막대한 세금을 감수해야 한다. 인구구조상 아랫세대의 수는 더욱 적고 또한 상대적으로 가난하다. 상속세를 포함한 세금을 감당할 수 없고, 임대료에 전가시키는 것 또한 한계가 있다. 여기에 더해 이미 오른 지가는 신규 진입자의 수를 더욱 줄인다.

마지막으로 아무리 버텨도 모든 것의 종결인 죽음, 상속이 다가온다. 세금과 죽음만은 피할 수 없다. 그리하여 이들은 격세상속이나 오랜 기간에 걸친 증여, 법인 활용 등 다양한 방법을 사용해 이 방주에 자녀 세대를 승선시킨다. 자녀의 시간은 나의 시간보다 많이 남아있다. 나의 희망아, 이 시장에 남들보다 먼저 들어가 이탈하지 말거라. 토지 시장의 격언에 따라. 땅은 죽을 때 파는 것이다.

양극화, 다변화, 파편화 같은 온갖 수식어가 들러붙는 변화무쌍 예측불허의 생산성을 봉인해둘 수 있는 이 강남이라는 항아리는 그들에게 있어 미래 세대의 희망이며 모두의 욕망과 불안을 연료로 삼아 이 희망의 불씨를 성화로써 봉송하고 있다. 이 성화는 유무형의 가치에 대한 전승이며 자연스레 대한민국 부의 적체에 있어 최심층부인 강남을 향한다. 이것은 의식적인 담합이 아니다. 구조에 따른 필수적인 귀결이자 무의식적인 연대에 가깝다. 이것은 자연스럽고 자명하며 그들에게 있어서 옳다. 토지 시장은 담합이 강할수록 자기실현적 예언을 할 수 있다. 이 담합의 힘이 가장 강한 곳이 바로 강남이며, 그렇기에 이는 단순히 투자재로서의 가치뿐만이 아니라 **문화적 순혈 한국인의 노아의 방주다.**

  그래서, 이제 더 이상 단순히 강남이란 것만으로는 모자라다. 세대를 이어 전달할 이 부의 적체에서 생산성이 더 확실하게 보장되고 누구나 선호할법한 더 최고급지, 정확하게 저 필지가 필요하다는 그 개별성과 희소성에 대한 유색 보석 시장에서와 같은 프리미엄이 얹어진다. 보석의 세공에는 자투리가 많이 나오며, 유색 보석은 환매가 매우 어렵다. 그렇게, 강남 내에서의 양극화가 일어난다.

코로나로 인한
시장의 대격변

코로나 사태로 이전부터 하향세였던 상업용 부동산 시장에 일시에 공동 (空洞)이 발생했다. 특히나 야간상권이 집합금지와 추후 이어진 인건비의 상승으로 크게 타격을 입었다. 명동과 같이 해외 관광객에 의존하는 상권 은 해외 출입국이 제한되는 것에 직접적인 타격을 입었으며, 이에 따라 특 정 내수시장에 편중이 생겼다. 외곽지의 대형 카페들과 SNS를 통해 흥한 상권들이 그 영향을 크게 받았다. 풀린 통화량은 양극화와 집중화로 인해 핵심지, 특히나 고급지에 대한 브랜딩 수요가 늘어나게 했다.

그 사이 온라인으로의 소비문화 이동 또한 급격하게 이루어졌다. 저금 리에 따른 스타트업 투자는 관련된 신흥 산업들의 전성기를 열어젖혔다. 전통적인 상권이 근근히 맥을 이어가는 동안 대신 사무실과 사옥의 수요 가 폭증했다. 사무실과 고급지는 특히나 평단가 논리가 적용되기 쉬운 곳 이다. 파편화 된 산업의 핵심지로의 집중화, 여기에 더해 해외로 나가지 못 하는 사람들의 내수 산업 수요와 신흥 상권 방문. 모든 것은 모르핀과 같이 강력한 진통 효과를 발휘하여 평단가 논리를 강화시키고 서울 시내 땅값을 견인하는 큰 축으로 기능했다.

다만 이 변화는 코로나 사태가 시작된 시점에서부터 3년에서 5년 정도 가 분기다. 자영업의 권리금 손바뀜이나 스타트업 산업 성패 등이 이 기간 안에 일차적으로 성패가 결정이 나기 때문이다. 코로나로 인해 흥한 산업과 그 방식은 코로나가 종료됨과 함께 지속성에 대한 검증을 받게 되어 숨 아내기가 된다. 화폐 운전기 모터의 가속은 강제로 상권의 근육을 움직이게 했으나, 그만큼 과도한 피로를 누적시켰다. 이후의 수축성 회복은 오피스 상권에 있어선 이제까지 채워졌던 순서의 역순으로, 전통상권과 외국인 위주의 관광 상권에 있어선 공동(空洞)을 채워내는 집중되는 점의 형태로 나타날 가능성이 크다.

다만 코로나 사태가 종식되어도 소비 양상의 변화는 단순히 유행으로 그치는 게 아닌 거스를 수 없는 대세로 보여진다. 야간과 주간, 주말과 주중 등을 따지는 기존의 상권과는 달리 온라인 플랫폼은 언제 어느 곳에서든 접근 가능하며, 홍보의 창구 또한 온라인으로 이동되었다는 점은 기존의 상권을 약화시키는 가장 강력한 힘이다. 새로운 서비스와 생활방식은 이용자들에게 한 번이라도 써보게 하는 것이 가장 어렵지만, 코로나 사태는 사람들에게 재택근무, 배달 문화, 소규모 집합 문화 등 온라인과 비대면 산업으로의 진입장벽을 허물고 사람들에게 그 첫발을 내딛게 했다. 이제 사람들은 새로운 생활 양태에 적응하기 시작했고, 아랫세대는 디지털 네이티브 세대라 이전 세대의 아날로그적 생활 양태를 따르지 않는다.

너도 나도 개발 유행,
전국에 화전을 일구다

무엇보다 최근 변화에 있어서 가장 큰 요인은 금리다. 실물경제가 심각하게 타격을 입자 미국은 기준금리를 전례없이 대폭 인하했다. 내려간 금리를 반영해 건물의 요구수익률이 낮아졌으며 대출이 용이해졌다. 이로 인한 상승 장세는 20년을 초기, 21년을 중기, 22년을 말기라고 볼 수 있다.

2020년 초반에 공사를 시작한 자들은 저금리가 반영되기 전이라 목표 수익률을 훨씬 높게 설정하여 진입했고, 물가가 떠오르기 전에 더 좋은 장소를 더 저렴한 공사비로 개발할 수 있었다. 필지의 매입과 공사 계획이라는 것은 단기간에 결정할 수 있는 것이 아니기에 이 시기의 진입자들은 코로나 사태 이전부터 항상 시장을 관찰하던 자들일 가능성이 크고, 단기 차익만을 위해 접근했을 가능성이 낮다. 또한 이 때 진입자들의 물량은 매입가가 낮거나 충분한 수익률을 확보했기에 이제 한동안 시장에 나오지 않을 가능성이 크다. 특히 코로나 사태가 번지기 직전에 완공된 건물은 토지 매입가와 공사 비용의 저렴함으로 인해 상대적 프리미엄이 붙게 만든다.

2021년 초반부터는 두 번째 주자들이 진입했다. 천천히 건물 시장에 대중이 관심을 가지기 시작한 시기다. 이때 매입 또는 개발 완료된 매물은 2022년 중반 정도에 시장에 풀리고 소화되었다. 특히 급격한 기울기의 상승 중에 법인으로 대출을 최대한 받아 구매하고 매도했다면 적은 금액으로도 차익의 대부분이 세후 수익으로 남는다. 이것은 일반인 개발과 매도 신화의 단초가 되었다. 하지만 이 시기의 개발 물량을 분석해보면, 사실 개발을 하지 않고 그대로 파는 게 차라리 나았을지도 모를 것이 종종 보인다. 자칫하단 다소 손해가 날 수 있는 상황이 저금리에 따른 매가 상승과 환매의 용이함으로 무마된 것이다. 주변 필지의 개발 성공 사례 또는 저금리에 덕분에 구제받은 사례는 평단가 논리를 더더욱 강화해 가격이 치솟게 했다. 손쉽게 건물의 단타성 매매가 가능한 전례 없던 시기였다.

2022년부터는 두 번의 성공이 확인된 후 일반 개인들까지 모두 차익을 노린 개발에 달려들었다. 이들은 상대적으로 젊으며, 대출을 적극 활용하고, 매수 지역은 서울 시내, 특히 강남에 집중되어있다. 개인보다는 법인, 단독 소유보다는 공동투자가 많은 것 또한 기존 시장 참여자들과의 차이점이다. 이들은 상대적으로 규격화된 주거용 부동산의 매매에 익숙한 자들이 다수였기에 평단가 논리가 과도하게 시장을 지배했다. 활황의 여파에 중개사 시험에는 40만명이 넘는, 대입 수학 능력 시험에 준하는 인원이 시장에 몰렸다.

이 기간 동안 수많은 강의의 난립과 SNS를 통한 대중 선동, 일부 업체들의 유인, 기존 지주들의 손해 볼 것 없다는 침묵, 차익을 위해 진입한 자들의 배짱에 힘입어 시장은 계속해서 과열되었다. 선착순 경쟁이다. 먼저 사면 더 좋은 곳을 산다. 계속해서 상급지로, 마지막에 독박을 써도 제일 좋은 곳에서 써야 한다. 호가는 단 한 명만 받아주면 시세가 되니 누구든 한 명만 오라는 식으로 치솟았다.

후반기부터는 활황장에 힘입어 성공이 확실치 않은 미개발지가 개발이 성공한 기준에서의 평단가 논리로 통용되는 것이 이상하지 않은 일로 치부되었다. 또한 실질 생산성이 하향세였던 곳들이 코로나 사태 때문에 공실이 난 것이라 위장되어 개발만 하면 만사형통이라며 팔려나갔다. 하지만 미래의 개발 가치까지 모두 반영된 가격은 일반적인 매수자들에게 유인이 없다. 무엇보다 이렇게 전국에 화전을 일구듯 난립한 개발 사업은 다음 세대에게 있어 새로운 개발행위를 막는 방파제가 되었다.

이로 인해 오른 땅값의 이면에 도사리는 위험성은 간과되었다. 첫째는 코로나 사태로 인해 내린 금리는 그 종료와 함께 다시 올릴 가능성이 컸고, 상권은 기존의 관성으로 회귀하며, 그에 따라 코로나 때문에 공실이라는 면피 또한 점차로 그 밑천을 드러내기 시작한다. 둘째로 개발의 과정은 매입, 명도, 설계, 인허가, 시공, 준공, 임대차, 매각이고 이것은 하나하나가 긴 시간을 필요로 하는 일이라는 것이다. 이는 낙장불입이라 문제가 생겨도 중간에 멈출 수 없다. 매수에 있어 금리의 변동에 따른 단기 요구수익률의 변화는 매도보다 훨씬 빠르게 반영되기에 매각을 염두에 둔 자들에게 이는 치명적이다. 또한 많은 필지가 동시에 개발되어 신축과 리모델링의 비교우위는 뒤로 갈수록 옅어진다. 개발에서의 평단가 논리는 개발이 완료된 후엔 금리와 직접적으로 비교되는 수익률 논리로 그 잣대가 바뀐다. 잠재성을 일시에 모두 끌어올린 탓에 당분간 시장은 수익률 논리가 우세할 가능성이 크다. 성적표를 받을 후반기 개발 물량이 서서히 적체되고 있다.

초기의 개발 완료 후 신축에 대한 이점과 무권리가 반영된 월세, 그리고 금리의 인하에 따라 내려간 요구수익률은 건물가를 떠올리는 것에 일조했지만 이렇게 오른 가액은 사실 큰 이득이라 볼 수 없고 코로나로 인한 저금리 현상에 따른 착시현상에 가깝다. 본질적인 생산성이 오른 것이 그리 많지 않다. 다른 개발이나 합필, 사업화, 사옥, 단기간의 매각을 염두에 두지 않은 한, 임대료가 다른 지역 또는 이전에 비해 대폭 오른 것이 매가에 반영되어야지만 그 실제 가치가 오른 것이다. 전체 통화량이 늘어나 떠오르는 물가 반영분이 이를 힘겹게 따라가고 있지만, 당장의 금리와 비교되어 수익률 논리로 책정되는 가액을 끌어올리기엔 그 속도가 느리다.

금리가 오르면
건물가가 떨어질까

당연히 토지도 엄연히 금리의 영향을 받는 재화다. 단, 천천히. 건물의 매가는 곧 땅값과 총 건축비용의 합에 따른 임대료를 금리와 비교해 수익률로서 산정함이 가장 기본이다. 하지만 부채 비율이 아주 적은 구지주들이 절대다수인 이 시장은 기본적으로는 매도자 우위 시장이다. 먼저 사겠다고 다가오는 매수자에게 시장의 요구수익률에 맞춰 팔아줘야 할 이유가 없다. 부채비율이 적은 구지주들은 금리가 오르더라도 향후 금리가 내리거나 시간에 따라 물가가 올라 명목가액이 따라오는 것을 기대하며 버틸 체력이 있다. 현재 구지주들의 낮은 부채율은 당시에는 컸던 대출 금액이 장기간에 걸친 화폐가치의 하락으로 인해 희석된 결과물이기도 하다. 오랜 시간에 걸쳐 이를 경험한 지주들은 시간의 무기라는 격언을 충실히 이행 해왔다. 이들은 금리가 내릴 때 팔지 않았듯, 금리가 오를 때도 팔지 않는다. 그렇기에 요구수익률이 조정되는 것과 매도호가가 조정되는 것 사이에는 시차가 있다. 와중의 인플레이션 방어 수요와 개발 수요는 서로 시장가에 있어 극단적인 괴리를 만들어낸다.

이번 장에서 특기할 점은 시장의 참여자들이 일시에 대거 교체되었단 점이다. 이 과정에서 기존의 무부채에서 극단적인 부채 비율로 급격한 손바뀜이 이뤄졌다. 예컨대 대출이 5억 있는 50억의 토지를 30억 원을 대출

받아 사는 경우엔 부채 비율이 6배로 늘어난 것이다. 이것은 기존의 점진적이었던 시장과는 달리 금리 연동성을 엄청나게 높였다. 금리가 내릴 때 매도 호가를 올리는 것은 아주 간단하지만, 금리가 오를 땐 가산금리가 더해지며 대출 한도 또한 줄어들게 만든다. 그렇기에 금리는 매도자에겐 내릴 때는 빠르게, 오를 때는 천천히 반영되며 매수자에겐 반대로 내릴 때엔 천천히, 오를 때엔 빠르게 반영되는 경향이 있다. 또한 하락장에서는 하급지가 상급지보다 낙폭이 크기에 상급지의 매수도, 하급지의 매도도 어려워진다. 결국 시장은 금리의 상승에 일순간 얼어붙는다.

다만 한 번 각인 된 거래 내역과 호가가 진정되려면 적어도 상승 기간만큼의 시간이 필요하다. 이 시장의 절대 다수는 구지주들이며, 신규 진입자들 또한 금리와 부채 비율에 영향을 받더라도 토지 시장은 가액이 매우 크고 환매가 어려운 탓에 손해를 보며 높아진 요구수익률에 맞춰 매각하느니 이자를 납입하기 때문이다. 간단히 생각해보자. 예상되는 이자 금액이 연간 3억 원이고, 오른 금리에 맞춰 매도하면 실현되는 손해가 30억이라면 어느 쪽을 택할 것인가. 이론상으론 총 이자 납입 금액이 실현차손을 초과하게 되는 점이 분기점이나, 손해액이 클수록 오히려 심리상 매도하지 못 한다. 상처 입은 동물은 그 몸을 숨긴다. 그렇기에 이는 지구력 싸움이라, 금리의 인상은 그 상승폭보다는 기간이 더욱 큰 영향을 끼친다.

부채 비율만큼이나 거래량 또한 급작스레 늘었다. 과거에는 매물이 한해에 100개가 나올 때 가장 좋은 10개는 알음알음 한 달 안으로, 평범한 30개는 1년 정도 안쪽에서 천천히 팔렸었다. 나머지 60개는 팔리는데 어쩌면 3년에서 4년이 걸리기도 했었다. 헌데 최근 장에서는 이 100개가 단일 년만에 모두 소화되었다. 기존의 시장의 상식은 부동산은 죽거나, 사업이 망하거나, 자식 때문이 아니면 팔지 않는다는 것이었으나 이것이 몇 년만에 모든 매도자들에게 이루어졌을 리 없다. 소화불량이 올 가능성이 크다. 심지어 같은 매물이 몇 년 안에 몇 번씩 손바뀜이 되기도 했다. 가액 측면에서도 80억짜리가 160억은 됐어도, 400억짜리가 800억이 되진 않았다. 즉, 아래 가액대가 상승폭과 회전율이 가장 컸다.

이는 단기간의 차익을 위해 진입한 참여자의 수가 많단 추론에 힘을 싣는다. 사람이 많이 모일수록 군체는 유체와 같은 자연 현상적 흐름이 생긴다. 이들의 심리가 단기간의 향방을 결정하는데 가장 결정적인 요인일 것이다. 즉, 금리보다는 심리다. 시장에서 이들이 차지하는 비중과 내심 생각하는 매도 시점을 정확히는 알 수 없다. 거래가 집중되고, 법인의 비중이 높으며, 활황인 장세에 손바뀜이 많았던 곳일수록 신규 유입이 많을 것이란 추론을 할 뿐이다. 이들이 내심 생각하는 매도 시점 또한 개략적으로 유추할 수밖에 없는데, 보통 주식에서 주봉을 보고 산 사람들의 인내심의 단위는 주 단위, 일봉을 보고 산 사람의 인내심은 일 단위다. 마찬가지로 2년간의 상승세는 이들에게 2년 뒤를 바라보게 했을 가능성이 크다. 2년 뒤의 금리를 예측하기란 불가능한 일이나, 오르든 내리든 그들의 매도 의사와 시점이 내심 정해져 있다는 것은 이전의 시장과는 아주 차별화되는 점이다. 기약 없이 금리 인상기가 길어질수록 금리와 심리의 교차점에서 균열이 발생할 가능성이 있다. 금리의 변곡점을 대칭축으로 데칼코마니가 펼쳐지듯 시장의 숨겨진 심리가 드러나리라.

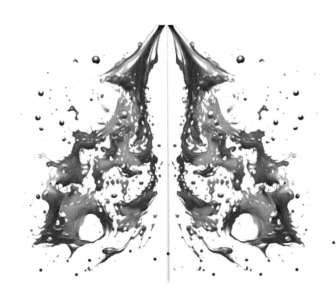

여기서 토지의 개별성이 가장 적나라하게 드러나는 부분이 있다. 주식은 하락해도 거래량만 있다면 매도 주문 하나로 손쉽게 매도가 가능하지만, 부동산은 침체 시 거래량이 사라지고 매도에 대한 이유를 제시해야 한다는 것이다. 단순히 단기 차익을 위해 산 사람들의 매도 호가가 매수자들에게 얼마나 설득력이 있을 것인가. 일반적인 수요자들에게 있어 부동산은 자산시장이라는 망망대해에서 표류할 때의 부표와 같은 것이지 약탈을 위한 해적선 같은 것이 아니다. 또한, 주거용 부동산은 필수재로서의 성격이 강하고, 그 참여자의 수가 많다. 하지만 상업용 부동산 시장의 참여자들은 필수재 이상의 프리미엄을 목표로 참여하는 집단 또는 철저한 개발 시각으로서 접근하는 양극단의 집단이기에 상대적으로 그 수가 소수이다. 개발업자는 언제 어느 때나 원가와 수익성을 따지고, 사치재는 하락이 있을지언정 프리미엄이 잔존한다. 이는 개별성에 따라 수요자층이 받아들일 수 있는 가격 지지선에 있어 극심한 격차를 만들어낸다. 그렇기에 상업용 부동산은 활황에서조차 침체기의 주거용 부동산보다 환매가 어렵고, 침체기에서는 극단적으로 어려워진다. 시장에서 외면당하는 상업용 부동산은 그 낙폭이 주거용보다 더욱 클 수 있음을 주의해야 한다. 요구수익률 변화와 총통화량 증가에 따른 인플레이션 효과가 혼재된 가운데 참여자들이 어떤 프리미엄을 노리고 들어왔는지에 대한 고해성사의 시간이 다가온다.

토지 시장은 담합 시장,
하지만 그 격의 차이

코로나 저금리 장세에서 아무리 많은 거래가 이뤄졌다 한들, 전체 필지의 수에서 그 비중이 얼마나 되는지 생각해보자. 저금리에 힘입은 신규 참여자들의 수는 여전히 구지주들의 수보다는 훨씬 적다. 상승장에서 이 분절적인 두 집단의 담합은 겉보기로는 아주 견고했다. 단기 차익을 위해 접근한 참여자들은 물량을 선점하고 높은 호가를 내질렀고, 구지주들은 손해 볼 것이 없기에 침묵했다. 이들은 시장에 자신들을 드러내지 않았다. 주식의 논리로 보면 잠김물량 비율이 높고 적은 거래량만으로도 가액이 올라가기 쉬운 상황이었다. 이로 인해 코로나 저금리 장세 동안 단기 차익을 위해 참여한 자들은 구지주들의 아량이라는 단단한 지반 위를 노닐었다. 이 축제를 유지하려면 모두가 담합을 지금까지처럼 더욱 공고히 하면 된다.

하지만 처음부터 단기 차익만을 바라고 뭉친 연대는 결속력이 약하고 선택의 폭이 좁다. 자신의 필지의 생산성의 한계를 누구보다도 가장 잘 아는 자들이 매도에 나섰단 점은 의미심장하다. 금리가 인상됨에 따라 누군가는 적더라도 확실한 차익을 실현하기 위해서, 누군가는 극단적인 부채 비율에 이자를 감당하지 못해서, 또 누군가는 법인 정관에 따라 강제로 매도에 나선다. 처음 한두 개는 특수거래로 치부되며 무마된다. 이후 몇 갠가가 더 드러나기 시작하며 담합이 붕괴하기 시작한다.

구지주들은 시간의 저축을 해둔 덕에 어떤 미래가 오든 선택을 할 여력이 존재한다. 특히나 구지주들의 무부채 경향성은 이들을 금리에 둔감하게 만들며, 이들은 원시 취득가가 낮고 보유기간이 길어 어차피 매도차익의 대부분이 세금이다. 그렇기에 원래부터 매도를 계획했었던 구지주들은 다소간의 하락은 크게 개의치 않는다. 어차피 최고점 매도는 어려운 일, 마치 어떤 주식이 십만 원이 고점이었다면 이만 원에 산 입장에선 팔만 원에 판다 한들 크게 미련이 없는 심리와 비슷하다.

개발에 있어서도 구지주들에게 있어 오른 공사비는 큰 문제가 아니다. 보통 느지막이 개발을 시작한 핵심 필지들의 적지 않은 수는 시장을 코로나 사태로 인한 장세를 관찰하며 안전성과 필요성에 대한 확신을 가진 구지주들이다. 지키기 위한 투자와 차익을 봐야만 하는 투자는 잠수 시간에 있어 그 요구 폐활량이 다르다. 겉보기로는 동일한 개발 시점이지만 진입 시점에 따라 그 결이 완전히 다를 수 있다. 앞서 말했듯 토지 시장은 의자 뺏기 싸움과 같기에, 뒤로 갈수록 안 좋은 것을 비싸게 살 가능성이 크다. 결국 선점에 따른 입지의 우월성, 가격 조정폭, 환매성, 체력 모든 부분에 있어서 상대적 선점자들인 구지주들의 물량이 상대적으로 돋보일 것이다.

여기에 구지주들의 연령대에 따라 발생하는 상속이나 분쟁 매물이 급매로서 거래 내역을 만들어내는 순간 평단가 논리가 흔들린다. 다섯 개의 사례로 형성된 시세는, 다섯 개만 다시 거래 됨으로서 시세를 형성할 수 있기 때문이다. 담합의 붕괴에 가속이 붙기 시작한다. 단기 차익을 위한 신규 담합자들은 그제야 구지주들과의 암묵적 연대가 대등한 관계가 아니라 수직적인 관계였단 점을 깨닫는다. 이것이 20년 이상의 담합과 2년짜리 담합의 격의 차이다.

전반적인 시황과 개별 사례가 반드시 일치하진 않기에 이것이 시장 전체의 대폭락을 의미하지는 않는다. 우선 진입 시점과 부채 비율을 비롯한 자금 사정이 모두에게 다르다. 이들은 필지, 건물, 상권이라는 개별성의 체를 통과하게 된다. 선점이 더 중요하고 이자를 납입 하는 것으로 미래가 치를 보장할 수 있다는 데에 주안점을 둔다면 건물 가액 대비 총 이자 금액은 큰 의미가 없으며, 장기 금리에 대한 배팅 성격이 강하다. 또한 모두가 일시에 위기를 겪었던 IMF 때와는 다르다. 코로나 사태로 인한 저금리 덕에 시중에 누군가는 여력 없는 대출을 했지만, 누군가는 대기하고 있는 잉여 현금을 적체해놓고 진입 시점만을 보고 있다. 또한 코로나 초기에 진입한 자들의 차익실현금 또한 여전히 시장의 대기 자금으로 존재한다. 상업용 부동산 시장의 가장 두드러지는 특징은 개별성이 강해지는 만큼 그 성패 확률이 시장의 조건과 독립시행이 될 가능성이 크다는 것이다. 코로나 저금리 장세의 마지막 손바뀜이 다가온다. 각자 기간과 가격은 달라도 구지주와 신규 진입자들 모두에게 있어 원래부터 팔 마음이 있었는가 없었는가가 이 시황의 중핵을 관통할 것이다.

이 팽팽한 힘 싸움을 조심스레 예측해보자면, 핵심적인 물량들은 하락이 있다 한들 당분간은 금리에 따른 요구 수익률보다 낮은 수익률로 거래될 가능성이 크다. 대부분의 매물을 보유하고 있는 구지주들의 마음 속에 각인 된 호가가 진정되려면 최소한 상승장세만큼의 기간이 필요하기에. 시장 참여자들의 심리가 어느 선에서 지지선을 형성할지는 그들만이 알 수 있을 것이다. 거대하고 기묘한 손바뀜 장이 오리라.

몇 갠가의 하락사례가 나오고 강남 내의 양극화가 진행되면 언론매체들은 강남의 건물가가 급락했다는 기사를 자극적으로 쏟아낼 것이다. 하지만 여기서 말하는 강남은 그저 지역적으로 강남을 말하는 것뿐일 공산이 크다. 강남 내에서도 하급지의 거래가가 몇 개만 찍혀도 그런 기사를 쓸 재료는 충분하기 때문이다. 금리가 오른다고 해서 즉시 대출 금리에 따른 요구 수익률에 매가가 맞춰지는 매물은 원래부터 프리미엄이 얹어질 가치가 없는 매물일 가능성이 크다. 강남이라 함은 본디 핵심지를 은유하는 것이라, 강남 내의 양극화 속에서 매물의 적정가 평가와 그 와중에 함께 나오는 우량 매물을 솎아내는 것이 중요해지는 시점이다. 이 시점의 진입자들은 오랜 기간 이 시장을 지켜보던 자들일 가능성이 크며, 가시적인 위험성을 감수한다는 점에서 이들이 소화하는 물량은 근시일 내에 다시 시장에 나올 가능성이 낮을 것으로 보인다.

이 요동을 마지막으로 코로나 사태로 인한 유동성 장세는 그 종언을 고할 가능성이 크다. 다만 근시일내로 단순히 사고 파는 것만으로 차익을 보는 장이 재림하기란 어려운 일로 보인다. 그러니 이때 진입을 준비하는 자들은 특별한 전략 없이 단기간에 사고파는 것을 가급적 배제해야 한다. 평단가와 수익률, 모순과 역설이 넘치는 혼란의 장세에서 누군가는 탈락할 것이며, 처음이 그러했듯 이 마지막 또한 누군가에게 기회가 될 수 있다.

또 다른 누군가는 은행의 이자율과 비슷한 수준까지 수익률이 수렴할 때까지 기회를 노릴 수 있겠으나, 그 예측이 맞을지는 아무도 모를 일이다. 와중에 누군가는 요구 수익률보다 낮은데 왜 사는지 반문할 것이다. 가격은 곧 가치인가. 어려운 질문이다. 시황과 대중은 개인이 제어할 수 있는 변수가 아니고, 그 상황 안에서의 최적을 찾는 것일 뿐. 대중이 주목하기 전부터 본질적인 프리미엄은 존재했었고, 시장의 기저에서는 양극화와 집중화의 시계 태엽이 항상 돌아가고 있었다. 해수면에는 폭풍우가 몰아쳐도 심해와 창공은 잠잠한 것과 같다. 마찬가지로 대중의 관심이 식어도 이는 계속해서 존재할 것이다.

토지 시장에서의 매수는 항상 거대한 기회비용의 손실을 감수해야 한다. 그렇기에 내가 주목하는 프리미엄을 다음에도 상대에게 강제할 수 있으려면 그 가치의 선별을 거쳐야 한다. 이 판단은 모두에게 있어 다르다.

생산성에서 비롯한 여러 가지 프리미엄을 구분하고 가격에서 어떤 프리미엄이 어느 정도 비중을 차지하는지, 그 가치는 나에게 얼마나 적절할지 숙고해보아야 한다. 부동산이라는 단어의 의미를 다시금 되새겨보자. 토지 시장은 담합 시장, 이 가치를 높이 사는 자들은 단기간의 시장의 노이즈가 걷히는 것을 오히려 반긴다. 어떤 미래가 오든 본인이 준비가 되었을 때가 가장 적절한 시점일 것이다.

현실적으로 긍정적인 요인이 많지는 않다. 이루 말로 할 수 없는 고단한 부침이 있을 것이다. 미래를 예단하기는 어려우나 결괏값만은 알 수 있다. 부자는 더욱 부자가 되고 빈자는 그 자리를 벗어나지 못하는 양극화 사회. 하지만 누군가는 성공하고 어딘가는 살아남을 것이다. 그 진폭이 줄어들 뿐. 이번 장은 나무의 나이테처럼 그 시간의 흔적을 남길 것이다. 후대는 이를 어찌 평가할 것인가. 부디 시장 참여자들에게 개별성의 가호가 함께하기를 바란다.

담합 시장에 참여하신 것을 환영합니다.
오와 열을 맞추어 이탈하지 마십시오.

그럼에도 불구하고, 부동산이라는 재화는

記　念　碑

이 곳은 原來 京畿道 廣州郡 彦州面 論峴里였으며, 돌아가신 아버님 白鳳基(80세) 어머님 晝書所品(88세)께서 代를 이어 오시던 農土가 都市開發로 宅地로 變한 곳이기도 합니다. 1985年 5月에 韓寶建設株式會社가 地下2층, 地上4층 規模의 建物을 完工하였습니다.

天地開闢이 된 이곳은 繼續 發展해오면서, 2002年 9月 家土綜合建設(株)이 老朽된 旣存 建物 리모델링 工事를 短建築설계와 감리를 받아 地上8층으로 增築하는 大 役事가 始作된 것입니다. 제가 出生한 곳이고 해를 거듭할수록 發展되다보니 그림 살아온 故鄕이라 感慨가 無量합니다.

10個層으로 이곳 論峴洞 周邊에서는 아름답고 華麗한 建物로 짝은 없는 建物을 마련하면서 故鄕을 지켜온 原住民의 한사람으로 矜持와 자부심을 가지고 앞으로도 계속 머릿대감으로서 오래오래 이곳을 지키렵니다.

이 工事에 많은 協助를 해주신 農協中央會 論峴洞(本 建物 1층 所在) 金 永 洙 支店長님과 關係되신 모든 분들께 깊은 感謝를 드립니다.

2003. 8

建物主: 서울特別市議會 3代 議長
　　　　大韓老人會 中央會 會長(10,11代)
　　　　栗岩産業株式會社 會長
　　　　社會福祉學　博士　白 昌 鉉

이 곳은 원래 경기도 광주군 언주면 논현리였으며, 돌아가신 아버님, 어머님 께서 대를 이어 오시던 농토가 도시개발로 타지로 변한 곳이기도 합니다. 1985년 건설사가 지하 2층, 지상 4층 규모의 건물을 완공하였습니다. 천지개벽이 된 이곳은 계속 발전해오면서, 2002년 9월 노후된 기존 건물 리모델링 공사를 단건축 설계와 감리를 받아 지상 8층으로 증축하는 대역사가 시작된 것입니다. 제가 출생한 곳이고 해를 거듭할수록 발전되다 보니 그간 살아온 고향이라 감회가 무량합니다. 이 공사에 많은 협조를 해주신 은행 지점장님과 관계되신 모든 분들에게 깊은 감사를 드립니다.

이는 강남구 논현동에 있는 한 건물의 머릿돌이다. 선대로부터 물려받은 땅을 함부로 팔지 마라. 위기 상황에서 모든 자산이 거덜 날 때 이들은 주식이나 사업을 정리하고 사는 집을 팔지언정 선대로부터 물려받은 땅만큼은 최후까지 지켜왔다. IMF와 리먼브라더스 사태를 거치며 살아남은 생존자들. 이들은 자신의 땅에 굉장한 애착을 가지고 있다. 그래서 이 시장은 아직까지는 아주 보수적이며, 세대 교체가 아주 느리다.

시간, 계속해서 시간을 가장 강조했다. 부동산에서 시간이 무기라지만, 이는 양날의 검이다. 세월이 흘러도 인간만은 변하지 않기 때문이다. 소설 대지의 말미에서 왕룽은 죽음이 가까워졌을 때 조용히 땅을 팔자는 모의를 하는 자식들에게 역정 낸다. 자식들은 절대로 땅을 팔지 않겠다며 왕룽을 안심시키지만, 뒤로는 조용히 눈을 마주치며 웃는다.

시대의 흐름에 따른 생산성의 저하와 변화, 갈수록 비싸지는 가격, 가중되는 세금, 수도권 집중화나 이민 등으로 인한 고향에서의 이탈, 빠른 상속과 증여, 소유권의 유동화 및 금리 변동성 노출에 따른 금융상품화는 점차로 후대가 선대가 각고의 노력을 통해 지켜낸 땅에 대한 애착이 없어지게 만든다.

하지만 노령화되는 인구구조와 약화 되는 노동시장의 흐름상 임대 소득은 점차로 생존을 위한 필수재이자 사치재가 될 가능성이 높다. 최후의 순간에 국가나 대자본이 노쇠한 당신에게 원하는 건 오로지 토지 소유권뿐일 것이기에. 전시의 소모전에서는 자급자족 수단이 있는 나라가 유리하듯, 토지의 강력한 소유권과 경직성은 자산시장에서 개인에게 있어 식량주권과 같아 대자본과 국가 권력에 그나마 버틸 수 있는 방패로서 기능한다. 그 가치는 단순히 수익률로만 측정하기란 어려운 일이다.

과거 이천의 특산품은 쌀이었으나 이제 반도체가 되었듯, 땅의 생산성은 시대상에 맞게 변주되어 여전히 그 힘을 지니고 있다. 생산성이 있는 한정된 재화에 대한 감가가 들어가지 않는 독점 소유권 프리미엄. 이 기본원칙만큼은 아무리 세월이 지나도 변하지 않을 것이다. 자고로 모두가 지주가 되기를 원했다.

오랜만에 고향으로 돌아가 경로당에 가보니 땅의 가치를 이야기하던 선대들은 이제 다 없어졌다. 남아있는 건 그 옛날 건축 열풍 때 지어진 오래된 건물들. 일곱 살 무렵 산 중턱에서 멀찍이서 지어지던 대형 건축물을 보고 저게 무엇을 하는 거냐 물으니 저것이 바로 건축, 땅의 생산성을 건물로 화하는 것이라는 말을 들었던 기억이 있다. 이제 우리들의 차례가 왔다. 선대가 해왔던 것을 이어서 하리라. 그리하여 아직까지는 가장 확실한 안전자산, 이 시장에 뿌리 내린다.

맺음말

　필자는 우연히 대구에서 시작해 강남을 포함한 서울 일대의 건물주들의 모임으로 발전한 꼬빌봉양단의 단주를 맡고 있으며, 이제 햇수로 4년차에 이르고 있습니다. 이번에는 부동산이라는 분야에서 글을 쓰게 되었으나, 필자는 건축이나 재테크 분야와 전혀 관련이 없던 일반인으로서 여러 가지 분야에 대해 취미로 인터넷에 잡다한 글을 쓰는 사람일 뿐입니다. 그러던 와중 부동산 분야에 연이 닿아 본인의 경험담과 관찰기를 취미 삼아 온라인상에 단문으로 기록하였고, 이것이 작게나마 호응이 있었습니다. 그로 인해 몇몇 주변인들에게서 출판 권유를 받았었으나, 출판을 하기에는 필자의 역량이 부족하고 심력을 쏟을 여유가 없어 권유를 반려하며 집필을 차일피일 미루었었습니다. 인터넷의 보잘 것 없는 글이나마 누군가에게 도움이나 재미를 줄 수 있다면 그걸로 족하였으나 몇 가지 불미스러운 계기 때문에 부득이 카페를 개설하고 다소 급히 책을 집필하게 되었습니다.

　보통 부동산 재테크 관련 서적은 미시 상권이나 교통의 흐름, 가격적인 측면에 주력하지만, 함께 적기에는 그 양이 방대하고 또한 기초적인 내용을 짚고 넘어가지 않으면 언급하는 게 불가능한 것들이 많아 과감히 생략하였습니다. 그에 따라 다른 수많은 지역이나 주제에 대한 이야기들이 생략된 점이 아쉽습니다. 또한 인터넷의 글과는 달리 독자층을 의식하며 수십 만자를 출판의 틀과 전체적인 구성에 맞게 써야 했기에 집필에 상당히 고난이 있었습니다. 무엇보다 기획과 취재를 통한 집필에서부터 출판사를 구하고 출간이 되는 시점까지 총 1년이 넘는 시간이 걸렸기에 출간 시점에는 시의성이 다소 떨어진다는 아쉬움이 남지만, 현실적인 여건이 여의치 않았었습니다. 판매량도 보장되지 않는 무명의 신인에게, 컬러로 400페이지가 넘는 책을 내주겠다는 출판사는 어디에도 없었기 때문입니다. 그럼에도 불구하고 다소 도전적인 출판에 기회를 주신 출판사 한국문화사에 감사의 인사를 드립니다.

업계인이 아닌 일반인이 쓴 책이기에 출간 이후 다소 미비한 부분에 대해서 수많은 지적이 뒤따르고 교정이 필요할 것으로 예상됩니다. 다소 개략적이고 거친 서술들이 있을 수 있음을 양해 바라며, 책의 내용은 소설을 읽는 느낌으로 읽어주시면 감사하겠습니다. 수록된 내용은 필히 공인된 전문가와 인허가권자에게 확인 받으시길 권장합니다. 추후 상황이 허락한다면 개정 증보판 또는 차기작으로서 보완할 수 있길 바랍니다.

이 책을 쓸 때 필요했던 자료와 초안들은 대부분 꼬빌봉양단 카페에 저장 되어있고, 앞으로도 개별 건물에 대한 이야기, 수많은 건물주들의 경험이 녹아든 이야기, 각종 임대차 또는 관리에 대한 계약서를 정리해 공개된 자료로 올릴 예정이오니 자료가 필요하신 분이나 필자와의 소통을 원하는 분들은 해당 카페로 방문하시면 됩니다.

꼬마빌딩봉양단 네이버 카페
https://cafe.naver.com/ggobuilding

요즘 수많은 재테크 단톡방들이 있는 것으로 압니다만, 필자는 재테크에 관련된 유료 단톡방을 운영하지 않고 있습니다. 불필요한 마찰을 방지하기 위해 미리 적어둡니다. 카페에서는 상업용 부동산 시장뿐만 아니라 다양한 분야의 글이나 일상을 개인의 싸이월드처럼 기록하고 있기에 건물 이야기보다는 주로 고양이 사진이나 먹는 것 사진이 올라옵니다. 키우시는 고양이나 강아지 사진 올리시면 우대해드립니다.

본 책의 내용은 서울시 임대차 상담 사례집, 국토교통부 질의회신집, 생활법령정보, 서울시 발간 그림으로 보는 건축법 등을 참고하였습니다. 또한 필자는 부동산에 관해선 네이버 카페 살모사의 커피하우스에 첫 글을 쓰기 시작했습니다. 현재 수익형 부동산 카페로서는 한국에서 가장 큰 곳입니다. 또한 네이버 카페 임대사업자 모임, 시공과 계약에 대해서는 패시브 건축협회와 정훈아빠의 상가주택빌딩건축 카페, 지성아빠의 나눔세상 카페가 많은 참고가 되는 곳이었습니다. 이 자리를 빌려 각 커뮤니티의 무궁한 번창을 바라며 제 글에 호응을 보내주신 수천명의 독자분들께 감사의 인사를 남깁니다.

다음은 필자가 3년간 직간접적으로 만나 뵌 천 명에 가까운 건물주 및 건물 시장에 관심 있는 분들에 대한 감사 인사입니다. 호명된 분들 외에도 수 많은 분들의 기왓장 시주로 이루어진 책입니다. 상세한 내역은 꼬빌봉 양단 카페에 올려두도록 하겠습니다. 모두가 익명으로 대가 없이 참여해주셔서 감사합니다. 참여해주신 분들의 방향성과 필자의 원고는 일치하지 않을 수도 있음을 알립니다.

감사의 말씀

우선 수많은 경쟁을 뚫고 책 제목을 장원급제로 정해주신 우주동산님께 찬사를 보냅니다. 책의 제목은 발음에 유의해야 함을 알려드립니다. 그야 말로 금쪽같은 내 건물입니다. 이어 표독하고 악독스럽게 원고의 마감과 가독성을 채찍질 해주신 시어머니 건물주 중력을 거스르는 명동러, 멍게를 꿈꾸는 우유, 조롱조롱 어피치, 국문법의 수호자 카라, 동안과 동심의 소유자 로맨스 판타지 왕녀를 꿈꾸는 건물쮸, 지중해 연안의 해파리 마키 마님께 감사드립니다.

이어서 도마뱀과 오랜 기간 함께 해주신 30대 건물주분들입니다. 의사로서 본업에도 불구하고 모든 건축과 임차를 혼자 성공적으로 해낸 동갑의 나나나님, 직업 못 속이는 날카로운 분석의 건축주 일자진님, 대성할 젊은 사업가 테드님, 항상 이공계적 시각으로 만물을 분석하시는 하니하니님, 고양이 애호가로서 본인 캣타워 건축중이신 셀프님, 서브컬처의 수호자 인천의 BlueSky님, 본인의 모교 근처 건물을 지으신 이문동의 흐켱님, 마포구에 사옥을 신축하신 젊은 사업가 오늘님, 기연으로 다시 만난 투자의 귀재 FED님, 초야의 도마뱀을 알아보신 베스트 드라이버 역삼동의 Flyby님, 반포에서 제주까지 매주 건축을 감독하러 가는 집념의 건축주 GOGO님, 삼대에 걸친 송파 토박이 제온님, 혼자 힘으로 건축에 첫 발을 내딛으신 서진님, 근육의 힘으로 모든 것을 해결하시는 홍대의 라이거님, 방배동 서리풀 공원의 정령 JOR님, 미술품 마니아 탕수육님, 다재다능한 사업가 본인의 사옥을 신축하시는 불타는 마왕님, 인천의 주안동 빌런님, 연신내의 공간기획자 김서랴님께 감사드립니다.

다음으로 처음 이 회를 결성하게 된 신, 진짜득템, 핀핀, 생김, 감사, 똑임, 요셉피나, 라스코, 쭝영님께 감사드립니다. 또한 평소에 세무, 회계, 시공, 기술, 설비, 설계, 도면, 모델링, 디자인 등에 대한 질의에 답해주신 청담신사, 룰루랄라, 다리미, 하진이아빠, 도하, 온리엘, 호미도거, 제네바, 호잇, 윤승개발, 쇼우, 이엘리님께 감사드립니다. 특히 출판에 대해 핵심적인 조언과 도움을 주신 이태원의 건물주 빈들에서서 사모님과 양재의 하얀 혜성 까마귀둥지 클리크에 감사의 인사를 드립니다. 또한 책에 수록된 사진을 제공해주신 목동 성형외과의 목동키즈님, 변압기 사진을 제공해주신 블랙초코님, 누수, 침수, 동파 삼관왕 사진을 제공해주신 건꿈님, 성수 특파원 K님, 호주의 후님, green steel님께 감사드립니다.

이어 보고있자면 조국의 미래가 깝깝한 꼬빌봉양단 마스코트 귀요미 그랑프리 수상자 서울대 박사에 빛나는 히포, 매번 항공사진 찍어다주시는 공군 장교 출신 파일럿 팬텀님, 시공을 뛰어넘어 조상님과 분투 중인 고고고님, 내 뼈를 갈아 남의 뼈를 채워주고 계신 한재님, 교통망에 박식하신 블루님, 롱의 화신 달변가 조이님, 원삼면과 성수 성애자 테프님, 최근 득녀하신 거구의 고양이님, 본업 때려치우고 공사판에 뛰어드신 서교동님, 숙박업의 에스테이트님, 삼성동 하이에나 천송이님, 신림의 독고다이 유능제강이님, 소리 없이 섬세하신 강남의 누누님, 우리 회의 총무 강남의 건물주 사자님, 천호동 면도칼 제이님, 한창 리모델링 중이신 정성스러운님, 포이사거리 원혼의 물귀신 서울꼬빌님, 캠핑 마니아 서초구 부랑자님, 안동의 지주 Einhyriningur님, 성체성사를 집전하는 고슴도치 Erams, 내 마당 잔당 기미상남자님, 인천의 초코비님, 수원의 별을 헤는 건물주 폭풍님, 곧 강남 갈 도토리나라님, 부산 특파원 광안리 든킨드나쓰님께 감사드립니다.

　마지막으로 항상 좋은 답변 달아주시는 무한정신님, 항상 진솔한 이야기 해주시는 솔로헌터님, 강물의 흐름과 같이 고고하신 한강수c님, 제가 본 건물주 중 가장 잘생긴 모델 출신의 건축주 신사와 성수의 메탈리카님, 해외 부동산 투자에 박식하신 삼성동의 매일님, 위스키의 대가 세계를 유랑하시는 명동의 부동산킹맨님, 신촌의 랜드마크 건축주 우보천리님, 수원행궁의 문지기 산밑에서서님, 헐벗고 굶주리는 도마뱀에게 조조칼국수 사준 동남아 외국인 노동자 BBB님, 삶도 투자도 유연하신 콤마님, 세상을 지배하는 것은 금융이라 했을 때 그것만이 다는 아니라 하신 알까도 아저씨, 전광판 광고비로 가리비 받아 세척하고 계시는 콜라님, 옥상에 풋살장이 있는 거대한 건물의 소유자 하이님께 감사드립니다. 뜬금없지만 숨바꼭질 좋아하시는 독수리 아저씨, 저 안 잡힙니다. 말씀대로 한 때 유행한 자서전 쓰기 한 번 해봤습니다. 독후감 기대하겠습니다.

　아쉽게도 지면상 일일이 설명드리지 못하는 B738님, BK70님, Creative님, DJsux님, DesignNated님, GOGOIM님, JMkim님, KANGMINJU님, KHS님, KH님, Khan님, Moonstone님, Petercat님, RR님, UDT님, YandY님, Yuipo님, goodday님, Unbanked님, getheart01님, ㅇㅅㅇ뻐님, 가는거야님, 가온님, 갑상선님, 겨울햇살님, 긍정님, 까리수마님, 꼬꼬님, 꼬꼬미님, 꼬빌라님, 꾸물락님, 노량진올근생님, 노후꼬빌님, 누누님, 뉴로드님, 닐니리아님, 대마불사님, 대전시불주먹님, 댄디팬더님, 팬마님, 더마스터님, 더블샷님, 델타님, 도라이언님, 도로님, 도롱이님, 독깨비님, 돌림노래님, 딩딩님, 라이언님, 럭서리님, 럭세님, 레고홀릭님, 레드님, 레드아이님, 레온님, 렌즈님, 록테이님, 바이크 마니아 루크님, 룰루님, 마이쮸님, 맑음님, 맥주한잔님, 메디치님, 메밀꽃님, 메시아님, 명동남님, 모모치치님, 무지개님, 무지깽이님, 물냉님, 미소님, 미켈님, 민이님, 밀크님, 바람탄천님, 캐나다의 바비님, 밝은

태양님, 방극진님, 내연엔진의 마지막을 지키는 버섯좌, 보리님, 보수공사님, 봄봄님, 봉양병아리님, 부다페스트님, 불로장생님, 브릭레인님, 브릭앤미르님, 비해피님, 사랑둥둥이님, 산카를로스님, 삼성동꼬꼬마님, 삼성동 K님, 샤블리님, 서진님, 세렝게티님, 세뱃돈골드바님, 소금커피님, 소영아빠님, 소울앤님, 솜사탕님, 슈나이더님, 슈퍼차차님, 슈퍼해피7님, 케빈님, 세븐님, 신사빌린이님, 신시아님, 썬님, 아난또님, 아마티님, 아이리스님, 아카자님, 양재동꽃시장님, 양털님, 에세조님, 엘파바님, 여름의숲님, 여왕개미님, 연사랑꼬빌님, 열리다님, 영리한임대인님, 왔습니다님, 요땅님, 우드스탁님, 우보천리님, 우주님, 위대한상인님, 유기농치즈님, 유철사님, 윤이윤님, 응나야님, 이나님, 이땅다내꺼님, 이마스님, 인터미션님, 재이님, 주안동빌런님, 체코님, 초건님, 초록이좋아님, 초보건물주님, 치즈김밥님, 커피 건물주 3종세트 카페오레님, 커피님, 커피묘와님, 케빈님, 코코님, 콜비님, 쿠키러버님, 크리스티님, 탄남님, 탄시님, 투니걸님, 트윈훈님, 팡요님, 팬더님, 푸른벽님, 푸른행성님, 폼폼님, 피스풀재즈님, 대림의 핑핑님, 하남의 동네총각님, 하이에크님, 한남동의 어느 한 위스키 바 사장님, 행복님, 호두마루님, 호호님, 문학소녀 히키키키님께 감사드립니다.

이 외에도 꼬빌봉양단을 거쳐가신 약 800여명, 익명 건축주 모임 106명, 내건물마련당 Domane님 이하 85명, 망한방 한재님 이하 107인, 똑임방 190인, 건축현업모임방 120인, 지리덕후모임 유철사, 볼튼, 소말리아국토부, 김유림 외 80인, 건어물방 푸른하늘님, 맑은지리님, 나비님께 감사드리며 부디 강녕하시길 바랍니다. 이 외 생략되고 공개하지 못할 여러 방들과 디스코드와 슬랙의 수많은 소모임 주인분들께 감사드립니다.

마지막으로 신일숙 선생님의 작품 아르미안의 네 딸들의 문구를 인용하고 싶습니다. 미래는 언제나 예측불허, 그리하여 생은 그 의미를 갖는다. 필자의 경험이나 예측 또한 그저 별처럼 많은 의견 중 하나일 뿐이며, 어떤 미래가 올지는 스스로 판단하고 직접 목도 하셔야 할 것입니다. 앞서 있는 선대와 뒤따라올 후대의 미래에 축복이 가득하길 빕니다.

꼬마빌딩 봉양하는 건물주들의 이야기

금쪽같은 내 건물

1판 1쇄 발행 2023년 6월 30일
1판 2쇄 발행 2023년 7월 20일
1판 3쇄 발행 2023년 8월 30일
1판 4쇄 발행 2023년 11월 20일

지 은 이 | 도마뱀
펴 낸 이 | 김진수
펴 낸 곳 | 한국문화사
등   록 | 제1994-9호
주   소 | 서울시 성동구 아차산로49, 404호(성수동1가, 서울숲코오롱디지털타워3차)
전   화 | 02-464-7708
팩   스 | 02-499-0846
이 메 일 | hkm7708@daum.net
홈페이지 | http://hph.co.kr

ISBN 979-11-6919-133-3 03320

오류를 발견하셨다면 이메일이나 홈페이지를 통해 제보해주세요.
소중한 의견을 모아 더 좋은 책을 만들겠습니다.